Für Tanja

Den Lebenden schuldet man Respekt
Den Toten schuldet man nichts als die Wahrheit

Voltaire 1694/1778

FSC
www.fsc.org
MIX
Papier aus verantwortungsvollen Quellen
Paper from responsible sources
FSC® C105338

Autorin:
Beate Lehr-Metzger
Pseudonym Claire Sandberg
Zum Lindscheid 24, 66663 Merzig

www.tanja-gräff.de

Herstellung und Druck über tolino media GmbH & Co. KG, München.
Printed in Germany

Tanja Gräff

Ein ungeklärter Fall

Claire Sandberg

Inhaltsverzeichnis

Vorwort

Prophylaktisch verwahre ich mich gegen die zu erwartende Beleidigung, bei diesem Buch handele es sich um reine Verschwörungstheorien.

Verschwörungstheoretiker unterstellen immer den großen konspirativen Masterplan hinter einem unerklärlichen Ereignis.

Ich hingegen lege anhand von Aktenmaterial das Chaos in der Anfangsphase der Ermittlungen im *Fall Tanja Gräff* offen und belege grobe Fehler, singuläre Fahrlässigkeit und in Teilen rechtswidriges Verhalten der Trierer Ermittlungsbehörden. Ein permanentes Abwehrverhalten seitens der Ermittler mündete schlussendlich in der Einstellung des Verfahrens. Die Beharrungskraft des Justizsystems überwog schlussendlich den Aufklärungswillen.

Außerdem möchte ich mich ausdrücklich vom aktuellen Polizei-Bashing aus Teilen der Politik und der Gesellschaft distanzieren. Die Polizei ist ein wichtiges und notwendiges Instrument des Staates, um die freiheitlich-demokratische Grundordnung sicherzustellen. Die Ausnahme bestätigt wie immer die Regel.

Zum Schluss möchte ich noch um Verständnis für die stellenweise übergenaue und sich immerfort wiederholenden Zeit- und Ortsangaben bitten. Diese Vorgehensweise ist allein der Irrtumsvermeidung bezüglich der komplexen Zusammenhänge geschuldet.

Die Dokumentation wurde ausschließlich mit dem Ziel geschrieben, die Wiederaufnahme des *Falles Tanja Gräff* zu erwirken. Der *Fall Tanja Gräff* ist nach wie vor ungeklärt.

Prolog - Waltraud Gräff

Der 10. Mai war ein Sonntag, es war Muttertag und am folgenden Montag, dem 11. Mai 2015, rief Herr Bouillon[1] mich vormittags auf meiner Arbeit in Konz an und sagte nur, es bestünde Gesprächsbedarf. Man müsse sich treffen. Ich antwortete ihm, dass ich noch bis 13:30 Uhr arbeiten müsse und wir einigten uns auf 15:00 Uhr.

Daraufhin rief ich sofort meinen Anwalt, Herrn Böhm, an und teilte ihm mit, dass Herr Bouillon angerufen habe, um ein Treffen mit mir zu vereinbaren. Ich fragte Herrn Böhm, ob er sich vorstellen könne, worum es gehen könnte. Ich hatte nicht die geringste Ahnung. Ich bat Herrn Böhm, an dem Gespräch teilzunehmen, weil ich wieder etwas Boshaftes von Bouillon erwartet hatte.

Irgendwie, irgendwas.

Weil er ja bis zu diesem Tag seit 2011 nicht mehr mit mir gesprochen hatte. Seit ich mir einen Anwalt genommen hatte. Mit dem, was dann auf mich zukam, habe ich niemals gerechnet.

Dann rief Herr Bouillon noch ein zweites Mal an und fragte, ob sich das Treffen nicht schon früher einrichten ließe, doch ich hielt aus besagten Gründen an dem 15:00-Uhr-Termin fest. Ich machte mir die ganze Zeit Gedanken, was er wohl von mir wollen könne. Die schlechten Erfahrungen in der Vergangenheit, die ich mit

---

[1] Klarname geändert.

Herrn Bouillon gemacht hatte, ließen viel Platz für Spekulationen.

Zu viele. Leider.

Ich muss ganz ehrlich sagen, ich war ziemlich durcheinander und bin nach der Arbeit erst einmal in die Gärtnerei gefahren, um Blumen zu kaufen. Erst danach bin ich nach Hause gefahren. Herr Böhm kam gegen 15:00 Uhr und wir haben uns erneut darüber unterhalten, was er [Bouillon] wollen könnte.

Herr Bouillon kam dann - gemeinsam mit einem Herrn Maier[1] oder so ähnlich - an. Nach einer knappen Begrüßung haben wir uns an den Esstisch im Wohnzimmer gesetzt. Er, Bouillon, sagte dann, dass heute Morgen in Pallien Rodungsarbeiten stattgefunden hätten und dass ein Forstarbeiter gegen 09:00 Uhr Knochen gefunden habe. Man könne dabei mit fast hundertprozentiger Sicherheit davon ausgehen, dass es sich dabei um das Skelett von Tanja handele.

Ich habe nicht losgeheult, ich war nicht erleichtert, ich weiß gar nicht, was ich überhaupt war. Mit der Nachricht, dass Tanja nach acht Jahren noch gefunden wurde, habe ich niemals gerechnet. Man knallte mir nach acht Jahren nur an den Kopf, dass ein Skelett gefunden wurde.

Das wars.

Ich kann diese brutale Vorgehensweise bis heute nicht verstehen. Bouillon wusste doch schon morgens, was er mir mittags mitteilen würde. Er hat mich weder gefragt, ob jemand bei dem Gespräch anwesend sein würde, noch hat er mir empfohlen, vorab seelische, geistliche oder psychologische Hilfe einzuholen.

Er konnte ja nicht damit rechnen, dass Herr Böhm da sein würde. Ich bat ja meinen Anwalt, wie schon gesagt, nur deshalb, bei dem Gespräch mit Bouillon anwesend zu sein, um mich vor weiteren Kränkungen, die ich im Laufe der Jahre durch Bouillon erlitten hatte, zu schützen.

Nur aus diesem Grund war Herr Böhm an diesem besagten Nachmittag in Korlingen.

Und dann weiß ich noch, dass der Herr Böhm dann sofort zu Bouillon sagte, dass jetzt die Pallien-Spur wohl eine ganz andere Bedeutung bekäme. Bouillon antwortete direkt und ziemlich barsch: Nein, man gehe von einem anderen Todeszeitpunkt aus und dass Tanja den Fels herabgestürzt sei und dass eine Ablage von unten ausgeschlossen sei.

Dann haben sich die beiden auch schon wieder verabschiedet. Das war ein Gespräch von zehn Minuten, wenn überhaupt. Kein Mitgefühl, absolut keine Beileidsbekundungen. Kein tut uns leid. Kein Bedauern oder irgendetwas. Gar nichts.

Auch in den darauffolgenden Wochen kamen keinerlei Beileidsbekundungen von Seiten der Staatsanwaltschaft oder der Kripo.

Ich war nur froh, dass Herr Böhm da war, sonst wäre ich mutterseelenalleine von Bouillon und seinem Begleiter zurückgelassen worden. Lediglich beim Verlassen der Wohnung wandte sich

Bouillon an Herrn Böhm noch einmal mit den Worten: »Jetzt wird ja bald die Presse auf sie zukommen und da müssen wir vorab noch besprechen, wie wir damit umgehen«. Da habe ich zynisch zu Bouillon gesagt: »Naja, das wissen sie ja genau, wie damit umzugehen ist.«

Heute weiß ich auch, dass Herr Bouillon deshalb plötzlich auf einen früheren Termin gedrungen hatte, da die Presse schon vorab informiert war und man vermeiden wollte, dass ich als die betroffene Mutter diese schlimme Nachricht durch die Medien erfahren sollte. Denn kaum nachdem die beiden Beamten mein Haus verlassen hatten, klingelte auch schon der erste Pressevertreter an.

Zum Schluss möchte ich noch sagen, dass mich am schlimmsten der Auffindeort von Tanja getroffen hat. Darüber war ich mehr als schockiert. Der ehemalige Soko-Chef M[…] hatte mir immer und immer wieder versichert, dass Tanja in diesem Bereich niemals liegen könne. Man habe jeden Stein und Halm in den Händen gehabt. »Frau Gräff«, sagte er im Sommer 2007 zu mir, »Tanja ist mit hundertprozentiger Sicherheit nicht mehr in diesem Gebiet.«

Das Skelett, das am Fuße des Roten Felsens in Pallien gefunden wurde, war meine Tochter Tanja.

1. Kapitel
Vorglühparty

06. Juni 2007, 20:30 Uhr

Ablauf:

Am Abend des 06. Juni 2007 gegen 20:30 Uhr wird Tanja Gräff von ihrer Mutter zum Uni-Parkplatz in Trier-Tarforst, Kohlenstraße, gefahren. Es habe dort niemand auf sie gewartet, erklärte die Mutter später in ihrer Aussage.[2] Während der Fahrt dorthin habe Tanja ihr erzählt, dass sie eine Verabredung mit Adrian[1] habe. Tanja sei guter Dinge gewesen, was aus Sicht der Mutter vor allem daran lag, dass sie Adrian an diesem Abend treffen würde.

Adrian und Tanja, beide Lehramtsstudenten an der Universität Trier, lernten sich, seiner eigenen Aussage zufolge, sechs Wochen zuvor im Mai 2007 in einem Uni-Seminar kennen.

Weiter gab Frau Gräff in ihrer Vernehmung zu Protokoll, Tanja sei, nachdem sie beide am Uniparkplatz angekommen seien, ausgestiegen und allein, noch einmal fröhlich winkend, in Richtung Trimmelter Hof gegangen.

---

[2] Vernehmungsprotokoll vom 02. Juli 2007.

Hinweis:

Abweichend hiervon ließ jedoch die Kripo Trier in den beiden Sendungen »Aktenzeichen XY… ungelöst« im September 2007 und März 2011 darstellen, Freunde hätten Tanja bereits an der Straße erwartet und sie dort überschwänglich empfangen.

Diese Filmszene ist nur der Anfang sich kontinuierlich fortsetzender fehlerhafter Darstellungen der beiden Aktenzeichen-Sendungen, in denen der Fall Tanja Gräff thematisiert wurde. Wegen der Häufigkeit und Qualität der Falschdarstellungen widme ich den beiden Sendungen ein eigenes Kapitel und weise zum besseren Verständnis in den entsprechenden Textstellen immer wieder darauf hin.

Weiter im Ablauf - gegen 21:00 Uhr:

Im Studentenwohnheim am Trimmelter Hof trifft sich Tanja mit ihrer neuen Uniclique und Adrian zu einer sogenannten Vorglühparty in der Wohnung des gemeinsamen Kommilitonen Jonas[1].In dessen Wohnung halten sich zu diesem Zeitpunkt noch weitere Personen auf, die alle namentlich bekannt sind. Neben Tanja und Adrian befinden sich dort noch Arne, Martin, Mara, Christin, Tea, Henry und Malina.[1] Man habe zwar getrunken, aber

Tanja habe nicht den Eindruck gemacht, betrunken zu sein, so Adrian in seiner ersten Aussage.[3] Er hingegen habe den Alkohol schon gespürt.

Die Zeugin und Kommilitonin Mara sagt 2007 aus[4], Tanja habe kleine Fläschchen der Marke Berentzen dabeigehabt, die sie auch unter den Anwesenden verteilte. Diese Minifläschchen, die Tanja sammelte und die sie zusammen mit einem passenden Brustgurt von ihrer Mutter zu Fasching 2007 geschenkt bekommen hatte, waren neben einer Flasche Amaretto-Cola-Mix ihr alkoholischer Beitrag für diese Party.

Aus ihrer E-Mail vom 12. Februar 2007 an Kris[1]:

> »Hab von meiner mamm en super gürtel bekommen, so mit schnaps halt. [sic]«

Da Tanja diese Fläschchen für den dazugehörenden Brustgurt wiederverwenden wollte, sammelte sie die kleinen Berentzen-Fläschchen, nachdem sie geleert waren, wieder ein und verstaute sie in ihrer bunten Tasche.

[3] Vernehmungsprotokoll vom 09. Juni 2007.

[4] Vernehmungsprotokoll vom 10. Juni 2007.

Genau diese Fläschchen sollten nach Tanja Gräffs Auffinden im Jahre 2015 seitens der Ermittler noch eine völlig unverhältnismäßige Bedeutung erfahren und der Öffentlichkeit als aussagekräftiger Fund mit neuem Erkenntniswert präsentiert werden.

Auch ein kleines Röhrchen aus dunkelblauem Plastik, das ebenfalls neben den sterblichen Überresten Tanjas gefunden wurde, avancierte im Verlauf der Pressekonferenz vom 09. Juli 2015 zu einem scheinbar bedeutungsvollen Fundstück. Dieses vermeintliche Reagenzglas wurde der Presse nonverbal über ein konstruiertes Missverständnis als möglicher Hinweis für einen eventuellen Drogenmissbrauch Tanja Gräffs angeboten.

Die Entzauberung des mysteriösen Reagenzglases

Bereits an dieser Stelle löse ich das Geheimnis um das mysteriöse Reagenzglas gerne auf.

Im Zuge ihrer ehrenamtlichen Tätigkeit in der sogenannten »Odert-Freizeit für Kinder und Jugendliche« besuchte Tanja 2005 mit einer Gruppe Kinder die Abfüllanlage der Firma Hochwald-Sprudel in dem vom Odert-Haus etwa 20 km entfernten Schwollen. Hier wurde der kleinen Gruppe unter anderem vorgeführt, wie kleine Plastikbehälter, die nur mit viel Fantasie Reagenzgläsern ähnlich sehen, zu großen Plastikflaschen aufgeblasen und abgefüllt werden. Sogenannte Rohlinge.

Zum Abschied wurde der Gruppe eine ganze Kiste mit diesen kleinen Plastikröhrchen geschenkt. Sowohl die Kinder als auch Tanja und der Rest der Odert-Betreuer benutzten im folgenden Jahr diese kleinen Plastikröhrchen als eine Art Spaß-Trinkgefäße.

An dieser Stelle muss man betroffen feststellen, dass es den Ermittlungsbehörden offensichtlich nicht gelungen war, dieses vermeintliche Reagenzglas als das zu enttarnen, was es in Wirklichkeit war, - schlicht und ergreifend - ein Sprudelflaschenrohling. Ebenso wie ich hatte die Polizei Zugang zu Tanjas Laptop. Auf diesem konnte man unter der Datei »Odert 2005« den im Bild festgehaltenen Besuch Tanjas mit ihrer Jugendgruppe bei Hochwald-Sprudel in Schwollen finden. Auch die Nachfrage bei den Odert-Betreuern hätte zu der Erkenntnis geführt, dass es sich bei diesem Fundstück lediglich um einen harmlosen Flaschen-Rohling handelte. Doch leider waren die Ermittler anscheinend nicht in der Lage, auch dieses Fundstück sowohl seiner Herkunft als auch seiner eigentlichen Bedeutung nach korrekt zuzuordnen.

Und so landete ein harmloser Sprudelflaschen-Rohling als bedeutsames Reagenzglas im Abschlussbericht der Staatsanwaltschaft vom 22. Juni 2017. In diesem Bericht vermerkt der zuständige Staatsanwalt H. Krause[1], man habe neben den zehn Fläschchen der Marke Berentzen auch ein Reagenzglas mit Schraubverschluss an der Fundstelle sichergestellt. Bei einer Substanzbestimmung seien in dem aufgefundenen Reagenzglas Reste von Alkohol nachgewiesen worden.

Es entbehrt nicht einer gewissen Ironie, dass Tanja diese Röhrchen gerade auch als Schutz vor KO-Tropfen auf großen Partys und Festen benutzte. Durch die Aussage der Zeugin Mara im

Jahre 2007 wussten die Behörden genau, dass Tanja auch auf der Vorglühparty deshalb aus diesem Röhrchen Alkohol getrunken hatte.

Wie sinnfrei erscheint daher auch der Hinweis des Staatsanwaltes Dr. Samel in der Pressekonferenz vom 09. Juli 2015 und auch im Abschlussbericht, dass das Ergebnis bei der Untersuchung aller aufgefundenen Gefäße auf KO-Tropfen, Betäubungsmittel oder sonstiger Arzneimittel negativ gewesen sei. Diese Einlassung diente lediglich als scheinbares Indiz dafür, Fremdverschulden auszuschließen und den Paradigmenwechsel zum selbstverschuldeten Tod Tanja Gräffs einzuleiten.

2. Kapitel
Aufbruch vom Trimmelter Hof

06. Juni 2007, circa 23:30 Uhr

Ablauf:

Gegen 23:30 Uhr, so Adrian, sei die Gruppe größtenteils zum FH-Fest aufgebrochen. Er und Tanja seien mit Martin, Tea, Henry und Mara zur Fachhochschule Trier auf der gegenüberliegenden Moselseite vorausgefahren. Zuerst habe man vom Trimmelter Hof den Bus zur Basilika genommen und sei gemeinsam von dort zur Treviris-Passage gelaufen. Von der Treviris-Passage seien dann im 10-Minuten-Takt Shuttle-Busse zur FH gefahren. Jonas, der die Party veranstaltet habe, und dessen Freund Arne seien zurückgeblieben und erst später nachgekommen. Alle seien ausnahmslos Studienkollegen beziehungsweise Studenten der Uni Trier gewesen. Niemand, außer Adrian, gehörte in dieser Gruppe der Death-Metal-Szene an.

Hinweis:

Das Gerücht, Tanja habe sich, da ihr neuer Freund Adrian damals einer Death-Metal-Band angehörte, der Death-Metal-Szene angeschlossen und sei dann mit diesen Leuten auf dem Fest herumgezogen, ist erwiesenermaßen Unsinn.

Diese Falschbehauptung wurde auch von verschiedenen Medien aufgegriffen und unreflektiert in die Öffentlichkeit getragen. Beispielsweise in einem Artikel der Süddeutschen Zeitung vom 12. Mai 2015, in einem Artikel des Bonner Generalanzeigers vom 18. Mai 2015 sowie in der fehlerbeladenen WDR-Reportage der Serie »Menschen hautnah« vom 15. Oktober 2015. Ausschnitt aus vorgenannter WDR-Reportage, Timecode 10:06 bis 10:36:

> »ExHaus:
> Kurz vor ihrem Verschwinden im Sommer 2007. Tanja hat sich einen neuen Bekanntenkreis erschlossen. Hier, im sogenannten ExHaus in Trier, einem Kulturzentrum. Und sie ist frisch verliebt, in einen Musiker, Adi[1], er ist Gitarrist in dieser Death-Metal-Band. [Einspieler Death-Metal-Band]. Mit Adi und dessen Clique geht Tanja 2007 zur Sommerparty der Fachhochschule.«

Dieser manipulative Hinweis in Richtung Death-Metal-Szene entspricht nicht der Wahrheit. Wie bereits gesagt, kam Tanja nie mit Adrians Death-Metall-Kollegen in Berührung, und ihre neue Clique bestand neben Adrian ausschließlich aus dem bereits beschriebenen Kommilitonen-Kreis der Uni Trier, mit dem sie zuvor im Mai 2007 sowohl die Open-House-Party im ExHaus als auch im Juni 2007 das FH-Sommerfest besucht hatte. Diese Beiträge waren wenig wahrheitsfördernd, journalistisch äußerst zweifelhaft und für die Fallaufklärung völlig kontraproduktiv. Tatsächlich saßen diese Redakteure den Fehlinformationen ihres Informanten auf und brachten dadurch einen Duktus in den Fall, der dringend zu vermeiden gewesen wäre. Nämlich, dass Tanja in diese Szene abgerutscht sei und durch eine dubiose Gestalt aus diesem Klientel ihr Leben verloren habe. Hätten die verantwortlichen Redakteure diese Informationen, unabhängig von ihrer Quelle, auf ihren Wahrheitsgehalt geprüft, wären diese Falschdarstellungen, die als vermeintliches Insiderwissen publiziert wurden, vermieden worden.[5]

[5] Siehe Kapitel 28 »Der Leserbrief«.

3. Kapitel

Ankunft auf dem Sommerfest

Haupteingang Kasse 1

07. Juni 2007, circa 00:15 Uhr

Ablauf:

Kurz nach Mitternacht kommt die Gruppe um Tanja und Adrian auf dem FH-Gelände an. Am Haupteingang an Kasse 1 findet eine Einlasskontrolle statt, bei der sowohl die Eintrittskarten als auch der Inhalt der mitgeführten Taschen kontrolliert werden.

Adrian gab in seiner bereits erwähnten Vernehmung vom 09. Juni 2007 diesbezüglich zu Protokoll, dass Tanja den in einer Flasche verbliebenen restlichen Alkohol vor den Augen der Security ausleeren musste. Denn es war, neben anderen Dingen, nicht erlaubt, Alkohol auf das Fest mitzubringen. Weiter berichtete Adrian, dass man auf dem Fest nur noch einige Biere, sonst aber keinen Alkohol mehr getrunken habe. Dies wurde von dem Zeugen Marco[1] in persönlichen Gesprächen wiederholt bestätigt. Dieser Angabe Rechnung tragend, muss an dieser Stelle hervorgehoben werden, dass Tanja definitiv ohne Alkohol auf das FH-Gelände kam. Es besteht kein Zweifel daran, dass Tanja die Fläschchen aus dem Berentzen-Gurt leer in ihrer Tasche mitführte, um sie aus besagten Gründen wieder mit nach Hause zu nehmen. Auf dem Fest konnte man auch keine Berentzen-Spirituosen erwerben.

Nachdem man im Zuge von Forstarbeiten Tanjas sterbliche Überreste am 11. Mai 2015 am Fuße des Roten Felsens in Trier-Pallien gefunden hatten, wurde in der zweiten Pressekonferenz vom 09. Juli 2015 den anwesenden Journalisten unter anderem zusammenfassend mitgeteilt, dass dort, neben persönlichen Gegenständen wie beispielsweise ihrem Handy, ihrer Armbanduhr, ihrem Studentenausweis, einem ihrer Ohrringe und ihrer weißen Perlenkette, auch - *ach du Schreck* - zehn kleine Schnapsfläschchen der Marke Berentzen-Apfel und ein Reagenzglas gefunden worden seien. Kein Wort wurde im Rahmen dieser Pressekonferenz jedoch darüber verloren, dass diese Fläschchen bereits auf der Vorglühparty ausgetrunken wurden und Tanja diese anschließend in ihrem Baumwollbeutel wieder mit nachhause nehmen wollte. Es ist also, wie auch bei dem vermeintlichen Reagenzglas, kein großes Mysterium, dass diese zehn Fläschchen Jahre später unter ihren sterblichen Überresten gefunden wurden.

Vielmehr stellt sich die Frage, warum Staatsanwalt Dr. Samel in keiner der Pressekonferenzen mit keinem einzigen Wort deren tatsächlich harmlosen Hintergründe der Presse gegenüber erläuterte. Ohne es explizit zu behaupten, wurde durch die Art und Weise der Präsentation dieser

Fundstücke der Öffentlichkeit suggeriert, das arme Mädchen habe sich, allein zurückgelassen, sinnlos betrunken, eventuell - und dafür spräche das Reagenzglas - auch noch Drogen konsumiert und sei infolgedessen vom Roten Felsen gestürzt. Es war aber auch zu schön, dass die Presse diese Fundstücke falsch interpretierte beziehungsweise falsch interpretieren musste und somit als unfreiwilliger Erfüllungsgehilfe die Öffentlichkeit auf einen selbstverschuldeten Tod Tanja Gräffs bereits zu diesem frühen Zeitpunkt einstimmte.

In der Folge der PKs[6] wurde so von diversen Zeitungen, von der Süddeutschen Zeitung bis zum Hamburger Abendblatt, die rhetorische Frage nach Alkoholmissbrauch und einer eventuellen Drogenaffinität Tanja Gräffs in die Öffentlichkeit getragen.

Ganz im Sinne des Erfinders.

Doch wie konnte es eigentlich zu diesem *Schnapsfläschchen-Hype* kommen? Waren die Behörden nicht im Bilde? Glaubten sie vielleicht tatsächlich an bedeutende Fundstücke? Wohl kaum. Meine Aktenlage jedenfalls, die selbstverständlich auch der Polizei zur Verfügung steht, belegt eindeutig die Bedeutungslosigkeit der Fläschchen und des sogenannten Reagenzglases im Zusammenhang mit Tanjas Tod. Hatten die Ermittlungsbehörden diese Zusammenhänge nicht ermittelt beziehungsweise nicht erkannt, und ist es deshalb im Hinblick auf die Todesursache im *Fall*

---

[6] Pressekonferenzen der Trierer Ermittlungsbehörden.

Tanja Gräff zu dieser erheblichen Fehleinschätzung gekommen?

Dagegen spricht, dass in dem schon mehrfach erwähnten Abschlussbericht der Staatsanwaltschaft vom 22. Juni 2017 dann aber Folgendes zu lesen ist:

> »[…] Aufgrund der Zeugenausaussagen muss davon ausgegangen werden, dass Tanja diese Fläschchen in ihrer Tasche mitführte und auch wieder mit nach Hause nehmen wollte.
> Im Zusammenhang wurde bekannt, dass sie im Besitz eines entsprechenden Gürtels der Marke Berentzen war, in dem diese Fläschchen mitgeführt werden können. Dieser Gürtel verblieb nach Angaben von Waltraud Gräff an diesem Abend zu Hause und wurde später durch sie entsorgt. […]«

Zu dieser Thematik machte die Zeugin Mara bei ihrer Nachvernehmung vom 10. Juni 2007 folgende Angaben:

> »[…] damit meine ich die kleinen Fläschchen mit ›Sauren Apfel‹.[…]«

Man könnte natürlich zur Entlastung der Ermittlungsbehörden annehmen, man habe diese Erkenntnisse erst nach der oben genannten Pressekonferenz gewonnen. Aber auch das ist unzutreffend. Die Aussagen bezüglich der Vorglühparty und der Berentzen-Fläschchen stammen, wie im Abschlussbericht der Staatsanwaltschaft selbst zitiert wurde[7], bereits aus dem Jahre 2007. Wie sich jeder an dieser Stelle selbst überzeugen kann, war die Außendarstellung der Staatsanwaltschaft[8] in Bezug auf Fläschchen und Reagenzglas eine sehr spezielle Art der Öffentlichkeitsarbeit. Im Abschlussbericht des Staatsanwaltes H. Krause und in der postmortalen Analyse der Polizeipsychologin des LKA Mainz Dr. Sommer[1] dienen diese Fundstücke jedoch, neben Tanjas vermeintlicher Persönlichkeitsstörung, bis zum heutigen Tage als Hauptpfeiler besagter Unfall-/Suizid-Theorie im *Fall Tanja Gräff*.

Im Abschlussbericht des KHK Bouillon vom 16. Januar 2009, Seite 7 konnte man jedoch noch lesen:

> »[...] Anhaltspunkte für Drogenmissbrauch gibt es nicht. Ebenso wenig gibt es Anhaltspunkte, die auf Depressionen und bzw. beabsichtigten Suizid hinweisen. [...]«

Umso aufschlussreicher ist die Tatsache, dass die völlig belanglosen Fläschchen und der ebenso belanglose Sprudelflaschenrohling im Jahre 2015 nach Tanjas Auffinden eine Art Wiedergeburt erlebten und als starkes Indiz für einen selbstverschuldeten Tod der Presse angeboten wurden.

---

7 Auszug aus dem Vernehmungsprotokoll der Zeugin Mara vom 10. Juni 2007.

8 Pressekonferenz vom 09. Juli 2015.

4. Kapitel

Im Sitzkreis vor dem Bierstand T9

07.Juni 2007, circa 00:20 Uhr

Ablauf:

Nachdem Adrian, Tanja und ihre Kommilitonen auf dem Festgelände ankommen, wenden sich Tea und ihr Freund Henry sofort anderen Bekannten zu. Der Rest bleibt zusammen. Den Nachkömmlingen Jonas und Arne signalisiert Adrian[9] später über Handy den aktuellen Standort. Tatsache ist, dass sich die Gruppe um Tanja, unmittelbar nach Ankunft auf dem sogenannten Hauptfestgelände mit Getränke- und Essensständen sowie einer Bühne mit Life-Musik, zielgerichtet zu dem abgelegenen Bierstand T9, fern vom eigentlichen Festgeschehen, hinbewegt. Dieser Stand, der sich vor der Einfahrt des inzwischen abgerissenen Parkhauses der FH-Trier befand, war nicht gerade die erste Adresse für Leute, die sich auf dem Gelände nicht auskannten. Laut Adrian[9] war das Gelände, so jedenfalls sein Empfinden, riesengroß.

Dieser Bierstand T9 war auf unterschiedliche Art und Weise vom Hauptfestgelände aus zu erreichen: Entweder man ging über das Oberdeck des Parkhauses über die Autorampe/Treppenhaus

[9] Vernehmungsprotokoll vom 09. Juni 2007.

ins Parkhaus, vorbei an Ständen und Musik, und dann zum Haupttor wieder hinaus. Oder man nahm, vom Parkplatz/Hauptfestgelände aus kommend, einen kleinen Waldweg an den Gebäuden A:B:C:D entlang, um auf verzweigten Wegen zu diesem kleinen Platz vor der Einfahrt des Parkhauses zu gelangen. Die dritte Möglichkeit war die Route über den Stuckradweg zur Einfahrt des Parkhauses. Vom Nebeneingang der Kasse 2 war der Bierstand T9 über einen kleinen Verbindungsweg ebenfalls zu erreichen.

In seiner Vernehmung gab Adrian an, er sei zuvor noch nie auf dem FH-Gelände und somit ortsfremd gewesen. Tanja dagegen wusste anscheinend, dass es diesen abgelegenen Stand außerhalb des eigentlichen Treibens des FH-Sommerfestes gab. Dieser Stand wurde von einer FH-fremden Gruppe betrieben, die neben ihrem Stand auch noch eine eigene Musikbühne zwischen den Gebäuden B und C in der fraglichen Nacht betrieb.

Ein Mitglied dieser Gruppe war eine Bekannte Tanjas aus ihrem Bogenschützenverein. Da das Wintertraining der Bogenschützen in der Turnhalle der FH Trier stattfand, hätte Tanja auch sicher einer eventuell vorausgehenden Ortsbeschreibung dieses Bierstandes gedanklich folgen können. Am Samstag, dem 02. Juni 2007, hatten beide jungen Frauen noch gemeinsam das Trierer Stadtturnier im Bogenschießen bestritten.

Adrian erklärte in seiner Vernehmung[9], wie auch die bereits benannten Personen Mara, Martin sowie die Nachzügler Jonas, Arne und Marco, die Gruppe habe die komplette Nacht nahezu ausschließlich neben diesem Bierstand T9 im Sitzkreis in der Nähe der Einfahrt des Parkhauses verbracht:

> »[...] Etliche vorbeikommende Bekannte gesellten sich zeitweise dazu und zogen dann wieder weiter. [...] Wir waren hauptsächlich an diesem Bierstand. Wir haben uns zwischendurch auch ein bisschen bewegt. [...]«

Gerüchte, Tanja habe sich die ganze Nacht ziellos auf dem Gelände rumgetrieben, entsprechen folglich nicht den Tatsachen. In seinem Abschlussbericht vom 16. Januar 2009 schreibt der Chefermittler daher auch korrekt:

> »[...] Die Ursprungsgruppe aus der Studentenwohnung von Jonas blieb den ganzen Abend im Kern zusammen {...].«

Genauso war es.

5. Kapitel

Treffen mit Tristan und Manuel

Einfahrt Parkhaus neben Bierstand T9

07. Juni 2007, 00:46:29 Uhr

Ablauf:

Tanja schickt indessen ihrem alten Schulfreund Tristan[1], mit dem sie sich im Vorfeld des FH-Sommerfestes für den Abend verabredet hatte, eine SMS. Freundlicherweise teilte mir Tristan den angeblichen Inhalt dieser SMS schriftlich mit:

> »treffen uns am Eingang parkdeck mäuselein?
> Glg«

Die durch die Ermittlungsbehörden über Tristans Handy verifizierte Version dieser Nachricht lautet nach Aktenlage allerdings wie folgt:

> »Hallo Tristan[1] wir sind am eingang vom parkhaus
> mäuselein. glg Tanja«

Laut Handyauswertung antwortet Tristan auf Tanjas Mitteilung zunächst nicht.

Inzwischen trifft er auf weitere gemeinsame Schulfreunde aus Tanjas und seiner alten Abi-Klasse. Manuel mit Freundin Sandra und Felix mit Freundin Julia.[1] Da Tristan Probleme hat,

Tanja zu erreichen, führt Manuel mit seinem Handy den finalen Kontaktanruf aus. Es ist laut Handynachweis 01:07:31 Uhr. Tanja lotst daraufhin die Freunde über das obere Parkhausdeck zur Einfahrt des Parkhauses, wo sie, an eine Laterne gelehnt, auf die kleine Gruppe um Tristan wartet. Ihre Uniclique um Adrian sitzt immer noch, wenige Meter von der Laterne entfernt, neben dem Bierstand T9.

Einfahrt altes Parkhaus

Den Aussagen von Tristan und Manuel zufolge unterhielt man sich überwiegend über Tanjas *Prinzen*, der, am Getränkewagen des Bierstandes T9 lehnend, das Treffen der Schulfreunde abwartete. Inhaltlich soll sich das Gespräch ausschließlich um Tanjas Vorhaben, die Nacht mit Adrian gemeinsam in dessen Wohnung zu beschließen, gehandelt haben. Auch Tristan bestätigte in seiner Aussage[10], dass Manuel Tanja gefragt habe, ob sie die Nacht mit Adrian verbringen würde und ob sie, also Tanja und Adrian, ein Paar wären. Auf Vorhalt der Polizei, es habe sich hierbei aber um ein sehr persönliches Gespräch gehandelt, antworteten sowohl Manuel[11] als auch Tristan, man habe nicht den Eindruck gehabt, dass dieses doch sehr intime Thema Tanja unangenehm gewesen sei. Beide versicherten, dass Tanja einen unbeschwerten und ausgelassenen Eindruck gemacht habe. Vierzehn Tage vor dem Sommerfest, so gab Tristan in seiner Vernehmung ferner an, habe die sexuell unerfahrene Tanja bei ihm sogar *Tipps* im Umgang mit Männern eingeholt. Da Tristan wusste, dass sie bis dahin noch keinen intimen Freund hatte, riet er ihr, so seine Aussage, sich Zeit zu lassen. In seiner Aussage erklärte Tristan weiter, dass er aufgrund Tanjas Schilderungen keinen Grund sah, ihr von Adrian abzuraten. Uns gegenüber äußerte sich Tristan allerdings ziemlich abfällig über den *Songwriter* Adrian und dessen »abstruse Texte«, und dass er Tanja von diesem *Typen* abgeraten habe.

[10] Vernehmungsprotokoll vom 10. Juni 2007.
[11] Vernehmungsprotokoll vom 26. Juni 2007.

Eine Kostprobe von Adrians *Dichtkunst*:

»Ravages the virgin priestess
Raped her inside of the temple
Stealing her virginity
God of the sea
God of the storm
Stealing her virginity
God of the sea«

Diese Art Texte schienen dem alten Schulfreund insbesondere im Zusammenhang mit Tanjas Verschwinden degoutant. Diese Passage stammt allerdings aus einem Songtext nach Tanjas Verschwinden.

Weiterer Ablauf:

Nach circa 15 Minuten trennen sich die alten Schulfreunde wieder von Tanja. Manuel, Sandra und Tristan machen sich gemeinsam auf den Weg zur Shuttlebus-Haltestelle, Felix und seine Freundin verbleiben noch auf dem Fest. Manuel und seine Freundin Sandra nehmen den Bus um circa 02:00 Uhr zu den Moselauen. Tristan hingegen lässt nach eigener Aussage und die seiner Begleiter den ersten Bus, der ihn zum Nikolaus-Koch-Platz bringen sollte, wegen Überfüllung abfahren. Er erklärte[10], den darauffolgenden Bus in die Stadt genommen zu haben.

6. Kapitel

Die Nachzügler Jonas und Arne treffen ein

7. Juni 2007, 00:55:47 Uhr

Um fünf Minuten vor eins gesellen sich nun auch die Nachzügler Jonas und Arne, zu der Gruppe neben dem Bierstand T9 vor der Einfahrt des alten Parkhauses. Beide bleiben dort bis zum gemeinsamen Aufbruch der Studenten.

6a

Marco trifft ein

07. Juni 2007, 01:40:31 Uhr

Ablauf:

Adrian nimmt mit Tanjas Handy Kontakt zu Marco auf, einem weiteren Kommilitonen, der erst später das FH-Sommerfest auf dem Gelände Schneidershof erreicht. Marco feierte zuvor mit seinen ehemaligen Abi-Freunden auf einer anderen Vorglühparty. Die Freunde verabreden sich in dem um 01:40:31 Uhr geführten Telefonat zu einer gegenseitigen Suchaktion, da der Bierstand T9, wie bereits beschrieben, für einen

Ortsfremden wie Marco kaum auszumachen ist. Darüber hinaus befinden sich zu diesem Zeitpunkt circa 13.000 Menschen auf dem Festgelände. Deshalb holen Adrian und Tanja Marco am Hauptfestplatz im Bereich eines Getränke-Pavillons ab. Zusammen gehen sie zurück und schließen sich wieder der *Sitzgruppe* neben dem Bierstand T9 an und verbringen dort bis zum gemeinsamen Aufbruch das Fest.

An dieser Stelle ist aus dem Abschlussbericht vom 16. Januar 2009 des KHK Bouillon zu zitieren, der trotz gesicherter Daten offensichtlich nicht in der Lage war, in seinem Bericht diesen Ablauf exakt darzustellen:

> »[...] Ein Freund des Adrian[1] , der Marco[1], hatte sich mit diesem auf dem Fest verabredet. Als dieser gegen 00.30 Uhr eintraf, wurde er von Adrian und Tanja am Eingang abgeholt. [...]«

Diese Ungenauigkeit wäre für sich genommen nicht erwähnenswert. Aber da die Behörden im weiteren Verlauf der Ermittlungen Marco fünf Jahre lang unter Tatverdacht stellten, wäre penible Sorgfalt in der Auswertung der Fakten gerade im Hinblick auf die eventuell zu vernichtende Zukunft des jungen Studenten zwingend geboten gewesen. Als gesichert gilt die von mir angegebene Zeit des Telefonkontaktes von Adrian zu Marco. Diese ergibt sich exakt aus der Funkzellenauswertung der Trierer Ermittlungsbehörden.

Fest steht auch, dass Tanja zwischen 01:07 Uhr und 01:30 Uhr an der Laterne[12] mit ihren Schulfreunden beschäftigt war und daher schwerlich zur gleichen Zeit mit Adrian auf dem Weg zu Marco gewesen sein konnte. Das Durcheinander von falschen Uhrzeiten oder Ortsangaben zieht sich wie ein roter Faden durch nahezu das gesamte uns zur Verfügung stehende Aktenmaterial. Ein konzentriertes Durcharbeiten der Ermittlungsakten hätte der Kriminalpolizei Trier geholfen, dieses hausgemachte Chaos zu vermeiden. Gerade die Polizeiarbeit bezüglich der *Spur Marco* war, jedenfalls bis zu dem Zeitpunkt, an dem das ursprünglich angenommene Kapitaldelikt zu einem Unfall/Suizid *mutierte*, schlichtweg abenteuerlich bis grotesk.[13]

[12] Siehe Kapitel 5 »Treffen mit Tristan«.

[13] Siehe Kapitel 23 »Der Zeuge Marco«.

7. Kapitel

Mats und Cora treffen Tanja an T9

07. Juni 2007, circa 02:30 Uhr

Ablauf:

Tanja trifft im Laufe der Nacht am Bierstand T9, in dessen Nähe sich ihre Gruppe nach wie vor aufhält, den ehemaligen Nachbarsjungen und Schulfreund Mats[1]. Mats erzählte meiner Kollegin im Rahmen eines persönlichen Gesprächs, dass sich Tanja bei seinem Eintreffen am Bierstand T9 mit ihm unbekannten Personen unterhalten hatte.

Hinweis:

Dass es sich hierbei um die Kommilitonen handelte, mit denen Tanja den Abend auf dem Fest überwiegend verbrachte, ist mit an Sicherheit grenzender Wahrscheinlichkeit auszuschließen, da, wie bereits mehrfach beschrieben, diese Gruppe unmittelbar neben dem Bierstand T9 im Sitzkreis verweilte.

Besonders hervorzuheben ist an dieser Stelle, dass Marco mir gegenüber erklärte, Tanja habe sich mehrfach angeboten, das Bier für die Gruppe zu holen.

Daher kann man eher davon ausgehen, dass sich Tanja zum Zeitpunkt dieser Beobachtung durch Mats mit Leuten aus dem Umfeld ihrer Vereinsfreunde unterhielt, die in dieser Nacht an dem Stand arbeitete.

Weiter im Ablauf:

Während Mats sich an T9 zur Rückgabe seines Leergutes anstellt und dabei mit Tanja ins Gespräch kommt, wartet dessen Freundin Cora[1] in kurzer Entfernung auf ihren Freund. Des Wartens überdrüssig, macht Cora sich auch in Richtung des besagten Bierstandes auf, um ihren Freund darauf aufmerksam zu machen, dass sie jetzt endlich nach Hause wolle. Erst als sie unmittelbar vor Tanja steht, erkennt Cora die ehemalige Schulfreundin wieder.

»Sie sah so anders aus«, äußerte sich Cora meiner Kollegin gegenüber. Besonders hob sie Tanjas veränderte, sehr ansprechende Ausstrahlung hervor. In ihrer polizeilichen Vernehmung[14] hatte Cora bereits deutlich gemacht, dass sie Tanja Komplimente wegen ihrer positiven Entwicklung gemacht habe. Auch seien ihr die hübsche Frisur, die Jeans-Schlaghose und die schneeweißen Turnschuhe aufgefallen. Tanja war zweifelsohne *verknallt*, und gerade um dieses

[14] Vernehmungsprotokoll vom 28. Juni 2007.

Wissen ist es wenig erstaunlich, dass alle Zeugen, die Tanja in jener lauen Juninacht gesehen oder gar gesprochen hatten, unabhängig voneinander Tanjas empathische Ausstrahlung und ihr attraktives Aussehen hervorhoben.

In der postmortalen Analyse der Polizeipsychologin Dr. Sommer[1] wird Tanjas Aussehen an diesem Abend ebenfalls besonders hervorgehoben. Allerdings staunt man nicht schlecht, wenn man liest, wie von Dr. Sommer eine dramatisch negative Veränderung Tanjas herbeifabuliert wurde. Dr. Sommer greift dieses Thema zur Untermauerung ihrer These, Tanja sei an diesem Abend seelisch völlig derangiert gewesen, mit folgenden Worten auf[15]:

> »Auf der FH-Fete imponierte[16] sie durch ein verändertes Aussehen, welches auch für eine Veränderung im Innenleben im Sinne einer anderen Selbst-Wahrnehmung sprach.«

Hier unterstellt Dr. Sommer, Tanja habe sich an dem Abend ihren Mitmenschen mit einem vollkommen veränderten Äußeren präsentiert. Das ist falsch. Tanja trug weder auffällige noch in irgendeiner Form aufreizende Kleidung. Auch ihre Haare waren wie immer und nicht etwa wie bei Frauen in tiefen seelischen Krisen häufig zu

---

15 Quelle: Abschlussbericht vom 22. Juni 2017, Verfasser Staatsanwalt Krause, Abschn. Persönlichkeitsanalyse.

16 Allgemein »beeindrucken«, aber auch medizinisch-psychologisch »erscheinen, sich manifestieren«.

beobachten, extrem verändert. Was Dr. Sommer hier versucht, um Tanja Gräff zu pathologisieren, nenne ich zur allgemeinen Veranschaulichung den *Britney-Spears-Effekt*:

Im Jahre 2007, auf dem durch Depressionen, Alkohol und Drogen ausgelösten traurigen Höhepunkt ihres seelischen Ausnahmezustandes, ließ sich die amerikanische Sängerin am ganzen Körper tätowieren und schor sich selbst eine Glatze. Danach wurde die Sängerin, die nach der Trennung von ihrem Ehemann anscheinend den Halt verloren hatte, in eine psychiatrische Klinik eingewiesen und wurde bis vor kurzem unter Vormundschaft gestellt. Dies ist eines der berühmtesten Beispiele, wie eine eminente Veränderung des Innenlebens durch eine extreme optische Veränderung der betroffenen Person auch äußerlich sichtbar wurde.

In Kenntnis dieses Zusammenhangs erscheint es naheliegend, dass die Polizeipsychologin Dr. Sommer mit ihrer vorzitierten Bewertung der Veränderung Tanjas den Versuch unternahm, diese in psychiatrischer Hinsicht zu pathologisieren.

Natürlich habe auch ich Tanjas vermeintlich optische Veränderung in zahlreichen Gesprächen mit Tanja nahestehenden Personen thematisiert. Neben ihrer Mutter stellten mir auch verschiedene Vereinsfreunde[17] umfangreiches Fotomaterial zur Verfügung, aus dem sich eine gravierende Veränderung Tanjas hätte feststellen las-

---

[17] Siehe Kapitel 33 »Ein postmortales Gutachten«.

sen können. Wie schon erwähnt, hatten viele Personen, die Tanja schon längere Zeit nicht mehr begegnet waren, den Eindruck, dass sich Tanja vom Teenager zu einer attraktiven jungen Frau entwickelt hatte. Die wahrgenommene Veränderung bezog sich übereinstimmend auf ihre Ausstrahlung und nicht auf eine extreme äußerliche Aufmachung. Weder besondere Kleidung noch eine exzentrische Frisur waren Gegenstand dieser Wandlung. Tanja trug an diesem Abend eine gewöhnliche Jeans, ein braunes T-Shirt und weiße Turnschuhe. Keine Designer-Mode.

Dass man bei dieser eher simplen, unscheinbaren Kombination von einem veränderten Aussehen spricht, entbehrt daher jeglicher Grundlage. Ihre langen, auffallend roten Haare trug Tanja offen, nur an den Seiten mit kleinen Spängchen nach hinten zusammengesteckt. Diese Beschreibung haben alle von uns Befragten, die Tanja an diesem Abend getroffen und gesprochen hatten, mit nur einer Ausnahme bestätigt. Diese Frisur trug Tanja seit ihrer Schulzeit.

Auch der von Tanja getragene Schmuck, wie die Ohrringe und ihre Halskette, stammte aus alten Beständen und war keineswegs eine Neuanschaffung für dieses Fest. Uns liegen unzählige Fotos der beschriebenen Kleidungsstücke, des Schmucks und Tanjas praktischer Frisur, die sie an diesem Abend trug, vor.

Bei ihrer alten Schulfreundin Cora hatte Tanja jedenfalls einen positiven Eindruck an jenem Abend hinterlassen. Aufgrund Tanjas angenehmer Art schlägt Cora ein Treffen der beiden Mädchen für die nächsten Tage vor, um ihre alte Freundschaft wieder aufzufrischen. Tanja erschien ihr erwachsener und reifer geworden zu sein. Von Verhaltensauffälligkeit oder starker Trunkenheit konnte laut Cora keine Rede sein.

Es drängt sich an dieser Stelle der Verdacht auf, dass Dr. Sommers oberflächliche Einschätzung einer vermeintlich optischen Veränderung Tanjas und der daraus gezogenen Schlussfolgerung weniger der Wahrheitsfindung, denn einer postmortalen Demontage Tanjas seelischer Gesundheit dienen sollte. Meines Erachtens ist bewiesen, dass sich durch Tanjas Aufmachung an diesem Abend in Bezug auf Frisur, Kleidung und Schmuck weder eine äußerliche noch eine massive Wesensveränderung ableiten lässt.

Auch über diesen Punkt hat die Psychologin nicht mit den maßgeblichen Zeugen gesprochen, und es hat daher den Anschein, als habe sie ihre Erkenntnisse *der Glaskugel* entnommen. Landläufig nennt man das *Kaffeesatz-Leserei*.

8. Kapitel

Die Uni-Clique verliert sich

Einfahrt Parkhaus

07. Juni 2007, circa 03:20 Uhr

Ablauf:

Tanja sowie der Rest der Gruppe beschließen zwischen 03:20 Uhr und 03:30 Uhr, ihr *Sit-In* aufzulösen und sich in das Innere des Parkhauses zu begeben, in dem die Party noch in vollem Gange ist. Die Zeugin Mara hatte die Gruppe bereits kurz vor 03:00 Uhr verlassen. Der Rest der Gruppe setzt sich noch aus den Personen Jonas, Martin, Arne, Marco, Adrian und Tanja Gräff zusammen. Was dann geschah, lässt sich weder durch den Rekonstruktionsbericht vom 05. September 2007 noch durch die einzelnen Zeugen-aussagen eindeutig festmachen. Dabei ist inte-ressant und insofern besonders hervorzuheben, dass der Zeuge Marco durch die Kripo Trier von der am 05. September 2007 durchgeführten Rekon-struktion ausgeschlossen wurde. Man zog es vor, ihm diesbezüglich eine *Einzelbehandlung* zuteil-werden zu lassen. Aus diesem Grund erfuhr Marco auch erst Jahre später von mir, dass es bezüg-lich des *Auseinanderdriftens* der Clique zwi-schen Adrian und der restlichen Gruppe im Zuge des Nachstellungstermines zu erheblichen Abweichungen gekommen war. Die in mehrfacher Hinsicht divergierenden Aussagen Adrians einerseits sowie Arnes und Jonas' andererseits wurden im Rekonstruktionsbericht zwar erwähnt, aber weder wurde die Divergenz thematisiert noch wurden diesbezüglich irgendwelche Konsequenzen gezogen.

Legt man die Aussage des Zeugen Marco zugrunde, die im Wesentlichen auch den Darstellungen der Zeugen Arne und Jonas entspricht, so ergibt sich folgender Ablauf:

Marco berichtete später, das Parkhaus mit Tanja über die Hauptzufahrt betreten zu haben. Dabei habe man dann Adrian, Jonas, Martin und Arne aus den Augen verloren.

Dementgegen hebt sich die Version des Zeugen Adrian von der vorgenannten Schilderung deutlich ab. Aus Gründen der Authentizität zitiere ich an dieser Stelle aus dem Rekonstruktionsbericht vom 05. September 2007, aus dem sich Folgendes ergibt:

> »[...] Adrian[1] seinerseits erklärt, über den gepflasterten Weg in den Wald gegangen zu sein; am Fuß dieses Weges seien sie nach rechts gegangen, der schmale Waldweg, der dann in Richtung Bitburger Straße führt. Dabei seien die Tanja gewesen, der Marco[1] und auch die beiden anderen.
> Adrian führt uns den Weg entlang und zeigt uns dann den Aufgang zum Parkdeck nach rechts, der

sich an der Schnittstelle zwischen oberem und unterem Parkdeck befindet, im Bereich der Auf- und Abfahrten. Es handelt sich hierbei auch um den Bereich, dessen Treppenhaus mit II bezeichnet ist. Adrian gibt an, dass man sich an dieser Stelle verloren habe. Er sei mit Arne[1] und Jonas[1] unmittelbar vor Betreten des Treppenhauses über die Mauer ins Parkhaus gestiegen, während Marco und Tanja durch das Treppenhaus ins Parkdeck gegangen seien. In diesem Bereich hätten sie sich verloren.
Diese Örtlichkeit befindet sich im Auffahrtsbereich vom unteren zum oberen Parkdeck.
Nach der Erinnerung des Adrian ging es dann über das Treppenhaus an der Schnittstelle zwischen oberem und unterem Parkdeck eine Etage höher.
[...]«

Die Personen, die gemeinsam mit Adrian unterwegs waren, bestätigten diese Version nicht in Gänze. Auch unter wohlwollender Würdigung einer durch einen womöglich zu hohen Alkoholkonsum verursachten Wahrnehmungsproblematik mutet die im Vergleich zur Schilderung des Zeugen Marco extrem konträre Darstellung des betreffenden Ablaufs seitens Adrians - wobei diese evidente Abweichung durch die Kripo wie gesagt auch zutreffend festgestellt wurde - ausgesprochen befremdlich an.

Im Rekonstruktionsbericht der Kripo Trier vom 05. September 2007 wird diese Tatsache lediglich mit folgendem Vermerk gewürdigt:

»[...] Auch an dieser Stelle gehen die Aussagen der Zeugen Adrian, Arne und Jonas auseinander.[1] [...]«

Bei welchen Zeugen und an welcher Stelle Dichtung und Wahrheit auseinandergehen, kann hier nicht festgestellt werden und avanciert somit letztlich zur reinen Glaubenssache. Auffallend an Adrians Version ist allerdings die epische Ausführung dieses zumindest vermeintlich komplexen Ablaufes. Erstaunlich ist auch, dass er im Zuge des Rekonstruktionstages im September 2007 in der Lage war, eine sehr detaillierte Beschreibung dieser Version abzugeben. Bedauerlicherweise konnte er sich dahingegen an das wichtigste und erwiesenermaßen letzte verifizierte Lebenszeichen Tanjas in seiner Vernehmung, zwei Tage nach ihrem mysteriösen Verschwinden, kaum noch erinnern.[18] Dieses Manko führte Adrian wiederholt auf seinen Alkoholkonsum zurück.

Beachtung verdient in diesem Zusammenhang, dass Adrian ab dem Zeitpunkt, nachdem sich die Gruppe verloren hatte bis zu den beiden letzten Telefonaten mit Tanja um 04:00:01 Uhr und um 04:12:59 Uhr nachweislich keinen Alkohol mehr zu sich genommen hatte. Warum es ihm möglich war, selbst noch im September 2007, den komplizierten Ablauf seines Abgangs von dem Fest im Gegensatz zu Tanjas letzten Worten so genau zu

---

[18] Vernehmungsprotokoll vom 09. Juni 2007.

beschreiben, bleibt, wie auch seine sonst offensichtlich in weiten Teilen zu konstatierende partielle Amnesie im Hinblick auf die Geschehnisse des fraglichen Abends, ein *Mysterium*.

Trotzdem Adrian nachweislich nichts mit dem Tod Tanja Gräffs zu tun hat, waren seine erratischen Aussagen einerseits und seine partielle Amnesie andererseits hinsichtlich der Ermittlungen wenig hilfreich.

9. Kapitel

Marco und Tanja warten im Parkhaus

Mittleres Parkdeck Auf-/Abfahrtsrampe

07. Juni 2007, circa 03:25 Uhr

Ablauf:

Tanja und Marco postieren sich, nachdem sie am Eingang zum Parkhaus Adrian, Jonas, Martin und Arne verloren haben, an der Auffahrtsrampe im mittleren Parkdeck. Um die Wartezeit zu überbrücken, besorgt Marco an einem nahegelegenen Stand für sich und Tanja ein Getränk. Tanja indes bleibt im Bereich der Rampe stehen, in der Hoffnung, die verlorengegangenen Freunde eventuell dort beim Hoch- oder Runtergehen abzupassen.

Adrian versucht in der Zeit von 03:26 Uhr bis 03:35 Uhr mehrfach, telefonischen Kontakt zu Marco und Tanja herzustellen. Aufgrund der baulichen Gegebenheiten ist der Handyempfang im Parkhaus allerdings nicht möglich.

03:26:00 Uhr[19]

Adrian versucht, Marco zu erreichen. Da im Parkhaus ein ungestörter Empfang nicht möglich ist, bemerkt Marco den Anrufversuch nicht.

---

[19] Alle hier genannten Uhrzeiten entstammen der Funkzellenauswertung der Ermittlungsbehörden Trier.

03:31:52 Uhr[19]

Adrian versucht, Tanja per Anruf zu erreichen. Ein Sprechkontakt zu Tanja, die zu diesem Zeitpunkt mit Marco immer noch an der Rampe wartet, kommt wegen der auch dort fehlenden Funkverbindung wieder nicht zustande.

03:31:54 Uhr[19]

Tanja versucht, Adrian zurückzurufen. Doch der Anrufversuch geht erneut ins Leere.

03:35:17 Uhr[19]

Adrian unternimmt einen erneuten, vergeblichen Anwählversuch zu Tanjas Handy. Auch hier kommt wieder keine stabile Verbindung zustande.

03:35:19 Uhr[19]

Tanja ruft sofort zurück, doch der Versuch ist abermals ergebnislos.

03:42:43 Uhr[19]

Tanja schreibt jetzt eine SMS an Adrian, auf die er nicht reagiert, da er sie wohl nicht bemerkt.

Gegen 03:45:00 Uhr[19]

Schließlich verlassen Tanja und Marco, nachdem sie circa fünfzehn Minuten vergebens auf Adrian und den Rest der Clique gewartet haben, das Parkhaus. Sie gelangen über die Rampe auf das im Freien liegende Oberdeck des Parkhauses. Zu diesem Zeitpunkt sitzt Adrian bereits im

Shuttlebus Richtung Trier-Innenstadt. Erst auf dem Parkhausoberdeck besteht wieder eine Funkverbindung. Dort erreicht Marco eine SMS von Adrian, in der dieser mitteilt, dass er mit Arne, Martin und Jonas das Festgelände bereits verlassen habe und inzwischen mit dem Shuttlebus in die Innenstadt unterwegs sei. Marco erklärte in seiner Aussage[20], dass er Tanja über Adrians SMS in Kenntnis gesetzt habe, bevor er diese wieder gelöscht habe. Die Löschung sei notwendig gewesen, da der Speicherplatz auf der SIM-Karte ausgeschöpft war und er weiterhin erreichbar bleiben wollte. Diese Löschung wurde ihm später, in den weiteren Vernehmungen, durch die Trierer Kripo zum Vorhalt gemacht.[21]

[20] Vernehmungsprotokoll vom 09. Juni 2007.

[21] Siehe Kapitel 23 »Der Zeuge Marco«.

10. Kapitel
Marco telefoniert mit Adrian

Oberes Parkdeck - Karthäuser-Funkzelle
07. Juni 2007, 03:49 Uhr[22]

Ablauf:

Marco ruft Adrian vom Oberdeck des Parkhauses an. Adrian bestätigt nochmals den Inhalt seiner SMS, mit der restlichen Clique bereits im Shuttlebus Richtung Innenstadt unterwegs zu sein. Dieser Ablauf wird durch die von »O2« durchgeführte Funkzellenauswertung der Handydaten bestätigt. Aufgrund dieser Auswertung steht fest, dass sich Marco, seiner eigenen Aussage[23] gemäß, mit Tanja zum Zeitpunkt dieses Telefonates um 03:49 Uhr auf dem Parkhausoberdeck nahe der Rampe aufhielt. Dieser Bereich wird unter anderem durch die *Karthäuser-Funkzelle* abgedeckt. Auszug aus dem Drehbuch zur Rekonstruktion vom 17. August 2007:

> »[...] Telefonat zwischen [Marco][1] und [Adrian][1], Dauer 37 Sek., Funkzelle Karthäuserstraße. 03:49: Dauer 37 Sek. [...]«

---

[22] Im Rekonstruktionsbericht fehlen bei den im Ablauf beschriebenen beiden Telefonaten - Uhrzeit 03:49 Uhr - die Sekundenangaben; siehe hierzu auch Kapitel 8 »Die Uni-Clique verliert sich«.

[23] Vernehmungsprotokoll vom 09. Juni 2007.

Diese Funkzelle wird noch, wie schon erwähnt, eine oder besser gesagt, eine wesentliche Rolle in der Bewertung der aufgestellten Unfall-/Suizid-Theorie seitens der Trierer Ermittlungsbehörden spielen.

Die Ausführungen des Staatsanwaltes Krause im Abschlussbericht zum korrekten Verlauf der Funkzelle im Zusammenhang mit Tanjas letztem Lebenszeichen - Telefonat mit Adrian um 04:12:59 Uhr aus der *Karthäuser-Funkzelle* - sind auffallend diffus. Einerseits räumt er immerhin ein, dass diese wichtige Funkzelle auch das FH-Gelände streift, jedoch ohne einen konkreten Hinweis auf das Parkhausdeck sowie den Schillingsteg zu geben. Andererseits stellt er aber den Verlauf dieser Funkzelle zugunsten der Unfall-/Suizidtheorie im Bereich des Roten Felsens ohne konkrete Ortsangabe explizit heraus. Aus dem Abschlussbericht vom 22. Juni 2017:

> »[...] Ein letztes Handy-Telefonat der Tanja Gräff fand um 04:13 Uhr statt. Aufgrund der technischen Auswertung steht fest, dass sich Tanja Gräff um diese Zeit noch mit an Sicherheit grenzender Wahrscheinlichkeit in der Funkzelle O2 befand, deren Ausdehnung insbesondere das Gelände der FH Trier, aber auch den Höhenweg an den Roten Felsen, abdeckt. [...]«

Weiter im Ablauf circa 03:49 Uhr:

Während des oben beschriebenen Telefonats zwischen Marco und Adrian geht Marco zusammen mit Tanja im Gedränge über das Parkdeck Richtung Hauptfestplatz, einem umfunktionierten Parkplatz. Marco teilt Tanja mit, dass er jetzt mit dem Shuttlebus nach Hause wolle. Tanja entschließt sich zunächst, Marco zu begleiten und auch den Bus in die Stadt zu nehmen.

Diese Vorwärtsbewegung beider, vom oberen Parkdeck bis hin zum angrenzenden Festplatz, ist durch die Funkzellenauswertung belegt. Marco bewegt sich während des Telefonats mit Adrian in der kurzen Gesprächszeit von 37 Sekunden aus der *Karthäuser-Funkzelle* in die *Kockelsberg-Funkzelle*, aus der er ein weiteres Telefonat mit Adrian ab 03:49 Uhr 62 Sekunden lang führte.

> »[...] 03.49 Uhr: Erneutes Telefonat Marco[1] mit Adrian[1], 62 Sek. Funkzelle Kockelsberg. [...]«[24]

Die Aktennotiz der Kriminalpolizei, dass sich Marco aus der *Karthäuser-Funkzelle* in die *Kockelsberg-Funkzelle* bewegte, beweist, dass die Ermittlungsbehörden prinzipiell bereits im August 2007 über den Verlauf der *Karthäuser-Funkzelle* auf dem oberen Parkhausdeck Bescheid wussten.

Dieser Umstand lässt die Schlussfolgerung zu, dass Staatsanwalt Krause entweder die Ermittlungsakten nicht kennt oder aber den tatsächli-

[24] Quelle: Drehbuch zur Rekonstruktion vom 17. August 2007, Seite 6.

chen Verlauf der Funkzelle in seinem Abschlussbericht vom 22. Juni 2017 absichtlich verwässerte.

11. Kapitel
Tanja schreibt SMS an Adrian

07. Juni 2007, 03:53:51 Uhr

Ablauf:

Tanja, die immer noch keine Antwort von Adrian auf ihre letzte SMS erhalten hat, schreibt Adrian um 03:53:51 Uhr eine weitere SMS mit der Frage:

»Adi[1], wo bist du denn?«

Wie zuvor, reagiert Adrian auf Tanjas Kontaktversuche zunächst nicht. In seiner Vernehmung bei der Trierer Polizei erklärte er dies damit, dass sein Telefon »klingelt und vibriert«, sobald er eine SMS bekommt, er sich aber nicht erinnern könne, ob er die SMS sofort gelesen und ob er sofort geantwortet habe.[25]

[25] Vernehmungsprotokoll vom 09. Juni 2007.

12. Kapitel

Der Unbekannte

07. Juni 2007, circa 03:55 Uhr

Ablauf:

Tanja und Marco erreichen jetzt über den oberen der beiden Fußgängerübergänge, die Parkhausdeck und Parkplatz miteinander verbinden, das Hauptfestgelände.

Der Parkplatz ist durch drei Grünflächen in vier Reihen unterteilt, in denen jeweils zehn einander gegenüberliegende Parkflächen markiert sind. Am Abend des FH-Festes sind auf den markierten Parkflächen Bier- und Essensstände aufgebaut. Der Parkplatz wird auf einer Seite durch eine Zufahrtstraße, den Stuckradweg, begrenzt.

Tanja und Marco biegen nach Betreten des Hauptfestplatzes direkt rechts ab, um in Richtung Shuttlebus-Haltestelle zu gehen. Dabei überqueren sie diagonal die Fläche, auf der ein Bierstand und ihm gegenüber ein Kühlwagen mit der Aufschrift *Mixery* steht.

Am Ende der Reihe, kurz vor einem *Dönerbüdchen*, bemerkt Marco, dass Tanja nicht mehr neben ihm ist. Er kehrt sofort um und sieht sie bereits nach wenigen Schritten im Gespräch mit einem ihm unbekannten Mann. Tanja und der *Unbekannte* stehen genau zwischen dem *Mixery-Bierstand* und dem gegenüber abgestellten, zugehörigen Kühlwagen.

Hinweis:

Dass diese Situation, vor allem im Hinblick auf die Örtlichkeit, in der Sendung »Aktenzeichen XY… ungelöst« vom 27. September 2007 falsch dargestellt und in derselben Sendereihe in der Folge vom 30. März 2011 diese Falschdarstellung nur annähernd berichtigt wurde, wird im Kapitel über die fehlerhaften Beschreibungen der Sendungen »Aktenzeichen XY… ungelöst«[26] *eine nähere Behandlung erfahren.*

Weiter im Ablauf:

Marco wendet sich an Tanja, um ihr mitzuteilen, dass er nun definitiv den nächsten Bus in die Stadt nehmen wolle.

Marco beschrieb in seiner Aussage[27] die kurze Begegnung mit dem *Unbekannten* folgendermaßen:

Noch bevor Tanja im Stande gewesen sei, ihm zu antworten, habe ihn der *Unbekannte* im Trierer Dialekt mit den Worten »Hey, lass die Tanja in Ruh« angepöbelt. Tanja soll dabei albern gekichert und der wesentlich größere und auch kräftigere Kerl Marco mit der linken Hand weggeschubst und dabei mit der Handfläche seinen Bauch berührt haben.

---

[26] Siehe Kapitel 27 »Aktenzeichen XY ungelöstes Chaos«.

[27] Vernehmungsprotokoll vom 09. Juni 2007.

Hinweis:

Das Gerücht, es habe sich bei dem Unbekannten um einen kleinen, eher schmächtigen Mann gehandelt, ist falsch.

Weiter im Ablauf:

Da Marco eine Auseinandersetzung mit dem körperlich überlegenen *Unbekannten* vermeiden will, verlässt er augenblicklich und wortlos die Szenerie in Richtung Shuttlebus-Haltestelle.

In Anbetracht des oben beschriebenen Verhaltens spricht eine nicht unerhebliche Wahrscheinlichkeit dafür, dass die bis heute, jedenfalls offiziell, unidentifizierte Person Tanja nicht unbekannt, sondern sogar recht vertraut war. Vermutlich vor diesem Hintergrund entschied sich Tanja Gräff in diesem Moment bewusst dafür, bei dem vermeintlich *Unbekannten* zu bleiben und Marco, den sie erst seit vier Wochen kannte, ziehen zu lassen.[28]

[28] Verifiziert wird dieser Ablauf durch Vernehmungsprotokolle, persönliche Gespräche mit Zeugen, Hinweise aus dem Rekonstruktionsbericht vom 05. September 2007 und die Auswertung der Handyortung durch die Ermittlungsbehörden.

13. Kapitel
Marco verlässt das Festgelände

07. Juni 2007, ab circa 03:55 Uhr

Ablauf:

Marco geht zielgerichtet zur Bushaltestelle der FH Trier. Da die Haltestelle anlässlich des FH-Sommerfestes verlegt wurde und dadurch die Fahrtrichtung der Busse nicht eindeutig erkennbar ist, steigt der ortsfremde Marco in den falschen Bus nach Sirzenich ein. Der Bus fährt um circa 04:00 Uhr[29] los. Seinen Irrtum bemerkt Marco erst an der Endstation in Sirzenich. Da der Busfahrer sich später an den *irregeleiteten* Fahrgast noch gut erinnern konnte, ist an dem Wahrheitsgehalt von Marcos Darstellung nicht zu zweifeln.

Auch OStA Zielonka bestätigt in seiner abschließenden Bewertung vom 10. Februar 2012 diese Falschfahrt als gesichert.

Nach der Rückfahrt zur FH besteigt Marco den richtigen Shuttlebus in die Stadt. Zusammen mit anderen Fahrgästen steigt Marco an der Haltestelle im Bereich der Kaiser-Wilhelm-Brücke aus, da der Shuttlebus - sich von seiner Wohnung entfernend - weiter in Richtung Trier-Moselauen

[29] Laut Oberstaatsanwalt Zielonka[1] in der Einstellungsverfügung vom 10. Februar 2012 fahrplanmäßige Abfahrt um 04:05 Uhr.

fährt. Den restlichen Weg zu seiner Wohnung legt Marco zu Fuß zurück.[30] Nach Marcos Angaben war es inzwischen circa 04:20 Uhr.

Diese Darstellung wird bestätigt durch die Angaben der Zeugin Fenja[31], einer weiteren Kommilitonin Marcos im Fachbereich Germanistik der Uni Trier, die Marco in diesem Zeitfenster zweimal sieht:

Einmal erkennt sie, vom FH-Fest kommend und gerade die Kaiser-Wilhelm-Brücke überquerend, aus dem Bus heraus, wie Marco am Martinsufer entlangläuft. Das zweite Mal trifft sie ihn wenig später auch noch im Bereich Karstadt-Parkhaus auf dem Weg zu seiner damaligen Wohnung. Dort kommt es zwischen Marco, Fenja und deren Freund zu einem kurzen Gespräch. Die Aussage der Zeugin Fenja ist aktenkundig und somit durch die Ermittlungsbehörden Trier verifiziert.[32]
Trotz dieses wasserdichten Alibis wurde der Zeuge Marco bis zur Einstellungsverfügung des Staatsanwaltes Zielonka vom Februar 2012 intern als Tatverdächtiger geführt.

---

[30] Vernehmungsprotokoll vom 09. Juni 2007.

[31] Diese Zeugin[1] ist, entgegen allen Gerüchten, nicht identisch mit der Zeugin M, die den *Spitzbart* beschrieb.

[32] Quelle: Einstellungsverfügung des Oberstaatsanwaltes Zielonka vom 10. Februar 2012.

14. Kapitel
Eine seltsame SMS

07. Juni 2007, 03:57:59 Uhr

Ablauf:

Tanja oder eine andere Person gibt um 03:57:59 Uhr[33] in ihr Handy die SMS *ABBA* ein. Diese SMS landet im Speicherplatz Entwürfe, sie wird also nie abgeschickt. Die Bedeutung dieser SMS und der potenzielle Adressat sind bis heute den Trierer Ermittlungsbehörden unbekannt.

> *Hinweis:*
>
> *Lässt man den Finger einen Moment auf dem Buchstaben A der damaligen Handys, schreibt das T9-Programm automatisch das Wort Abba. Tanja schrieb - wie in Kapitel 11 beschrieben - zuvor »Adi wo bist Du denn?«.*
>
> *Mein Team und ich gehen nach sachgerechter Prüfung dieses Sachverhaltes davon aus, dass Tanja diese SMS gerade wiederholen wollte, als Jemand sie beim Schreiben störte. Beispielsweise*

---

[33] Quelle: Abschlussbericht des Staatsanwalts Krause vom 22. Juni 2017.

die Person, deren Handynummer unmittelbar danach in Tanjas Handy eingespeichert wurde.

Nach dem Auffinden der sterblichen Überreste Tanjas am 11. Mai 2015 wurde ihr Handy am Fundort sichergestellt. Die Ermittlungsbehörden erwähnten allerdings der Presse gegenüber die Existenz dieses SMS-Entwurfs, wie auch einige andere wichtige Erkenntnisse, nicht.

Da Tanja zum Zeitpunkt der Speicherung des SMS-Entwurfs in der Hauptsache immer noch damit beschäftigt war, Adrian zu orten, ist es kaum vorstellbar, dass sie eine sinnlos anmutende SMS in ihr Handy abgespeichert haben soll. Aber diese SMS ist nicht die einzige Merkwürdigkeit, die sich nach ihrem Auffinden aus ihrem Handy-Protokoll ergab.

15. Kapitel
Eine mysteriöse Telefonnummer

07. Juni 2007, 03:59:16 Uhr

Ablauf:

In Tanjas Handy wird um 03:59:16 Uhr eine Handynummer manuell eingegeben und ein Anwählversuch unternommen. Dadurch verbleibt die eingegebene Nummer automatisch im Anwählprotokoll. Zu einer Verbindung zu dem Anschluss kam es nicht, wie sich aus den sichergestellten Verbindungsdaten, der Funkzelle und dem Anschluss von Tanja Gräff ergab.[34]

Nachdem Tanja gefunden wurde und damit auch ihr Handy, hat man neben dem in Kapitel 14 beschriebenen SMS-Entwurf - ABBA - auch die interessante Feststellung dieses Anwählens gemacht. Den Besitzer der eingegebenen Nummer machte man schnell ausfindig. Die ermittelte Person bestritt im Zuge ihrer Vernehmung vom 17. September 2015 jeden Kontakt oder gar eine persönliche Bekanntschaft zu Tanja Gräff. Der junge Mann schloss aber nicht aus, dass er Tanja seine Telefonnummer gegeben und Tanja diese Nummer zum Zwecke der Speicherung in ihr Handy eingegeben habe. Staatsanwalt Krause hält dazu im

[34] Quelle: Abschlussbericht des Staatsanwaltes Krause vom 22. Juni 2017.

Abschlussbericht vom 22. Juni 2017 Folgendes fest:

> »[…] Insbesondere ließ er sich dahingehend ein, dass er keinerlei Erinnerung an ein Aufeinandertreffen mit Tanja Gräff habe. Er konnte nicht erklären, wieso sich seine alte Telefonnummer im Mobiltelefon von Tanja Gräff befand. Er konnte allerdings auch nicht ausschließen, dass er seine Telefonnummer ihr gegeben und Tanja Gräff sich diese durch kurzes Anwählen in ihr Telefon gespeichert hatte. […] Tanja Gräff habe der Zeuge nicht gekannt. […]«

Kaum zu glauben, aber wahr. Damit war der Fall für die Ermittlungsbehörden erledigt. Dass die Ermittler diese Handyauswertung in den Pressekonferenzen ebenfalls nicht erwähnten, überrascht kaum. Tatsächlich ordnet sich auch diese Unterschlagung in die offensichtliche Strategie fortlaufender Vertuschungsmanöver nahtlos ein. Bei einem entsprechenden Vorhalt würden die Ermittlungsbehörden sicher ermittlungstaktische Gründe ins Feld führen. Da man aber den Inhaber der Nummer ermittelte, ihn mit den Fakten konfrontierte und der Fall ohnehin als Unfall/Suizid geschlossen wurde, greift dieses Argument nicht.

Ohne vorgreifen zu wollen, ist an dieser Stelle zu betonen, dass die Umstände um die seltsame Nummer und die ebenso seltsame SMS, die in Tanjas Handy gefunden wurden, nicht alles ist, was man nach Tanjas Auffinden im Mai 2015 der Öffentlichkeit, aus welchen Gründen auch immer, vorenthalten hat.

16. Kapitel
Tanja und Adrian finden telefonisch wieder zusammen

07. Juni 2007, 03:59:45 Uhr

Ablauf:

Tanja versucht, Adrian um 03:59:45 Uhr vom Hauptfestplatz aus - *Funkzelle Theobaldstraße* - immer noch zu erreichen.

Die Telefonverbindung zu Adrian kommt zwar zustande, reißt allerdings bereits nach acht Sekunden wieder ab - dies vermutlich dadurch bedingt, dass sich Adrian noch immer im Shuttlebus befindet. Adrian ruft Tanja jetzt aber unmittelbar zurück. Dieses Mal kommt es endlich zu dem von Tanja ersehnten Gespräch.

Bei Adrians Rückruf um 04:00:01 Uhr handelt es sich um das Gespräch, das Tanja in Gegenwart der Zeugen Till, Katja, der Zeugin M und dem *Unbekannten-Spitzbart*[35] geführt hat.

[35] Siehe Kapitel 12 »Der Unbekannte« und Kapitel 17 »Unbekannter-Spitzbart«.

17. Kapitel
Unbekannter-Spitzbart

Tanjas letzte verifizierte Sichtung
07. Juni 2007, 04:00:01 Uhr

Ablauf:

Gegen 04:00 Uhr treffen der Zeuge Till[1] und die Zeugin M mit ihrer Freundin Katja[1] auf die telefonierende Tanja. Sie steht vor der Anhängerdeichsel des *Mixery-Kühlwagens* in Begleitung eines Mannes, den die Zeugin M in den darauffolgenden Aussagen als den Mann mit dem *Spitzbart* beschreiben wird. Außerdem soll eine weitere männliche Person bei Tanja und unmittelbar neben Spitzbart gestanden haben. Nach Angaben der Zeugin Katja[36] saßen noch weitere Personen direkt dahinter auf der Anhängerdeichsel. Es habe den Anschein erweckt, als bildeten diese Personen zusammen eine Gruppe.

> *Hinweis:*
>
> *Beim Inhaber der mysteriösen Handynummer[37] handelt es sich definitiv nicht um den Mann mit dem Spitzbart[38].*

---

[36] Persönliches Gespräch mit Katja.

[37] Siehe Kapitel 15 »Eine mysteriöse Telefonnummer«.

[38] Fotonachweis vorhanden.

Da der Zeuge Till Tanja gut kennt und sich gerne kurz mit ihr unterhalten möchte, bleiben er und seine Begleiterinnen stehen und warten das Ende ihres Telefonats ab.

> *Hinweis:*
> *Die mittels der Funkzellenvermessung des Bayerischen LKAs erfolgten Funkzellenauswertungen belegen, dass es sich hierbei um das bereits erwähnte Gespräch um 04:00:01 Uhr zwischen Tanja und Adrian handelte.*

Till wird später aussagen[39], dass Tanja, mit dem Gesicht zu ihm gewandt, vorne am Kühlwagen an der Anhängervorrichtung gestanden und telefoniert habe.

Aus Tills Vernehmungsprotokoll:

> »[...] stand dann die Tanja an bzw. bei einem kleinen Kühlwagen. Sie stand vorne am Kühlwagen, an der Aufhängevorrichtung. Sie stand mit dem Gesicht zu mir. [...]«

Er sei ein bis zwei Schritte zurückgetreten und habe das Ende des Telefonates abgewartet. Vom Inhalt des Telefonates, so Till, habe er, anders als der *Spitzbart* und dessen Begleiter, die während des Telefonates unmittelbar neben Tanja standen, nichts mitbekommen. Tills Einladung zu

[39] Vernehmungsprotokoll des Zeugen Till vom 25. Juni 2007.

einem Getränk schlägt Tanja aus. Sie erklärt ihm, dass sie auf dem schnellsten Weg zu Adrian in die Stadt wolle, da dieser dort auf sie warte. Dennoch hält Till die strahlende Tanja durch ständiges Nachfragen zu ihrer aktuellen Lebenssituation einige Minuten auf. Zum Ende der Unterhaltung habe sie sich laut Till noch nach dem schnellsten Weg zum »Micky-Maus-Koch-Platz« erkundigt.

Während des minutenlangen Gespräches zwischen Till und Tanja fällt der Zeugin M Tanjas auffälliger Begleiter ins Auge, auf den sie einen freien Blick hat. Nach Eindruck der Zeugin M beäugte diese männliche Person Till misstrauisch und grimmig aus den Augenwinkeln. Die Zeugin beschrieb den Mann als eher kräftig, zwischen 1,80 Meter und 1,90 Meter groß. Er habe dunkle, hochstehende Haare gehabt, die nicht zwingend gegelt gewesen sein mussten. Er sei dunkel gekleidet gewesen, und sie habe seine kräftigen Unterarme und seine Armbanduhr sehen können. Sein Gesicht beschrieb die Zeugin M explizit als nicht markant, eher schwammig. Die Konturen zwischen Wangen und Hals seien nicht klar definiert gewesen. Vielmehr sei er auffallend pausbäckig, wie ein zu kräftig geratener Junge gewesen. Zudem habe diese Person ein weiteres besonderes Merkmal aufgewiesen, nämlich einen Kinnbart, der strichförmig unter der Unterlippe begonnen und sich am Kinn zu einem Spitzbärtchen ausgeweitet habe.[40]

[40] Vernehmungsprotokoll der Zeugin M vom 25. Juni 2007.

Aus dem Vernehmungsprotokoll der Zeugin M:

> »[...] Während Till[1] mit Tanja sprach, ist mir eine männliche Person aufgefallen, die mir genau gegenüber stand. [...]
> Er hatte einen Kinnbart. Ich schätze, so 3 cm lang. Der hatte eine ein bisschen pummelige Statur, nicht korpulent, vielleicht eher kräftig. Er war jedenfalls nicht schlank. Er war etwa 1,80 m groß, ich schätze ihn auf min. 85 kg, mindestens. [...]
> Er hatte dunkle Haare, die in die Höhe standen. Ich kann aber nicht sagen, ob sie hochgegelt waren.
> Sein Gesicht würde ich auf keinen Fall als markant beschreiben, sondern eher so wie bei einem kleinen Jungen, pausbäckig. [...]«

Aus dem Aktenvermerk der Kripo vom 26. Juni 2007 zur Beschreibung des *Spitzbartes* ergibt sich folgende Präzisierung zum Kinnbart:

> »Zum Aussehen des Kinnbartes befragt, erklärte Frau [Zeugin M], der Bart habe strichförmig unterhalb der Unterlippe begonnen, und am Kinn sei ein kleiner Bart zu erkennen gewesen.«

In persönlichen Gesprächen berichtete die Zeugin M, sie habe in der beschriebenen Situation jeden Moment damit gerechnet, dass der latent aggressiv wirkende *Spitzbart* das Gespräch zwischen Till und Tanja unterbrechen und Erstgenannten wegstoßen würde.

In ihrer Vernehmung vom 26. Juni 2007 sagte die Zeugin M wörtlich:

»[...] Ich glaubte, er würde dazwischengehen. [...]«

Bei dieser Beschreibung dachte ich sofort an den *Unbekannten*, der Marco, nur wenige Minuten zuvor und nur wenige Schritte von dem Kühlwagen entfernt, angepöbelt und weggeschubst hatte.

Hinweis:

Hier ist bereits anzumerken, dass zwischen der Begegnung Marcos und dem Unbekannten um circa 03:55 Uhr zwischen Mixery-Bierstand und Mixery-Kühlwagen und der vorstehend beschriebenen Sichtung durch die Zeugin M am Mixery-Kühlwagen maximal 5 Minuten lagen.

Nach Einschätzung der Zeugin M habe die von ihr beobachtete Person eine aggressive Handlung nur deswegen unterlassen, weil Till ebenfalls groß gewachsen und in ihrer und Katjas Begleitung gewesen sei.

Weiter berichtete die Zeugin M in ihrer Vernehmung vom 25. Juni 2007, neben der großen, eher korpulenten Person habe sich während des ganzen Gespräches im Hintergrund eine weitere männliche Person aufgehalten. Diesen Mann neben dem *Spitzbart* beschrieb die Zeugin M mir gegenüber als vermeintlichen *FDPler*. Auf Nachfrage

erläuterte sie diese Kategorisierung folgendermaßen: Der etwas kleinere Mann neben dem *Spitzbart* habe Sakko und Polohemd getragen und im Gegensatz zu Spitzbart einen eher *glatten* Eindruck gemacht.
Die Zeugin M, Till und Katja sind sich nicht ganz einig darüber, wie lange das Gespräch mit Tanja insgesamt dauerte. Ihre Angaben variieren zwischen fünf und zehn Minuten. Da Tanjas letztes Lebenszeichen aber aus der *Karthäuser-Funkzelle* um 04:12:59 Uhr kam und Till mit seiner *Damengruppe* um 04:00:01 Uhr schon bei Tanja am Kühlwagen stand, kommen mehr als zehn Minuten Verweildauer auch nicht in Betracht.

Till, Katja und die Zeugin M sind sich allerdings, trotz einiger - aber nur wenigen und geringfügigen - Abweichungen in ihren Vernehmungen, darüber einig, dass sich Tanja in der Situation am Kühlwagen noch einmal dem *Spitzbart* zuwandte - eventuell, um sich zu verabschieden - und sich dann wieder in Richtung Parkdeck zurückbewegte. In die Richtung also, von wo sie knapp eine Viertelstunde zuvor mit Marco hergekommen war. Die Gesamtatmosphäre beschrieb Till abschließend wie folgt:[39]

> »[...] Sie [Tanja] war gut drauf. Sie war so gut gelaunt wie immer. Ich muss an dieser Stelle sagen, dass sie immer gut gelaunt und aufgedreht ist. [...] An diesem Abend war das auch so. [...] Eigentlich hat die Tanja nie viel getrunken, aber man hat das schon bei ihr gemerkt, wenn sie was getrunken

hatte. [...] Es war aber nicht so, dass sie nicht mehr in der Lage gewesen wäre, verantwortlich zu handeln. [...] Sie war innerlich unruhig. Offensichtlich war ihr einziges Bestreben, schnellstmöglich zum Nikolaus-Koch-Platz zu kommen. [...] Ich habe dann meinerseits das Gespräch abgebrochen. Ich habe dann zu ihr gesagt, sie solle in die Stadt hinuntergehen bzw. fahren. Wir würden ein anderes Mal weiterreden. [...]«

Hinweis:

Um der Wahrheit die Ehre zu geben, aber auch um darzustellen, wie schnell etwas falsch verstanden oder interpretiert werden kann, ist zu erwähnen, dass Katja die ihr wenig bekannte Tanja in dieser Situation für betrunken hielt. Der Grund dafür war weniger ein Lallen oder ein sonst typisches Verhalten einer Betrunkenen als vielmehr der Umstand, dass Tanja bei der Unterhaltung mit Till mit dem Oberkörper hin und her wippte.

Till erklärte Katja später, dass diese Wipp-Bewegung ein typisches Verhalten Tanjas gewesen sei und nicht etwa ein Indiz für einen Rauschzustand.[41]

---

[41] Persönliche Gespräche mit Till, Katja und der Zeugin M.

Bei der Auswertung eines eingesandten Fotos könnte diese typische Wipp-Bewegung Tanjas eventuell noch von Bedeutung sein.[42]

Nicht betrunken, nicht derangiert und auch nicht orientierungslos. Doch wie kamen Staatsanwalt Krause und die Polizeipsychologin Dr. Sommer dann zu einem gänzlich anderen Schluss? Auch Marco versicherte mir, dass in dem Moment, als Tanja es vorzog, sich dem *Unbekannten* zuzuwenden, sie höchstens beschwipst gewesen sei.

Soweit der dokumentierte Ablauf der Geschehnisse am *Mixery-Kühlwagen* mit Tanja und dem *Unbekannten-Spitzbart*. Um die immense Bedeutung dieser letzten verifizierten Sichtung Tanjas in Hinblick auf den weiteren Verlauf dieser Nacht darzustellen, greife ich im Folgenden verschiedene Szenen erläuternd auf.

Als Till mit Katja und der Zeugin M um 04:00:01 Uhr Tanja vor dem Kühlwagen antrafen, telefonierte sie gerade mit Adrian. Zum Inhalt des Telefongespräches um 04:00:01 Uhr ließ sich Adrian in seiner Vernehmung wie folgt ein[43]:

Er gab an, während dieses Telefonats gerade den Nikolaus-Koch-Platz, im Bus sitzend, passiert und Tanja dies auch mitgeteilt zu haben. Zum Inhalt gab er an, sich mit Tanja an der

[42] Siehe Kapitel 34 »Verlaufsthesen – Was geschah nach 04:12:59 Uhr« – Foto Mädchen im Parkhaus.

[43] Vernehmungsprotokoll Adrian vom 09. Juni 2007.

Porta Nigra verabredet zu haben, um anschließend mit ihr, Arne, Martin und Jonas zurück zum Trimmelter Hof zu fahren.

Adrian gab ferner an:

> »[...] Während dem ersten Gespräch hatte ich den Eindruck, dass Tanja ein bisschen katzig war. Damit meine ich, ein bisschen schlecht gelaunt, ein bisschen sauer, weil wir schon weg waren. Das ist aber nur eine Vermutung. [...]«

Weil Adrian im Verlauf des Telefonates aber wohl versprach, an der Porta Nigra auf Tanja zu warten, um gemeinsam mit ihr und seinen Kumpels mit einem Taxi zurück zum Trimmelter Hof zu fahren, war die Situation wieder entkrampft und Tanja schnell versöhnt.

Also bestand an dieser Stelle für Tanja kein Anlass, sprichwörtlich den Boden unter den Füßen zu verlieren. Das Gegenteil war der Fall. Tanja war wieder guter Stimmung. Das deckt sich, wie oben beschrieben, auch mit den Aussagen des Zeugen Till und der Zeugin M in Bezug auf Tanjas Gemütszustand nach dem Gespräch um 04:00:01 Uhr.

> *Hinweis:*
>
> *Die Polizeipsychologin Dr. Sommer behauptet in ihrer postmortalen Analyse, Tanja sei nach diesem mit Adrian um 04:00:01 Uhr geführ-*

ten Telefonat enttäuscht und verzweifelt auf den Roten Felsen gelaufen und habe ihn von dort um 04:12:59 Uhr ein letztes Mal angerufen. Danach sei sie, mit sich selbst agierend, in den Tod gestürzt.[44]

Ein weiteres Indiz für Tanjas vermeintlichen Ausnahmezustand will Frau Dr. Sommer in folgendem Sachverhalt erkannt haben:

Tanja äußerte nicht, ich möchte zum Nikolaus-Koch-Platz, wie es korrekt gewesen wäre, sondern sie benutzte die Verballhornung *Micky-Maus-Koch-Platz*. Dr. Sommer gebraucht diese Bezeichnung unter anderem zur Untermauerung ihrer These, Tanja habe sich in dieser Nacht in einem psychischen Ausnahmezustand befunden, der letztendlich dann auch Mechanismen in Gang gesetzt habe, die schließlich zum selbstverschuldeten Tod Tanjas geführt hätten.
Dr. Sommer konstatierte insoweit in ihrer Analyse:[45]

> »[...] Till [...] beschrieb, dass Tanja ›Mickymaus-Koch‹-Platz gesagt haben soll. Zum einen wäre es unnötig gewesen, zum Nikolaus-Koch-Platz zu fahren/zu gelangen, da Adrian dort nicht aus dem Shuttlebus ausgestiegen war und gewartet hatte.

---

[44] Siehe Kapitel 33 »Ein postmortales Gutachten«.

[45] Quelle: Abschlussbericht vom 22. Juni 2017 des Staatsanwalts Krause.

> Zum anderen war es unnötig, die Situation ins Lächerliche zu ziehen, wenn sie tatsächlich Adrian hätte folgen wollen. Damit schien sich diese Albernheit vielmehr aus einer Verlegenheit/Beschämung heraus zu speisen. [...]«

Diese Bewertung verwundert kaum, denn unterzieht man das benannte psychologische Gutachten einer Gesamtschau, ergibt sich deutlich, dass Dr. Sommer im Rahmen ihres Bemühens, ein Persönlichkeitsbild Tanjas anzufertigen, die ihr zur Verfügung gestellten Akten offensichtlich verstärkt nach solchen Besonderheiten durchforstet hat, die geeignet erschienen, eine Pathologisierung Tanjas herzuleiten. Dr. Sommer hat es aber, wie in anderen Zusammenhängen, so auch in diesem Fall, unterlassen, sich im Umfeld Tanjas persönlich zu dem Thema *Micky-Maus-Koch-Platz* kundig zu machen. Es hätte durchaus die Möglichkeit bestanden, die Umstände der Entstehung des Spaßbegriffes *Micky-Maus-Koch-Platz* aus Tanjas Wortschatz aufzuklären. Durch ein Gespräch mit Frau Gräff stellte sich die Harmlosigkeit der Verwendung dieser Begrifflichkeit heraus:

Tanjas Vater war jahrzehntelang bei der Tageszeitung »Trierischer Volksfreund« beschäftigt. Sein Büro befand sich im Bereich des Nikolaus-Koch-Platzes. Schon als Kleinkind holte Tanja mit ihrer Mutter den Vater häufig nach Dienstschluss an seiner Arbeitsstelle ab, um gemeinsam den Nachmittag in der Stadt zu verbringen. Aus dieser Zeit stammt die kindliche Wortschöpfung *Micky-Maus-Koch-Platz*, die Tanja und ihre Familie bis zu dieser Nacht beibehielten.

Die Frage, warum Tanja Till nicht nach der Porta Nigra, sondern nach dem Nikolaus-Koch-Platz fragte, wäre dagegen berechtigt gewesen, da Adrian behauptete, Tanja im Gespräch um 04:00:01 Uhr angeblich an die Porta Nigra bestellt zu haben.[43] Dieser Widerspruch wurde allerdings seitens der Kripo gänzlich ignoriert.

Weshalb Tanja, die als Einheimische über beste Ortskenntnisse verfügte, Till überhaupt nach dem Weg gefragt haben soll, erscheint zunächst auch etwas merkwürdig, lässt sich aber einfach erklären, wenn man folgende Begebenheiten berücksichtigt:

Da sie ihr Wintertraining im Bogenschießen in der Turnhalle der FH absolvierte, kannte sie sich auch auf dem Campusgelände am Schneidershof aus. Außerdem kam Tanja in der Nacht mit ihrer Clique mit dem Shuttlebus auf das Festgelände und wusste daher, wo diese Haltestelle war. Tanja wollte deshalb wohl nicht wissen, wie man, sondern wie man am schnellsten in dieser Nacht in die Stadt kommen könne. Zu Fuß oder mit dem Bus, beides waren denkbare Möglichkeiten. Aber der Shuttlebus fuhr erhebliche Umwege und außerdem waren die Abfahrtszeiten auf 10 bis 15 Minuten getaktet. Tanja hätte daher auch eventuell eine Wartezeit in Kauf nehmen müssen.

Im Übrigen war die Haltestelle aufgrund des Festes verlegt worden und der Weg zu diesem Abfahrtspunkt dadurch länger als üblicherweise.

So gesehen war die an Till adressierte Frage Tanjas gar nicht so unsinnig, wie es von Dr. Sommer in ihrer Analyse ausgelegt wurde. Denn die schnellste Strecke zur Porta Nigra war unter Berücksichtigung der vorbeschriebenen Fakten tatsächlich der Weg zu Fuß über das Parkhausoberdeck, dann über den Weg am Lieferanteneingang der Mensa vorbei und schlussendlich über einen kleinen Trampelpfad zum Schillingsteg in Richtung Stadt.

Ein weiterer wichtiger Aspekt hinsichtlich Tanjas Folgeverhalten nach dem Aufenthalt am *Mixery-Kühlwagen* ergibt sich aus der Frage, wie lange Tanja sich dort aufgehalten hatte. Nur unter Berücksichtigung der Verweildauer am Kühlwagen - ausgehend vom Telefonat um 04:00:01 Uhr - lässt sich eine seriöse Einschätzung vornehmen, wann und von wo Tanja aus der *Karthäuser-Funkzelle* ihr letztes Telefonat führte. Es war immerhin ihr letztes Lebenszeichen.

Da die Zeugen bezüglich des Gesprächs zwischen Tanja und Till von mindestens fünf bis maximal zehn Minuten ausgehen, ergeben sich folgende Aufbruchzeiten vom Kühlwagen in Richtung Stadt: Tanja ist frühestens um 04:05 Uhr und spätestens um 04:10 Uhr zu Adrian, der an der Porta Nigra auf sie warten wollte, aufgebrochen.

Sollte Tanja gegen 04:05 Uhr oder auch etwas später den Kühlwagen in Richtung Innenstadt verlassen haben, so wäre es für sie ein Leichtes gewesen, die *Karthäuser-Funkzelle* im Bereich Schillingsteg-Treppenabgang um 04:12:59 Uhr zu erreichen. Selbst wenn Tanja erst um 04:10 Uhr oder etwas später vom Kühlwagen aufgebrochen wäre, hätte sie problemlos in weniger als zwei Minuten die *Karthäuser-Funkzelle* auf dem Parkhausoberdeck im Bereich der Auffahrts-/Abfahrtsrampe für ihr letztes Telefonat um 04:12:59 Uhr erreicht.

Doch leider haben die Ermittler diese Rekonstruktion nicht nachvollzogen. Laut Staatsanwalt Krause und der Polizeipsychologin Dr. Sommer soll Tanja in diesen wenigen Minuten auf den Höhenweg des Roten Felsens gelaufen und von dort aus der Karthäu*ser-Funkzelle* ihr letztes Telefonat um 04:12:59 geführt haben, bevor sie anschließend in den Tod stürzte.[45]

Aufgrund der wesentlich größeren Distanz von circa einem Kilometer - ausgehend vom Kühlwagen auf dem Hauptfestplatz - sowie anhaltender Dunkelheit und in Abrede jedweder Logik ist diese Alternative jedoch zu vernachlässigen.

Um es in aller Deutlichkeit zu sagen: Diese letzte verifizierte Sichtung Tanjas am *Mixery-Kühlwagen* ist das Herzstück des *Falles Tanja Gräff*. Umso tragischer und beklagenswerter ist die unumstößliche Tatsache, dass diese letzte, durch eine Vielzahl von Zeugen verifizierte Sichtung Tanjas in Gesellschaft des *Spitzbartes* bis zum heutigen Tage der Öffentlichkeit vorenthalten respektive seitens der Ermittler sogar öffentlich geleugnet und selbst im Zuge der eigenen Ermittlungsarbeit weitgehendst ignoriert wurde.[46]

Bis heute gilt die Begegnung Marcos mit Tanja und dem *Unbekannten* als offiziell letzte verifizierte Sichtung. So publiziert von Anbeginn der Ermittlungen im Jahre 2007 durch die Trierer Ermittlungsbehörden. Man änderte einfach die Dramaturgie dieser Nacht, indem man die letzte verifizierte Sichtung Tanjas mit *Spitzbart* unterschlug und die vorletzte Sichtung Marcos mit Tanja und dem *Unbekannten* zur letzten Sichtung exponierte und die Öffentlichkeit in diesem falschen Glauben ließ. So geschehen in dem Fernsehbeitrag »Aktenzeichen XY... ungelöst« vom 27. September 2007.

Die in der Sendung »Aktenzeichen XY... ungelöst« vom 30. März 2011 vorgenommene Nachkorrektur in Bezug auf eine angeblich einsame Begegnung des Zeugen Till mit Tanja habe ich im entsprechenden Kapitel 27 explizit beschrieben und als bewusst initiierte Lüge enttarnt.[47]

Die letzte verifizierte Sichtung Tanjas mit *Spitzbart* und seinem Freund, dem *FDPler*, wurde durch Till, die Zeugin M und Katja eindeutig bezeugt. Meiner Recherche nach müsste die Zeugin Yolanda[1], aber auch die Zeugin Babette[1] mit

---

[46] Dazu in den Kapiteln 24 »Die Zeugin M«, 28 »Der Leserbrief« und 29 »Spitzbart Omega«.

[47] Siehe Kapitel 27 »Aktenzeichen XY ungelöstes Chaos«.

einigen gemeinsamen Freunden diese Situation von der Deichsel des Kühlwagens aus ebenfalls miterlebt haben. Wie sich aus der folgenden Darstellung ergibt, muss sich auch der Besitzer der mysteriösen Handynummer[37] vorübergehend bei Tanja und *Spitzbart* am Kühlwagen aufgehalten haben.

Zur Verdeutlichung dieser These stelle ich die zeitlichen Zusammenhänge in der nachfolgenden Zeitenübersicht dar.

Zeitenübersicht:

Seltsame SMS:	03:57:59 Uhr
Mysteriöse Handynummer:	03:59:16 Uhr
Tanjas Anwählversuch:	03:59:45 Uhr
Adrians Rückruf:	04:00:01 Uhr

Wie die Zeitenübersicht veranschaulicht, liegen zwischen der Eingabe der mysteriösen Handynummer und Tanjas Telefonat mit Adrian um 04:00:01 Uhr in Gegenwart von Till, Katja, der Zeugin M sowie dem *Spitzbart* und seinem Freund lediglich 45 Sekunden. Es ist daher sicher nicht allzu verwegen zu behaupten, dass sich Tanja bei Eingabe der mysteriösen Handynummer bereits vor der Deichsel des Kühlwagens in Anwesenheit von *Spitzbart* und seinem Freund aufgehalten haben muss.

Ebenso bekräftigt die marginale Zeitspanne zwischen der seltsamen SMS und der Eingabe der mysteriösen Handynummer von nur 01,17 Minuten die in Kapitel 14 beschriebene Theorie, dass

Tanja beim Schreiben einer SMS an Adrian vom Besitzer besagter Handynummer gestört wurde.[48]

Warum diese kleine Rechenaufgabe von den Ermittlungsbehörden nicht bewältigt werden konnte, erscheint rätselhaft. Die Rückschlüsse, die aus der Rekonstruktion dieses Ablaufs gezogen werden können, wurden von der Polizei entweder nicht erkannt oder zumindest nicht dokumentiert. Denn wenn Tanja bereits bei Eingabe der Handynummer um 03:59:16 Uhr am *Mixery-Kühlwagen* gestanden hatte, müsste der *Spitzbart* und sein Begleiter den Inhaber der *mysteriösen* Handynummer wahrgenommen haben. Auch umgekehrt hätte dann der Handynummer-Inhaber, inzwischen identifiziert als Zeuge K, den *Spitzbart* und seinen Begleiter gesehen. Aber wie gesagt, diese Tatsache wurde von den Ermittlungsbehörden komplett ignoriert oder gar nicht erst erkannt und blieb im Abschlussbericht der Staatsanwaltschaft Trier konsequenterweise ebenfalls unerwähnt.[49]

Meiner Recherche nach müsste es, wie oben aufgeführt, mindestens sieben Zeugen für Tanjas Begegnung mit *Spitzbart* gegeben haben. Die größte Leistung der Ermittler im *Falle Tanja Gräff* besteht meines Erachtens in dem *Kunststück*, dieses Szenario trotz des hohen Zeugenaufkommens über 15 Jahre vertuscht zu haben. Warum die Trierer Ermittlungsbehörden diese Mühe überhaupt auf sich nahmen, werde ich in

---

[48] Siehe hierzu Kapitel 14 »Eine seltsame SMS«.

[49] Siehe Kapitel 29 »Spitzbart Omega«.

weiteren Kapiteln[46] ausführlich darlegen. Diese folgenreiche Vertuschung der Situation am *Mixery-Kühlwagen* setzte ein fatale Ermittlungsarbeit in Gang, die schließlich im Jahre 2017 mit dem selbstverschuldeten Tod Tanja Gräffs abgeschlossen wurde.

18. Kapitel
Marcos SMS an Adrian

07. Juni 2007, 04:08:00 Uhr

Ablauf:

Marco, der inzwischen im richtigen Bus Richtung Stadt sitzt, schreibt eine SMS[50] an Adrian mit den Worten:

> »Alter … Bin jetzt auch im Bus, sorry, dass ich plötzlich weg war, hab erst euch, dann Tanja verloren. Dann bekam ich erst die SMS, dass ihr angerufen habt und saudumm bin ich dann noch rum gelatscht. N8 und sorry«

Dass Marco nachweislich um 04:08:00 Uhr bereits im Shuttle-Bus saß, spielt im Kapitel 23 »Der Zeuge Marco« noch eine wesentliche Rolle und findet, aufgrund der besonderen Relevanz, daher bereits an dieser Stelle Erwähnung.

[50] Siehe Kapitel 23 »Der Zeuge Marco«.

19. Kapitel
Tanjas letztes Lebenszeichen

Karthäuser-Funkzelle
07. Juni 2007, 04:12:59 Uhr

Ablauf:

Tanja ruft Adrian an, der, seinen Angaben gemäß, inzwischen mit seinen Freunden Martin, Arne und Jonas auf dem Weg zu einem Taxistand am Bahnhof ist, um dann zum Studentenwohnheim am Trimmelter Hof zurückzufahren. Dort wollte man, so Adrian[51], wie zuvor verabredet, noch ein Nachgrillen veranstalten.

Tanjas letzter Anruf erreicht Adrian auf dem Weg zum Bahnhof. Seine Begleiter werden später aussagen, sie seien langsam vorausgegangen, weshalb sie nichts über den Inhalt dieses Gespräches aussagen könnten.

Adrian selbst gab einen völlig belanglosen Inhalt des Gespräches wieder und berief sich auf alkoholbedingte Gedächtnislücken. Dass er zehn Minuten zuvor, während des vorletzten Telefonats mit Tanja um 04:00:01 Uhr, den Nikolaus-Koch-Platz passierte, wusste er indes noch sehr genau.

Da in der Öffentlichkeit viel über dieses letzte Telefonat spekuliert wurde, werde ich,

[51] Vernehmungsprotokoll Adrian vom 09. Juni 2007.

um den Spekulationen ein Ende zu bereiten, an dieser Stelle wörtlich aus dem Vernehmungsprotokoll Adrians vom 09. Juni 2007 sowie aus dem Abschlussbericht der Staatsanwaltschaft vom 22. Juni 2017 zitieren. Adrian sagte aus:[51]

> »[...] In dem Gespräch um 04:09 Uhr[52] kam sie mir wieder ganz normal vor. Ich habe ihr dann gesagt, wir wären auf dem Weg zum Bahnhof und wir würden mit einem Taxi zur Uni fahren (Trimmelter Hof). Ich weiß aber nicht mehr ganz genau, ob ich das gesagt [sic], ich weiß auch nicht mehr, ob mir Tanja da gesagt hat, wo sie jetzt ist. [...]«

Dieses Aussageverhalten im Zusammenhang mit Tanjas letztem Lebenszeichen ist, nicht nur für Tanjas Mutter, schwer auszuhalten. Adrians Aussage gibt weder den geringsten Hinweis auf Tanjas Aufenthalt noch lässt sie auch nur im Ansatz erkennen, in welcher Situation Tanja sich in diesem Moment befand. Aus dem Abschlussbericht vom 22. Juni 2017:

> »[...]Sie telefonierte mit Adrian[1] [...], der ihr hierbei mitteilte, dass er, entgegen der ursprünglichen Absprache, mit drei weiteren Freunden auf dem Weg zum Bahnhof sei, um sich dort ein Taxi zu nehmen. Man wolle wieder in die Wohnung des Jonas[1] [...] fahren. Weitere bzw. konkretere Angaben zum Telefonat konnte Adrian [...] nicht machen. Er beteuerte jedoch, dass es zu keinem

[52] Anmerkung Verfasser: Exakte Uhrzeit 04:12:59 Uhr.

Streit zwischen ihm und Tanja gekommen sei. […]«

Wie bereits mehrfach erwähnt, kam Tanjas letztes Telefonat aus der *Karthäuser-Funkzelle*. Dass sich Tanja zu diesem Zeitpunkt bereits auf dem Felsenhöhenweg befunden haben soll, wie von den Ermittlungsbehörden unterstellt, zumindest aber als reale Möglichkeit erachtet wird, entbehrt, wie bereits ausführlich beschrieben, jeder Logik oder gar irgendeiner seriösen Grundlage. Sie dient aber in jedem Fall der präferierten Unfall-/Suizid-Theorie der Ermittlungsbehörden.

Lebensnah ist dagegen die Annahme, dass sich Tanja während ihres letzten Telefonates auf dem Parkhausoberdeck oder im Bereich Treppenabgang Schillingsteg aufhielt.

Bis zum heutigen Tag gilt dieser Anruf um 04:12:59 Uhr aus der *Karthäuser-Funkzelle* als Tanjas letztes Lebenzeichen.

20. Kapitel
Fronleichnam

07. Juni 2007

Ablauf:

Am Morgen des 07. Juni 2007 beschließen Waltraud Gräff und ihr Mann Karl-Hans, Erdbeeren zu pflücken. Es ist Feiertag, und das Ehepaar Gräff bereitet einen gemütlichen Nachmittag mit seiner Tochter Tanja vor. Es soll, auf Tanjas speziellen Wunsch, gegrillt und anschließend Kaffee und Erdbeerkuchen serviert werden. Doch Tanja lässt auf sich warten.

Ebenfalls am Vormittag des 07. Juni 2007 telefoniert Tanjas Schulfreund Tristan mit Lisa[1] und bittet sie um ein gemeinsames Treffen mit ihm und Tanja für denselben Abend in einer Kneipe am Viehmarkt.

Um 15:05:46 Uhr wählt Tristan Tanjas Handynummer an. Die Mobilbox wird aktiv mit der Ansage:

> »Der Teilnehmer ist vorübergehend nicht erreichbar.«

Tristan ruft daraufhin auf dem Festnetz der Familie Gräff an, worauf sich Tanjas Mutter meldet. Tristan teilt ihr mit, er sei mit dem Fahrrad unterwegs und wolle Tanja spontan besuchen. Waltraud Gräff beantwortet diese Mitteilung mit dem Hinweis, dass Tanja noch nicht zu Hause sei.

Frau Gräff ist zwar verwundert, dass Tanja sich immer noch nicht gemeldet hat, jedoch nicht beunruhigt, da sie davon ausgeht, dass Tanja sich bei Adrian aufhält. Diese Vermutung vertraut Frau Gräff Tanjas ehemaligem Schulfreund auch an.

Waltraud Gräff im Rahmen ihrer Vernehmung:[53]

> »[...] Ich wähnte sie in den Armen ihrer ersten großen Liebe. Sie war alt genug und ich hätte nichts dagegen gehabt. [...]«

Am selben Tag versucht auch Adrian, Tanja per SMS zu erreichen. Es ist 15:10:58 Uhr - keine Reaktion. Einige Sekunden danach schickt er eine zweite SMS. Es ist 15:11:03 Uhr. Tanja antwortet wieder nicht.

> *Hinweis:*
>
> *Dieser Sachverhalt lässt vermuten, dass Adrian in der vorausgegangenen Nacht die Beziehung zu Tanja nicht beendet hatte, wie es die Trierer Ermittlungsbehörden und insbesondere Frau Dr. Sommer unterstellten, um aus dieser Mutmaßung schließlich das Motiv für*

---

[53] Vernehmungsprotokoll vom 02. Juli 2007.

einen eventuellen Selbstmord Tanjas herzuleiten.[54]

Außerdem behauptet Staatsanwalt Krause im Abschlussbericht vom 22. Juni 2017:

> »[...] Das letzte Lebenszeichen von Tanja Gräff galt dem Adrian [...]. Dieses letzte Handy-Telefonat [...] fand um 04.13 Uhr statt. [...] Sie telefonierte mit Adrian [...], der ihr hierbei mitteilte, dass er, entgegen der ursprünglichen Absprache (was zu einer ›Verstimmung‹ von Tanja geführt haben dürfte, der Zeuge bezeichnete dies mit den Worten ›katzig‹), mit drei weiteren Freunden auf dem Weg zum Bahnhof sei, um sich dort ein Taxi zu nehmen. [...]«

Hier wurde der von Adrian benutzte Begriff »katzig« aus seiner Aussage vom 09. Juni 2007 im Zusammenhang mit dem um 04:00:01 Uhr geführten Telefonat einfach übernommen und scheinbar aus dramaturgischen Gründen fälschlicherweise Tanjas letztem Telefonat mit Adrian um 04:12:59 Uhr zugeordnet. Tatsächlich machte Adrian in Bezug auf das Telefonat um 04:00:01 Uhr am Kühlwagen folgende Angaben:[55]

---

[54] Siehe Kapitel 33 »Ein postmortales Gutachten«.

[55] Aus Adrians Vernehmungsprotokoll vom 09. Juni 2007. Mit erstem Gespräch ist das Telefonat um 04:00:01 Uhr gemeint. Mit dem Gespräch um 04.09 Uhr meint Adrian das nach der Funkzellenauswertung präzise feststehende Telefonat um 04:12:59 Uhr.

»[...] Während dem ersten Gespräch hatte ich den Eindruck, dass Tanja ein bisschen katzig war. Damit meine ich, ein bisschen schlecht gelaunt, ein bisschen sauer, weil wir schon weg waren.
Das ist nur eine Vermutung.
In dem Gespräch um 04.09 Uhr kam sie mir wieder ganz normal vor. [...]«

Diese Verfälschung des Sachverhaltes an dieser Stelle durch Staatsanwalt Krause spiegelt die Tendenz der Ermittlungsbehörden wider, den Fall als Suizid, zumindest *für die Akte*, plausibel erscheinen zu lassen.

21. Kapitel
Cafe Greco

07. Juni 2007, gegen 19:30 Uhr

Ablauf:

Tristan trifft sich mit Tanjas ehemaliger Freundin Lisa im Cafe Greco am Viehmarkt zu einem von ihm mit Tanja im Vorfeld angeblich vereinbarten *Versöhnungstreffen* der beiden Mädchen. Lisa und Tanja hatten seit etwa einem Jahr keinen Kontakt mehr. Im Zuge ihrer Vernehmung erklärte Lisa, dass sie zwei Tage zuvor in einem gemeinsamen Seminar der Uni Trier Tanja zuletzt gesehen habe. Tanja habe sie aber ignoriert.

Am Vormittag des Fronleichnamstages, dem 07. Juni 2007, wurde Lisa dann kurzfristig über dieses spontane Vorhaben von Tristan telefonisch in Kenntnis gesetzt. Er habe mit Tanja dieses Treffen Tage zuvor vereinbart. Lisa folgt dieser Einladung.

Auf dem Weg zum Viehmarkt versucht Tristan, Tanja, von der er immer noch nichts gehört hat, wiederholt auf dem Handy zu erreichen:
Funkzelle Granatstraße 122
07. Juni 2007, 18:29:39 Uhr:
Tristan ruft Tanja auf ihrer Handynummer an. Mobilbox-Ansage:

»Der Teilnehmer ist vorübergehend nicht erreichbar.«

Tanja erscheint zur versöhnlichen Aussprache mit der alten Schulfreundin nicht. Nach einiger Wartezeit versucht Tristan wiederholt, Tanja telefonisch zu erreichen - vergebens.

In einem Gespräch mit uns erzählte Lisa, dass sich Tristan im Verlauf des Treffens daher immer beunruhigter zeigte.

Cafe Greco
07. Juni 2007, 19:33:01 Uhr:
Tristan wählt erneut Tanjas Handynummer - erfolglos.

Cafe Greco
07. Juni 2007, 20:22:54 Uhr:
Tristan wählt ein letztes Mal Tanjas Handynummer - wiederum erfolglos.

Cafe Greco
07. Juni 2007, 20:25:20 Uhr:
Tristan schickt Tanja eine SMS - keine Antwort.

Tristan, der Tanja am Vorabend auf dem FH-Fest getroffen und gesprochen hatte, ist jetzt, so Lisas Angaben, ausgesprochen besorgt darüber, dass er die gemeinsame Freundin nicht erreichen kann. Tanja gilt im Allgemeinen als äußerst zuverlässig, und gerade deshalb entsteht nun offensichtlich Anlass zur Sorge.

Die ehemaligen Schulfreunde Tristan und Lisa sind sich darüber einig, dass dieses merkwürdige Verhalten, Freunde kommentarlos zu versetzen, Tanja nicht ähnlich sieht.

Die Frage, warum Tristan die uninformierte Lisa weder über Tanjas neue Bekanntschaft in Kenntnis setzte noch die Möglichkeit erwähnte, dass Tanja sich wahrscheinlich bei Adrian aufhalten könnte, wie es selbst Tanjas Mutter angenommen hatte, ist unklar.

Beide verlassen nach circa einer Stunde das Cafe Greco.

22. Kapitel
Tristan und Lisa starten Suchaktion

08. Juni 2007

Am Morgen

Am Morgen des 08. Juni 2007 ruft Frau Gräff von ihrer Arbeitsstelle bei der Caritas Trier Tristan an. Obwohl Frau Gräff eine sehr unruhige Nacht hinter sich hat, denn Tanja ist jetzt schon die zweite Nacht ohne jegliche Rückmeldung dem Elternhaus ferngeblieben, geht sie pflichtbewusst zur Arbeit. Inzwischen ist Frau Gräff ausgesprochen beunruhigt. Auszug aus dem Vernehmungsprotokoll vom 02. Juli 2007:

> »[...] nachdem ich Freitagmorgen den Tristan[1] in [...] angerufen hatte und ihm mitgeteilt hatte, dass die Tanja nicht zu Hause wäre [...]«

Tristan erklärt, dass er nicht wisse, wo sich Tanja aufhält. Er verspricht, etwas zu unternehmen. Er ruft Tanja auf ihrem Handy erneut an - um 09:41:11 Uhr. Er erhält nur die Bandansage:

> »Der Anrufer ist vorübergehend nicht erreichbar.«

Tristan trifft sich nun umgehend wieder mit Lisa, die aufgrund des Umstandes, dass Tanja nicht zu dem gemeinsamen Treffen am Vorabend erschien, jetzt auch in Sorge ist. Beide fahren zum Haus der Familie Gräff.

Sie treffen dort niemanden an. Vater Gräff ist zu diesem Zeitpunkt in der Klinik zur ambulanten Nachuntersuchung. Er hatte im Februar 2007 einen leichten Schlaganfall erlitten, war aber nach Krankenhausaufenthalt und Reha weitestgehend genesen. Herr Gräff erkrankte 2012 erneut an einer schweren Krankheit, an der er im darauffolgenden Jahr verstarb.

Tristan versucht, den vollständigen Namen, die Telefonnummer und die Adresse von Tanjas neuem Freund Adrian ausfindig zu machen. In seiner Vernehmung machte Tristan dazu folgende Angaben[56]:

> »[...] Der Familienname von Adrian[1] war mir ansatzweise bekannt geworden und ich konnte danach recherchieren. [...]«

Die Recherche ist erfolgreich. Tristan erreicht Adrian auf dessen Handy. Adrian kann jedoch keinerlei Angaben über Tanjas Verbleib machen. Tanja ist auf dem Trimmelter Hof zum Nachgrillen nie erschienen.

Auszug aus Adrians Vernehmungsprotokoll vom 09. Juni 2007:

> »[...] Gestern hat mich der Tristan[1] [...] angerufen. [...] Er hat mich [...] gefragt, ob ich nicht wüsste, wo die Tanja ist. Der hat mir dann gesagt, sie wäre

[56] Vernehmungsprotokoll vom 10. Juni 2007.

seit dem Fest nicht mehr aufgetaucht. Die haben wohl angenommen, die wäre bei mir oder bei einem anderen Bekannten. Ich habe dann dem Tristan gesagt, dass ich sie seit diesem Abend nicht mehr gesehen habe. [...]«

Gegen Mittag wenden sich Tristan und Lisa an den Kriminaldauerdienst Trier. Sie melden Tanja als vermisst.

Am Nachmittag gegen 14:00 Uhr

Adrian telefoniert nach Tristans Anruf mit Waltraud Gräff. Sie vereinbaren ein gemeinsames Treffen in der Stadt. Herr und Frau Gräff geben mit Adrian ebenfalls beim Kriminaldauerdienst Trier eine formelle Vermisstenanzeige auf. Adrian hat sich danach nie mehr bei Familie Gräff gemeldet. Jahre später bringt er sich bei Herrn und Frau Gräff lediglich durch ein Video über den gewaltsamen Tod eines Mädchens mit seiner 2008 gegründeten Band in schmerzhafte Erinnerung.

Im Laufe des Nachmittags sucht Tristan die Eltern Gräff in Korlingen auf und durchforstet mit deren Einwilligung Tanjas Laptop nach Informationen, die eventuell Aufschluss über ihr plötzliches Verschwinden geben könnten. Eventuelle Internet-Bekanntschaften sind nach Tristans Angaben das Suchziel - vergebens.

Indessen verbreitet Lisa über studiVZ innerhalb der Trierer Studentenschaft die Mitteilung, dass Tanja schon den zweiten Tag vermisst sei. Sie ruft gemeinsame Freunde und Bekannte an. Ohne Erfolg. Niemand hat Tanja gesehen. Tanja ist spurlos verschwunden.

Auf Tristans Drängen wird noch für denselben Abend eine private Suchaktion auf dem FH-Gelände organisiert. Es beteiligen sich unzählige Freunde und Bekannte. Die Suchaktion endet erfolglos.

23. Kapitel
Der Zeuge Marco

09. Juni 2007 - 09. Juni 2015

Der Zeuge Marco, seine Begegnung mit dem *Unbekannten* und wie man den 21-jährigen Studenten ohne irgendein Indiz oder gar einen Beweis und trotz wasserdichtem Alibi zum Gestehen eines Tötungsdeliktes an Tanja Gräff bewegen wollte.

Der Umgang der Ermittlungsbehörden mit dem Zeugen Marco soll im Folgenden ausführlich und damit möglichst anschaulich dargestellt werden, da diese Vorgehensweise beispielhaft für die dilettantische und rechtlich grenzwertige Methodik der Trierer Ermittler steht, die sich wie ein roter Faden durch den *Fall Tanja Gräff* zieht.

Der Umstand, dass man Marco intern jahrelang als Tatverdächtigen führte, ihn offiziell aber im Status eines tatverdächtigen Zeugen beließ und ihn ohne Anwalt stundenlangen Vernehmungen unterzog, ist für sich genommen schon skandalös. Gravierender ist aber die Tatsache, dass aus einem unbedarften Jungen über Nacht ein Tatverdächtiger gemacht, der öffentlich vorgeführt und gesellschaftlich stigmatisiert wurde.

Samstag, 09. Juni 2007
Marcos Elternhaus, circa 16:15 Uhr

Am Samstag, dem 09. Juni 2007, erreichte Marco in seinem Elternhaus ein Anruf der Kripo Trier. Man forderte ihn auf, umgehend zur Vernehmung im *Fall Tanja Gräff* zu erscheinen.

Bereits am vorangegangenen Freitag wurde der Student durch seinen Kommilitonen Adrian darüber informiert, dass Tanja spurlos verschwunden sei. Daraufhin setzte Marco im selben Telefonat Adrian von dem unschönen Aufeinandertreffen mit dem *Unbekannten in Kenntnis*, der ihn mit den Worten »Hey, lass die Tanja in Ruh«[57] zwischen Mixery-Bierstand und Kühlwagen kurz vor 04:00 Uhr verscheucht hatte.

Im Glauben, der *Unbekannte* könnte etwas mit Tanjas Verschwinden zu tun haben, und er, Marco, könne eventuell Maßgebliches zur Klärung des Falles beitragen, wurde er zwei Stunden später im circa 100 km entfernten Kommissariat Trier vorstellig. Seine naive Einschätzung der eigenen Rolle im *Fall Tanja Gräff* und die daraus resultierenden Folgen konnte der junge Mann zu diesem Zeitpunkt nicht überschauen.

---

[57] Siehe hierzu Kapitel 12 »Der Unbekannte«.

Samstag, 09. Juni 2007
Kriminaldirektion Trier, 18:10 Uhr

Wie in Kapitel 12 beschrieben, verblieb Marco, nachdem er und Tanja die restlichen Kommilitonen verloren hatten, noch bis zur Begegnung mit dem *Unbekannten* um circa 03:50 Uhr allein bei Tanja.

Allein aus diesem Grund war Marco vom ersten Tag an im Fokus der Ermittlungsbehörden. Obwohl die Zeugin Fenja[1] kurze Zeit nach Tanjas Verschwinden die Angaben Marcos zu seinem Heimweg bestätigte[58], und ihm damit ein Alibi gab, wurde er, wie gesagt, behördenintern von Anfang an als Tatverdächtiger gehandelt und seine Geschichte von dem *Großen Unbekannten* als Schutzbehauptung abgetan.

Nach der Aussage der Alibigeberin Fenja war Marco unmittelbar nach Ermittlungsbeginn bereits entlastet und auch im Verlauf der Monate und Jahre ließ sich kein Indiz ausmachen, das einen möglichen Tatverdacht hätte begründen können. Im Gegenteil. Das Zeitfenster für eine mögliche Tat durch den Zeugen Marco betrug lediglich acht Minuten.

---

[58] So OStA Zielonka in seiner [Einstellungs-]Verfügung vom 10. Februar 2012.

Vernehmung vom 09. Juni 2007

Der Zeuge Marco wird folgendermaßen auf seine Vernehmung eingestimmt[59]:

> »[...] Vorhalt:
> Sie wurden heute von mir gegen 16:15 Uhr telef. vorgeladen. Nach meinem Erkenntnistand sind Sie ein Bekannter der vermissten Studentin Tanja GRÄFF. Sie sind von mir als Zeuge vorgeladen worden, da Sie die Ihnen bekannte Tanja GRÄFF letztmals am 07.06.2007 gegen 04.00 Uhr in Begleitung eines unbekannten Mannes auf dem FH-Fest Schneidershof in Trier gesehen haben.
> Sie wurden von mir vor Beginn der Zeugenvernehmung umfassend zeugenschaftlich belehrt. Die Belehrung wurde von Ihnen durchgelesen und unterschrieben. Ich habe Sie darauf hingewiesen, dass Sie als Zeuge die Auskunft auf solche Fragen verweigern können, durch deren Beantwortung Sie sich selbst der Gefahr aussetzen würden, wegen einer Straftat verfolgt zu werden. Ich habe Sie zur Wahrheitspflicht ermahnt. Aufgrund von den bisher durchgeführten Ermittlungen kann ein Kapitalverbrechen zum Nachteil von Tanja Gräff nicht ausgeschlossen werden.
> Haben Sie die Belehrung verstanden? Sind Sie aussagebereit? [...]«

---

[59] Vernehmungsprotokoll vom 09. Juni 2007.

Im Verlauf dieser ersten Zeugenvernehmung machte ihm der vernehmende KHK Oswald[1] folgenden Vorhalt, Seite 7 des Vernehmungsprotokolls:

> »[…] Die durchgeführten Ermittlungen lassen befürchten, dass ein Kapitalverbrechen zum Nachteil der Tanja Gräff vorliegen könnte. Sie kommen als einer der letzten Kontaktpersonen der Tanja Gräff unter Umständen als tatverdächtige Person in Betracht. […]«

Hier erstaunt die Behauptung, es hätten sich im Zuge von Ermittlungen bereits Erkenntnisse ergeben, die ihn als *tatverdächtige Person* in Betracht kommen ließen. Mit Adrian und Marco wurde die Vernehmungsserie im *Fall Tanja Gräff* am Samstag, dem 09. Juni 2007, gestartet. Da sich diese beiden ersten Vernehmungen zeitlich überschnitten[60], stellt sich die Frage, ob zu diesem frühen Zeitpunkt bereits von Ermittlungsaktivität gesprochen werden konnte und auf welcher Basis man zu der Erkenntnis, Marco sei tatverdächtig, überhaupt kam.

Zu Gunsten der Kripo könnte man ins Feld führen, dass man zu diesem frühen Zeitpunkt die durch Marco benannten Alibigeber, zwei Busfahrer und die Zeugin Fenja, noch nicht überprüft hatte und die Vernehmungen von Till, Katja und der Zeugin M noch nicht durchgeführt waren.

[60] Vernehmungen: Adrian (17:00 – 18:44 Uhr), Marco (18:10 – 20:00 Uhr).

Auch die Tatsache, dass man Marco am Ende seiner ersten Vernehmung auf Kampfspuren untersuchte, wäre noch absolut nachvollziehbar. Diese wären eventuell schon nach wenigen Tagen verheilt und mussten daher zeitnah untersucht werden.

Dennoch, den Zeugen gleich als *tatverdächtige Person* zu bezeichnen, scheint doch etwas übereilt. Tatsächlich geriet Marco schon nach dieser ersten Vernehmung immer mehr unter Druck. Anlass dazu gab scheinbar folgender Sachverhalt[59]:

> »[...] Frage:
> Sie auf freiwilliger Basis bereit, ihr Handy von uns auslesen zu lassen?
> Antwort:
> Ja, ich habe die SMS, die ich an Adrian[1] gemailt hatte [sic] alle gelöscht. Ich hatte in dieser Nacht, d.h. während der Fete auf dem Schneidershof einen regen SMS-Kontakt mit Dana[1]. Hierbei handelt es sich um eine Bekannte, die ich sehr symphytisch finde. Weil die SMS, die ich von Adrian erhalten oder an ihn gesandt habe, [sic] habe ich diese sofort nach dem Lesen wieder gelöscht. Zu diesem Zeitpunkt des Löschens der jeweiligen SMS war die Tanja noch bei mir. [...]«

Mit dieser verunglückten Formulierung wollte Marco, das jedenfalls bekundete er mir gegenüber, letztendlich nichts anderes zum Ausdruck bringen, als die Notwendigkeit, seinen überfüllten Handy-Speicher zu leeren, damit er in dieser Nacht weiter erreichbar blieb. Insbesondere aber für die allmorgendlichen Textnachrichten seiner neuen Freundin Dana, die weder in Trier studierte noch auf dem FH-Fest zugegen war.

In den weiteren Vernehmungen Marcos wurde die Tatsache, dass er diese SMS gelöscht hatte, von den vernehmenden Beamten wiederholt kritisch thematisiert.

Seine Beziehung zu Dana wurde einerseits stark angezweifelt und das Löschen der SMS als Ausrede abgetan, andererseits fühlte man sich aber bemüßigt, die Eltern des 19-jährigen Mädchens aufzusuchen, um sie nach intimen Details in der Beziehung ihrer Tochter zu Marco zu befragen. Die beiden Beamten setzten die Eltern darüber in Kenntnis, dass der neue Freund ihrer Tochter eventuell eines Kapitaldeliktes schuldig sei.

Sie befragten die Eltern zu Details der Beziehung ihrer Tochter zu Marco, insbesondere hinsichtlich grober Gewaltanwendung im Alltäglichen oder im sexuellen Bereich. Die erschrockenen Eltern verneinten, entsprechende Kenntnisse zu besitzen.

In Bezug auf einen *normalen* Zeugen stellt dies nach diesseitiger Ansicht eine absolut unverhältnismäßige Verfahrensweise dar, denn mit einem solch massiven Eingriff in seine Persönlichkeitsrechte hat ein *normaler* Zeuge üblicherweise nicht zu rechnen. Aber Marcos angepasstes, aus seiner Sicht kooperatives Verhalten schien die Ermittlungsbehörden in Trier geradezu animiert zu haben, im Umgang mit ihm die Grenzen des einschlägigen Rechts auszureizen, wenn nicht gar zu überschreiten.

Adrian hingegen, der sich, wie beschrieben, wenig kooperativ verhielt, wurde eine wesentlich gemäßigtere Behandlung zuteil.

Einen zweiten, damit aber bei objektiver Betrachtung auch schon letzten Vorhalt, den man Marco im Laufe seiner Vernehmungen überhaupt machen konnte, war die Tatsache, dass die in Kapitel 18 »Marcos SMS an Adrian« erwähnte SMS an Adrian aus Sicht der Kripo äußerst auffällig erschien. Aus Marcos Vernehmungsprotokoll vom 09. Juni 2007:

> »[…] Vorhalt:
> Der Adrian[1] wurde soeben durch andere Kriminalbeamte vernommen. Hierbei wurden Daten seines Handys ausgelesen und uns bekannt gegeben.
> Auf dem Display wurde eine SMS, abgesandt mit dem Namen Marco[1], datiert […], mit folgendem Wortlaut festgehalten:
> ›Alter ... Bin jetzt auch im Bus, sorry, dass ich plötzlich weg war, hab erst euch, dann Tanja verloren. Dann bekam ich erst die SMS, dass ihr angerufen habt und saudumm bin ich dann noch rum gelatscht. N 8 und sorry.‹

> [...] Frage:
> Was meinen Sie mit der Formulierung ... ›aber hab erst euch, dann noch Tanja verloren‹...
> Antwort:
> [...] Mit der Formulierung [...] ist gemeint, dass ich selbst mich etwas ›verloren‹ fühlte. Hätte ich etwas geahnt, wäre ich nicht alleine ohne die Tanja weg gegangen [sic]. Ich habe mit diesem Text den Adrian im Grunde genommen etwas angelogen. Ich habe im Nachhinein betrachtet ein schlechtes Gewissen, was mein Verhalten an diesem Abend anbelangt. Ich war nach dem Verlieren von Adrian und den anderen Begleitpersonen eine längere Zeit mit Tanja alleine im HipHop-Bereich. Wir haben etwas zusammen getrunken und getanzt. Wir dürften etwa 15 Minuten alleine zusammen gewesen sein. [...]«

Diese verkürzte Form seiner Mitteilung an seinen Kumpel Adrian zum tatsächlichen Ablauf des Verlierens war der einzige *Fauxpas*, den sich der Zeuge Marco im *Fall Tanja Gräff* erlaubt hatte.

Die Ermittlungsbehörden hingegen bewerteten diese SMS als einen signifikanten Hinweis für eine eventuelle Beteiligung Marcos im Zusammenhang mit Tanjas Verschwinden respektive als einen Hinweis einer Beseitigung Tanjas seinerseits. Diese SMS wurde von Marco um 04:08 Uhr während seiner Irrfahrt über Sirzenich in die Innenstadt aus dem fahrenden Bus gesandt und ist daher ohne Belang, denn Tanja telefonierte erwiesenermaßen um 04:12:59 Uhr noch vom Festgelände aus mit Adrian.

Schon wenige Tage nach Tanjas Verschwinden geriet Marco auch in den Fokus der Öffentlichkeit. Sowohl in sozialen Netzwerken, aber auch aus Tanjas Freundeskreis schwappte eine Welle aus Hass, Misstrauen und Argwohn über den jungen Studenten. Es wimmelte nur so von falschen Verdächtigungen.

Niemand glaubte ihm die Story über den *Unbekannten*. Polizeiintern wurde diese Sichtung lange Zeit auch, wie bereits erwähnt, als Schutzbehauptung geführt. Diese Bewertung ergibt sich aus den Ausführungen des OStAs Zielonka in seiner [Einstellungs-] Verfügung vom 10. Februar 2012:

> »[…] Soweit in den ersten Ermittlungen der Eindruck entstanden war, Marco[61] habe im Zusammenhang mit seinem Verlassen des Festplatzes eine von sich ablenkende falsche Spur gelegt, indem er eine bei der Personengruppe … stehende ‚finstere Person' erfunden habe, die mit der barschen Aufforderung, die Finger von Tanja zu lassen, ihm gegenüber aggressiv geworden sei, bedarf auch dies der Korrektur. Zugunsten Marcos[61] ist nämlich davon auszugehen, dass es diese Person in Gestalt des Zeugen […] tatsächlich gegeben hat. […]«

[61] Klarname geändert; im Original wird der Familienname genannt.

Dass die Annahme einer bloßen Schutzbehauptung trotz einer Vielzahl entlastender Indizien, beispielsweise durch die Zeugin M, de facto nie vollständig aufgegeben wurde, ergibt sich aus folgenden Ausführungen in genannter Einstellungsverfügung:

> »[...] Dass Marco[1] Anlass sah, diesen Zeugen als eine Person zu erwähnen, in deren Nähe Tanja Gräff zuletzt lebend gesehen wurde, erscheint vor dem Hintergrund durchaus nachvollziehbar, dass ihm in seiner ersten Vernehmung von 09.06.2007 der Hinweis gegeben worden war, er selber komme als einer der letzten Kontaktpersonen Tanjas unter Umständen als Tatverdächtiger in Betracht. [...]«

Obwohl OStA Zielonka in seinen Ausführungen zuvor noch einzugestehen hatte, dass die Einschätzung, der Zeuge Marco habe eine falsche Spur gelegt, der Korrektur bedürfe und dass es den *Unbekannten* tatsächlich gegeben habe, macht er unmittelbar nachfolgend wieder eine *Rolle rückwärts*, indem er dem Zeugen Marco indirekt unterstellt, den *Unbekannten* nur zu dem Zwecke erwähnt zu haben, einen eventuellen Tatverdacht von sich zu lenken. Unter konsistenter Argumentation ist wohl anderes zu verstehen.

Dass sich die Trierer Ermittlungsbehörden auf den Zeugen Marco offensichtlich eingeschossen hatten, ergibt sich auch aus dem Umkehrschluss folgender Passage dieser Einstellungsverfügung:

»[…] Dass Marco[1] später den Studienort Trier verließ, war Folge eines von langer Hand vorbereiteten Universitätswechsels und keine Flucht vor der Verantwortung für eine etwaige Tötungshandlung. […]«

Der Umstand, dass der Zeuge Marco wenige Monate nach dem Verschwinden Tanjas den Studienort wechselte, machte ihn also so verdächtig, dass man ihm lange Zeit gar ein Tötungsdelikt zutraute. Hierbei ignorierten die Trierer Ermittlungsbehörden zweifelsohne, dass Marcos primäres Anliegen nicht ein Studienort-, sondern ein lange vorausgeplanter Studienfachwechsel war.

Aber nicht nur, dass man Marco den *Unbekannten* nicht glaubte und seinen Universitätswechsel zunächst als *Fluchtversuch* interpretierte, blieben auch mögliche Ermittlungsansätze, die aus Marcos Angaben resultierten, gänzlich unberücksichtigt. So hätte der Hinweis Marcos, der *Unbekannte* habe ihn am Bauch berührt, als er ihn mit den Worten »Hey, lass die Tanja in Ruh« wegschubste, eine Hautschuppenanalyse seines T-Shirts zwingend nach sich ziehen müssen. Weitaus professioneller wäre es daher gewesen, Marcos T-Shirt, das er an diesem Abend getragen hatte, sofort sicherzustellen bzw. zu beschlagnahmen und einem Hautschuppen-Experten zu übergeben. Denn es gibt tatsächlich Spezialisten, die sich ausschließlich wissenschaftlich mit dem Thema DNA-Analyse befassen.

Die Möglichkeit der Hautschuppenanalyse gab es bereits im Jahr 2007. Ich selbst habe mich mit einer ausgewiesenen Expertin der Universität Ulm darüber unterhalten. Eine solche Analyse ist zwar immens aufwendig und dadurch auch sehr kostenintensiv. Aber wann, wenn nicht im Kontext eines vermuteten Tötungsdeliktes, wäre dieser Aufwand zu rechtfertigen? Dies insbesondere in Anbetracht dessen, dass hierdurch eventuell eine mögliche letzte Kontaktperson Tanjas zu ermitteln gewesen wäre. Ganz abgesehen davon, dass Marco im Falle eines positiven Ergebnisses von dem Vorwurf des Aufstellens einer Schutzbehauptung respektive vom Tatverdacht entlastet worden wäre. Vorausgesetzt natürlich, man wollte den Einen entlasten und den Anderen überhaupt ausfindig machen.

Das erwähnte T-Shirt ist zwar inzwischen in meinem Besitz. Leider wurde es aber nach dem FH-Sommersfest mehrfach gewaschen, wodurch eine Analyse unmöglich gemacht wurde. Aber anstatt, auf Wissenschaft basierend, Fakten zu schaffen, versetzte man beispielsweise lieber Danas Eltern in Angst und Schrecken.

Und so brodelte die Gerüchteküche, aber die Polizei schützte Marco in keiner Weise. Im Gegenteil, in der Sendung »Aktenzeichen XY… ungelöst« vom 30. März 2011 setzte man den Studenten ohne jeglichen Identitätsschutz vor die Kamera. Spätestens jetzt kannte jeder sein Gesicht. Bei den Vorbereitungen zu dieser Sendung wunderte sich Marco allerdings, dass ein anderer Zeuge, offiziell als *Bauzaunhelfer* bezeichnet, der eine verdächtige Szene im Zusammenhang mit einem nachtblauen Peugeot mit luxemburgischen Kennzeichen gesehen haben wollte, vermummt wurde, als ob er sich in einem Zeugenschutzprogramm befände.

Ein weiterer interessanter Punkt hinsichtlich der Sonderbehandlung des Zeugen Marco zeigte sich auch am Tag der Rekonstruktion, dem 05. September 2007. Zu dieser groß angelegten Rekonstruktion der Nacht von Tanjas Verschwinden wurde eine ausgewählte Gruppe von Zeugen geladen, die, je nach Aussagekraft ihrer hierzu gemachten Angaben, kürzer oder länger mit der Nachstellung des Geschehens befasst wurden.[62]

Im Gegensatz zur ursprünglichen Planung laut Drehbuch zur Rekonstruktion vom 17. August 2007 wurde Marco nicht zu dieser Aktion einbestellt. Es verblieb bei dem Einzeltermin vom 10. Juni 2007 über die Rekonstruktion seines während des FH-Festes zurückgelegten Fußweges. Die Ermittlungsbehörden haben sicher eine eigene plausible Erklärung für diese Planänderung. Doch ein kleiner, vielleicht sogar gewünschter Nebeneffekt hatte diese Separierung schon. Der Zeuge Marco kam dadurch nicht in Kontakt mit der Zeugin M, die im Vorfeld bereits versucht hatte, den Zeugen Marco ausfindig zu machen, um ihn von ihrer Aussage über den *Spitzbart* zu unterrichten. Die Zeugin M war sich sicher, dass es sich bei dem *Unbekannten* und dem *Spitzbart*

---

[62] Siehe Kapitel 8 »Die Uni-Clique verliert sich«.

um ein und dieselbe Person gehandelt haben musste.

Die Zeugin M wusste zwar durch die Berichterstattung vom Zeugen Marco und seinem *Unbekannten*, er aber nichts von der Zeugin M und ihrer *Spitzbart*-Sichtung. Die Polizei leistete *gute* Arbeit und verhinderte jegliche Kontaktaufnahme zwischen den beiden Zeugen. Dabei wäre für Marco das Aufeinandertreffen mit der Zeugin M sicherlich entlastend gewesen. Denn diese war eine der Wenigen, wenn nicht gar die einzige Person, die ihm die Story mit dem aggressiven *Unbekannten* glaubte. Hatte sie doch selbst einige Minuten nach Marco an fast identischer Stelle Tanja mit einem Mann angetroffen, der ihrer Meinung nach eine aggressive Grundhaltung an den Tag gelegt hatte.

Auch die Öffentlichkeit wusste zu diesem Zeitpunkt nichts über die *Spitzbart*-Spur, behördenintern als »Spur 38« geführt.[63] Erst der Leserbrief im Trierischen Volksfreund vom 27. Januar 2015 ließ die *Katze aus dem Sack*.

Wie gesagt, für Marco verblieb es bei der vorangegangenen Extraeinladung zur Rekonstruktion. Die Tatsache, dass er im Rahmen der Wegstrecken-Rekonstruktion den direkten Weg zum Bierstand T9, über den kleinen Waldweg an den Gebäuden A:B:C:D entlang in Richtung Mensa und dann schlussendlich vor die Einfahrt des Parkhauses nicht sofort eindeutig nachvollziehen konnte, schien dem *gewieften* Ermittler Sperling[1]

[63] Siehe Kapitel 29 »Spitzbart Omega«.

ausgesprochen suspekt. Dabei ist zu bedenken, dass der Nachzügler Marco, wie in Kapitel 6 »Die Nachzügler und Marco treffen ein« beschrieben, von Adrian und Tanja in jener Nacht am Hauptfestplatz in Empfang genommen worden war und der ortsfremde Marco den beiden auf dem dunklen Waldweg an den A:B:C:D-Gebäuden vorbei einfach bis zur Einfahrt Parkhaus hinterherlief.

Dass Marco bei der Rekonstruktion im Sommer 2007 einige Zeit brauchte, um diesen Weg korrekt nachzustellen, erscheint vor diesem Hintergrund nicht allzu überraschend. Mal abgesehen davon, dass der Hinweg zu T9 ermittlungstechnisch völlig irrelevant war, zogen sich im Fall Tanja ganz andere *Kaliber* auf Gedächtnislücken durch den Alkoholkonsum auf dem FH-Sommerfest zurück. So konnte sich, wie bereits geschildert, Adrian nicht einmal an den Inhalt des letzten Gesprächs mit Tanja - um 04:12:59 Uhr - erinnern. Exemplarisch wäre auch der Zeuge K zu nennen, dem nicht mehr erinnerlich war, wie - um 03:59:16 Uhr - seine Handynummer in Tanjas Handy-Speicher gelangte - um nur zwei von unzähligen Beispielen aufzuführen.

In all diesen Fällen akzeptierte die Polizei voller Verständnis die vorgegebene *partielle Amnesie* einzelner Zeugen infolge erhöhten Alkoholgenusses.

Obwohl den Trierer Ermittlungsbehörden schnell klar gewesen sein musste, dass Marco zumindest nicht der Letze gewesen war, der Tanja lebend gesehen hatte, wurde aus dem Zeugen Marco nach Lage der Dinge über Nacht der inoffizielle Haupttatverdächtige im *Fall Tanja Gräff*. Marco wurde im Laufe von eineinhalb Jahren sieben Mal vernommen. Vom 09. Juni 2007 bis 18. Januar 2009. Zuletzt in einem fast siebenstündigen Vernehmungsmarathon, in dem der vernehmende KHK Sperling alles daran setzte, Marco mit einer *ausgeklügelten Vernehmungstechnik* zu einem Geständnis zu bewegen. Die *exzellente Technik* des Vernehmers bestand laut Marco darin, das *Verhör* immer wieder auf Fußballthemen zu lenken, in der Hoffnung, er, der Verdächtige, würde sich durch abruptes Umschwenken des Kriminalbeamten zum eigentlichen Thema in Widersprüche verwickeln.

Hinsichtlich der Methodik der Protokollierung seiner Aussagen beschrieb mir der Zeuge Marco folgendes Szenario:

Realiter wurden seine Aussagen nicht eins zu eins übernommen, sondern der jeweilige Vernehmer diktierte eine von ihm selbst formulierte, sinngemäße Zusammenfassung - mutmaßlich zum Grauen aller forensischen Sprachanalytiker und Kriminologen - in Form von Frage und Antwort auf Band. Marco sollte nicken oder aber, wenn seiner Meinung nach irgendetwas nicht ordnungsgemäß wiedergegeben worden war, den Kopf schütteln. Wegen des Textumfangs - beispielsweise im Rahmen einer siebenstündigen Vernehmung - sei er mit dieser Vorgehensweise des ständigen Nickens oder Kopfschüttelns ziemlich überfordert gewesen. So ließe sich beispielsweise erklären, wie sich aus Marcos Beschrieb des *Unbekannten* ein normal großer Mann im Zuge der Außendarstellung zu einer schmächtigen Person verwandeln konnte.[57]

In Zusammenhang mit einem mutmaßlichen Kapitaldelikt die Aussagen eines vermeintlichen Tatverdächtigen lediglich sinngemäß beziehungsweise mit den Worten des Vernehmers festzuhalten, ist äußerst problematisch. Es ist nicht auszuschließen, dass hierdurch Verfälschungen entstehen, die einem Verdächtigen im Verlauf eines Ermittlungsverfahrens nachteilig ausgelegt werden könnten. Tatsächlich bezweckt die Erstellung eines schriftlichen Protokolls nicht nur die Schaffung eines zuverlässigen Ermittlungsergebnisses, einem solchen Schriftstück kommt auch eine Schutzwirkung zugunsten des Aussagenden zu. Dem wird aber ein Vernehmungsprotokoll, wie vorstehend beschrieben, nicht gerecht. Denn kein Ermittler wird in der Lage sein zu verhindern, dass ihn der Verlauf der Vernehmung selbst subjektiv beeinflusst und dies in seine Formulierungen miteinfließen wird.

Die einem Zeugen eingeräumte Möglichkeit, die angefertigte Niederschrift am Ende der Vernehmung oder sonst zu einem späteren Zeitpunkt nachzulesen, gegebenenfalls Änderungen zu erbitten und erst nach vollständigem Einverständnis mit dem Inhalt des Aufgenommenen das Protokoll zu unterschreiben, stellt keine wesentliche Minderung der Problematik dar, da sich im

Zweifel jeder Zeuge mit der lediglich sinngemäßen Wiedergabe seiner Aussage zufrieden geben wird.

Konsequenterweise macht daher ausschließlich die absolut korrekte Transkription einer Zeugenaussage diese für eine forensisch-linguistische bzw. kriminologische Auswertung verwertbar und ist folglich auch nur dann geeignet, die Grundlage für eine *exzellente Ermittlungsarbeit* zu bilden.

Diese Vernehmungsmethode der Trierer Ermittlungsbehörden war unter diesem Gesichtspunkt daher weniger exzellent als vielmehr unprofessionell.

Dass man Marco trotz mehrerer Alibis intern fünf Jahre lang als einen (Haupt-)Tatverdächtigen führte, ist für sich genommen schon fragwürdig genug. Sich darüber hinaus aber nicht einmal verpflichtet zu sehen, ihn konsequenterweise als Beschuldigten einzustufen und entsprechend zu vernehmen, ist höchst problematisch und nach diesseitiger Auffassung rechtlich nicht mehr vertretbar. Formal beließ man ihn im Status eines tatverdächtigen Zeugen. Und immer ohne Anwalt.

Dass es um mehr ging als nur um einen tatverdächtigen Zeugen, belegt u.a. folgende Ausführung des Oberstaatsanwaltes Zielonka in seiner Verfügung vom 10.02.2012:

»[…] Innerhalb des ihm zur Verfügung stehenden Zeitfensters von 8–9 Minuten hätte Marco[61] mithin die ihm unterstellte Tötungshandlung nur im unmittelbaren Bereich der Kaiser-Wilhelm-Brücke begehen können. […]«

Intern bezichtigte man Marco also einer Tötungshandlung, die ihm noch nachzuweisen war, gegebenenfalls durch Abringen eines Geständnisses.

Zu ihrer Entlastung könnten die Ermittlungsbehörden einwenden, man habe Marco im Status eines lediglich tatverdächtigen Zeugen belassen, weil dies für ihn auch eine schützende Funktion gehabt habe. Dies vor dem Hintergrund, dass die Einstufung als Beschuldigter neben der stigmatisierenden Wirkung - soweit dieser Status öffentlich geworden wäre - auch strafverfahrensrechtlich negative Konsequenzen hätte nach sich ziehen können, wie beispielsweise die Beantragung der Anordnung von Untersuchungshaft durch die Staatsanwaltschaft und einen sich anschließenden entsprechenden richterlichen Beschluss.

Derartige Überlegungen können hier aber keine Geltung beanspruchen. Denn einerseits waren die vorliegenden *Indizien* offensichtlich so dürftig, dass sie nicht geeignet waren, tatsächlich strafprozessuale Sanktionen durch ein Gericht zu erwirken, und andererseits waren die gegen Marco eingeleiteten Ermittlungsmaßnahmen aber so massiv, dass sie ausgesprochen nachteilig für ihn waren. Beispielsweise durch die ungeschützte Darstellung in der Sendung »Aktenzeichen XY… ungelöst« sowie den Eingriff in sein privates Umfeld durch die Vorsprache der Kripo bei Danas Eltern.

Das Verhalten der Ermittler kann nur dahingehend interpretiert werden, dass man Marco als potenziellen Täter sah. Die Häufung seiner Vernehmungen - sieben Mal innerhalb von neunzehn Monaten - ist nicht mehr in Einklang zu bringen mit einem *normalen* Zeugenstatus. Zudem waren diese Vernehmungen nicht nur von Vorhalten und Fragen geprägt, die augenscheinlich auf Widersprüchlichkeiten und Schwachstellen in seinen bisherigen Aussagen abzielten, sie nahmen fortschreitend auch einen immer größeren zeitlichen Rahmen ein. Auch andere Maßnahmen, wie beispielsweise die Untersuchung auf Kampfspuren oder die Befragung der Eltern seiner damaligen Freundin zu Kenntnissen über eine potenzielle Gewaltbereitschaft Marcos im Umgang mit ihrer Tochter, lassen erkennen, dass die Ermittlungsbehörden mit dem Willen gegen Marco vorgingen, ihn mittels kriminalistischer Taktik als Täter eines Tötungsdeliktes zu überführen.

Eine solche Vorgehensweise ist nach diesseitiger Auffassung mit der Vernehmung eines, wenn auch tatverdächtigen, Zeugen nicht zu vereinbaren und deshalb rechtswidrig. Die Widerrechtlichkeit dieses Vorgehens ist nicht nur unter dem Aspekt einer formal-juristischen Verantwortlichkeit zu sehen, sie ist auch von substanzieller Relevanz, denn dadurch schnitt man Marco wichtige Rechte bei den sich häufenden Vernehmungen ab. Im Gegensatz zum tatverdächtigen Zeugen ist der Beschuldigte nämlich über sein weitergehendes Recht, überhaupt nicht zur Sache aussagen zu müssen, genauso aufzuklären, wie über sein Recht auf einen Verteidiger.

Mit dieser rechtlichen Einschätzung befinden sich mein Team und ich im Übrigen in höchstrichterlicher Gesellschaft. Verwiesen sei insofern auf die Parallelen zu der Entscheidung des Bundesgerichtshofs vom 03. Juli 2007[64], dem ein ähnlich gelagerter Sachverhalt zugrunde lag. Über diese rechtlichen Aspekte hinaus weist die Causa Marco noch weitere Besonderheiten auf:

Falsche Uhrzeiten, falsche Personenkonstellationen sowie falsche Ortsangaben[65] in den verschiedensten Niederschriften und öffentlichen Darstellungen der Ermittlungsbehörden lassen nicht nur auf miserable Polizeiarbeit schließen, sie bilden zusammen mit dem juristisch grenzwertigen Verhalten der Staatsanwaltschaft unter der Leitung des Oberstaatsanwaltes Zielonka das Chaos um den Zeugen Marco und der Begegnung mit dem *Unbekannten*.

Als trauriger Höhepunkt dieses *Justizversagens* lässt sich schließlich die *fantastische* Tathypothese bezeichnen, Marco habe, bei einem Zeitfenster von gerade mal acht Minuten, Tanja

---

[64] Aktenzeichen BGH 1 StR 3/07.

[65] Siehe hierzu Kapitel 27 »Aktenzeichen XY ungelöstes Chaos«.

auf der Kaiser-Wilhelm-Brücke getötet und sie anschließend in Gegenwart einer beträchtlichen Anzahl abwandernder Festbesucher von selbiger in die Mosel geworfen. Grund dafür soll laut Ermittlern *verschmähtes Liebeswerben* gewesen sein. Für dieses konstruierte Indiz gab es nicht den geringsten Hinweis, und die gesamte *Beweisführung* gegen den Zeugen Marco driftete ins Absurde ab.

Mit *Vergnügen* haben ich und mein Team zur Kenntnis genommen, dass es sich Oberstaatsanwalt Zielonka nicht nehmen ließ, sich bezüglich dieser *fantastischen* Tathypothese in seiner Einstellungsverfügung vom 10. Februar 2012 auszulassen:

> »[...] Auf dieses Abweichen Marcos[61] von seiner ursprünglichen Planung stützt sich die Hypothese, er sei während der Fahrt von der Fachhochschule bis zur Kaiser-Wilhelm-Brücke möglicherweise wieder Tanja Gräff begegnet und deshalb an der Kaiser-Wilhelm-Brücke ausgestiegen, um sich für das Verschmähen seines Liebenswerbens zu rächen.
>
> [...] Innerhalb des ihm zur Verfügung stehenden Zeitfensters von 8-9 Minuten hätte Marco mithin die ihm unterstellte Tötungshandlung nur im unmittelbaren Bereich der Kaiser-Wilhelm-Brücke begehen können.
>
> [...] Für eine Beseitigung der Leiche wäre im Ergebnis nur die Mosel in Betracht gekommen. [...]«

Der vorgenannten Einstellungsverfügung lässt sich nun aber weiter entnehmen, dass die Ermittlungsbehörden nach fast fünf Jahren zu der *Erkenntnis* gelangten, dass die ihre Tathypothese stützenden Verdachtsmomente ohne Substanz und weitere Ermittlungen gegen Marco folglich obsolet waren:

> »[…] Angesichts der vorgeschilderten Gesamtumstände erscheinen die gegen Marco[1] geäußerten Verdachtsmomente als in einem Maße abgeschwächt, dass es keiner weiteren Ermittlungen mehr bedarf. […]«

Bei diesen Gesamtumständen, die einem Verdacht entgegenstanden, handelt es sich zusammenfassend um folgende Fakten:

- Fehlen jeglicher Anhaltspunkte dafür, dass Marco auf ein vergebliches Werben um Tanja mit Gewaltbereitschaft oder Aggression, die später in ein Tötungsdelikt hätte übergehen können, reagiert hätte.

- Fehlende Kampfspuren bei Marco. Bei einer Untersuchung am 09. Juni 2007, also nur zwei Tage nach dem Fachhochschulfest, wies Marco keinerlei Verletzungen auf.

- Marcos Falschfahrt vom FH-Fest nach Sirzenich und die anschließende Fahrt von der Fachhochschule in die Stadt wurde von zwei Busfahrern bestätigt, wodurch das Zeitfenster für eine mögliche Tötungshandlung nach Ansicht der Ermittlungsbehörden auf nur wenige Minuten eingeengt wurde.

- Die Zeugin Fenja, die Marco im tatrelevanten Zeitfenster zunächst aus einem Shuttlebus, am Martinsufer entlanglaufend, erkannte, entlastete Marco ebenfalls. Aufgrund ihrer Angaben gingen die Ermittlungsbehörden von einer möglichen Tötungshandlung ausschließlich auf der Kaiser-Wilhelm-Brücke aus. Da aber weitere 10 Personen mit Marco den Bus am Brückenkopf Pallien verließen, musste sich das Zeitfenster weiter einengen.

- Der weitere Hinweis der Zeugin Fenja, Marco kurze Zeit nach der Bussichtung, nicht weit von seiner Wohnung entfernt, noch gesprochen zu haben und die ihn als angetrunken und recht lustig beschrieben hatte, sowie die Aussage eines weiteren Zeugen, der Marco am gleichen Morgen zur Heimfahrt in die Pfalz abholte und ihn als ganz normal wie immer beschrieb, veranlasste OStA Zielonka zu der Feststellung, dass es kaum vorstellbar erscheine, dass ein bürgerlich sozialisierter, nach Eindruck eines vernehmenden Beamten noch sehr jugendlich wirkender Mann eine Tötungshandlung psychisch ungerührt wegstecke.

- Der Bereich der Kaiser-Wilhelm-Brücke, der nach Ansicht der Ermittlungsbehörden wegen des minimalen Zeitfensters allein mögliche

Tatort, gehörte zu den am besten ausgeleuchteten Straßen Triers und war zur fraglichen Tatzeit noch von hunderten, auf dem Heimweg befindlichen Festbesuchern frequentiert.

Bei dieser Faktenlage überhaupt von Verdachtsmomenten gegenüber Marco zu sprechen ist ebenso verfehlt wie das von Zielonka gezogene Resümee, die Verdachtsmomente hätten sich im Verlaufe von fast fünf Jahren derart abgeschwächt, dass weitere Ermittlungen nicht mehr opportun erschienen.

Hervorzuheben ist in diesem Zusammenhang, dass sämtliche vorgenannten Fakten nicht erst im Laufe von Jahren von den Ermittlungsbehörden zusammengetragen wurden, sondern diese den Ermittlern relativ zeitnah nach Aufnahme der Ermittlungen, also bereits im Jahr 2007, bekannt waren. Zumindest indirekt wird in vorgenannter Verfügung vom 10. Februar 2012 eingeräumt, dass die Ermittlungen gegen Marco im Grunde von Anfang an jeglicher Grundlage entbehrten und insbesondere deren Ausmaß völlig unverhältnismäßig war.

Mit Blick auf den persönlichen Schaden, den Marco erlitten hat, die mit den Ermittlungsarbeiten einhergehenden Steuerverschwendungen sowie das rechtlich grenzwertige Verhalten der Ermittlungsbehörden gegenüber Marco macht umso betroffener, dass man sich behördenseits auch noch für die *exzellente Vernehmungstaktik* beglückwünschte.

Beredtes Beispiel dafür ist das gegenseitige *Schulterklopfen* der Ermittler im Hinblick auf die - in der Nachbetrachtung völlig sinnfreien - Dauervernehmungen des Zeugen Marco im Laufe von fünf Jahren, die, wie gesagt, im Einzelfall bis zu sieben Stunden andauerten. Intern wurde dieser, nach hiesiger Auffassung in Teilen rechtswidrige *Vernehmungsmarathon* als *exzellente Vernehmungstaktik* deklariert[66]:

> »[...] In diesem Zusammenhang möchte ich darauf hinweisen, dass zum Beispiel bei Marco[1], der ein ›kleines Zeitfenster‹ für eine evtl. Tat zur Verfügung hatte, ein großer, aber auch berechtigter Aufwand betrieben worden ist. Exzellente Vernehmungen (z.B. D[...]) und Ermittlungen wurden geleistet. [...]«

Bayern 2014/2015

Im Juni 2014 nahmen meine Kollegin und ich im Zuge unserer Recherche Kontakt zu Marco auf. Ein langwieriger Prozess vertrauensbildender Maßnahmen ging einem ersten Treffen voraus.

Bei seinem ersten Besuch in Bayern im Februar 2015 gewährte ich ihm Einblick in sein eigenes Vernehmungsprotokoll und das seines ehemaligen Studienfreundes Adrian. Über die divergierenden Aussagen Adrians, dessen Gedächtnislücken und Kaltschnäuzigkeit war auch Marco erstaunt. Auf-

[66] Interne Akte der Trierer Kriminalpolizei.

fällig waren auch für ihn vor allem die stellenweise fehlenden Nachfragen seitens des Vernehmers zu schwammigen Aussagen und die im Umgang deutlich unterschiedliche Behandlung der einst besten Freunde.

Marco fiel ferner die durch Trier und Umgebung kursierende falsche Behauptung auf, er habe den *Unbekannten* als eher klein und schmächtig beschrieben. Wie in Kapitel 12 »Der Unbekannte« bereits erwähnt, ist diese Behauptung falsch. Tatsächlich beschrieb er ihn als circa 1,80 m groß, ohne auffällige Frisur (kurze, dunkle Haare), Mitte zwanzig. Nur sein aggressives Verhalten, sein unsympathischer Blick und seine Stimme waren ihm besonders erinnerlich.

Durch die parallel verlaufenden Gespräche mit der Zeugin M war schnell klar, dass es sich bei dem *Unbekannten* und dem *Spitzbart* um ein und dieselbe Person handeln musste. Beide Geschichten wiesen viel zu viele Gemeinsamkeiten auf, als dass man sie hätte ignorieren können.

Es war daher unumgänglich, die erhaltenen Informationen hinsichtlich ihrer Übereinstimmung im Rahmen eines Experiments zu verifizieren. Im Zuge dieses Experimentes im März 2015 bei uns in Bayern sollten sich die beiden Protagonisten, die Zeugin M und Marco, kennenlernen.

In diesem Experiment ging es im Wesentlichen um Ort, Zeit und vor allem um Personenkonstellationen, die zur Veranschaulichung durch unsere Media-Art-Designerin als 3D-Modell nachgebaut wurde. Außerdem wurde durch die Animatorin mit Hilfe der Zeugin M ein professionelles Phantombild angefertigt.

11. Mai 2015
Trier-Pallien

Im Mai 2015 wurde Tanja am Fuße des Roten Felsens in Trier-Pallien gefunden. Schnell war klar, dass es Nachvernehmungen geben werde. Wir, mein Team und ich, waren sehr gespannt.

Die ersten Informationen über die Nachvernehmungen ließen aufhorchen. Was war hier im Gange? Es meldeten sich immer mehr Personen sowohl bei mir als auch bei Frau Gräff selbst, die irritiert mitteilten, dass sich die Befragungen weniger auf ihre ursprünglichen Aussagen bezogen, als vielmehr Tanjas Trinkverhalten in Bezug auf Alkoholkonsum im Allgemeinen und speziell in der Nacht des FH-Festes zum Gegenstand hatten.

Neben der Alkoholfrage kaprizierten sich die Vernehmer plötzlich auch auf Tanjas psychischen Zustand. Die durchweg recht jungen Zeugen sollten also eine eigene Einschätzung über Tanjas psychische Gesundheit abgeben. Hatte sie Depressionen, generell oder speziell an diesem Abend etc.?

Als ich von diesen, vorsichtig formuliert, tendenziösen Vernehmungen unterrichtet wurde, war klar, *wohin die Reise gehen sollte*. Der Fall Tanja Gräff sollte offenbar als Selbstmord oder Unfall im Vollrausch apostrophiert und damit endgültig zu den Akten gelegt werden. Dabei kam mir die Akte der Zeugin Karla[67] in den Sinn, deren Inhalt alleine dieser These zuträglich war und die ich bereits aus meinem eigenen Aktenfundus kannte. Wollte man tatsächlich diese Akte als Grundlage für diese Vorgehensweise benutzen? Wie man heute weiß, man wollte.

Was 2007 für die Ermittler noch völlig belanglos war, schien plötzlich von immenser Bedeutung. Im Abschlussbericht des Staatsanwaltes Krause vom 22. Juni 2017 wird in der Hauptsache auf die Vernehmung der Zeugin Karla vom 09. Juli 2007 abgestellt. Wie Tanja zwischen 2007 und 2015 *als Leiche von einer normalen, psychisch völlig unauffälligen jungen Frau zu einer psychisch gestörten Alkoholikerin* avancieren konnte, ist das Geheimnis der Trierer Ermittlungsbehörden.

Dieser extremen Kehrtwende seitens der Polizei war dann wohl die Tatsache geschuldet, dass Marco relativ spät zu seiner Nachvernehmung geladen wurde. Plötzlich hatte man es in Bezug auf den ehemaligen Hauptverdächtigen nicht mehr eilig.

Trotzdem hatte ich Marco schon im Vorfeld seiner Nachvernehmung bereits den Vorschlag gemacht, ihm einen renommierten Strafrechtler zur Seite zu stellen. Mit diesem Coup sollte die Kripo herausgefordert werden. Denn wenn die Ermittler sich darüber bewusst waren, dass sie im Fall Marco geltendes Recht *überstrapaziert* hatten, würden sie auf die Ankündigung, dass Marco

[67] Vernehmungsprotokoll vom 09. Juli 2007; Klarname geändert.

einen ausgewiesenen Strafrechtler hinzugezogen hatte, vielleicht, prophylaktisch, im Sinne einer Schadensbegrenzung reagieren.

Die Gefahr, die von einem Anwalt dieser Güteklasse ausging, war nicht gerade gering. Für die Ermittlungsbehörden wäre es jedenfalls fatal gewesen, wenn der Anwalt des ehemaligen Tatverdächtigen gerade jetzt, mitten in der Aufregung um Tanjas Auffinden, das Lügenkonstrukt um die tatsächlich letzte verifizierte Sichtung Tanjas aufdecken, den Spitzbart identifizieren und somit die Glaubwürdigkeit der Trierer Ermittlungsbehörden öffentlich erschüttern würde.

Und tatsächlich, die entsprechende Reaktion blieb nicht aus.

Nachdem ich den Anwalt als Rechtsbeistand für Marco engagiert hatte, teilte dieser im Voraus den Ermittlern mit, den Zeugen Marco in der Angelegenheit *Tanja Gräff* zu vertreten. Damit sollten die Trierer Ermittlungsbehörden aufgeschreckt werden. Gemeinsam beschlossen wir aber, Marco beim ersten Termin ohne Anwalt in die Nachvernehmung zu schicken, da eine von uns erhoffte Reaktion der Ermittler in Anwesenheit eines Anwaltes kaum zu erwarten war.

Es kam wie vermutet. Erst wurde Marco von einem ihm unbekannten, freundlichen, jungen Beamten vernommen. Wie erwartet, war die Story von dem *Unbekannten* und Marco als eventueller Tatverdächtiger plötzlich uninteressant. Von Interesse war, wie in den erwähnten Fällen, nun vielmehr, wie betrunken Tanja an diesem Abend gewesen und ob sie depressiv oder sonst verhaltensauffällig gewesen sei.

Es steht zu erwarten, dass die Trierer Ermittlungsbehörden an dieser Stelle entgegenhalten werden, dass man erst nach Tanjas Auffinden die von mir bereits genauestens beschriebenen Fläschchen und ein Reagenzglas, das keines war, gefunden und daraus neue Erkenntnisse gewonnen habe. Dieses Argument ist in Kapitel 3 »Ankunft auf dem Sommerfest« eindeutig widerlegt und damit haltlos.

Zudem bleibt Marco bis heute dabei, dass Tanja in seiner Anwesenheit auf dem Fest zwei Bier und mit ihm später auf dem mittleren Parkdeck ein weiteres getrunken habe. Für eine übermäßige Alkoholisierung bestehen also keinerlei Anhaltspunkte. Weiter wies Marco darauf hin, dass Tanja die Sache mit Adrian eher *sportlich* genommen und nicht *hysterisch* reagiert habe. Um die Warterei im Parkhaus zu verkürzen, habe man sich nett unterhalten und sogar ein bisschen getanzt.

Vor diesem Hintergrund ist kaum davon auszugehen, dass sich Tanja in einem psychischen Ausnahmezustand befand, der eine Suizidabsicht hervorrufen könnte.

Ablauf:

Plötzlich wurde das nette Gespräch zwischen Marco und seinem freundlichen Vernehmer durch einen Telefonanruf unterbrochen. Am Apparat EKHK Bouillon. Er ließ höflich anfragen, ob

Marco bereit sei, ihn in seinem Büro zu einem persönlichen Gespräch aufzusuchen.

Marco, durch viele Gespräche mit mir - aber auch von seinem neuen Anwalt - thematisch vorbereitet und bestens präpariert, stimmte in Vorahnung einer solchen Einladung seitens des Chefermittlers gelassen zu.

Im *Allerheiligsten* angekommen, scheuchte Bouillon erst einmal den verdutzten jungen Beamten, der Marco bis dahin begleitet hatte, aus dem Zimmer. Anscheinend suchte er das Gespräch mit Marco unter vier Augen respektive ein Gespräch ohne Zeugen.

EKHK Bouillon zeigte sich Marco gegenüber ausgesprochen erstaunt darüber, dass er einen Anwalt eingeschaltet habe. Auf die Frage nach dem warum, antwortete Marco, er habe in der Vergangenheit sehr schlechte Erfahrungen mit der Kripo Trier, insbesondere im Umgang mit seiner Person, gemacht.

EKHK Bouillon gab sich sichtlich betroffen über Marcos Vorhalt und versicherte ihm, dass er, Bouillon, immer auf seiner Seite gestanden habe und dass er sich außerdem dieses Mal keine Sorgen machen müsse. Er, Marco, müsse aber verstehen, dass man in der Vergangenheit so habe agieren müssen, da er schließlich der Letzte gewesen sei, der Tanja gesehen habe, und seine Geschichte mit dem *Unbekannten* wenig glaubhaft gewesen sei. Er verlor kein Wort über die Zeugin

M und ihre verifizierte Sichtung des *Spitzbartes* unmittelbar nach Marcos Zusammenstoß mit dem *Unbekannten* an fast gleicher Stelle.[68]

An Perfidität kaum noch zu übertreffen.

Ich hatte Marco im Vorhinein darauf eingeschworen, dass er im Rahmen der Nachvernehmung mit keinem *Wimpernzucken* seinen aktuellen Kenntnisstand im *Fall Tanja Gräff* verraten solle. Egal, was die Kripo in Trier ihm *auftischen* würde. So blieb Marco, obwohl er Bouillons unredliches Bemühen, das Geschehene nachträglich *aufzuhübschen*, sofort durchschaute, vor allem aber auch seinen untauglichen Versuch erkannte, sich selbst aus einer eventuell bevorstehenden Schusslinie zu katapultieren, ruhig und tat ahnungslos.

Es ist generell problematisch, wenn Ermittlungsbeamte ihre *Kundschaft* grundsätzlich intellektuell unterschätzen.

Nachdem Bouillon Marco im weiteren Verlauf des Gesprächs auch von den gefundenen Fläschchen erzählte und ihn nach Verlassen des Büros von einem Fenster aus auf den Fundort auf der gegenüberliegenden Moselseite hingewiesen hatte, begegneten sie, welch Zufall, KHK Sperling auf dem Flur. Geradezu hemdsärmelig soll Sperling seinen ehemaligen *Delinquenten* begrüßt und ihm *en passant* eine außerordentlich positive Entwicklung bescheinigt haben.

Sperling soll ferner in einem beschwichtigenden Ton zu Marco gesagt haben, dass er sich,

---

[68] Siehe Kapitel 24 »Die Zeugin M«.

wie bereits erwähnt, keine Sorgen zu machen brauche, da in drei Wochen die *Kuh vom Eis* sei.

Welche Kuh, von welchem Eis, fragt man sich an dieser Stelle. Oder anders gefragt, was wollte der Ermittler damit zum Ausdruck bringen? Aus rechtlichen Gründen ist eine öffentliche Interpretation meinerseits nicht erlaubt. Aber ich denke, jeder Leser kann, gerade im Hinblick auf den offiziellen Ausgang des *Falles Tanja Gräff*, seine eigene Schlussfolgerung ziehen.

> *Hinweis:*
>
> *Da für dieses Gespräch im Kommissariat Trier im Streitfall ein Ungleichgewicht der Zeugen vorläge, würde ich im Zweifel, und um einen Rechtsstreit zu vermeiden, selbstverständlich meine Behauptung zurücknehmen und das Gegenteil im Sinne der Ermittlungsbehörden erklären.*

Dass irgendeine Kuh vom Eis sollte, ist die einzige Stelle in diesem Buch, die ich nicht eindeutig beweisen kann. Der Leser darf sich dennoch gerne selbst ein Bild darüber machen, wem er in diesem Fall - jenseits formal-juristischer Aspekte - Glauben schenken mag.

Festzuhalten bleibt: Der Zeuge Marco wurde danach seitens der Trierer Ermittlungsbehörden nie mehr kontaktiert, und der Auftritt des Anwaltes wurde, wie erwartet, überflüssig.

Zusammenfassend lässt sich sagen, dass man im Falle des Zeugen Marco viel Energie aufbrachte, um ihn einer Tat zu überführen, die Jahre später mit aktiver Unterstützung der Polizeipsychologin Dr. Sommer in einen Unfall/Suizid *verwandelt* wurde. Rückblickend betrachtet ist daher die Vorgehensweise gegenüber dem Zeugen Marco umso unglaublicher. Man mag sich nicht vorstellen, wie weit die Ermittlungsbehörden ohne das Alibi der Zeugin Fenja und der beiden Busfahrer noch gegangen wären.

Wie man der Willkür die Krone aufsetzte, zeigte sich in der Pressekonferenz vom 12. Mai 2015. Darin behauptete Soulier, man habe zu Beginn des Vermisstenfalles Tanja Gräff das Augenmerk auf einen *Unglücksfall gerichtet*.

Aus dem Transkript der Pressekonferenz vom 12. Mai 2015, Timecode: 30:05 Minuten:

> »[...] Die Suche der roten Felsen, der Absuche [sic] und auch der Mosel in den Anfangstagen der Sonderkommission war natürlich geprägt von dem Gedanken, könnte hier ein Unglücksfall passiert sein? [...]«

Ergo hat man am Samstag, dem 09. Juni 2007, zu Beginn jeglicher polizeilichen Ermittlungsarbeit, geprägt *vom Gedanken an einen Unglücksfall*, Marco mitgeteilt, dass er einer *Tat* verdächtig sei. Oder wie, oder was?!

Wenn durch die deutsche Rechtsordnung ein solch ausufernd chaotisches und willkürliches

Handeln seitens der Ermittlungsbehörden ohne jegliche Kontrollmechanismen gedeckt wäre, müsste de facto jeder unbescholtene Bürger befürchten, unversehens in die *Mühlen der Justiz* respektive *unter die Mühlräder* jener geraten zu können.

24. Kapitel
Die Zeugin M

Kommissariat Trier, 10.Juni 2007

Drei Tage nach Tanjas Verschwinden, am Sonntag, dem 10. Juni 2007, ging bei der Kripo Trier ein Anruf ein. Bei der Anruferin handelte es sich um die damalige Psychologiestudentin M, die sich als Zeugin in der Vermisstensache Tanja Gräff meldete.

Die Zeugin M, ihre beste Freundin Katja und ihr gemeinsamer Freund Till hatten das Sommerfest der FH-Trier gemeinsam besucht und dort Tanja Gräff in Begleitung eines Mannes mit *Spitzbart* angetroffen. Die öffentlichen Verlautbarungen über Tanjas Verschwinden veranlassten die Zeugin M umgehend, der Kripo Trier ihre Beobachtung über den merkwürdigen Mann mit *Spitzbart* mitzuteilen, der bei Tanja am Kühlwagen des Mixery-Bierstandes gestanden hatte. Telefonisch gab sie eine kurze Beschreibung des insgesamt auffälligen jungen Mannes ab und gab die Uhrzeit mit circa 04:00 Uhr an. Damit war das Gespräch beendet - und auch das vorläufige Interesse der Ermittlungsbehörden an der Beobachtung der Zeugin M.

An dieser Stelle ist hervorzuheben, dass es der Polizei nach dem damaligen Kenntnisstand durchaus hätte klar sein können, dass es sich bei der Zeugin M um eine wichtige Zeugin handelte. War doch davon auszugehen, dass die Zeugin M die gesuchte Tanja kurz vor deren *spurlosem* Verschwinden als eine der letzten aussagewilligen Personen gesehen hatte.

Das ergibt sich aus folgenden Erwägungen:

Am Sonntag, dem 10. Juni 2007, kannte die Kripo bereits die Aussage des Zeugen Marco betreffend einen aggressiven *Unbekannten*, den er im Gespräch mit Tanja gegen 03:55 Uhr zwischen Mixery-Bierstand und dem dazugehörenden Kühlwagen angetroffen hatte und von dem Marco mit den Worten »Hey lass die Tanja in Ruh« und einem leichten Schubser so unfreundlich *verscheucht* worden war.[69]

Dass die Sichtung der Zeugin M und die des Zeugen Marco durchaus kohärent sein könnten, hätte der Polizei förmlich *ins Gesicht springen* müssen. Tat sie aber nicht. Oder vielleicht doch?

Außerdem stellte man bereits im Zuge von Adrians Vernehmung am 09. Juni 2007 und nach Auslesen dessen Handys die exakte Uhrzeit Tanjas letzter beiden Telefonate - um 04:00:01 Uhr und ihrem letzten Lebenszeichen um 04:12:59 Uhr - fest.

Aus diesem Grund hätte man die Sichtung der Zeugin M und deren Begleiter Till und Katja, die nach eigenen Angaben Tanja gegen 04:00 Uhr mit Adrian telefonierend am Kühlwagen des Mixery-Bierstandes in Begleitung des *Spitzbartes*

---

[69] Siehe hierzu Kapitel 12 »Der Unbekannte«.

angetroffen hatten, uhrzeitlich exakt verifizieren können und zugleich die Relevanz der Aussage der Zeugin M erkennen müssen. Denn unter Berücksichtigung vorliegender Parameter lag es nahe, dass die Sichtung der Zeugin M eventuell auch die letzte verifizierte Sichtung von Tanja Gräff gewesen sein könnte.

Zusammenfassend ist festzuhalten: In einem Vermisstenfall sollte der Ermittlungsansatz immer von der letzten verifizierten Sichtung der vermissten Person ausgehen. Die letzte Kontaktperson ist naturgemäß auch erst einmal der erste Verdächtige. Deshalb hätte die Beobachtung der Zeugin M in den ersten Tagen einen ganz konkreten Ermittlungsansatz darstellen können. Doch aus irgendeinem unerfindlichen Grund kam die Polizei zunächst zu einem anderen Schluss.

So verabsäumte man schließlich, der Zeugin M sofort oder wenigstens zeitnah die Möglichkeit einzuräumen, diese wichtigen Hinweise zu Protokoll geben zu können. Genau diese wichtigen Hinweise hätten dann logischerweise Anlass zu einem Fahndungsaufruf in Sachen *Unbekannter-Spitzbart* geben müssen.

Selbst für den kriminalistisch wenig vorgebildeten Beobachter dürfte auf der Hand liegen, welche Bedeutung der Zeugin M in dieser frühen Phase für den zu ermittelnden Sachverhalt beizumessen gewesen wäre. Trotz dieser Evidenz vertröstete der Polizeibeamte die Zeugin M nur damit, eventuell zu einem späteren Zeitpunkt noch einmal auf sie zurückzukommen.

Es versteht sich von selbst, dass die Polizei in einer Vermisstensache, welche wie im *Fall Tanja Gräff* ein umfassendes öffentliches Interesse erregt, nicht jeder eingehenden Zeugenmeldung umgehend nachgehen kann, sondern zunächst eine gewisse Vorsortierung im Sinne einer Glaubwürdigkeits- und Evidenzprüfung vorzunehmen hat. Aber im Fall der Zeugin M hätte sich der Polizei geradezu aufdrängen müssen, dass die Angaben dieser Zeugin zu einer ersten *heißen Spur* in der Vermisstensache Gräff führen könnten. Daher ist die anfängliche Abwehrhaltung seitens der Ermittler und die daraus resultierenden Unterlassungssünden, wie beispielsweise die Verzögerung der ermittlungsrelevanten Erstellung eines Phantombildes, neben vielen anderen Fehleinschätzungen im *Fall Tanja Gräff* besonders schmerzhaft. Dass ihre Angaben zunächst weitgehend ignoriert wurden, könnte im besten Fall als grober Ermittlungsfehler, im schlechtesten Fall als gezielte Unterdrückung von Beweisspuren gewertet werden.

Aber die unerschrockene Zeugin M ließ sich ob des anfänglichen Desinteresses der Polizei an ihrer Sichtung nicht entmutigen und startete mit kühler Logik ihre eigene Suche nach dem *Spitzbart*.

Da Tanja vor dem Kühlwagen des Mixery-Bierstandes um 04:00:01 Uhr den vorbeikommenden Freunden Till, Katja und der Zeugin M gegenüber beiläufig erwähnte[70], gerade mit einem Adi[1] telefoniert zu haben, machte die Zeugin M das einzig Logische. Durch einige gezielte Telefonate fand sie schnell heraus, um welchen Adi es sich dabei gehandelt haben könnte, und schrieb den jungen Mann sonntagnachts, den 10.Juni 2007, über studiVZ an.

Vordergründig stellte sie Adrian die Frage, ob Tanja während ihres gemeinsamen Telefonates um 04:00:01 Uhr den Mann mit *Spitzbart* erwähnt habe oder ob sie ihm gegenüber überhaupt irgendeine Person namentlich benannt habe, in deren Gesellschaft sie sich zum Zeitpunkt dieses Telefonates befand. Adrian verneinte.

Aus der Nachricht der Zeugin M vom 10. Juni 2007, 23:14 Uhr, an Adrian:

> »Hey [sic] habe gerade mit der Kripo telefoniert… [sic] kenne Tanja nur äußerst flüchtig, jedoch ist ein Freund von mir (T) ein guter Bekannter von ihr. Worauf ich hinaus will: Till[1], eine Freundin und ich haben Tanja getroffen [sic] als sie (meiner Information nach), [sic] mit Dir gegen 04:00 Uhr telefoniert hat… [sic] (als sie aufgelegt hat [sic] war ihre erste Frage, wie komme ich jetzt zum N.K.P.?).
> Bei ihr standen mindestens zwei Typen, von denen mir einer vage im Gedächtnis geblieben ist. (habe ihn der Polizei eben bereits telefonisch beschrieben).

[70] Siehe hierzu Kapitel 17 »Unbekannter Spitzbart«.

> Hat sie Dir während des Telefonates zufällig gesagt, wer gerade bei ihr steht? Somit könnte man denjenigen, den ich beschrieben habe [sic] eventuell ausschließen bzw. seine Identität klären.
> Bitte um Antwort. Viele Grüße«

Adrian antwortet am nächsten Abend, Montag, den 11.06.2007 um 22:58 Uhr:

> »Sorry [sic] das weiß ich leider nicht mehr, ich glaube [sic] davon hat sie aber nix gesagt...[sic] weiß nur noch, dass ich meinte [sic] wir sind gerade am Nikolaus Koch Platz und auf zur Porta...naja, hoffen wir [sic] es gibt bald mal ein paar Klarheiten oder Erkenntnisse.
> Viele Grüße, Adi[1]«

Im Zuge seiner ersten polizeilichen Vernehmung vom 09. Juni 2007 verzichteten die Ermittler gänzlich darauf, Adrian diese wichtige Frage zu stellen. Man kann schließlich nicht an alles denken.

Im Gegensatz dazu entfaltete die Kripo in Bezug auf die scheinbar unangenehme Zeugin M eine auffallende Hyperaktivität. Denn die anfängliche *Unlust* der Ermittlungsbehörden an der Aussage der Zeugin M gipfelte am 12. Juni 2007, nur zwei Tage nach ihrem Anruf bei der Kripo Trier, in einer ungewöhnlichen *Abwehrmaßnahme*. Diese bestand in einem unorthodoxen Gegenanruf der Polizei beim Vater der Zeugin M.

Man bat Herrn M, auf seine Tochter einzuwirken und sie von weiteren Anrufen oder gar Besuchen bei der Kripo Trier abzuhalten. Man habe inzwischen eine *heiße Spur* und wolle sich nicht durch Nebensächlichkeiten ablenken lassen. Man lese und staune.

Nicht auszuschließen ist, dass auch dieser Sachverhalt seitens der Polizei bestritten wird, so dass auch hier gegebenenfalls Aussage gegen Aussage steht. Allerdings spricht der Inhalt der von der Zeugin M an ihren Bekannten Till am 12. Juni 2007 um 01:53 Uhr versandten E-Mail für sich:

> »[...] die Polizei hat heute noch mal bei meinem Papa angerufen und gesagt, dass ich mich nicht melden sollte bzw. die mich im Moment nicht brauchen, da sie jetzt erst in eine andere Richtung ermitteln würden.«

Doch die Zeugin M ließ sich auch durch diesen einschüchternden Anruf nicht *vergraulen*. Nach wie vor war sie fest davon überzeugt, dass ihre Sichtung nicht bedeutungslos sei. In der Hoffnung, doch noch Gehör zu finden, fertigte sie gemeinsam mit ihrer Mutter eine Art Steckbrief des Mannes mit *Spitzbart* als Gedächtnisstütze an. Als Psychologiestudentin wusste sie, wie schnell die Erinnerung nachlässt oder Fakten sich verwischen können. Auch in diesem Punkt war die Zeugin M der Kripo Trier eine Nasenlänge voraus.

Hinweis:

Als ich im Mai 2014 das erste Mal persönlich mit der Zeugin M sprach, war ich erstaunt, dass sie nach sieben Jahren noch so konzentriert im Thema war und ihre Angaben mir gegenüber immer noch so exakt und im Einzelnen detailgetreu waren - so wie in ihrer Aussage von 2007, die mir in schriftlicher Form vorlag.

Dass ich im Besitz dieser Akte bin, habe ich der Zeugin erst zu einem viel späteren Zeitpunkt mitgeteilt, da ich auf diese Weise eine Art Glaubwürdigkeitsprüfung durchführen konnte.

Am 25. Juni 2007 um 13:40 Uhr, gut zwei Wochen später, kam es dann zu einer überraschenden Wendung. Die Zeugin M wurde nun plötzlich und unerwartet doch noch zur Vernehmung ins Trierer Kommissariat geladen.

Im Zuge dieser Vernehmung erklärte die Zeugin M unter anderem, an jenem Abend auf dem FH-Fest kaum Alkohol zu sich genommen zu haben. Man hätte daher der Zeugin durchaus ein gutes Erinnerungsvermögen attestieren und ihre Aussage entsprechend ernst nehmen können. In ihrer Vernehmung vom 25. Juni 2007 erklärte sie dazu:[71]

[71] Vernehmungsprotokoll der Zeugin M vom 25. Juni 2007.

> »Ich hatte bei meiner Freundin vor der Abfahrt, so gg. 22:00 Uhr, zwei Sonado-Sprite getrunken. [...]
> Auf dem FH-Gelände hatte ich nur einen Wodka-Red Bull.
> Sonst habe ich da nur Leitungswasser getrunken [...].«

Zu der Begegnung mit Tanja und ihrem Begleiter *Spitzbart* und wie es dazu kam, gab die Zeugin M zusammenfassend an[71]:

> »Wir haben entschieden, dass wir mal eine Runde über den Platz laufen und gucken, wo noch was los ist. Jedenfalls da [...] war ein Mixery-Stand. Wir sind da vorbei. [...]
> Wenn ich mich richtig erinnere, war der Till etwas hinter uns, vielleicht einen Meter.
> Diese Frau war Tanja. Tanja war in diesem Moment am Telefonieren[69]. Sie hat auch weiter telefoniert. [...] Sie hat zu Ende telefoniert. Der Till stand etwa einen Meter von Tanja entfernt. [...]
> Er blieb jedenfalls bei ihr stehen. [...] Till ist auf Tanja zugegangen. [...] Tanja hat dann aufgehört zu telefonieren. [...] Sie hat ihn [...] herzlich begrüßt. [...]
> So wie sie wirkte, so im Nachhinein, habe ich den Eindruck, sie war eher erfreut, lebhaft, so wie ich sie in Erinnerung hatte. [...]
> Till und Tanja hatten noch ein kurzes Gespräch. [...] Während Till mit Tanja sprach, ist mir eine männliche Person aufgefallen, die mir genau gegenüber stand. Zu Tanja gesehen stand die Person

leicht nach hinten rechts versetzt. Das ist die Person, von der ich das Phantombild habe zeichnen lassen. [...]

Er hatte einen Kinnbart. Ich schätze, so 3 cm lang. [...] Er war jedenfalls nicht schlank. [...] Sein Gesicht würde ich auf keinen Fall als markant beschreiben, sondern eher so wie bei einem kleinen Jungen, pausbäckig. [...]

Meinem Eindruck nach hat er Till misstrauisch, grimmig beäugt - so aus den Augenwinkeln heraus.«

Aus dem Aktenvermerk[72] der Kripo Trier zur Beschreibung des *Spitzbartes*:

»Eine dieser Personen beschrieb Frau M[...] wie folgt:

- Mitte 20,
- ca. 180 cm groß,
- ca. 85 kg schwer,
- korpulent wirkend,
- schwarze Haare und schwarzer Kinnbart. [...]

Zum Aussehen des Kinnbartes befragt, erklärte Frau M:

[...], der Bart habe strichförmig unterhalb der Unterlippe begonnen und am Kinn sei ein kleiner Bart zu erkennen gewesen.«

[72] Vermerk der SOKO FH vom 26. Juni 2007 betreffs Auswertung der Lichtbilder zu einer Person mit Kinnbart.

Mir gegenüber erklärte die Zeugin M in einem der zahlreichen persönlichen Gespräche, dass ihr die helle Haut des *Spitzbartes* durch den Kontrast mit dem Bündchen seines dunklen T-Shirts besonders aufgefallen sei. An seinem linken, unbekleideten Handgelenk habe sie eine Uhr erkannt. Außerdem habe er hochstehendes dunkles Haar gehabt. Vielleicht gegelt oder natur.

Weiter berichtete die Zeugin M, dass der *Spitzbart* in Begleitung eines etwas kleineren Mannes war, den sie im Gespräch mit uns als *FDPler* bezeichnete. Diese Typisierung bezog sich auf die Kleidung des jungen Mannes. Polohemd und Sakko. Bei ihrer Vernehmung[71] machte sie hierzu folgende Angaben:

> »Neben diesem Mann stand rechts eine weitere männliche Person [...]. Soweit ich mich erinnere, war der schmächtiger als der andere. [...] Er war auch etwas kleiner als der andere, also kleiner als 1,80 m. [...]
> Tanja und die beiden machten auf mich insgesamt den Eindruck wie so eine kleine Gruppe, so als wären das Studienkollegen. [...]
> Ich glaube, dass an dieser Stelle auch ein Kühlwagen für Mixery stand.«[69]

Nach circa einer Stunde, um 14:50 Uhr, unterbrach man die Vernehmung der Zeugin M, um eine Ortsbegehung auf dem Gelände der FH Trier durchzuführen. Die Zeugin M war auch hier in der

Lage, exakte Angaben zur Örtlichkeit ihrer *Spitzbart-Sichtung* zu machen.

Dass es sich hierbei um die fast gleiche Stelle handelte, an der der Zeuge Marco seine unschöne Begegnung mit dem *Unbekannten* gehabt hatte, schien die Kripo entweder nicht zu erkennen oder nicht zu interessieren.[71]

Zurück im Kommissariat, legte man ihr dann noch verschiedene Fotos vor und befragte sie auch konkret nach namentlich bekannten Personen, die unter Umständen in persona besagter *Spitzbart* gewesen sein könnten. Zum einen kannte die Zeugin M einige dieser Personen persönlich, konnte sie daher entsprechend ausschließen, und zum anderen traf ihre Beschreibung des *Spitzbartes* bei all diesen Personen auf den Lichtbildvorlagen[73] im Einzelnen nicht zu.

In diesem Zusammenhang muss die Frage aufgeworfen werden, warum die Zeugin M, wenn auch mit einer gewissen Verzögerung, doch noch zur Zeugenvernehmung einbestellt wurde. Die Gründe für dieses *Einlenken* der Polizei liegen allerdings im spekulativen Bereich.

Die schleppende Einbestellung der Zeugin M könnte beispielsweise der gewonnenen Einsicht geschuldet gewesen sein, dass der Beobachtung dieser Zeugin eine gewisse Bedeutung doch nicht abzusprechen war. Eine solche Revision der bisherigen (Fehl-)Beurteilung durch die Trierer

---

[73] Die entsprechenden Lichtbildvorlagen der Ermittlungsbehörden liegen hier vor.

Ermittlungsbeamten wäre folglich eher lobenswert als kritisch zu beurteilen.

Doch die sich bis heute wie ein roter Faden durch den *Fall Tanja Gräff* ziehende Verschleierung der *Spitzbart-Spur*, die mit der Änderung der Dramaturgie dieser Nacht durch die Ermittler ihren Anfang nahm, schließt diese Annahme leider aus. Die Änderung bestand darin, dass man zumindest bis zur Sendung »*Aktenzeichen XY... ungelöst*« im Jahre 2011 öffentlich behauptete, dass Marco der letzte Begleiter Tanjas gewesen sein soll. Deshalb geriet der junge Student auch jahrelang unter Tatverdacht. In diesem Fall entsprach man allerdings dem üblichen Ermittlungsprocedere: Letzter Kontakt - erster Verdächtiger. Nur stimmte es leider nicht.

Mit dieser kleinen Schönheitskorrektur[74] ließ man schlicht und ergreifend die tatsächlich letzte verifizierte Sichtung Tanja Gräffs durch die Zeugin M, Katja und den Zeugen Till einfach unter den Tisch fallen. Damit vermied man unter anderem, eventuell Gefahr zu laufen, die Person *Spitzbart* einer unangenehmen öffentlichen Fahndung aussetzen zu müssen. Aber genau dem schien man sich unbedingt entziehen zu wollen.

Stattdessen belastete man fälschlicherweise - und offensichtlich vorsätzlich - den Zeugen

---

[74] Siehe hierzu Kapitel 27 »Aktenzeichen XY ungelöstes Chaos«: Die letzte verifizierte Sichtung Tanjas mit dem *Unbekannten*, wahrgenommen durch die Zeugin M und ihre Begleiter Till und Katja, wurde einfach zurückversetzt und dem Zeugen Marco zugeordnet.

Marco mit der schweren Bürde einer angeblich letzten verifizierten Begegnung mit Tanja und unterstellte ihm darüber hinaus, den mysteriösen *Unbekannten* als Schutzbehauptung[75] erfunden zu haben. Basierend auf dieser *Freestyle-Konstruktion* band man dem jungen Studenten einen völlig unbegründeten Tatverdacht ans Bein. So viel zur Evidenzprüfung der Zeugin M.

Doch warum hatte man die Zeugin M dann überhaupt noch zur Vernehmung bestellt? Der tatsächliche Hintergrund dieser nachträglichen Einbestellung der Zeugin dürfte vielmehr gewesen sein, dass sich die Ermittlungsbehörden nicht dem Vorwurf einer vermeintlich renitenten Zeugin aussetzen wollten, ihrer rechtlichen Verpflichtung zur Sachverhaltsaufklärung nicht ausreichend Rechnung getragen zu haben. § 163 Abs. 1 in Verbindung mit § 160 StPO bestimmt insoweit:

> »Die Behörden und Beamten des Polizeidienstes haben Straftaten zu erforschen und alle keinen Aufschub gestattenden Anordnungen zu treffen, um die Verdunkelung der Sache zu verhüten. Zu diesem Zweck sind sie befugt, alle Behörden, um Auskunft zu ersuchen, bei Gefahr im Verzug auch, die Auskunft zu verlangen, sowie Ermittlungen jeder Art vorzunehmen, soweit nicht andere gesetzliche Vorschriften ihre Befugnisse besonders regeln.«

---

[75] Siehe hierzu Kapitel 23 »Der Zeuge Marco« und die Ausführungen in der [Einstellungs-]Verfügung der Staatsanwaltschaft vom 10. Februar 2012.

Denn es stand durchaus zu befürchten, dass die intelligente und eloquente Zeugin M ihre Beobachtung beispielsweise auf medialem Wege publik machen könnte und somit die bis heute durch Kripo und Staatsanwaltschaft offiziell nie bestätigte »Spur 38-Spitzbart« in die Öffentlichkeit tragen würde.

Diese Vermutung wird auch durch die Tatsache gestützt, dass die anfänglich ungehörte Zeugin M beispielsweise versuchte, auf eigene Faust den von der Polizei abgeschirmten Zeugen Marco ausfindig zu machen, um ihm persönlich mitzuteilen, dass er, trotz gegenteiliger öffentlicher Verlautbarung seitens der Ermittler, nicht der Letzte war, der Tanja - verifiziert - gesehen und gesprochen hatte.

Nach ihrer Vernehmung schien diese Gefahr gebannt, denn die Zeugin M war von diesem Zeitpunkt an der Auffassung, dass sie über den *Fall Tanja Gräff* Stillschweigen zu bewahren habe, insbesondere Journalisten gegenüber.

Angeblich wurde die Zeugin M im Zuge der üblichen Zeugenbelehrung auf ihre Verpflichtung zur gänzlichen Verschwiegenheit dezent hingewiesen. Wie auch immer die Ermittlungsbehörden diesbezüglich vorgegangen waren oder auch nicht, so glaubten jedenfalls die meisten Zeugen, mit denen ich gesprochen habe, nicht über ihre Beobachtungen reden zu dürfen. Ein vielleicht bewusst konstruiertes Missverständnis durch die Ermittlungsbehörden? Jedenfalls hatte man die Zeugin M nach ihrer Vernehmung unter

Kontrolle, denn von nun an schwieg die Zeugin. Jedenfalls bis zu unserem ersten Gespräch.

Eine weitere Ungereimtheit ergibt sich aus dem nur einen Tag später, am 26. Juni 2007, angefertigten Vermerk[72] zur Auswertung der Lichtbilder einer Person mit Kinnbart. In diesem Vermerk wird über die Angabe des Datums einer (Erst-)Vernehmung der Zeugin M der Eindruck erweckt, als habe man die Zeugin bereits am 10. Juni 2007 persönlich vernommen und nicht nur telefonisch gesprochen und - wie beschrieben - abgewimmelt. Dort wird hierzu ausgeführt:

> »[...] In ihrer Vernehmung vom 10.06.2007 gab die Zeugin M[...] an, [...]«

Dieses Datum fällt augenscheinlich in den Ermittlungsbeginn vom 09. Juni 2007. Hier stellt sich folgende Frage: Hatte man an dieser Stelle auch eine kleine Schönheitskorrektur bezüglich der Einbestellung der Zeugin M für die interne Akte vorgenommen, um die tatsächlich eingetretene Verzögerung der Vernehmung zu verschleiern? Die zeitliche Distanz zwischen dem ersten Anruf der Zeugin M bei der Kripo am Sonntag, dem 10. Juni 2007, und der nur zwei Tage später fernmündlich vorgetragenen Bitte um Zurückhaltung seitens der Kripo beim Vater der Zeugin M sollte wohl mit dieser fehlerhaften Aktennotiz retuschiert werden. Schließlich musste alles seine Ordnung haben.

Interessanterweise wurde dieser Aktenvermerk vom 26. Juni 2007 nur einen Tag nach der ersten offiziellen Vernehmung der Zeugin M am 25. Juni 2007 angefertigt. Selbstverständlich kann es sich hierbei auch wieder mal um einen Schreibfehler gehandelt haben.

Das Phantombild:

Auch die *traurige* Geschichte um die Erstellung eines Phantombildes durch die Zeugin M ergänzt buchstäblich den seltsamen Umgang der Kripo mit der Zeugin M.

Scheinbar war es den Ermittlungsbehörden auch in diesem Punkt nicht möglich, alles Erforderliche zu tun, um eine Phantombilderstellung eines womöglich Tatverdächtigen - zumindest aber eminent wichtigen Zeugen - zeitnah zu veranlassen.

Diese Verzögerung erscheint fragwürdig, denn je ausgeprägter und unverfälschter die Erinnerung an die wahrgenommene und zu beschreibende Person noch ist, umso höher ist naturgemäß auch die Chance, dass ein Phantombild erstellt werden kann, welches eine möglichst hohe Übereinstimmung mit der gesuchten Person aufweist. Aber man hatte ja *Wichtigeres* zu tun.

Ob Polizei und Staatsanwaltschaft überhaupt ein ernsthaftes Interesse an der Erstellung sowie an einer zeitnahen Veröffentlichung dieses Phantombildes hatten, kann aufgrund der bis heute anhaltenden Leugnung der »Spur 38-Spitzbart« bezweifelt werden. Der Verdacht einer zumindest grob fahrlässigen, wenn nicht gar vorsätzlichen *Zielvereitelung* könnte sich an dieser Stelle aufdrängen.

Zu meinem großen Erstaunen erzählte mir die Zeugin M bei unserem ersten Telefongespräch, dass das angefertigte Phantombild, welches sich auch in meinem Aktenfundus befand, leider keinerlei Ähnlichkeit mit dem von ihr gesichteten *Spitzbart* habe. Aus diesem Grund sei es auch zwischen ihr und dem zuständigen Beamten im Zuge dieser *Prozedur* zu diversen Meinungsverschiedenheiten gekommen.

Dass diese Querelen nicht auf den ungenügenden Angaben der Zeugin M basieren konnten, ergibt sich unter anderem daraus, dass meine Kollegin, eine studierte 3D-Animatorin und professionelle Zeichnerin, im April 2015 in unserem Filmschnittstudio ein eigenes Phantombild mit der Zeugin M erstellte. Die Zeugin M und die Kollegin arbeiteten über 7 Stunden konzentriert und detailliert an dieser Zeichnung.

Da ich im Besitz ihrer Vernehmungsprotokolle bin, konnte ich feststellen, dass die Zeugin M erstaunlicherweise exakt bei der *Spitzbartbeschreibung* blieb, die sie schon bei ihrer ersten Vernehmung am 25. Juni 2007 abgegeben hatte. Bei der Erstellung dieses Phantombildes[76] blieb die Zeugin M besonders hartnäckig in Bezug auf das von ihr hervorgehobene konturlose, speckige bzw. pausbäckige Gesicht, die helle Haut des

---

[76] Rechtliche Gründe verbieten es, diese Zeichnung öffentlich zu machen.

Spitzbartes mit roten Bäckchen sowie dem krausen, eher hochstehenden Haar.

Warum sich der Polizeizeichner mit der Zeugin M hinsichtlich der Charakteristika des *Spitzbartes* nicht verständigen konnte, bleibt vor diesem Hintergrund jedenfalls unergründlich.

Wie gesagt, eine Kopie des unbrauchbaren Phantombildes der Polizei befindet sich in unserem Aktenfundus. Dazu gibt es einen Abschlussvermerk vom 15. September 2008 mit folgender beachtenswerter Notiz:

> »Das Phantombild ist im Verlauf der Ermittlungen veröffentlicht worden.«

Wie so oft im *Fall Tanja Gräff* muss auch an dieser Stelle festgestellt werden, dass diese Aktennotiz nicht der Wahrheit entspricht. Das Phantombild wurde nie veröffentlicht!

Dass sich die Kripo in ihren internen Aktenvermerken selbst belügt, erscheint geradezu grotesk. Es könnte sich hierbei aber auch wieder einmal nur um einen *Schreib-* bzw. einen *Satzfehler* handeln.

Weiter heißt es in dem vorgenannten Vermerk:

> »Die Zeichnung wurde [sic] Vielzahl von Zeugen vorgelegt.
> [...] Die Person konnte bisher nicht identifiziert werden.«

Auch das ist falsch. Denn wie hätte man auch - außer der Zeugin M selbst - anderen Zeugen Fotos einer Person vorlegen können, die es bis heute offiziell gar nicht gibt? Dieses Phänomen kann nur der Kreativität der Kripo Trier entsprungen sein.

Das offensichtliche Desinteresse seitens der Ermittlungsbehörden an der Person *Spitzbart* bzw. dessen Leugnung lässt sich auch an einem weiteren Beispiel festmachen:

Nachweislich war der Polizei schon seit Beginn der Ermittlungen eine Person bekannt, die in allen Punkten der überaus genauen Beschreibung der Zeugin M entsprach. Leider wurde *vergessen*, Fotos dieser Person der Zeugin M vorzulegen. Auf der Alibiliste erscheint diese Person mit Spurnummer 336.

Obwohl sich auf Tanjas Laptop Fotos dieser Person befanden und dieser Laptop[77] der Polizei schon am zweiten Tag nach Tanjas Verschwinden zur Verfügung stand, wurden weder der Zeugin M noch irgendwelchen anderen Zeugen, beispielsweise Marco oder Tanjas bester Freundin Lisa[78], Fotos dieser Person vorgelegt. Aber wie gesagt, man kann nicht an alles denken.

Dazu eine weitere Anekdote im Umgang mit der Zeugin M: Laut der Zeugin wurde sie Jahre später, im Sommer 2013, zu ihrem großen Erstaunen durch die KHKin Geronimo[1] zu einer erneuten Lichtbildvorlage gebeten. Die Zeugin beteuerte

---

[77] Ich verfüge über Back-ups der Festplatte.

[78] Lisa[1] kannte den auf Tanjas Laptop abgespeicherten *Spitzbart* gut.

angeblich der Kommissarin und später auch mir gegenüber, dass kein anderes ihr bis dahin vorgelegtes Foto sie so sehr an *Spitzbart* erinnere als genau dieses Foto. Um welche Person es sich dabei namentlich handelte, wurde der Zeugin M nicht mitgeteilt. Eigenartigerweise hörte die Zeugin M nie mehr irgendetwas von dieser Kommissarin und besagtem Foto.

Als ich mit der Zeugin M im Frühjahr 2014 in Kontakt trat, erzählte sie mir sofort von dem Treffen mit der Kommissarin und fragte mich nach diesem Foto. Leider konnte ich ihr zu diesem frühen Zeitpunkt meiner Recherche noch kein Foto anbieten, das sie so sehr beeindruckt hätte wie jenes Foto[79], das ihr im Sommer 2013 von KHKin Geronimo vorgelegt worden war.

Als die Zeugin M im Frühsommer 2015 im Zuge der Nachvernehmungen nach Tanjas Auffinden den vernehmenden Beamten Sperling auf das ihr von KHKin Geronimo vorgelegte Foto ansprach und eine Wiedervorlage erbat, behauptete dieser der verblüfften Zeugin M gegenüber, dass ein solches Treffen nie stattgefunden habe. Dies ließe sich auch damit belegen, dass es diesbezüglich keinen Aktenvermerk gäbe. Die Zeugin müsse sich ergo gewaltig irren und irgendetwas durcheinanderbringen.

[79] Bei der auf dem Foto abgelichteten Person handelt es sich ausdrücklich nicht um den vom Leserbriefschreiber beschriebenen Mann aus dem Saarland. Siehe hierzu auch Kapitel 28 »Der Leserbrief«.

Im Dezember 2015 wurde die Zeugin M dann noch ein letztes Mal ins Kommissariat Trier einbestellt. Weiter als bis in die Eingangshalle kam die *Arme* allerdings nicht.

Zu ihrem Erstaunen wurde ihr abermals ein Foto vorgelegt, das einen potenziellen *Spitzbart* darstellen sollte. Die Zeugin verneinte vehement, dass diese Person überhaupt etwas mit dem von ihr wahrgenommenen und beschriebenen Mann gemein hätte. Dieses Foto, aufgenommen am frühen Morgen des 07. Juni 2007 in der Trierer Innenstadt, bildete weder einen Mann mit *Spitzbart* ab noch stimmten Statur oder das restliche Aussehen mit dem von der Zeugin M beschriebenen *Spitzbart* auch nur ansatzweise überein.

Nach diesem obskuren Treffen im Trierer Kommissariat rief mich die verärgerte Zeugin M sofort an und fragte mich, ob ich mir einen Reim auf diese unsinnige Vorstellung der Kripo machen könne.

Da ich inzwischen selbst im Besitz einer Kopie dieses Fotos bin, weiß ich, dass es sich bei diesem Mann um K gehandelt hatte, dessen Handynummer um 03:59:16 Uhr[80] auf so mysteriöse Weise in Tanjas Handy gelangte.

Der Umstand, dass die Kripo im Dezember 2015 der Zeugin M das Foto des K vorgelegt hatte, belegt meines Erachtens, dass die Ermittlungsbehörden zumindest eine Ahnung davon gehabt haben mussten, dass sich K bei Tanja und dem

[80] Siehe hierzu Kapitel 15 »Eine mysteriöse Telefonnummer«.

Spitzbart am Mixery-Kühlwagen aufgehalten hatte, als er seine Nummer in ihr Handy eingab. Zur Erinnerung:

Die Eingabe der Handynummer fand um 03:59:16 Uhr statt. Die Zeugin M kam nur knapp 44 Sekunden später mit ihren Begleitern um 04:00 Uhr am Kühlwagen an, wo sie Tanja in Begleitung von *Spitzbart* und dem *FDPler* antrafen. Aus dieser minimalen Zeitspanne von 44 Sekunden ergibt sich eine Raum-Zeit-Übereinstimmung zwischen K, Tanja, dem *Spitzbart* und dessen Freund, dem *FDPler*, im Bereich Kühlwagen.

Daher kann man, wie in Kapitel 17 bereits ausführlich ausgeführt, mit hoher Wahrscheinlichkeit davon ausgehen, dass K in Gegenwart von *Spitzbart* und *FDPler* seine Nummer in Tanjas Handy eingegeben hatte. K muss allerdings beim Eintreffen der Zeugin M und ihrem Gefolge den Bereich des Kühlwagens bereits wieder verlassen oder sich im Hintergrund an der Deichsel des Kühlwagens mit weiteren Personen aufgehalten haben. K hätte daher logischerweise Angaben zur Person *Spitzbart* bzw. *FDPler* machen können.

Doch anstatt diesen höchst interessanten Sachverhalt zu klären, bot man der Zeugin M zum x-ten Mal eine völlig unrealistische Person als potenziellen *Spitzbart* an, sodass logischerweise zum x-ten Mal eine Identifikation scheiterte. Wie praktisch.

Dass es sich bei K um den *Spitzbart* gehandelt hatte, ist absolut ausgeschlossen. K war, wie bereits gesagt, in keiner Weise phänotypisch mit dem *Spitzbart* zu verwechseln und entsprach auch nicht im Geringsten der Beschreibung der Zeugin M. Mir liegen diesbezüglich Fotos von dieser Nacht vor.[81]

Nach diesem kurzen Aufeinandertreffen im Dezember 2015 bat man die Zeugin M, sich nicht mehr bei der Kripo in Trier zum *Fall Tanja Gräff* zu melden. Die Angelegenheit sei ausermittelt.

Bei Marcos *Unbekanntem* und dem von der Zeugin M beschriebenen Mann mit *Spitzbart* handelte es sich nach unserem Rechercheergebnis eindeutig um ein und dieselbe Person. Der Grund, warum er den *Unbekannten* nicht beschreiben konnte, haben wir durch eine Rekonstruktion mit Hilfe des Zeugen Marco, der Zeugin M und mittels 3D-Technik nachgestellt.

Durch die angefertigte 3D-Animation meiner Kollegin konnte man exakt nachvollziehen, warum der Zeuge Marco den *Unbekannten* so gut wie nicht beschreiben konnte.

Zum Ersten lag es an den Lichtverhältnissen. Denn im Gegensatz zu *Spitzbart* stand der *Unbekannte* auf der unbeleuchteten Fläche zwischen Bierstand und Kühlwagen. Der direkte Bereich des Kühlwagens wurde dagegen von einer Parkplatzlaterne abgedeckt. Deshalb konnte die Zeugin M im Lichte dieser Laterne den Spitzbart minutenlang beobachten und ihn aus Amüsement

[81] Aus persönlichkeitsrechtlichen Gründen können die Fotos hier nicht gezeigt werden.

wegen seines *witzigen* Aussehens[82] regelrecht abscannen. Zum Zweiten und das war der Hauptgrund, stand der Zeuge Marco in einem ungünstigen Winkel zum *Unbekannten*. Zunächst standen sie Seite an Seite und Marco nahm die Person im kurzen Gespräch mit Tanja überhaupt nicht wahr. Erst als der *Unbekannte* Marco mit den Worten »Hey lass die Tanja in Ruh« nach links wegschubste, wurde Marco unsanft auf den *Unbekannten* aufmerksam gemacht.

Um der Situation unbeschadet, sprich ohne Prügel zu entkommen, drehte sich Marco nicht einmal mehr um, sondern schaute nur noch einmal kurz zu Tanja, die im Blickfeld seines vermeintlichen *Fluchtweges* stand. Schließlich lag noch ein signifikanter Größenunterschied zwischen dem schmächtigen Marco und dem *Unbekannten* vor. Verständlicherweise entzog sich Marco deshalb zügig dem *Wirkungskreis* des aggressiv wirkenden *Unbekannten*.

Nach dieser Begebenheit, die sich innerhalb von zwei, drei Sekunden abspielte, blieb Marco nur der Trierer Dialekt des *Unbekannten* in Erinnerung.

Die Zeugin M stand im Gegensatz dazu dem *Spitzbart* diagonal gegenüber und konnte ihm minutenlang ohne Anstrengung ins Gesicht sehen.

Durch die professionelle Animation der handelnden Personen konnte man sehr gut nachvollziehen, wer wie wo stand und warum wer wen beschreiben konnte oder auch nicht. Bei der Person

---

[82] Siehe hierzu Kapitel 29 »Spitzbart Omega«.

Spitzbart handelte es sich danach eindeutig auch um den *Unbekannten*, dessen unfreundliche Bekanntschaft Marco circa fünf Minuten vor dem Eintreffen der Zeugin M und drei Meter seitlich vom Kühlwagen, zwischen Mixery-Bierstand und jenem Kühlwagen, gemacht hatte.

Nach hiesiger Auffassung blieb Tanja zunächst bei dem *Unbekannten-Spitzbart*, um per SMS und Handy den Standort des *verlorengegangenen* Adrian herauszufinden. Was ihr dann schlussendlich im 04:00:01-Uhr-Gespräch auch gelang. Das belegt ihr Handyprotokoll.

Im Zuge der Veröffentlichung des Leserbriefs Ende Januar 2015 im Trierischen Volksfreund wurde die Existenz eines *Spitzbartes* zum ersten Mal thematisiert und öffentlich gemacht.[83] Doch Staatsanwaltschaft und Kripo dementierten. Die »Spur 38-Spitzbart« blieb weiter unter Verschluss und die Zeugin M wurde im Abschlussbericht der Staatsanwaltschaft Trier als unglaubwürdige Person abgewertet und diskreditiert.

[83] Siehe hierzu Kapitel 28 »Der Leserbrief – und ein falscher Verdacht«.

25. Kapitel
Die Drachenhaus-Spur

Pfad entlang des Rosengartens
Trier, 07. Juni 2007, zwischen 05:30 und 05:40 Uhr[84]

Zwei Tage nach Tanja Gräffs spurlosem Verschwinden erhielt Damian[1] von seiner Freundin Steffi[1] einen Anruf. Sie erzählte ihrem damaligen Freund, dass Tanja Gräff, die die beiden ihrer Ansicht nach auf dem Sommerfest der FH kennengelernt hatten, spurlos verschwunden sei. Sie habe das Mädchen auf den Suchplakaten sofort wiedererkannt.

Daraufhin meldeten sich beide bei der Kripo Trier und berichteten im Zuge ihrer Vernehmungen[85], was sich gegen Ende des Festes um circa 05:40 Uhr entlang des Rosengartens auf dem schmalen Weg Richtung Schillingsteg zugetragen hatte.

---

[84] Laut Vermerk vom 16. Juli 2007 berichtigte die Zeugin Steffi ihre ursprüngliche Zeitangabe von circa 05:10 Uhr auf circa 05:40 Uhr.

[85] Vernehmungsprotokolle vom 13. Juni 2007 - 17:00 Uhr.

Am Rosengarten
07. Juni 2007, max. 05:40 Uhr

Am frühen Morgen des 07. Juni 2007, gegen Ende des FH-Sommerfestes, machten sich Steffi, ihr Freund Damian und der gemeinsame Freund Nik[1] auf den Heimweg.[86] Vom Hauptfestgelände aus gingen sie entlang des Stuckradweges in Richtung Schillingsteg. Am unteren Teil des Stuckradweges, an der Abbiegung zum Drachenhaus, passierten sie eine auf der rechten Seite des Weges lagernde, düster wirkende Gruppe.

[86] Damian, Steffi und Nik werden nachfolgend auch als *Drachenhaus-Trio* bezeichnet.

Damian, ein ausgebildeter Soldat und durch einige Auslandsaufenthalte etwas übersensibilisiert, beäugte seiner eigenen Aussage nach diese aus seiner Sicht aggressiv wirkende Gruppe kritisch. Man sah sich deshalb veranlasst, zügig an diesen Leuten vorbeizugehen, so Damian.

Kaum hatte man diese unsympathische Gruppe passiert und den sich verjüngenden Teil des Weges entlang des Rosengartens erreicht, kam plötzlich eine junge Frau schnellen Schrittes von hinten und schloss sich den beiden Jungs beziehungsweise der vorangehenden Steffi an. Sie stellte sich Steffi als Tanja vor und sagte, dass sie nach Hause wolle.

Gleich darauf kam noch ein fremder Mann, ebenfalls aus dem rückwärtigen Bereich, und schloss sich unaufgefordert Damian und Nik an, die wegen des schmalen Weges hinter Steffi und jener Tanja hergingen.

Aufgrund der sonderbaren Situation begann Damian ein Gespräch mit dem *merkwürdigen Kerl*, um herauszufinden, ob dieser und das Mädchen namens Tanja zusammengehörten. Mir gegenüber erklärte Damian, dass der *Verfolger* für ihn genauso aussah, wie die Typen dieser düsteren Gruppe, die man kurz zuvor eilig passiert hatte.

Wörtlich sagte er: »Seine Pupillen waren so groß wie das Auge [sic].«

Durch die Stimmen der beiden Männer aufgeschreckt, drehte sich *diese Tanja* plötzlich um, erblickte den ihr anscheinend bekannten Mann und lief panisch davon. Auch durch Steffis Zurufe ließ sich das davoneilende Mädchen nicht mehr aufhalten.

Als der Mann die überstürzte Reaktion des Mädchens ebenfalls wahrgenommen hatte, rannte er *dieser Tanja* hinterher und rief laut: »Tanja warte«.

Man kann unterstellen, dass der Verfolger *dieser Tanja* einen Fortsetzungswillen bezüglich der gemeinsamen Bekanntschaft oder eines Vorhabens hatte. Sonst hätte er sicher nicht so rigoros die Verfolgung *dieser weglaufenden Tanja* aufgenommen.

Wie bereits erwähnt, fiel Steffi dieses merkwürdige Zusammentreffen sofort wieder ein, nachdem sie von dem Verschwinden Tanja Gräffs erfahren und das Foto auf dem Suchplakat gesehen hatte.

Vor ihrer Vernehmung am 13. Juni 2007 besuchten Damian und Steffi gegen 15:00 Uhr erneut das FH-Gelände, um noch einmal die Örtlichkeiten ihrer Begegnung mit *dieser Tanja* aufzusuchen. Mit dieser Ortsbegehung wollten sie sicherstellen, dass ihre späteren Angaben bei der Polizei bezüglich des Zusammentreffens mit *dieser Tanja* so exakt wie möglich sein würden. Auf ihrem Weg zur FH hörten sie plötzlich im Bereich Schillingsteg laute Schreie. Damian erklärte mir im persönlichen Gespräch, es seien schreckliche Schreie gewesen.

Der Bereich Schillingsteg liegt oberhalb der Palliener Straße, deren Anwohner ebenfalls

Schreie einer Frau hörten und die, in helle Aufregung versetzt, daraufhin die Polizei verständigten. Infolgedessen wurde die komplette Palliener Straße gesperrt und alle Wohnungen von der Kripo durchsucht.[87]

Auch Damian und Steffi teilten den Behörden ihre Wahrnehmung zu diesem unheimlichen Geschehen mit. Doch in ihrem jeweiligen Vernehmungsprotokoll wurde diese Mitteilung weder thematisiert noch protokolliert.

> *Hinweis:*
>
> *Trotzdem Tanja 2015 in der Nähe der Palliener Straße aufgefunden wurde, schloss die Polizei einen Zusammenhang mit dem vorbeschriebenen Geschehen ohne jegliche Begründung aus.*

Aber auch die Option, dass es sich bei *dieser Tanja* um Tanja Gräff gehandelt haben könnte, schienen die Ermittler schnell verworfen zu haben. Trotz des sehr speziellen Geschehens und der sehr exakten Beschreibung durch die Zeugin Steffi ging man wohl eher von einer Doppelung von Namen und phänotypischen Merkmalen aus.

Um dem Leser die Möglichkeit zu geben, sich einen eigenen Eindruck über die Qualität und Relevanz der Zeugenaussagen im Hinblick auf Tanja Gräff und deren plötzlichem Verschwinden

---

[87] Die Polizeiaktion fand am späten Nachmittag/frühen Abend des 13. Juni 2007 statt.

zu verschaffen, gebe ich den wesentlichen Wortlaut der Zeugenaussagen im Original wieder.

Aus Damians Vernehmungsprotokoll[85]:

»Ich besuchte am Donnerstagabend die FH-Fete [...]. Gegen 23:00 Uhr traf ich auf dem Fest meine Bekannte Steffi[1] und bin mit ihr zusammen auf dem Fest geblieben. Zusammen mit einem mir ebenfalls Bekannten, Nik[1]. Als es langsam hell wurde, haben wir dann das Fest verlassen. Wenn ich ›wir‹ sage [sic] meine ich den Nik und die Steffi. Wir sind vom Festgelände durch den Haupteingang in Richtung Drachenhaus gegangen. Durch den vernehmenden Beamten wurde mir mitgeteilt, dass es sich dabei um das Drachenhaus handelt. Ich selbst beschreibe dieses Haus als gelbes, älteres Haus mit schöner Architektur, ein sogenanntes Herrenhaus. Vor diesem Haus befindet sich eine Kreuzung, bei der drei Wege in unterschiedliche Richtungen führen. Unmittelbar in der Nähe der Kreuzung befand sich auch eine größere Personengruppe. Diese bestand aus ca. 6 bis 7 Personen. Alle waren dunkel bzw. schwarz gekleidet. Das war auch der Grund, warum wir recht zügig an dieser Gruppe in der Nähe der Kreuzung vorbei gegangen sind. In Höhe der Kreuzung kam uns eine weibliche Person nachgelaufen. Die Begegnung mit der weiblichen Person fand also nicht an der Hauptkreuzung statt, sondern schon im engeren Bereich des Fußweges Richtung Felsenpfad. Dadurch, dass der Weg dort schon recht eng war und das Mädchen zu unserer Gruppe aufgeschlossen hatte, kam man auch ganz kurz ins Gespräch. Dabei ist auch der Name Tanja gefallen. Ich kann jedoch nicht mehr sagen [sic] ob ich mich zuerst mit ihr unterhalten habe oder ob es meine Bekannte war oder vielleicht sogar der Nik. Kurz nachdem das Mädchen zu unserer Gruppe aufgeschlossen hatte, kam ein paar Sekunden später auch ein junger Mann zu unserer Gruppe hinzu. Ich unterhielt mich kurz mit dem jungen Mann. Während dessen [sic] verließ das Mädchen bereits unsere Gruppe und lief voran. Ich sagte noch zu dem jungen Mann: ›Was ist mit deiner Freundin, die läuft ja weg gerade?‹ Daraufhin rief der junge Mann ›Tanja‹ und ist ihr dann hinterher gelaufen.«

Weiter berichtet Damian:

»Ich hatte den Eindruck, dass das Mädchen irgendeinen Stress hatte und kam auch deshalb mit ihr [sic] ins Gespräch, so nach dem Motto ›Was ist denn los?‹. Ich kann mich jedoch nicht mehr an das eigentliche Gespräch erinnern, denn auch ich hatte an dem Abend schon Alkohol konsumiert und hätten Sie mich am Freitagmorgen gefragt, hätte ich unter Umständen noch antworten können, aber es entzieht sich jetzt meiner Erinnerung. Ich weiß, dass der Name Tanja während der Unterhaltung gefallen ist. Ich kann mich aber beim besten Willen nicht mehr daran erinnern, ob sie mir ihren Namen gesagt hat oder ob sie zuerst den Namen zu meiner Bekannten geäußert hat. Ich weiß jedoch das [sic] meine Bekannte ebenfalls mit ihr gesprochen hat.«

Auf Nachfrage der Polizei, ob er sich mit dem Verfolger unterhalten habe und ob er sich daran besser erinnern könne, antwortete Damian:

»Ich habe mich mit der männlichen Person ganz normal unterhalten. Er machte auch auf mich keinen aggressiven Eindruck. Worüber ich mich detailliert mit ihm unterhalten habe, kann ich auch nicht mehr sagen. Ich kann mich jedoch noch an die Situation erinnern, dass die Freundin von ihm weg gelaufen [sic] ist und er ihr ›Tanja‹ hinterher rief [sic]. Ich kann mich noch genau daran erinnern, dass ich ihn gefragt habe: ›Ist das deine Freundin?‹ und er mit ›Ja‹ antwortete.
Nochmals zu der Unterhaltung kann ich sagen [...] dass ich ihn fragte: ›Was ist denn los mit deiner Freundin? Warum läuft sie weg?‹. [...] Er rief ihr dann ›Tanja‹ hinterher und begab sich dann auch in ihre Richtung.«

Damian machte zu dem Mann folgende Angaben:

»Die Person kann ich wie folgt beschreiben:
- ca. 180 - 185 cm groß,
- dunkle, kurze Haare,
- schmale Statur,
- sprach Deutsch,
- dunkle Oberbekleidung,

- zur Hose und zum Schuhwerk keine Angaben.«

Zu der Person *Tanja* machte die Zeugin Steffi sehr präzise Angaben. Aus Steffis Vernehmungsprotokoll[85]:

»**Antwort:**

[...] Ich habe noch in Erinnerung und da bin ich mir absolut sicher, dass sie mir gesagt hat, dass sie Tanja heißt.

Das wäre so mein übliches Verhalten, dass ich fragen würde, wer bist du denn? Sie hat auch gesagt, sie will nach Hause.

Frage:

Sind Sie ganz sicher, dass sich diese junge Frau als Tanja vorgestellt hat?

Antwort:

Ich bin ganz sicher, dass sie sich mir als Tanja vorgestellt hat und ich bin auch ganz sicher, dass sie rote Haare hatte.

Frage:

Können Sie diese Frau beschreiben?

Antwort:

Ja.

Sie war ungefähr so groß wie ich, 1,68 m bis 1,70 m. Sie war schmal, ich schätze sie auf 55 bis 60 kg.

Sie hatte rote Haare. Das Haar war lang, sie trug es offen. Es kann sein, dass sie am Hinterkopf ein Teil der Haare zu einem Zopf zusammengebunden hatte.

Frage:
Erinnern Sie sich, ob die Frau auch Schmuck trug?

Antwort:
Ich bin mir sicher, dass sie eine Halskette trug und ziemlich lange Ohrringe.

Frage:
Könnten sie die Ohrringe näher beschreiben?

Antwort:
Das waren Hänger, schon ziemlich wuchtig. Mehr kann ich dazu nicht sagen. Ich weiß, dass sie nicht bunt waren.

Frage:
Erinnern Sie sich auch an die Bekleidung?

Antwort:
Sie trug ein dunkles Oberteil. Ich könnte nicht sagen, welche Farbe das hatte. Ich kann auch nicht sagen, dass das Oberteil braun war. Sie hatte eine Tasche.

Frage:
Könnten Sie die Tasche beschreiben?

Antwort:
Es war eine Umhängetasche, ich kann nicht mehr sagen, wie groß die war. Ich weiß, als sie ging, hing die Tasche etwa in Höhe ihrer Hüfte.

Frage:
Könnte das etwas Selbstgemachtes gewesen sein?

Antwort:
Ich kann das nicht mit Sicherheit sagen, ich meine aber in Erinnerung zu haben, dass es eine hellere Tasche war.
Die Tasche ist mir während unseres Gespräches auch nicht aufgefallen. Die habe ich erst gesehen, als sie [sic] dann von mir wegbewegt hat.«

Auf Nachfrage, ob Steffi den Mann, der *dieser Tanja* hinterherlief, beschreiben könne, gibt sie folgende Beschreibung ab:

»**Antwort:**
Ich würde den auf Mitte/Ende 20 schätzen, eher Ende als Anfang. Er war etwa 1 Kopf größer als ich. (Ich stelle mich neben die Zeugin). Er war etwa so groß wie Sie (182 cm). Eventuell noch 2 - 3 cm größer.
Seine Figur habe ich weder als fett noch als dünn in Erinnerung. Ich denke, das war normal.
Ich kann mich an seine Haare oder an einen Bart oder Brille gar nicht erinnern.
Ich meine nur, er war komplett dunkel gekleidet.«

Zusammenfassung:

Nach Einschätzung der Zeugen Steffi und Damian spielte sich gegen circa 05:40 Uhr eine merkwürdige Szene entlang des Rosengartens ab, deren markante Details hier nochmals komprimiert wiedergegeben werden:

1. Ein Mädchen namens Tanja lief erwiesenermaßen vor einem ihr äußerst unangenehmen Mann davon.
2. Die von der Zeugin Steffi abgegebene Personenbeschreibung zu diesem Mädchen trifft in allen, detailliert aufgeführten Punkten exakt auf Tanja Gräff zu.
3. Tanja Gräff trug in dieser Nacht diese dunkelroten, wuchtigen Ohrringe, ferner eine weiße Kette und ein braunes Shirt.
4. Tanjas außergewöhnliche Frisur beschreibt die Zeugin Steffi ebenfalls exakt. Von vorne sah es aus, als habe Tanja die Haare offen getragen. Von hinten dagegen konnte man den vermeintlichen Pferdeschwanz sehen. Diese Wirkung erzielte Tanja durch die eingesetzten kleinen Plastikklämmerchen. Tanja hatte an den Seiten jeweils eine große Strähne mit kleinen Plastikklämmerchen zusammengesteckt. Am Hinterkopf kamen die beiden Strähnen zu einer Art Pferdeschwanz zusammen.
5. Weiter ist bekannt, dass Tanja die weißen Träger ihrer Stofftasche quer über den Körper trug und dass diese Tasche im Rücken an ihrer Hüfte hing. Auch die Zeugin Steffi

erkannte die am Rücken getragene Tasche beim Weglaufen des Mädchens.

6. Besonders hervorzuheben ist die Tatsache, dass die Zeugin Steffi im Zuge ihrer Vernehmung darauf bestand, dass die junge Frau namens Tanja, mit der sie in dieser Nacht gesprochen hatte, eine Halskette getragen hatte. Dieser Punkt war in Bezug auf Tanja Gräff, bevor ihre sterblichen Überreste gefunden wurden, strittig. Doch die Zeugin Steffi blieb dabei, und tatsächlich wurde im Mai 2015 beim Auffinden der verstorbenen Tanja Gräff eine weiße Perlenkette gefunden. Hierbei handelt es sich um einen Rosenkranz, den Tanja als Halsschmuck umfunktioniert hatte.

Vorgenannte Aussagen mit ihren starken Indizien im Hinblick auf die Person Tanja Gräff bildeten die Grundlage unserer eigenen Recherche bezüglich der *Drachenhaus-Spur*. Dabei fiel ein wichtiger Aspekt direkt ins Auge. Einige unserer Gesprächspartner, die Tanja an diesem Abend auf dem Fest getroffen und gesprochen hatten, erwähnten in diversen Zusammenhängen eine schwarze beziehungsweise dunkle, unheimlich wirkende Gruppe. Da wir aber entgegen allen Gerüchten wussten, dass Tanja mit ihren harmlos wirkenden und eher bunt gekleideten Kommilitonen das Fest besucht hatte, konnten wir diese Gruppierung als eine düster und aggressiv wirkende Gruppe ausschließen.

Dennoch, dieses Attribut der unheimlich wirkenden Gruppe wurde, wie erwähnt, von den verschiedensten Gesprächspartnern wiederholt in *den Ring geworfen*, weshalb mich dieses Thema immer wieder beschäftigte.

Bei meinen Überlegungen kam ich zu dem Schluss, dass diese dunkel gekleideten Menschen sich nicht zufällig zusammengerottet hatten, sondern dass es sich vielmehr um eine Gruppe gehandelt haben musste, die durch Outfit und entsprechendes Auftreten eine nach außen gerichtete bewusste Zusammengehörigkeit demonstrieren wollte. Ergo musste diese Gruppe thematisch zusammenhängen. Die Frage war nur, welches Thema.

Beim Durcharbeiten der Aussagen von Damian und Steffi fiel mir sofort auf, dass auch Damian explizit eine Personengruppe erwähnte, die komplett schwarz gekleidet und von der Außenwirkung auch eine unheimlich und aggressiv wirkende Gruppe gewesen sein soll. Immerhin so unheimlich, dass sich der damals schon 32-jährige Damian bemüßigt sah, zügig mit seinen beiden Begleitern an dieser Gruppe vorbeizugehen.

Unterstellt man, dass es sich bei dem Mädchen am Rosengarten um Tanja Gräff gehandelt hatte, wäre es zumindest eine Überlegung wert, ob Tanja, bevor sie sich dem *Drachenhaus-Trio* am Rosengarten anschloss, sich zuvor im Umfeld dieser düsteren Gruppe an der Kreuzung Drachenhaus/Stuckradweg aufgehalten hatte.

Aus unserer Sicht wäre dieser von der Polizei unbemerkte, unbeachtete oder für unwichtig gehaltene Hinweis aber von weitreichender Bedeutung.[88] Immerhin sprechen für die Überlegung, dass es sich bei *dieser Tanja* tatsächlich um Tanja Gräff gehandelt hatte, valide Indizien. Darüber hinaus muss man sich die Frage stellen, wie hoch die Wahrscheinlichkeit ist, dass irgendeine Tanja, die zufällig exakt der Beschreibung Tanja Gräffs entsprach, ebenfalls in dieser Nacht in persönliche Bedrängnis geraten war, aber im Gegensatz zu Tanja Gräff unbeschadet nach Hause kam.

Der Philosoph Gottfried Wilhelm Leibniz[89] benennt als häufigste Ursache für einen Irrtum - neben der ungenügenden Fähigkeit der Verwendung von Beweisen und dem fehlenden Wunsch, Beweise anzuwenden - die Ignoranz von Wahrscheinlichkeitsregeln. Allem Anschein nach wirkten bei der Bearbeitung des *Falles Tanja Gräff* die von Leibniz beschriebenen Komponenten für einen Irrtum bei den Trierer Ermittlern ausnahmslos zusammen.

Denn zur Klärung des hier in Rede stehenden Sachverhaltes wäre es dringend geboten gewesen, öffentlich dazu aufzurufen, dass alle Festbesucherinnen namens Tanja mit langen roten Haaren und entsprechender Frisur, roten klobigen Ohrringen, braunem Trägershirt, Jeans, weißen

---

[88] Siehe hierzu Kapitel 34 »Verlaufsthese – Was geschah nach 04:12:59 Uhr«.

[89] Der deutsche Philosoph Leibniz, geboren am 01. Juli 1646, gestorben am 14. November 1716, war zudem Jurist, Mathematiker und Historiker.

Turnschuhen mit Plateausohle und einem bunten Beutel sich bei der Polizei melden sollten. Dann hätte man zumindest einen ernsthaften Versuch unternommen, diese Geschichte am Rosengarten aufzulösen.

Aber anscheinend war der Aufwand zu groß. Der Einsatz von Sonarbooten und Drohnen wirkte jedenfalls weit imposanter und vor allem öffentlichkeitswirksamer als ein ellenlanger - eventuell vergeblicher - Vernehmungsmarathon auf der Suche nach *dieser Tanja*.

Vielleicht hofften die Ermittler aber, dass sich *diese Tanja* oder gar ihr vermeintlicher Verfolger nach Ausstrahlung der Sendung »Aktenzeichen XY... ungelöst« im September 2007 melden würden. Dazu hätte man allerdings auch die geschilderte Situation so darstellen müssen, wie sie von den Zeugen tatsächlich beschrieben wurde. Nur dann hätten die betroffenen Personen überhaupt den Hauch einer Chance gehabt, sich in dem Sendebeitrag selbst wiedererkennen zu können. Stattdessen zeigte man in der Sendung »Aktenzeichen XY... ungelöst« vom 27. September 2007 eine im Detail völlig abgewandelte Version der *Drachenhaus-Sichtung*.[90]

Auf Nachfrage des Zeugen Damian, warum die Geschichte in verfälschter Form ausgestrahlt wurde, argumentierte man behördenseits - wie gehabt - mit ermittlungstaktischen Gründen.

---

[90] Siehe Kapitel 27 »Aktenzeichen XY ungelöstes Chaos« – Die Drachenhaus-Spur.

Dieses Argument kann für das Format der *Aktenzeichen-Sendungen* nicht greifen. Mit veränderten Personenkonstellationen, falschen Geschehensabläufen und falschen Örtlichkeiten konterkariert man den Sinn dieser Sendung. Dass es dann keine verwertbaren Publikumshinweise geben kann, versteht sich von selbst.

Die *Drachenhaus-Spur* wurde in der zweiten Sendung »Aktenzeichen XY... ungelöst« vom 30. März 2011 nicht mehr erwähnt. Anscheinend war diese Spur für die Trierer Ermittler inzwischen ohne Relevanz.

Doch neben der präzisen und detaillierten Personenbeschreibung Tanjas durch die Zeugin Steffi und dem eindeutig negativen und stressbehafteten Geschehen am Rosengarten spricht auch der dem Schneidershof[91] nahe gelegene Fundort dafür, dass es sich bei *dieser Tanja* tatsächlich um Tanja Gräff gehandelt hatte.

Um diesen *Verdach*t gar nicht erst aufkommen zu lassen, so hat es jedenfalls den Anschein, wird im Abschlussbericht des Staatsanwaltes Krause die *Drachenhaus-Spur* einfach weggeschrieben. Dazu liefert Staatsanwalt Krause folgende weitere Begründung[92]:

> »Im Ergebnis ist zudem aufgrund des Weges des rothaarigen Mädchens und der Uhrzeit gerade davon auszugehen, dass es sich nicht um Tanja Gräff

---

[91] Der Schneidershof ist der Hauptcampus der FH Trier, der heutigen Hochschule Trier.

[92] Abschlussbericht vom 22. Juni 2017 Seite 31 Rz. 87 und Seite 32 Rz. 89.

> handelte. Die junge Frau muss aufgrund der Schilderungen der Zeugen, insbesondere im Rahmen der Ortsbegehungen entlang des Felsenpfades [sic] in Richtung Bitburger Straße gelaufen sein, den auch die Zeugen um Steffi[1] wählten. Im weiteren Verlauf wurde das rothaarige Mädchen aber nicht mehr von den Zeugen gesehen, so dass davon ausgegangen werden kann, dass diese den Weg bis zur Bitburger Straße weitergelaufen und von dort in die Stadt gegangen ist. [...] Im Hinblick auf den Fundort der sterblichen Überreste von Tanja Gräff und auf die entgegengesetzte Bewegungsrichtung der rothaarigen jungen Frau muss daher davon ausgegangen werden, dass es sich bei dieser nicht um Tanja Gräff handelte.«

Es ist wahr, dass Steffi zu Protokoll gab, dass *diese Tanja* nicht unterhalb des Rosengartens links abgebogen ist. Die Zeugin Steffi wies aber in ihrer Vernehmung ausdrücklich darauf hin, dass dieser Weg viele Abzweigungen hatte. Aus Steffis Vernehmungsprotokoll vom 13.Juni 2007:

> »Ich habe jetzt gesehen, dass es im weiteren Verlauf dieses Weges zahlreiche Abzweigungen gibt. Ich habe aber nicht gesehen, dass diese Tanja und ihr Begleiter eine dieser Abzweigungen genommen haben. Ich habe sie, wie gesagt, nicht mehr gesehen.«

Wäre *diese Tanja* nicht über die Treppe, sondern über einen der rechts abbiegenden Wege zurück auf das Gelände der FH gelaufen, wäre sie somit auch schnell aus dem Sichtfeld des nachkommenden *Drachenhaus-Trios* heraus gewesen. Am Treppenabgang hätte Tanja ihr Tempo dagegen extrem verlangsamen müssen. Dadurch hätte sich die Distanz sowohl zu ihrem *Verfolger* als auch zum nachfolgenden *Drachenhaus-Trio* naturgemäß wieder verringert. Deshalb hätten Steffi und ihre Begleiter *diese Tanja* und ihren *Verfolger* sowohl auf der langen Treppe als auch auf dem daran anschließenden, teilweise einsehbaren unteren Teil der Bitburger Straße sicher noch sehen können. Damit sind die obigen Ausführungen des Staatsanwaltes Krause obsolet.

Hätte man nur ansatzweise versucht, die Reaktion *dieser Tanja* zu deuten, wäre man zwangsläufig zu dem Schluss gekommen, dass ein Mädchen, das vor einem Mann davonläuft, von dem sie sich sogar noch im Schutze von Damian und Steffi bedroht fühlte, sicher nicht diese steile Treppe hinunter gelaufen wäre. Denn der *Verfolger* hätte *diese Tanja* noch auf den ersten Stufen eingeholt.

Aus vorbeschriebenen Gründen liegt daher die Schlussfolgerung nahe, dass *diese Tanja* über einen der rechtsabbiegenden Wege auf das FH-Gelände zurückgelaufen ist. Tanja Gräff kannte dieses Gelände aufgrund des regelmäßigen Wintertrainings der Bogenschützen sehr gut.

Auch ein ambitionierter Staatsanwalt müsste diese Möglichkeit trotz allen Bestrebens, den *Fall Tanja Gräff* in einen Unfall/Suizid zu transformieren, einräumen. Doch alle die *Drachenhaus-Spur* stützenden Indizien wurden von Kripo und Staatsanwaltschaft weitgehendst ignoriert. Im Kontext der *Luxemburg-Spur* wurde diese Spur sogar gänzlich fallen gelassen.

Im Zuge unserer Nachforschungen kamen ich und mein Team, unter Berücksichtigung von uns recherchierter Fakten, zu dem Schluss, dass nach 04:12:59 Uhr die *Drachenhaus-Spur* bereits zu Beginn der Ermittlungen im *Fall Tanja Gräff,* also schon 2007, der beste und vielleicht sogar der einzig respektable Hinweis gewesen war und bis heute ist.

Es bleibt zu befürchten, dass neben der Vertuschung Tanjas letzter verifizierter Sichtung die Entscheidung der Ermittlungsbehörden, der *Drachenhaus-Spur* keine Bedeutung beizumessen, der zweite Kardinalfehler im *Fall Tanja Gräff* war.

Um jedes Ermittlungsversagen auszuschließen, wurde die *Drachenhaus-Spur* dann auch konsequenterweise im Abschlussbericht vom 22. Juni 2017 negativ abgearbeitet. Aus dem Abschlussbericht vom 22. Juni 2017, Seite 31:

> »Durch die weiteren Ermittlungen konnte letztendlich nicht sicher geklärt werden, ob es sich bei der jungen Frau tatsächlich um Tanja Gräff handelte oder eine ihr ähnlich sehende Person. Es konnte neben weiteren jungen Frauen auch die Zeugin [...] Nina[1] [...] ermittelt werden, die Tanja Gräff ähnlich sieht, die Besucherin des Fachhochschulfestes war und die ein vergleichbares Erlebnis in Erinnerung hat. Allerdings schließt die Zeugin [...] aus, in der Nähe des Drachenhauses gewesen zu sein.«

Mit diesem *Argumentations-Slapstick* versuchte Staatsanwalt Krause die *Drachenhaus-Sichtung* zu eliminieren. Hierzu benutzte er die Aussage der Zeugin Nina[1], die Tanja geähnelt und auf dem Fest ein vergleichbares *Erlebnis* gehabt haben soll. Die Aussage dieser Zeugin wurde von Krause zunächst fachgerecht filetiert und die vermeintlich geeigneten Passagen zur Sprengung der *Drachenhaus-Spur* eingesetzt.

Die Kohärenz zwischen der Aussage des *Drachenhaus-Trios* und der Aussage der Zeugin Nina ist gleich null. Aber damit war die *Kunstfertigkeit des Magiers* noch lange nicht erschöpft. Dieselbe Zeugin und derselbe Streit wurden von dem Juristen noch ein weiteres Mal, und zwar im Fall des *Bauzaunhelfers*, bemüht. Nur mit dem hinzugefügten Filetstück:

> »Dort habe sie gegenüber einem Bekannten gegen 03:00 Uhr geäußert: ›Nein nicht weiter, ich will einfach nur Heim [sic]‹.«

Hokuspokus, und weg war die Drachenhausspur. Wäre nicht der tragische Tod Tanja Gräffs zu beklagen, könnte man über die *Krausesche Argumentationskomik* in schieres Gelächter ausbrechen. So aber bleibt einem das Lachen sprichwörtlich im Halse stecken.

26. Kapitel
Der Bauzaunhelfer und eine nebulöse Geschichte

Am 16. Juni 2007 meldete sich ein Mann namens Lars[1] bei der Trierer Polizei und erklärte, etwas zu der am Vortag publizierten *Drachenhaus-Spur*[93] beitragen zu können.

In seiner darauffolgenden Vernehmung am 18. Juni 2007 erklärte der Zeuge Lars, er habe den Artikel im Trierischen Volksfreund über die sogenannte *Drachenhaus-Spur* gelesen, und er glaube, er habe tatsächlich dieselbe Situation beobachtet. Aus seinem Vernehmungsprotokoll vom 18. Juni 2007:

> »Ich hab dann auch im Trierischen Volksfreund gelesen, dass es zwei Zeugen gibt, die etwas beobachtet haben. Ich glaube, dass [sic] ist das, was ich auch gesehen habe. Ich habe nur nicht gehört, dass der Typ ›Tanja‹ gerufen hat.«

Erstaunlicherweise berichtete der Zeuge dann aber im Zuge seiner Vernehmung in puncto *Drachenhaus-Spur* von einer offensichtlich völlig anderen Begebenheit. Zwar konnte der Zeuge Lars nichts zu den Ereignissen am Rosengartenpfad[93]

---

[93] Siehe hierzu Kapitel 25 »Die Drachenhaus-Spur«. Die *Drachenhaus-Spur* entspricht der *Rosengarten-Spur*.

beitragen, dafür schilderte er eine Streitsituation im unteren Bereich des Stuckradweges, die sich nur zufällig zeitgleich und auch in unmittelbarer Nähe des Rosengartenpfades abgespielt haben soll.

So erklärte er gegenüber der Kripo, er habe am 07. Juni 2007 gegen 05:20 Uhr beim Abbauen der Bauzäune, die entlang des Stuckradweges aufgebaut waren, eine Streitsituation zwischen einem jungen Mann und einer jungen Frau beobachtet. Dies allerdings, ohne zuvor wahrgenommen zu haben, wo beide hergekommen seien. Obwohl er die Person nur von hinten gesehen habe, glaubte der Zeuge Lars, dass es sich bei dem Mädchen um die gesuchte Studentin Tanja Gräff gehandelt haben könnte. Die junge Frau sei ziemlich hysterisch gewesen und habe geschrien, sie wolle nur noch nach Hause. Aus seinem Vernehmungsprotokoll vom 18. Juni 2007:

> »[...] da hörte ich plötzlich hinter mir, völlig aus dem Nichts, eine Frauenstimme, die ungefähr rief: ›Pack mich nicht an!‹ Und auch sinngemäß: ›Ich will nur noch heim‹.«

Der *Bauzaunhelfer* Lars beschrieb die nach seinen Angaben etwa 1,70 m große Frau, die er - wie gesagt - nur von hinten gesehen habe, wie folgt: Zur Bekleidung sei ihm nur etwas Weißes in Erinnerung, aber nicht, ob sie Hose, Kleid oder Rock getragen habe. Auch die Schuhe habe er nicht gesehen. Sie sei ausgesprochen dünn gewesen und habe *streichholzdünne Arme* gehabt. Eine bunte Tasche sei ihm aber aufgefallen. Dazu aus seinem Vernehmungsprotokoll vom 18. Juni 2007:

> »So wie ich sie in Erinnerung habe, war sie sehr dünn, sie sah aus wie eine Magersüchtige. Ich weiß noch, dass sie lange rote Haare hatte. Die Haare reichten ihr etwas [sic] bis an das untere Ende des Schulterblatts. Die Haare waren hellrot, nicht so dunkel wie bei Pumuckl.
> Und ich erinnere mich daran, dass sie auch eine Handtasche an sich hängen hatte. Es war keine Handtasche, es war eine Tasche, die größer war. Ich weiß noch, das sie bunt war, aber die Farben kann ich nicht beschreiben. […]
> Sie war etwa einen Kopf kleiner als ich. Ich bin 1,80 m. Mir ist aufgefallen, dass sie sehr dünn war. Sie hatte Ärmchen wie Streichhölzer.
> Mir ist nur etwas Weißes in Erinnerung, aber keine Ahnung, was das war.
> Die Haare waren offen. Ich hab sie ja nur von hinten gesehen. Für mich waren die Haare offen.«

Zur männlichen Person machte der *Bauzaunhelfer* Lars allerdings nur knappe Angaben. Aus seinem Vernehmungsprotokoll vom 18. Juni 2007:

> »Den habe ich nur kurz gesehen. Der war so groß wie ich, 1,80 m. Er hatte kurze [sic] schwarze Haare und eine normale Figur. Er war etwa 25 Jahre alt.«

In der Nachvernehmung vom 28. Juni 2007 konkretisierte der Zeuge Lars die Beschreibung dieses Mannes mit stark gegelten Haaren und einem möglichen Tagesbart. Aus seinem Vernehmungsprotokoll vom 28. Juni 2007:

> »In der Situation habe ich ihn von vorne gesehen und konnte erkennen, dass er vielleicht einen Ein-Tages-Bart hatte und dass die Haare stark gegelt waren. Das Gesicht des Mannes habe ich noch so dunkel vor meinem inneren Auge.«

In seiner Nachvernehmung vom 29. Januar 2008, also etwa sieben Monate später, konnte der Zeuge Lars dann erstaunlicherweise die Beschreibung dieses Mannes plötzlich auch phänotypisch präzisieren.

Er beschrieb den dunkel gekleideten, circa 25-jährigen Mann mit dunklen, vermutlich schwarzen, kurzen, stark gegelten Haaren und starkem Bartwuchs als *Schnöseltyp* mit hellbrauner Hautfarbe und südländischem Aussehen, eventuell portugiesischer Abstammung. Dazu machte er folgende Angaben - aus dem Vernehmungsprotokoll vom 29. Januar 2008:

> »Ca. 25 Jahre alt, dunkle, vermutlich schwarze, kurze Haare, stark gegeelt [sic], starker Bartwuchs, hellbraune Hautfarbe.

> Hervorzuhaben [sic] möchte ich nochmals, dass er für mich etwas südländisch aussah, (portugiesische Abstammung?) [sic] ohne sagen zu wollen, dass er Ausländer war.
> Ich glaube, er war ganz dunkel gekleidet. An bunte Sachen kann ich mich nicht erinnern.
> Subjektiv passt er meiner Meinung nach eher in die Richtung eines ›Bänkers‹, er war so ein ›Schnösel‹.«

Als aufmerksamer Beobachter reibt man sich verwundert die Augen und nimmt ungläubig die außerordentliche Gedächtnisleistung des Zeugen Lars zur Kenntnis. Erstaunlicherweise konnte er nach seiner Erstvernehmung im Juni 2007 in der folgenden Nachvernehmung am 28. Juni 2007 und schließlich in seiner letzten Vernehmung im Januar 2008 eine immer detailliertere Beschreibung abgeben. Jetzt, mehr als ein halbes Jahr später, avancierte der Mann mit stark gegeltem Haar und starkem Bartwuchs laut Lars zu einem *portugiesisch-südländischen Bänker-Schnösel*.

Von Erinnerungslücken kann beim Zeugen Lars keine Rede sein, eher von Erinnerungszuwachs. Ein erstaunlich *neurologisches Phänomen*. Wer kann, der kann.

Des Weiteren berichtete Lars in seiner Erstvernehmung, dass Jungs aus einer Gruppe, die *irgendwo* hinter *irgendeinem* Gebüsch gesessen haben sollen, hinzugekommen wären, um den Streit zwischen dem Mädchen mit den roten langen Haaren und diesem Typ zu schlichten.

Es handelte sich dabei um die sogenannten und im weiteren Verlauf der Ermittlungen so *fieberhaft* gesuchten *Gebüschler*, die sich trotz mehrfacher Aufrufe seitens der Ermittler jedoch nie meldeten. Für die *scheue* Zurückhaltung dieser *Gebüschler* fanden die Ermittler auch eine *putzige* Erklärung: Die jungen Leute sollen angeblich Sanktionen wegen möglichen Haschischkonsums in der fraglichen Nacht befürchtet haben.

Jedenfalls, so der Zeuge Lars weiter, sei der junge Mann, mit dem das hysterische Mädchen so lautstark gestritten haben soll, dann in Richtung Waldstadion gegangen, von wo er - man höre und staune - keine Minute später mit einem blauen Auto mit gelbem Nummernschild zurückgekommen sei. Das Auto habe wegen eines umgefallenen Bauzauns anhalten müssen und deshalb glaube er, den Fahrer als denjenigen erkannt zu haben, der in die heftige Auseinandersetzung mit dem hysterischen Mädchen verwickelt war. Aus seinem Vernehmungsprotokoll vom 18. Juni 2007:

> »Er ging wieder in Richtung Waldstadion. Dann, das war weniger als eine Minute später, kam aus dieser Richtung ein Auto gefahren.
> Das Auto musste anhalten, weil immer noch Bauzaun die Straße blockiert hat. Ich habe dann aus den Augenwinkeln den Fahrer gesehen und ich glaube, das war der Mann, der vorher hinter diesem Mädchen her gegangen [sic] ist.[...]

Das war ein kleines Auto , es war ein Peugeot. Da bin ich ganz sicher. Ich habe hinten den Löwen gesehen. Ich kenne mich mit dieser Automarke nicht so gut aus. Ich weiß aber, dass das hintere Kennzeichen gelb war.
Es war ein kleiner Peugeot [...]. Die Farbe war blau.«

Das Auto sei dann Richtung Hauptausgang weitergefahren. In die Richtung also, in die auch das Mädchen vielleicht gegangen sei, nämlich in Richtung Campus-Ausgang zur Bitburger Straße.

Hinweis:

Zu den Äußerungen des Zeugen Lars, dieser Mann sei - ***wieder*** *- in Richtung Waldstadion gegangen, der Mann der -* ***vorher*** *- dem Mädchen -* ***hinterhergegangen*** *- sei und er habe nur -* ***etwas Weißes*** *- an dem Mädchen wahrgenommen, werde ich im Kapitel 34 »Verlaufsthesen« näher eingehen.*

Da der *Bauzaunhelfer* betonte, der Typ sei mit dem Auto in weniger als einer Minute zurückgekommen, konnte es sich logischerweise bei dem mysteriösen blauen Peugeot mit *luxemburgischem* Kennzeichen nur um ein im direkten Umfeld des Stuckradweges geparktes und somit akkreditiertes Fahrzeug gehandelt haben.

Vom Stuckradweg aus gesehen war die einzig mögliche Parkgelegenheit für akkreditierte Autos der hinter dem Drachenhaus gelegene Parkplatz Weißhauswald.

Immerhin sollen alle parkberechtigten Autos überprüft worden sein. Dazu muss man wissen, dass Autos ohne Zufahrtsberechtigung nicht auf das Festgelände gelangen konnten. Die Öffentlichkeit würde es sicher interessieren, ob überhaupt ein blauer Peugeot mit *luxemburgischem* Kennzeichen auf dem Gelände gelistet war. Wäre ein solches Auto akkreditiert gewesen, wäre der Fahrer schnell zu identifizieren, zu überprüfen, eventuell zu verdächtigen oder zu entlasten gewesen. Jedenfalls hätte man keine *Armee blindlings* nach Luxemburg schicken müssen. Wäre ein solches Auto nicht auf der Akkreditierungsliste notiert gewesen, hätte man die Aussage des Zeugen Lars zumindest in Bezug auf das blaue *luxemburgische Auto* bereits zu Beginn der Ermittlungen stark anzweifeln müssen.

Ein weiterer wichtiger Aspekt bezüglich der Bewertung der Zeugenaussage ergibt sich aus der Zeitangabe, wonach dieser Mann vom Ort des Streitgeschehens - wieder - in Richtung Waldstadion gegangen und dann mit dem blauen Auto in weniger als einer Minute zurückgekommenen sein soll.

Platziert man die Sichtung des Zeugen Lars in den mittleren[94] Bereich des Stuckradweges, so

[94] Die Abbauarbeiten begannen laut Aussagen des Zeugen Lars und eines weiteren Bauzaunhelfers in diesem Bereich des Stuckradweges.

wäre es unmöglich gewesen, in einem Zeitraum von weniger als einer Minute zum Parkplatz Weißhauswald zu gehen, ein Auto zu rangieren und dann im Schritttempo wieder die Stelle zu erreichen, an welcher der Zeuge Lars angeblich mit dem Abbau der Zäune beschäftigt war. Insbesondere durch die Behinderung herumliegender Bauzäune und die Vielzahl an abwandernden Festbesuchern, die auf dem Stuckradweg das FH-Gelände in Richtung Schillingsteg verließen.

Wenn man die Möglichkeit ins Kalkül zieht, dass dieser Weg tatsächlich innerhalb dieser minimalen Zeitspanne zu bewältigen ist, kann nur eine geringe Distanz zwischen dem Ausgangspunkt und diesem Parkplatz[95] vorausgesetzt werden. Deshalb kann sich dann die Auseinandersetzung zwischen diesem Mann und dem schreienden Mädchen denklogisch auch nur im unteren Bereich des Stuckradweges und damit in unmittelbarer Nähe des Drachenhauses abgespielt haben. Beispielsweise im Bereich Ecke Drachenhaus/Rosengarten.

Im Kontext dieser Schlussfolgerung kommt man um die Erkenntnis nicht herum, dass die Sichtung des *Bauzaunhelfers* Lars bezüglich des aufgebrachten Mädchens und die anschließende *Verfolgungsjagd* am Rosengarten[93] zeitlich als auch räumlich stark korrelieren. Immerhin würde es auch erklären, warum sich der *Bauzaunhelfer* Lars mit der Vermutung bei der Polizei meldete,

---

[95] Parkplatz Weißhauswald.

er habe etwas zu der *Drachenhaus-Spur* beizutragen.

Doch nicht nur, dass sich der *Bauzaunhelfer* Lars fälschlicherweise als Zeuge für das *Geschehen* entlang des Rosengartens anbot, darüber hinaus nivellierte er - gewollt oder ungewollt sozusagen als Kollateralschaden - durch seine Aussage die eigentliche *Drachenhaus-Spur*. Denn durch seinen expliziten Hinweis auf das luxemburgische Auto und dem damit verbundenen Richtungswechsel stufte die Kripo seine Sichtung als eigenständige Spur, die sogenannte *Luxemburg-Spur*, ein.

Doch - bei exakter Analyse der Darstellung des Zeugen Lars - könnte man auch zu dem Schluss kommen, dass er vielmehr eine heftige Auseinandersetzung beschrieb, die am unteren Stuckradweg ihren Anfang genommen hatte, entlang des Rosengartens in eine *Verfolgungsjagd* ausartete und deren finaler Ausgang durch die Aussage des Bauzaunhelfer Lars ins *luxemburgische Nirwana* verlagert wurde.

Aber die Polizei schloss zunächst einen möglichen Zusammenhang beider Sichtungen kategorisch mit der Begründung aus, dass die Situation am Rosengarten räumlich hinter der *Bauzaunhelfer-Sichtung*, aber zeitlich vorgelagert gewesen wäre. Daher könnten beide Sichtungen nicht in direktem Zusammenhang stehen.

Tatsächlich korrigierte die Zeugin Steffi nach Auswertung ihrer Handyfotos die Uhrzeit des Zusammentreffens mit der sich als Tanja vorstellenden jungen Frau von 05:10 Uhr auf 05:40 Uhr. Daher hätte sich, beide Sichtungen, die *Bauzaunhelfer-* und die *Drachenhaus-Sichtung*, in Relation zueinander gebracht, ohne Not ein chronologischer Ablauf erschließen lassen.

Aus dem Vermerk der Kripo Trier vom 16. Juli 2007 zur *Spur 12 - Drachenhaus*:

> »Frau [...] hat ihre bisherige Zeitangabe für den Vorfall am Rosengarten/Drachenhaus am Freitag, 13.07.2007, berichtigt. Abweichend von ihrer ursprünglichen Angabe [...] erklärte sie nun, der Vorfall habe sich etwa 30 Minuten später zugetragen. Dies macht sie an einer Fotoaufnahme fest, die sie mit ihrem Handy am 07.06.2007 gegen 05.09 h [...] machte. Sie schätzt, dass sie erst gegen 05.40 h mit der Frau zusammentraf, die sich ihr als Tanja vorstellte.«

Fatalerweise und unter Entbehrung jedweder Logik wurde dann die sogenannte *Drachenhaus-Spur* wegen konkurrierender Zeit-Raum-Übereinstimmung zur *Luxemburg-Spur* zugunsten Letzterer komplett verworfen. Schließlich konnte es sich ja nur in einem Falle um Tanja Gräff gehandelt haben. So einfach war das.

Unglückseligerweise priorisierten die Ermittler ab jetzt die *Luxemburg-Spur*, die sich laut Kripo nur zufällig im gleichen Zeitfenster und in räumlicher Nähe zum Geschehen entlang des Rosengartens abgespielt haben soll. Die

Schlussfolgerung, dass es sich hierbei um unabhängige, parallel abgelaufene Sichtungen gehandelt haben soll, war nach hiesiger Einschätzung eine fatale Fehleinschätzung der Trierer Ermittler.

Niemand kann bestreiten, dass der *Bauzaunhelfer* Lars durch seine Aussage die Polizei im Ergebnis in eine Richtung lenkte, die derjenigen, die sich aus einer Weiterverfolgung der *Drachenhaus-Spur* hätte ergeben können, genau entgegengesetzt war. Weg vom FH-Gelände, weg von Trier und schlussendlich auch weg vom Fundort.

Aufgrund der Richtungsänderung durch ein *luxemburgisches Auto* sowie durch das *Gruppen-Wirrwarr* am Rande des Stuckradweges wurde die Grundlage der ursprünglichen *Drachenhaus-Spur* durch den Zeugen Lars im Wesentlichen tangiert und geklittert.

Trotz aller Widersprüche und Ungereimtheiten hatte die Aussage des Zeugen Lars von Beginn der Ermittlungen an oberste Priorität. Im Verlauf der nächsten Wochen und nach einigen Besuchen des *Bauzaunhelfers* Lars mit einem Polizeibeamten in den verschiedensten Autohäusern rund um Trier *einigte* man sich darauf, dass es sich bei dem von dem Zeugen gesichteten Auto um einen mitternachtsblauen Peugeot 307 mit luxemburgischen Kennzeichen gehandelt hatte.

Tatsächlich hat der Zeuge Lars immer nur von einem kleinen blauen Peugeot mit gelbem Nummernschild gesprochen. Die Etikettierung mitternachtsblau, 307 und Luxemburg wurde dann sozusagen *hinzuermittelt*.

Doch trotz der *detailgenauen* und *epischen* Beschreibung sowohl der Protagonisten als auch der Geschehensabläufe konnte der zweite *Bauzaunhelfer* Tilo[1] die Sichtung des Zeugen Lars nicht verifizieren. Schon in puncto Beginn des Arbeitseinsatzes am frühen Morgen des 07. Juni 2007 wiesen die Aussagen der beiden *Bauzaunhelfer* Divergenzen auf.

Der *Bauzaunhelfer* Tilo gab an, es sei dunkel gewesen, als man mit den Arbeiten am Stuckradweg begonnen habe. Als Beleg für seine Behauptung gab Tilo an, dass er wegen anhaltender Dunkelheit dem *Bauzaunhelfer* Lars sogar seine kleine Taschenlampe ausgeliehen habe. Solche, ohne Not gemachten Detailangaben sprechen regelmäßig für deren Glaubhaftigkeit.

Der Zeuge Lars behauptete, zum Zeitpunkt der Sichtung sei es schon sehr hell gewesen. Nach Vorhalt der Polizei bezüglich der Aussage des Zeugen Tilo erklärte der Zeuge Lars, dass es zu Beginn der Abbauarbeiten um fünf Uhr zwar noch stockdunkel, jedoch eine *halbe Stunde und 100 Meter später* es dann aber sehr hell gewesen sei. Da beide *Bauzaunhelfer* angaben, dass man mit dem Abbau der umgefallenen Bauzäune erst in der zweiten Hälfte des Stuckradweges hin zum Drachenhaus begonnen hatte, darf man unterstellen, dass man eine *halbe Stunde später und 100 Meter weiter* sicher in der unmittelbaren Nähe des Drachenhauses bzw. im Bereich Ecke Stuckradweg-Drachenhaus-Rosengarten angekommen sein müsste.

Auch zu den sogenannten *Gebüschlern* gab es divergierende Aussagen. Der *Bauzaunhelfer* Lars berichtete, dass er im Bereich des unteren Stuckradweges, zum Ende der Arbeiten und bei eingetretener Helligkeit, zusammen mit seinem Kollegen Tilo beinahe einer im Gebüsch sitzenden Gruppe ein Zaunteil übergeworfen hätte. So geschehen gegen halb sechs - zum Zeitpunkt der lautstarken Auseinandersetzung zwischen dem hysterischen Mädchen und dem Mann mit dem luxemburgischen Auto. Aus seinem Vernehmungsprotokoll vom 18. Juni 2007:

> »Ich hab dann nur kurz hingesehen [...] und weitergearbeitet. Das auch, weil im Gebüsch fünf Leute saßen, auf die wir bei der Arbeit aufmerksam wurden. Wir hätten denen beinahe so ein Zaunteil übergeworfen.«

Weiter sollen sich zwei junge Männer aus dieser *Gebüschgruppe* dem schreienden Mädchen zugewandt haben. Danach soll sich das Mädchen beruhigt haben und der Konfliktpartner nach einer abwertenden Handbewegung wieder in Richtung Waldstadion gegangen sein. Aus seinem Vernehmungsprotokoll vom 18. Juni 2007:

> »Ich habe dann auch gesehen, dass aus dieser Gruppe zwei junge Männer, ich schätze mal so 17

> – 18 Jahre alt, zu dem Mädchen hin sind. Die war da immer noch so richtig hysterisch. Sie war dann auf einmal still. [...]
> Ich habe noch gesehen, dass der Mann, der hinter ihr war, sich abgedreht hat und hat so eine abwertende Handbewegung gemacht und ist dann weg. Er ging wieder in Richtung Waldstadion.«

Der Bauzaunhelfer Tilo konnte die Geschichte der vom Zeugen Lars ins Spiel gebrachten *Gebüschler* so nicht verifizieren. Tilo behauptete, dass es noch sehr dunkel gewesen sei, als man mit einer Gruppe *im* Busch wegen der Ablage von Bauzaunteilen ins Gespräch gekommen sei. Also zu Beginn der Arbeiten und im mittleren Bereich des Stuckradweges. Aus seinem Vernehmungsprotokoll vom 28. Juni 2007:

> »Ich erinnere mich an Leute im Busch, die wir relativ spät gesehen haben. Weil es noch dunkel war. Es war eigentlich noch sehr dunkel. Wir haben ein Element abgelegt, da hat sich jemand beschwert.«

Eine exakte Wiederholung dieses nicht alltäglichen Zwischenfalls zu einem späteren Zeitpunkt am unteren Stuckradweg und ergänzt um die Geschichte des hysterisch schreienden Mädchens samt *Streitschlichtern* aus dem Gebüsch konnte Tilo nicht bestätigen.

Die Polizei notierte zu diesem Widerspruch, dass nicht zu klären sei, ob es sich bei der von Tilo erwähnten Gruppe um die als Zeugen gesuchten *Gebüschler* gehandelt habe. Aus dem Zwischenbericht der Kripo Trier vom 28. Januar 2008 zur »Spur 57«:

> »Auf Grund der teils divergierenden Aussagen bleibt es jedoch offen, ob es sich hierbei um die gleiche Gruppe gehandelt hat, die von dem Zeugen [Lars] beschrieben wurde.«

Leider verabsäumte es die Kripo an dieser Stelle, exakt zu eruieren, wer welche Gruppe gesehen und wer mit welcher Gruppe wo gesprochen hatte. Durch die schnelle Priorisierung der sogenannten *Gebüschler* fiel jedenfalls die vom *Drachenhaustrio* als düstere und unangenehm bezeichnete Gruppe aus den Ermittlungen heraus.[93] Man hatte nur diese *Gebüschler* im Visier, die man allerdings nie ausfindig machen konnte.

Die Ermittlungsbehörden ließen sich auch nicht davon beeindrucken, dass dem Zeugen Tilo, der mit dem Zeugen Lars in der fraglichen Nacht zusammengearbeitet hatte, diese vorgeblich so lautstarke Auseinandersetzung zwischen dem *Bänker-Schnösel* und dem Mädchen mit den *Streichholz-Ärmchen* nicht erinnerlich war. Auch hatte keiner der abwandernden Festbesucher die Aussage des Zeugen Lars bestätigen können. Aus dem Vernehmungsprotokoll des Zeugen Tilo vom 28. Juni 2007:

> »Ich meine jetzt die Sache mit der Frau, die da gerufen haben soll ›Pack mich nicht an‹. Ich kann mich ehrlich gesagt an diese Situation nicht erinnern.«

Auch den mitternachtsblauen Peugeot mit Luxemburger Kennzeichen hatte der Zeuge Tilo nicht gesehen. Er wies aber darauf hin, dass tatsächlich mehrere Autos in dieser Zeit über den Stuckradweg das Gelände verlassen hätten.

Interessanterweise evaluierte die Polizei die Diskrepanz zwischen der Aussage des *Bauzaunhelfers* Tilo und der des *Bauzaunhelfers* Lars mit Erinnerungslücken des Zeugen Tilo. Im Zwischenbericht zur »Spur 57« vom 28. Januar 2008 ist hierzu Folgendes vermerkt:

> »Tilo[1] [...] wurde am 28.06.2007 vernommen und hat offenbar größere Erinnerungslücken. Hinsichtlich der Beobachtung von [Lars] konnte er keine Angabe machen.«

Insgesamt verwundert es schon, dass der Zeuge Tilo, der direkt neben dem *Bauzaunhelfer* Lars seiner Arbeit nachging, sich nicht an all das, was Letztgenannter beobachtet haben will, erinnern konnte. Der Zeuge Tilo hatte die fragliche Nacht nicht auf dem Fest verbracht, sondern war, im Gegensatz zum *Bauzaunhelfer* Lars, der die ganze Nacht auf dem FH-Sommerfest aktiv gewesen war, ausgeschlafen und nüchtern zu seiner Arbeit erschienen.

Hinweis:

Was der Bauzaunhelfer Lars an jenem Morgen tatsächlich sah und wo dieses Szenario tatsächlich stattfand, ist nie schlüssig verifiziert worden. Dass der Situation am Rosengartenpfad jedoch eine Auseinandersetzung zwischen Tanja und ihrem unbekannten Verfolger am Ende des Stuckradweges vorausgegangen ist, lässt sich realistisch aus den in Kapitelt 25 beschriebenen Fakten ableiten.

Aus nach hiesiger Einschätzung nicht nachvollziehbaren Gründen präferierte die Polizei - wie oben bereits dargestellt - die *Luxemburg-Spur* und machte sie zur absoluten Hauptspur[96] mit zahlreichen Unterspuren. Weder die mutmaßliche Identifikation Tanja Gräffs durch den Zeugen Raphael[97] noch die übergenaue Beschreibung *dieser Tanja* durch die Zeugin Steffi[93] weckte bei den Ermittlern dagegen das geringste Interesse.

Aber die Sichtung eines Mädchens von hinten, das lange Haare, streichholzdünne Arme, natürlich eine große bunte Tasche und irgendwie etwas Weißes an sich hatte, genügte der Kripo zum Anlegen der Hauptspur[98], die sich später trotz

---

[96] Abschlussbericht der Staatsanwaltschaft vom 22. Juni 2017, Seite 38.

[97] Siehe hierzu Kapitel 34 »Verlaufsthese – Was geschah nach 04:12:59 Uhr«. Klarname geändert.

[98] Im Ermittlungsverfahren als »Spur 81 – Blauer Peugeot« geführt.

des unbeschreiblichen Aufwandes[99], wie angesichts der dürftigen Hinweise des *Bauzaunhelfers* Lars nicht anders zu erwarten, als Fehlspur herausstellen, also floppen, sollte.

Anstatt sich primär, zumindest aber in einem adäquaten Umfang, an den Sichtungen der beiden Zeugen Damian und Steffi zu orientieren, die neben der Namensangabe auch eine nahezu passgenaue Personenbeschreibung Tanja Gräffs abgegeben hatten, zog man es auf Seiten der Trierer Ermittlungsbehörden vor, nach einem mitternachtsblauen Peugeot 307 zu fahnden sowie Seen und Landschaften in Luxemburg nach Tanja Gräff abzusuchen.

All diese Maßnahmen führten ins Nichts. Tanja Gräff wurde im Mai 2015 - circa einen Kilometer vom Drachenhaus/Rosengarten entfernt - gefunden.

Vor diesem Hintergrund drängt sich hinsichtlich der Aussagen des *Bauzaunhelfers* Lars die Frage auf, inwiefern es sich hierbei tatsächlich um ernstzunehmende Angaben eines aufrichtigen Zeugen handelte. Neben der Verwunderung, dass sich der Zeuge Lars auf eigenen Wunsch im Rahmen der Sendung »Aktenzeichen XY… ungelöst« im März 2011 hatte unkenntlich machen lassen, als ob er einem Zeugenschutzprogramm angehöre, gab es bereits im Jahre 2007 nach unseren In-

[99] Laut Abschlussbericht der Staatsanwaltschaft vom 22.06.2017, Seite 38, wurden im Kontext der *Luxemburg-Spur* mehr als 100 Unterspuren angelegt.

formationen einige Verwirrungen und Unstimmigkeiten im Zusammenhang mit diesem Zeugen und seinem Aussageverhalten.

Zum Ersten wurde vom Zeugen Lars fälschlicherweise behauptet, er habe sich bezüglich seiner Beobachtung bereits vor der AStA-Sitzung, die montags nach dem FH-Fest stattgefunden hatte, dem Veranstalter anvertraut. Das ist nachweislich falsch. Außerdem kursierte das Gerücht, der Zeuge habe sich zeitnah nach Tanjas Verschwinden bei der Polizei gemeldet, jedoch hätte man seine Sichtung aus ermittlungstaktischen Gründen erst später veröffentlicht. Auch das ist falsch. Wie oben beschrieben, meldete sich der Zeuge Lars erst am 16. Juni 2007, einen Tag nach der Veröffentlichung der *Drachenhaus-Spur* im Trierischen Volksfreund, telefonisch bei der Kripo.

Vielleicht war der *Bauzaunhelfer* Lars einfach nur ein *schüchterner Zeuge*, der sich zunächst nicht *aus der Reserve traute*, dann aber nach Veröffentlichung der *Drachenhaus-Spur* bei der Polizei vorstellig wurde und sein Erinnerungsvermögen peu à peu steigern konnte. Man könnte aber auch die *Luxemburg-Spur* beziehungsweise das Auto mit gelbem Nummernschild und dem vermeintlich portugiesisch anmutenden *Bänker-Schnösel* entweder als das Konstrukt einer ausschweifenden Fantasie oder als eine bewusst gelegte Fehlspur interpretieren, die vom Ermittlungsansatz *Drachenhaus-Spur* wegführen sollte.

Gegen vorsätzliches Handeln - auch zur Vorteilsverschaffung gegenüber Dritten - dürfte sprechen, dass niemand, sofern mit gesundem Menschenverstand ausgestattet, davon ausgehen konnte, dass die Trierer Ermittlungsbehörden diesen *Köder* so unreflektiert aufnehmen und die Ermittlungen Richtung Luxemburg fokussieren würden. Geschweige denn, dass man die substanzielle *Drachenhaus-Spur* dafür komplett fallen lassen würde.

Neben der bedauerlichen Tatsache, dass durch die Aussage des *Bauzaunhelfers* Lars wesentliche Polizeiressourcen weg von Trier und hin nach Luxemburg verlagert wurden, stellt sich vorrangig die Frage, warum die Trierer Ermittler diesen scheinbar neuen Ermittlungsansatz anscheinend so dankbar aufgegriffen hatten.

Augenscheinlich dabei ist, dass die Ermittler durch die räumliche Distanz zu Luxemburg das Problem mit der vertuschten letzten verifizierten Sichtung Tanjas mit *Spitzbart* und seinem Freund, dem *FDPler*, am Kühlwagen des *Mixery-Bierstandes* und dem damit zwingend einhergehenden Ermittlungsansatz en passant *von der Backe* hatten. Daher könnte der Eindruck entstehen, dass die Ermittler aus dieser Motivation heraus sich vorschnell nach Luxemburg schicken ließen und dadurch paradoxerweise die möglichen Zusammenhänge zwischen *Drachenhaus-Spur* und der Aussage des *Bauzaunhelfers* Lars übersahen.

Wie nah oder fern die Aussage des Zeugen Lars an einem tatsächlichen Geschehen angelehnt war, sei dahingestellt. Dass die Ermittler ein Problem mit der »Spur 38-Spitzbart« hatten und bis heute haben, ist dagegen Fakt.

Aufgrund der vorbeschriebenen Fakten kann es sich bei der *Luxemburg-Spur* nur um eine bewusst gelegte Fehlspur oder das *Hirngespinst* eines Mannes mit überbordendem Geltungsbedürfnis gehandelt haben. Die Staatsanwaltschaft stufte in ihrem Abschlussbericht diese Spur allerdings als Fehlspur aufgrund eines bedauerlichen Irrtums ein. Aus dem Abschlussbericht vom 22. Juni 2017 Tz. 103 - 105:

> »Im Rahmen des Ermittlungsverfahrens gewann die Spur 81[100] als Hauptspur mit zahlreichen Unterspuren Bedeutung, weil der Zeuge [Lars] angegeben hatte, dass er einen jungen Mann beobachtet habe, [...].
> Obwohl der unbekannte Mann unabhängig von der Frau weggefahren war und eine bedrohliche Situation eher unwahrscheinlich erschien, wurde die Spur ›blauer Peugeot‹ in zahlreichen weiteren Unterspuren überprüft. [...]
> Vor dem Hintergrund des Auffindens der sterblichen Überreste von Tanja Gräff am 11.05.2015 hat die Spur ›blauer Peugeot‹ endgültig an Bedeutung verloren. [...] Es ist daher ausgeschlossen, dass ein freiwilliger oder unfreiwilliger Transport in einem Peugeot, den kein Zeuge (auch nicht der Zeuge [Lars]) jemals beschrieben hat und für den

---

[100] Intern wurde die von uns so benannte *Luxemburg-Spur* als »Spur 81 – blauer Peugeot« geführt.

> auch keinerlei Anzeichen ermittelt werden konnten, mit dem Verschwinden von Tanja Gräff in Zusammenhang gebracht werden kann.«

Dieser vermeintliche *Irrtum* wurde nach Krause'scher Manier und dessen eigentümlicher Logik mit Hilfe der in diesem Zusammenhang völlig bedeutungslosen Aussage der Zeugin Nina begründet. Derselben Aussage, mit der Krause bereits der *Drachenhaus-Spur* den *Garaus* gemacht hatte.[93] Aus dem Abschlussbericht vom 22. Juni 2017 Tz. 93:

> »Zudem konnte die Zeugin Nina[1] [...] ermittelt werden, die Tanja Gräff ähnlich sieht, die Besucherin des Fachhochschulfestes war und die ein vergleichbares Erlebnis in unmittelbarer Nähe des Parkdecks in Erinnerung hat. Dort habe sie gegenüber einem Bekannten gegen 03:00 Uhr geäußert: ›Nein nicht weiter, ich will einfach nur Heim‹. Es kann nicht ausgeschlossen werden, dass der Zeuge [Lars] diese Situation beobachtet hat.«

Man lese und staune: Der einst so wichtige Hinweisgeber für die groß angelegte Hauptspur soll laut Krause *das unangenehme Erlebnis einer Nina* um 03:00 Uhr auf dem Parkdeck gesehen und verwechselt haben und sonst nichts.

Obwohl man der Aussage des Zeugen Lars sehr kritisch gegenüber stehen kann, halte ich den Zeugen mental für durchaus in der Lage, zwischen

Stuckradweg und Parkdeck[101], zwischen Parkplätzen und Bauzäunen und auch zwischen 03:00 und 05:20 Uhr unterscheiden zu können.

Diese *Irrtumsannahme* durch Krause impliziert, dass der *Bauzaunhelfer* Lars das von ihm beschriebene und dokumentierte Szenario am Ende des Stuckradweges nie beobachtet und dass der ehemalige Hauptzeuge Lars - ebenso wie das *Drachenhaus-Trio* - auch seine Sichtung mit dem *Erlebnis besagter Nina* auf dem Parkdeck völlig durcheinandergebracht hatte.

Einen kleinen, aber feinen Unterschied gibt es dennoch. Im Gegensatz zum *Drachenhaus-Trio*, das laut Krause seine *Rosengarten-Sichtung* auch mit dem *Erlebnis dieser Nina* verwechselt haben soll, räumt Krause im Subtext dieser *Irrtumsannahme bezüglich des Zeugen Lars*, sicher unbeabsichtigt, ein, dass dieser sowohl das Luxemburger Auto als auch die *Gebüschler* erfunden haben muss. Denn weder ein Auto noch Gebüsch oder gar *Gebüschler* hätten sich auf dem Parkdeck finden lassen. Dort gab es zum damaligen Zeitpunkt weder das Eine noch das Andere. Allein in diesem Punkt gehen mein Team und ich mit Krause konform.

Darüber hinaus kann man bei der von Krause beschriebenen *Irrtumsannahme* nur *die Hände über dem Kopf zusammenschlagen*. Denn nach dieser *fantastischen Irrtumstheorie* müsste es sich sowohl beim *Drachenhaus-Trio* als auch beim *Bau-*

---

[101] Gemeint ist das oberste Parkdeck des alten Parkhauses.

zaunhelfer um die Aussagen von scheinbar psychedelischen Zeugen gehandelt haben, die sich zufälligerweise alle um 03:00 Uhr auf dem Parkdeck aufgehalten, das *Erlebnis dieser Nina* mitbekommen und anschließend ihre eigenen Sichtungen halluziniert hatten.

So wie im Abschlussbericht dann auch beschrieben, sind die Zeugen entweder unglaubwürdig oder haben sich mit der eigens angegebenen Zeit- und Ortsangabe völlig vertan. So einfach war das. Die Tatsache, dass Krause diese Zeugen bezüglich ihrer Wahrnehmungsfähigkeit und Aussagequalität in diesem Maße diskreditiert, ist eine Sache. Die für einen Staatsanwalt unwürdige Vorgehensweise eine andere.

Aber schließlich hatte diese *Irrtumsfantasterei* einen erheblichen Vorteil. Ähnlich dem tapferen Schneiderlein erlegte Krause auf diese Weise die *unliebsame Drachenhaus-* und die *peinliche Luxemburg-Spur* in seinem Abschlussbericht auf einen Streich. Ausgerechnet die beiden Sichtungen, die mehr für ein Kapitaldelikt, denn für einen selbst verschuldeten Tod Tanjas sprechen und nach hiesiger Ansicht unter anderem das Fundament für die Lösung des *Falles Tanja Gräff* darstellen.

Beide Geschehen müssten endlich in Kontext gestellt und auch die Aussage des Zeugen Lars bezüglich der *Luxemburg-Spur* kritisch hinterfragt werden. Dabei wäre dringend abzuklären, ob die Hinweise auf das Luxemburger Auto und die *Gebüschler* lediglich die *geschichtsausschmückende Beigabe* eines *Fantasiebegabten* war oder es vielleicht doch profundere Motive für deren Einsatz gab.

27. Kapitel
Aktenzeichen XY ungelöstes Chaos

»Aktenzeichen XY… ungelöst«
Sendungen vom 27. September 2007 und 30. März 2011
Der Zeuge Marco

Bevor ich mit der Recherche im *Fall Tanja Gräff* begann, ging es mir wie fast allen Leuten, mit denen ich im Verlauf meiner Arbeit gesprochen hatte und die mit dem Fall mehr oder weniger vertraut waren.

Marco musste der Täter sein, denn seine Geschichte über sein letztes Zusammentreffen mit Tanja und einem *Unbekannten* an dem fraglichen Abend, die durch diverse Medien in die Öffentlichkeit kolportiert wurde, schien wenig glaubhaft.

In beiden Sendungen der ZDF-Reihe »Aktenzeichen XY… ungelöst«, die den *Fall Tanja Gräff* zum Gegenstand hatten, jene vom 27. September 2007 und die vom 30. März 2011, wurde diese seltsame Story über den *Unbekannten* nachgestellt und bildete dadurch die Grundlage eines vermeintlichen Zuschauerwissens und damit zugleich auch das Fundament einer entsprechenden Meinungsbildung in der breiten Öffentlichkeit. Die filmische und kommentierte Darstellung in den beiden Sendungen versetzte alle Zuschauer in folgenden vermeintlichen Wissensstand - zur Erinnerung mit meinen eigenen Worten zusammengefasst:

Marco verbringt angeblich, im Gegensatz zum Rest der Clique, die ganze Nacht mit Tanja. An einem Bierstand, umzingelt von Freundinnen, macht er Tanja auf den ankommenden Bus aufmerksam, als ihm plötzlich aus dem Nichts der geheimnisvolle *Unbekannte* sprichwörtlich ins Gesicht springt und den jungen Studenten mit den schon so oft zitierten Worten »Hey, lass die Tanja in Ruh« anblafft[102].

Und was macht das Mädchen? Es reagiert nicht einmal, lässt den angeblich vertrauten Freund betroffen abziehen und bleibt mit den Freundinnen und dem *Unbekannten* mit dem Kapuzenpulli allein auf dem Fest zurück. Dies alles, so die filmische Darstellung, sich ereignend an einem von einer Menschentraube umzingelten Bierstand. Und niemand hat irgendetwas mitbekommen.

Das war die Kernbotschaft dieser Sendungen. Die Story um Marco und den *Unbekannten* schien mir und vermutlich den meisten Zuschauern, so wie dargestellt, mehr als unglaubwürdig. Bis auf offizielle Pressemitteilungen und Pressekonferenzen der Ermittlungsbehörden waren diese beiden Sendungen die Hauptinformationsquellen für die Öffentlichkeit im *Fall Tanja Gräff*.

Zweifel an den Darstellungen hatte ich zum damaligen Zeitpunkt nicht im Geringsten, denn

---

[102] Siehe Kapitel 12 »Der Unbekannte«.

dieses Format des Zweiten Deutschen Fernsehens wird immerhin mit dem selbst formulierten Anspruch ausgestrahlt, dem Zuschauer maßgebliche Umstände eines Kriminalgeschehens zu vermitteln, in der Hoffnung, auf diese Art und Weise zielführende Hinweise zur Aufklärung einer Straftat aus der Bevölkerung zu erhalten.

Allerdings stellten ich und mein Team beim Abgleich der Sendungen mit dem mir vorliegenden Aktenmaterial der Trierer Ermittlungsbehörden und nach Gesprächen mit den entsprechenden Zeugen schwerwiegende Fehler in den Nachspielszenen fest. Es erschließt sich mir nicht, wie man erwarten kann, dass sich bei nicht sachgemäßer Darstellung verifizierter Fakten oder nachgestellter Sichtungen Zuschauer melden sollen, die etwas gesehen oder gehört haben könnten, das so, wie dargestellt, nie stattgefunden hat. Und genau so kam es ja auch.

Hinweis:

Um die Übersichtlichkeit zu wahren, wird sich dieses Kapitel auf die wichtigsten Punkte der Falschdarstellungen in den beiden »Aktenzeichen XY... ungelöst«-Sendungen beschränken. Ausgewählt wurden hierbei jene Aspekte, die dazu geeignet, wenn nicht sogar dazu gedacht waren, die öffentliche Meinung im Fall Tanja Gräff in eine bestimmte Richtung zu lenken.

Insofern wird auch aufzuzeigen sein, dass die Ermittlungsbehörden hierbei eine, eventuell existenzvernichtende, Vorverurteilung eines unschuldigen Zeugen billigend in Kauf nahmen.

»Aktenzeichen XY… ungelöst«
Sendung vom 27. September 2007
Transkript

Am 27. September 2007 stellte ZDF-Moderator Rudi Cerne in der Sendung »Aktenzeichen XY… ungelöst« das erste Mal den Fall der damals noch vermissten Tanja Gräff vor. Der Film begann mit dem Bericht des damaligen Chefs der Sonderkommission im *Fall Tanja Gräff*, EKHK Bernd Michels, vor Studenten der Uni Trier. Einleitend erklärte er, dass die Ermittlungen inzwischen an einem toten Punkt angelangt seien.

Filmszene 1 vor dem Festbesuch:
Geburtstagsfest im Hause Gräff. Diese Szene zeigt eine Situation, die so nie stattgefunden hat.

Filmszene 2 vor dem Festbesuch:
Tanja befindet sich mit ihrer Mutter im Auto und wird von ihr zu einem angeblichen Treffpunkt gefahren. Tanja zeigt auf eine wartende Gruppe, der auch ein dunkelhäutiger Mann angehört, und

bittet ihre Mutter, bei den Freunden anzuhalten. Tanja steigt aus und wird von der wartenden Gruppe überschwänglich begrüßt. Die Mutter winkt noch einmal und fährt davon.

O-Ton Dialog Tanja - Mutter:

> »Vielleicht lernt man ein paar neue Leute kennen. [Tanja]
> Wo genau soll ich dich absetzen? [Mutter]
> Du kannst mich gleich hier rauslassen, da vorne sind sie. [Tanja]
> Danke fürs Fahren, Mama. [Tanja]
> Gern geschehen, hab viel Spaß und sei vorsichtig. [Mutter]
> Klar doch, bis morgen irgendwann.« [Tanja]

Auch diese komplette Szene hat so nie stattgefunden. In ihrer Vernehmung[103] erklärte Tanjas Mutter, dass sie ihre Tochter zum Uni-Parkplatz in der Kohlenstraße gefahren habe. Dort sei Tanja ausgestiegen und in Richtung Fahrschule Peters gegangen. Es habe dort niemand auf sie gewartet. Es sei circa 20:30 Uhr gewesen.

Warum also die Falschdarstellung dieser fiktiven Gruppe? Hervorzuheben ist hier die Tatsache, dass die Person, die Tanja besonders herzlich begrüßt, durch denselben Schauspieler dargestellt wird, der im weiteren Verlauf der Sendung auch den Zeugen Marco spielt.

Wollte man hier dem Zuschauer bereits einleitend signalisieren, dass Marco ein besonderes

[103] Vernehmungsprotokoll vom 02. Juli 2007.

Interesse an Tanja hatte? Innerhalb der Trierer Ermittlungsbehörden unterstellte man ihm schließlich das Tötungsmotiv eines *verschmähten Liebeswerbens*[104]. Es drängt sich die Frage auf, ob es sich bei dieser Änderung der Dramaturgie des tatsächlichen Ablaufs um eine motivbildende Maßnahme handeln könnte.

O-Ton Michels, der über das Fest referiert:

> »Wo Tanja an diesem Abend hinwollte, brauche ich ihnen ja nicht zu erklären. Viele von ihnen werden selbst dort gewesen sein. Das Sommerfest der Fachhochschule Trier.«

Auch das ist nicht ganz korrekt. Wie bereits in Kapitel 1 beschrieben, hielt sich Tanja bis circa um Mitternacht mit Kommilitonen auf einer sogenannten Vorglühparty am Trimmelter Hof auf.

Im Weiteren wurde ein Film abgespielt, der die bekannten Abläufe des Abends auf dem FH-Fest darstellen sollte.

O-Ton Michels:

> »Der ganze Schneidershof verwandelte sich in eine einzige Partymeile. Zwei Bühnen. Sieben Bands. Ein Open-Air-Kino und 10.000 Studenten, die feiern wollen.«

Es werden Tanzszenen gezeigt.

---

[104] Siehe Kapitel 23 »Der Zeuge Marco«.

Erste Filmszene vom Fest:

Der bereits beschriebene Schauspieler, der Tanja in der ersten Szene so überschwänglich begrüßte, holt in dieser Szene für sich und Tanja Getränke an einem gut besuchten Bierstand. Er überreicht Tanja ein Glas und stößt mit ihr und den anderen Anwesenden auf einen *tollen Abend* und eine *Super-Party* an.

Gerade diese Szene hat so nie stattgefunden.[105] Auch hier wird wieder suggeriert, dieser Mann habe von Beginn an mit Tanja eng zusammengestanden. Adrian kann nicht gemeint sein, denn, wie gesagt, derselbe Schauspieler spielt zum Schluss den Zeugen Marco in der Szene mit dem *Unbekannten*. Anscheinend hatte man auch vergessen, dass der Zeuge Marco erst viel später auf dem FH-Sommerfest eingetroffen war und sich erst um 01:40:31 Uhr mit Adrian und Tanja in Verbindung setzte.[106]

Oder hatte man einen Mangel an Schauspielern? Jedenfalls entsteht durch diese Darstellung eine Fehlerquelle, deren verfälschende Beschreibung des Abends sich durch die gesamte Sendung zieht.

O-Ton Michels:

> »Am Anfang ist die Clique noch zusammen, aber dann trifft der eine einen alten Schulkameraden, der andere einen Kommilitonen, man verliert sich

---

[105] Siehe Kapitel 4 »Im Sitzkreis vor dem Bierstand T9«.

[106] Siehe Kapitel 6 »Die Nachzügler und Marco treffen ein«.

> aus den Augen. Auch Tanja Gräff geht im Gewimmel unter.«

Diese Darstellung seitens Michels ist absolut unzutreffend, und die Formulierung, »Tanja geht im Gewimmel unter«, beschreibt ebenfalls ein Szenario, das so nie stattgefunden hatte. Hier produzierte Michels weiterhin Chaos in Bezug auf die tatsächlichen Abläufe. Die Änderung der eigentlichen Dramaturgie des Abends durch die Ermittler fand hier maßgeblich ihre Fortsetzung.

Michels führte weiter aus, man wisse außerdem nicht, was Tanja den ganzen Abend gemacht habe, aber sicher sei, irgendwann sei es zur Begegnung mit einem unbekannten Mann gekommen.

O-Ton Michels:

> »Wir wissen nicht genau, was Tanja den ganzen Abend gemacht hat.«

Auch diese Darstellung ist falsch. Wie in Kapitel 4 beschrieben, verbrachte Tanja mehrere Stunden gemeinsam mit ihren Kommilitonen neben Bierstand T9 vor der Einfahrt des ehemaligen Parkhauses.[105] Dieser eindeutige Sachverhalt sowie die Person Adrian und die restliche Uni-Clique wurden in dem Beitrag komplett ausgespart.

Erst nach circa 04:06 Uhr, nachdem Till, Katja und die Zeugin M Tanja mit dem *Spitzbart* zurückgelassen hatten, gibt es keine verifizierten Erkenntnisse mehr über Tanjas Verbleib. Über das Zusammentreffen Tills samt seinen beiden Freundinnen mit Tanja, dem *Spitzbart* und dessen *FDPler-Freund* berichtete Michels absolut nichts.

An dieser Stelle muss deutlich hervorgehoben werden, dass Michels innerhalb dieser Sendung die »Spur 38-Spitzbart« unterschlug und dass der massive Eingriff in den tatsächlichen Ablauf eine grobe Täuschung der Öffentlichkeit darstellte. Vielleicht hatte man aber auch nur vergessen, dass der Zeuge Marco definitiv nicht der Letzte war, der Tanja gesehen und gesprochen hatte.

O-Ton Michels:

> »Aber sicher ist, irgendwann kommt es zu einer Begegnung mit einem anderen Mann.«

Michels behauptete, Tanja sei zum ersten Mal von einem ihrer Freunde - Marco - mit dem *Unbekannten* um 03:30 Uhr gesehen worden. Dabei verwies der SoKo-Chef auf die auf dem dargestellten Lageplan rot markierte Stelle zwischen den Gebäuden A und B.[107]

Bei dieser Darstellung sind gleich mehrere Fehler auszumachen: Erstens stimmt die Uhrzeit nicht. Die Funkzellenauswertung ergibt[108], dass

---

[107] Aus urheberrechtlichen Gründen darf ich die Screenshots der entsprechenden Filmszenen der Sendungen nicht verwenden.

[108] Siehe Kapitel 10 »Marco telefoniert mit Adrian«.

Tanja mit Marco erst gegen 03:48 Uhr, vom mittleren Parkdeck über die Rampe kommend, das obere, freiliegende Parkdeck erreichte und sich in Richtung Hauptfestplatz bewegte.

Zweitens ist die rot markierte Stelle absolut falsch. Wie in Kapitel 12 beschrieben, stand Marco gegen 03:54 Uhr in Höhe des Dönerbüdchens auf dem Hauptfestgelände, als er Tanja verloren hatte; er fand sie, nur wenige Schritte entfernt, bei dem *Unbekannten* zwischen Mixery-Bierstand und Kühlwagen.[102]

Ob absichtliche Verfälschung oder nur das Resultat einer chaotischen Polizeiarbeit, eines bleibt festzustellen: Durch die falsche Zeitangabe und besonders durch die falsche Ortsangabe schuf man eine erhebliche räumliche und zeitliche Distanz zu der *Spitzbart-Szene*[109] um 04:00:01 Uhr am Mixery-Kühlwagen.

Weitere Filmszene:

Der eingangs beschriebene Schauspieler, jetzt in der Rolle des Zeugen Marco, erscheint in einer Menschentraube vor einem Getränkestand. Er ruft nach Tanja, die mit Freundinnen zusammensteht, und kämpft sich durch das Gedränge zu ihr vor.

O-Ton Dialog Marco - Tanja:

> »Mensch Tanja, da bist du ja« [Marco] »Hallo« [antwortet Tanja lakonisch] »Du, ich nehme jetzt den Shuttlebus. Was ist mit dir« [Marco]

---

[109] Siehe Kapitel 17 »Unbekannter-Spitzbart«.

Doch bevor Tanja überhaupt antworten kann, stürmt ein junger Mann aus dem Hintergrund und ohne Vorwarnung auf Marco zu und fährt ihn mit den Worten an:

> »Hey, lass die Tanja in Ruh.«
> »Okay, okay« [antwortet Marco]. »Ich geh dann« [sagt Marco, zu Tanja gewandt, und verschwindet. Tanja reagiert nicht]

O-Ton Michels:

> »Der Zeuge nahm an, Tanja würde ihren Begleiter kennen und wollte keinen Streit provozieren. Also fuhr er allein nach Hause. Wie gesagt, die Begegnung fand ungefähr um 03:30 Uhr statt. Leider konnte der Zeuge den Unbekannten nicht beschreiben. Dazu war es viel zu dunkel. Aber vielleicht hat ja jemand von ihnen den Begleiter von Tanja gesehen?«

Auch diese Szene fand so nie statt.[102] Doch auch hier bleibt die Frage: Wie sollen sich Zeugen melden und eine Sichtung verifizieren, die weder an dem angegebenen Ort noch zu der angegebenen Uhrzeit und schon gar nicht in dieser Personenkonstellation stattfand. Realiter traf Marco Tanja mit dem *Unbekannten* auf der Fläche zwischen dem Mixery-Bierstand und dem dazugehörenden Kühlwagen an. Weder umzingelt von Freundinnen noch an irgendeiner Theke.

Es ist daher kaum verwunderlich, dass sich niemand meldete, der die so dargestellte Begegnung mit dem *Unbekannten* wahrgenommen hatte. Wie auch?

Absicht oder Versehen? Aber eines erscheint doch befremdlich: Der Zeuge Marco war, wie bereits thematisiert, zum Zeitpunkt der Ausstrahlung der Sendung schon in den Fokus der Ermittlungsbehörden geraten. Eine Bestätigung seiner Aussage durch eine oder gar mehrere Personen wäre für den Zeugen Marco im Hinblick auf seine Glaubwürdigkeit sicher von Vorteil gewesen. Aber aufgrund der Falschdarstellung in der Sendung »Aktenzeichen XY… ungelöst« wurde ein insofern entlastender Zuschauerhinweis unmöglich gemacht.

Da sich niemand meldete, blieben Marco und seine Geschichte unglaubwürdig. *Der Unbekannte* wurde insofern behördenintern als Erfindung beziehungsweise als Schutzbehauptung[104] eingestuft.

Nur die Zeugin M, die ebenfalls die Sendung »Aktenzeichen XY… ungelöst« vom 27. September 2007 gesehen hatte, wunderte sich. Aufgrund der Rekonstruktion vom 05. September 2007 konnte die Zeugin M sowohl ihre *Spitzbart-Sichtung* als auch das Zusammentreffen Marcos mit Tanja und dem *Unbekannten* zeitlich und örtlich ziemlich genau einordnen. Der von Marco beschriebene, aber in der Aktenzeichen-Sendung falsch dargestellte Vorfall hatte sich tatsächlich nur wenige Schritte und Minuten von dem Ort entfernt abgespielt, an dem die Zeugin M und ihre beiden Freunde Tanja mit *Spitzbart* plus *FDPler* angetroffen hatte.[110]

Bedauerlicherweise konnte die Zeugin M am Tage der Rekonstruktion, wie bereits beschrieben, nicht persönlich mit Marco sprechen und ihm somit auch nicht von ihrer Sichtung mit dem *Spitzbart* berichten. Er war leider zu dieser *Veranstaltung* nicht eingeladen worden.

Nach der ersten Ausstrahlung der Sendung »Aktenzeichen XY… ungelöst« im September 2007 war die Zeugin M verständlicherweise irritiert. Sie versuchte, Marco ausfindig zu machen, um ihm mitzuteilen, dass er nicht der Letzte gewesen sei, der Tanja lebend gesehen habe. Allerdings sollte sie erst im Jahre 2015 in unserem Haus in Bayern Marco persönlich begegnen. Erst jetzt konnte sie ihm die für ihn so immens wichtigen Details ihrer Sichtung persönlich mitteilen.

An dieser Stelle kann man zusammenfassend konstatieren, dass sich im Zuge der ersten Sendung »Aktenzeichen XY… ungelöst« zum *Fall Tanja Gräff* in Bezug auf den Zeugen und *internen Tatverdächtigen* Marco eine Massierung an Fehlern in der Darstellung der Gegebenheiten feststellen lässt. Die Frage nach dem *Warum* ist nicht nur zulässig, sondern im Hinblick auf den Grundsatz der Rechtsstaatlichkeit behördlichen Handelns zwingend zu stellen.

Ein weiteres, nicht zu unterschätzendes Problem, das sich aus solchen Falschdarstellungen

---

[110] Siehe Kapitel 24 »Die Zeugin M«.

ergeben kann, ist, dass sich Personen melden, die am falsch angegebenen Ort und zur genannten Uhrzeit etwas gesehen haben, was dann logischerweise mit den Zeugenaussagen gar nicht in Zusammenhang stehen kann. Dies zieht zwangsläufig Chaos hinsichtlich einer Verifizierung der Sichtungen nach sich und führt zu fatalen Schlussfolgerungen.

Und welch Wunder, genau das ist dann ja auch passiert.[111]

»Aktenzeichen XY… ungelöst Spezial«
Zum Tag *Wo ist mein Kind*
Sondersendung vom 30. März 2011

Aus dem Transkript der Sendung, soweit es sich auf den Fall Tanja Gräff bezieht

Am 30. März 2011, also gut dreieinhalb Jahre nach Ausstrahlung der ersten Aktenzeichen-Folge zum *Fall Tanja Gräff*, sah sich das ZDF veranlasst, im Zuge einer Sondersendung zum Thema *Wo ist mein Kind*, den *Fall Tanja Gräff* ein weiteres Mal in dieser Sendung zu thematisieren. Dazu lud man Frau Gräff und ihren Anwalt sowie Vertreter der Ermittlungsbehörden, in persona Kommissar Soulier und Staatsanwalt Dr. Samel, erneut nach München ein.

---

[111] Siehe Kapitel 25 »Die Drachenhaus-Spur« - und die entsprechenden Passagen zum Abschlussbericht der Staatsanwaltschaft.

Hervorzuheben ist insoweit, dass die erneute Ausstrahlung des *Falles Tanja Gräff* nicht durch die Ermittlungsbehörden Trier motiviert worden war.

Vor diesem Hintergrund ist dann auch erklärlich, dass in der im März 2011 ausgestrahlten Folge an den oben beschriebenen Falschdarstellungen der Sendung von September 2007 nur notdürftig *nachgebessert* beziehungsweise diese sogar weiter *verschlimmbessert* wurden. Für diese offensichtliche Flickschusterei zeichnete jetzt aber nicht mehr Kommissar Michels, sondern nunmehr der im Jahre 2008 neu als Leiter der Mordkommission eingesetzte Kommissar Soulier verantwortlich.

Hier saßen sich offensichtlich zwei inzwischen unversöhnliche Parteien gegenüber, auch wenn Rechtsanwalt Böhm gegenüber den Vertretern der Ermittlungsbehörden um einen moderaten Ton bemüht war.

Schon damals entstand der Eindruck, dass es aus irgendwelchen Gründen zu Differenzen zwischen den Ermittlungsbehörden und den Opfereltern gekommen sein musste. Später berichtete mir Frau Gräff, wie unterkühlt es hinter den Kulissen der zweiten Sendung »Aktenzeichen XY... ungelöst Spezial« zugegangen war.

Frau Gräff war im Jahr zuvor mehrfach mit Kommissar Soulier aneinandergeraten, und auch zu Staatsanwalt Dr. Samel hatte sie zum damaligen Zeitpunkt kein Vertrauen mehr. Das Hinzuziehen eines Anwaltes durch die Opfermutter trug allerdings nicht zur Verbesserung des Verhältnisses zwischen den nahezu verfeindeten Parteien bei. Das Gegenteil war der Fall.

Ablauf der Sendung vom 30. März 2011 Filmische Nacherzählung

Das Intro wurde im Gegensatz zur Sendung vom 27. September 2007 in einigen Punkten umgestaltet, allerdings die Szene, die Tanja beim Verlassen des Autos der Mutter zeigt und die von einer Gruppe junger Leute erwartet wird, blieb unverändert falsch. Die Veranlassung einer Korrektur dieser Falschdarstellung durch die Ermittlungsbehörden wäre dringend erforderlich gewesen. Tat man aber nicht.

In dieser Sendung wurde der junge Student Marco, der, wie in Kapitel 23 bereits beschrieben, bis zur Verfügung des Oberstaatsanwalts Zielonka vom 10. Februar 2012 intern als tatverdächtig galt, ungeschützt, also nicht anonymisiert, vor die Kamera gesetzt, um seine Geschichte mit dem *Unbekannten* zu erzählen. Eine Verweigerung dieses Auftrittes kam für den durch die vielen vorausgegangenen Vernehmungen eingeschüchterten Zeugen nicht in Frage. Er befürchtete, andernfalls erneut in Verdacht zu geraten. Deshalb ließ er stillschweigend zu, durch die Ermittlungsbehörde rücksichtslos in die Öffentlichkeit gezerrt zu werden.

O-Ton Marco:

»Ich habe mich dann noch umgedreht und da war sie schon wieder weg. Weil wirklich sehr viel los war. Und dann habe ich sie kurz gesucht und dann habe ich sie auch nach ein paar Sekunden wiedergefunden.«

O-Ton Sprecherin:

»Doch Tanja ist nicht mehr allein. Doch wer ist Tanjas Begleiter und warum reagiert er so gereizt?«

O-Ton Marco:

»Ja, er war auch angetrunken und ich dachte dann so, hey komm, ist jetzt besser, wenn du nix sagst und hab dann Tanja Tschüs gesagt und sie hat dann noch so gewunken und ich bin halt gegangen.«

O-Ton Sprecherin:

»Die Markierung auf dem Lageplan zeigt, wo Tanja mit dem unbekannten Mann gegen 03:30 Uhr gesehen wurde.«

Hinweis:
Hier wurde in Bezug auf die fehlerhafte Sendung vom 27. September 2007 hinsichtlich der Örtlichkeit

einigermaßen nachgebessert. Die falsche Uhrzeit behielt man jedoch unerklärlicherweise bei.

Weiterer Ablauf der Sendung vom 30. März 2011:
O-Ton Sprecherin:

> »Soko-Chefermittler Christian Soulier und sein Team werteten mehr als 5.000 Fotos vom FH-Sommerfest aus, um den unbekannten Begleiter von Tanja Gräff zu identifizieren.«

Das ist so nicht ganz richtig.

Da man Marcos *Unbekannten* intern als Schutzbehauptung respektive als Erfindung einstufte, ist es kaum wahrscheinlich, dass man sich erhoffte, dieses *Phantom* auf einem Foto zu entdecken. Naheliegend ist vielmehr, dass man die Hoffnung hatte, auf ein Zufallsfoto zu stoßen, das Tanja in Gegenwart von wem auch immer nach vier Uhr zeigte. Vielleicht auch mit Marco auf der Theodor-Heus-Brücke, die, so die lange vorherrschende Annahme der Behörden, der Tatort gewesen sein soll.[104] Dazu Souliers folgender O-Ton:

> »Warum sich dieser Mann nie gemeldet hat, da können wir nur spekulieren. Eine Variante könnte sein, dass er gar nicht mitbekommen hat, dass wir ihn suchen. Das könnte auch daran gelegen haben, dass er Alkohol getrunken hat und vergessen

hat, dass er eine solche Situation mit Tanja erlebt hat.«

Wie betrunken muss ein Mensch gewesen sein, der eine so schicksalhafte Begegnung vergessen konnte. Unmittelbar nach Tanjas Verschwinden im Jahre 2007 folgte immerhin eine beispiellose Suchaktion, eine überregionale Plakatierung, eine überregionale mediale Berichterstattung und sogar eine Lichterkette an der Trierer Domplatte.

Und trotzdem hielt Soulier es für denkbar, dass sich der *Unbekannte* nicht mehr an sein Zusammentreffen mit Tanja erinnert? Es ist ausgesprochen unwahrscheinlich, dass Soulier diese Äußerung tatsächlich ernst meinte. Denn auch der Trierer Polizei sollte es bis 2011 gelungen sein, die Sichtung *Spitzbart* durch die Zeugin M und die Sichtung des *Unbekannten* durch den Zeugen Marco örtlich und zeitlich in Zusammenhang gebracht zu haben.

Es musste den Behörden zum Zeitpunkt dieser Sendung längst klar gewesen sein, dass es sich bei dem *Unbekannten* und dem *Spitzbart* um ein und dieselbe Person gehandelt hatte. Außerdem war den Ermittlern die Identität des *Unbekannten-Spitzbartes* unseres Erachtens ebenso längst bekannt.[112] Aber man konnte dem Publikum ja schwerlich erklären, dass sich die Suche nach dem *Unbekannten* inzwischen erledigt hatte, ohne

---

[112] Quelle: Alibiliste.

die »Spur 38-Spitzbart« öffentlich zu thematisieren und damit die *putzige Kleinigkeit* zugeben zu müssen, dass man diese Spur unter Verschluss gehalten hatte.

Mit dem explizit hervorgehobenen Hinweis auf einen durch Alkoholkonsum in seinem Erinnerungsvermögen beeinträchtigten *Unbekannten* schien Soulier diesem leidigen Thema anscheinend ein Ende setzen zu wollen. Seine *Groteske* vom *Vergesslichen-Unbekannten* war womöglich nichts anderes als ein klägliches Ablenkungsmanöver von der unglückseligen Angelegenheit »Spur 38-Spitzbart«. *Diese Kuh musste ja schließlich dringend vom Eis.*[104]

> *Hinweis:*
>
> *Natürlich handelt es sich um ein Paradoxon, wenn einerseits in den Akten des Oberstaatsanwaltes Zielonka der Unbekannte als Schutzbehauptung geführt und andererseits nach diesem vergesslichen Unbekannten im Zuge der Sendung »Aktenzeichen XY... ungelöst« öffentlich gefahndet wurde.*
>
> *Solche Paradoxa kann man an diversen Stellen aufzeigen*[113] *und sie sind Beleg dafür, dass der Fall Tanja Gräff tatsächlich irgendwann*

[113] Abschlussbericht der Staatsanwaltschaft vom 22. Juni 2017: Unter anderem Verlauf Karthäuser-Funkzelle, Handy-Nr. des Zeugen K und zum *Unbekannten-Spitzbart.*

aus dem Ruder lief. Chaos zieht Chaos hinter sich her. Es war auch für mich eine Sisyphusarbeit, dieses Chaos von Widersprüchen, Versäumnissen, Falschdarstellungen, Fehleinschätzungen und gegenläufigen Maßnahmen im Fall Tanja Gräff verständlich darzustellen.

Jedenfalls löste Kommissar Soulier in dieser Livesendung den inzwischen weithin etablierten Irrtum, Marco sei der Letzte gewesen, der Tanja gesehen und bei dem *Unbekannten* zurückgelassen habe, zumindest nicht vollständig auf. Stattdessen fabulierte Soulier, wie gesagt, über einen *vergesslichen Unbekannten*, wodurch die Gerüchte über die vermeintlich unglaubhafte Geschichte des Zeugen Marco erneut öffentlich befeuert wurden.

Dies alles hinterlässt insgesamt den Eindruck, dass die Ermittlungsbehörden im Jahre 2011 aus Mangel einer vorzeigbaren Alternative ihre ursprüngliche Arbeitshypothese von 2007, Marco habe Tanja umgebracht[104], *auskramten* und den unauffindbaren *Unbekannten* nur zum Schein in dieser Sendung suchten. Schließlich war die einst so präferierte *Luxemburg-Spur* längst im Sande verlaufen - oder treffender formuliert, längst *ein sinkender Stern am mitternachtsblauen Horizont* fehlgeleiteter Kriminalisten.[114]

Tatsächlich saßen die Ermittler Soulier und Dr. Samel mit leeren Händen in der Sendung »Aktenzeichen XY... ungelöst« vom März 2011.

Weiterer Sendungsverlauf:

Nachdem das Thema *Marco und der Unbekannte* abgehandelt war, gab es plötzlich, dreieinhalb Jahre nach der Ausstrahlung der Aktenzeichen-Folge vom 27. September 2007, scheinbar doch noch etwas *Neues* zu berichten. Überraschenderweise soll es doch noch einen Zeugen nach der unschönen Begegnung Marcos mit dem *Unbekannten* gegeben haben.

Ein alter Schulfreund Tanjas, Till, soll Tanja um 04:00:01 Uhr getroffen haben. Also definitiv nach Marco.

Zunächst aber kommentiert die Off-Sprecherin:

> »Es ist 04:00 Uhr früh, als Tanja von einem Freund beim Telefonieren gesehen wird. Ob sie dann noch in Begleitung des Mannes ist, kann er nicht sagen.«

Diese Behauptung ist falsch und stimmt nicht mit dem wirklichen Geschehen überein! Tatsächlich hat Till, gemeinsam mit Katja und der Zeugin M, Tanja in Gesellschaft zweier Männer am

---

[114] Siehe Kapitel 26 »Der Bauzaunhelfer und eine nebulöse Geschichte« zur *Luxemburg-Spur,* der ehemaligen Hauptspur laut Abschlussbericht der Staatsanwaltschaft vom 22. Juni 2017.

Mixery-Kühlwagen telefonierend angetroffen.[109] Wie man aus seinen Vernehmungen ersehen kann, beschreibt Till sehr ausführlich, dass Tanja in Gesellschaft eines beziehungsweise zweier Männer war.

Aus dem Vernehmungsprotokoll Tills vom 25. Juni 2007 ergibt sich Folgendes:

> »[...] Sie stand von mir aus gesehen hinter der Anhängervorrichtung. Ich habe dann dort zwei Personen gesehen. [...] Ich kann die Personen nicht beschreiben. [...] Blonde Haare hatte niemand dieser Personen. Sie hatten dunkle Haare. [...]«

In der Nachtragsvernehmung vom 25. Juli 2007 beschreibt Till 2007 die Personenkonstellation um Tanja noch exakter:

> »[...] so möchte ich zunächst sagen, dass in Tanjas Nähe etwa zwei bis fünf Personen waren. Ein oder zwei Personen standen ihr etwas näher, vielleicht in einem Abstand von einem halben bis einem Meter, während die weiteren Personen [sic] maximal drei Personen [sic] wiederum einen Meter weiter weg von ihr waren. Diese Personen standen in Höhe der Achse des Kühlwagens.
> Ich kann nur eine Person beschreiben, die unmittelbar in ihrer Nähe stand. Ich habe nicht besonders auf die Person geachtet, sondern habe sie nur am Rande wahrgenommen. Ich habe die Person als relativ groß und kräftig mit dunklen Haaren in Erinnerung. Es kann sein, dass die Person

einen Kinnbart hatte, wobei ich mir aber nicht sicher bin [sic] wenn ich nach dem Alter der Person gefragt werde, so würde ich sie schätzen auf 20-25 Jahre alt. Ich glaube in Erinnerung zu haben, dass die Person dunkel gekleidet war, jedenfalls habe ich keine helle Farbe in Erinnerung, nichts, was ins Auge gesprungen wäre. […]«

Die im Anschluss nacherzählte filmische Darstellung ist somit absolut falsch.

Filmische Nacherzählung:

Till trifft Tanja allein, telefonierend, an einem Bierstand an.[110][109]

O-Ton Till:

»Hast Du noch Lust, mit uns ein Bier zu trinken?«

O-Ton Tanja:

»Tut mir leid, ich wollte jetzt noch zum Micky-Maus-Koch-Platz, da habe ich 'ne Verabredung.«

O-Ton Till:

»Ah, okay.«

O-Ton Tanja:

»Aber sag mal, weißt Du vielleicht, wie ich am schnellsten dorthin komme?«

Warum nutzte Kommissar Soulier jetzt diese Bühne nicht, um der jahrelangen, durch die Trierer Ermittlungsbehörden selbst verursachten öffentlichen Stigmatisierung des Zeugen Marco entschieden entgegenzutreten, indem er in dieser Sendung die Sichtung des *Spitzbarts* durch die Zeugin M[110] und ihre Freunde Till und Katja korrekt darstellen ließ und damit endlich öffentlich machte?

Warum ließen es Kommissar Soulier und Staatsanwalt Dr. Samel dagegen zu, dass sich der Zeuge Marco ungeschützt den neugierigen Blicken derer aussetzte, die ihn seit 2007 im Internet jagten und nun auch noch sein Gesicht kannten, womit Marco eine weitere öffentliche Bloßstellung erfuhr? Oder warum klärten sie nicht wenigstens die bis dahin völlig ahnungslose Frau Gräff bezüglich der »Spur 38-Spitzbart« auf?

Unterstellt man der Redaktion der Sendung »Aktenzeichen XY... ungelöst« eine eigenmächtige Verfälschung der Aussage Tills, so muss man den in der Livesendung anwesenden Ermittlern Soulier und Dr. Samel zumindest die *Inkaufnahme* einer Irreführung der Öffentlichkeit vorhalten. Unterstellt man andererseits, dass die Redaktion Tills Aussage nicht eigenmächtig verfälschte, kommt man um die Schlussfolgerung nicht herum, dass unter der Regie der Ermittler das Publikum bewusst belogen wurde.

Hinweis:

Die verfälschte Darstellung, Till habe Tanja zwar unmittelbar nach Marco, aber alleine angetroffen, verstärkt sogar beim Zuschauer die Vermutung, Marco habe den Unbekannten erfunden.

Die Sichtung *Spitzbart* sollte zu keinem Zeitpunkt in die Öffentlichkeit gelangen. Diese Strategie wurde offensichtlich von Soulier und Samel auch in dieser Sendung konsequent durchgezogen.

Die Begegnung Tills mit Tanja auf einen kurzen Smalltalk über den *Micky-Maus-Koch-Platz* zu reduzieren, anstatt darzustellen, dass Tanja von mehreren Zeugen mit einem *Unbekannten mit Spitzbart* gesehen worden war, verhinderte geradezu Zuschaueranrufe von Personen, die Tanja mit Till, Katja, der Zeugin M und dem *Spitzbart* gesehen und Letzteren hierbei hätten identifizieren können. Allerdings wäre dann die *Spitzbart-Sichtung* respektive die sprichwörtliche *Katze aus dem Sack* gewesen. Doch genau das schien niemand zu wollen.

Das Treffen am Bierstand fand so - wie in der Aktenzeichen-Sendung dargestellt - nicht statt. Aber was wollte Kommissar Soulier dann mit dieser sinnfreien Darstellung erreichen? Man konnte ihm jetzt wenigstens nicht nachsagen, dass er die Sichtung der Zeugen Till, Katja und der Zeugin M, wie sein Vorgänger Kommissar Michels 2007, komplett unter den Tisch habe fallen lassen.

Insofern bestätigt diese stiekum angehängte und unkommentiert gelassene Sequenz mit Till und Tanja nicht nur den mangelnden Aufklärungswillen der Trierer Ermittlungsbehörden, hierin manifestiert sich gleichzeitig auch der Wille zur bewussten Verschleierung der »Spur 38-Spitzbart«. Denn man kann nur manipulativ einwirken, wenn man die zu verschleiernde Ausgangssituation konkret kennt.

Mir gegenüber erklärte Till im persönlichen Gespräch, dass durch die *Du-Fragestellung* der Redakteure eine *Ich-Version* entstand und damit die eigentliche Dreier-Konstellation von ihm, der Zeugin M und Katja im veröffentlichten Aktenzeichen-Interview nonchalant umgangen wurde. Leider wurde Till auch der Wunsch verwehrt, an der anschließenden filmischen Aufzeichnung der entsprechenden Nachspielszene als Beobachter teilnehmen zu dürfen. Damit wurde jegliches Korrektiv seinerseits konsequent verhindert.

Die Zeugin M stellte abermals betroffen fest, dass sie wieder mal übergangen und auch nicht in dieser Sendung gehört wurde. Niemand schien sich für ihre Geschichte um den *Spitzbart* zu interessieren.

Insgesamt hatte es seitens der Ermittler schon etwas nahezu Zwanghaftes, diese *Spitzbart-Spur* zu vertuschen.

Und wäre durch die Veröffentlichung des Leserbriefes[115] im Tagesblatt *Trierischer Volksfreund* im Januar 2015 die *Spitzbart-Spur* nicht publik gemacht worden, so hätte diese Spur bis zum Erscheinen des vorliegenden Buches wahrscheinlich auch nicht das *Licht der Öffentlichkeit* erblickt.

»Aktenzeichen XY… ungelöst«
Sendung vom 27. September 2007
Die *Drachenhaus-Spur*/Am Rosengarten
Transkript

Am 27. September 2007 wurde die Öffentlichkeit in der Sendung »Aktenzeichen XY… ungelöst« ferner über die *Drachenhaus-Sichtung* in Kenntnis gesetzt und die Zuschauer wurden, dem Anspruch des Sendeformats entsprechend, um deren Mithilfe gebeten. Diese Sichtung wurde in der Ausgabe »Aktenzeichen XY… ungelöst« vom 30. März 2011 allerdings weder erneut gezeigt noch thematisiert.

In der filmischen Darstellung vom 27. September 2007 präsentierte man die *Drachenhaus-Sichtung* beziehungsweise das Geschehen entlang des Rosengartens wie folgt:

Genau wie im Fall des Zeugen Marco und des *Unbekannten* wurde auch diese Begebenheit erstaunlich frei nacherzählt oder, zutreffender

[115] Siehe Kapitel 28 »Der Leserbrief – und ein falscher Verdacht«.

formuliert, war auch diese filmische Nacherzählung sowohl räumlich als auch inhaltlich einfach falsch. In Anbetracht dieser Falschdarstellungen musste auch der entsprechende Zuschaueraufruf zwangsläufig ins Leere laufen, da in beiden Fällen tatsächliches Geschehen und dargestellter Beitrag in eklatanter Weise voneinander abwichen.

Das Geschehen um die *Drachenhaus-Spur* wurde szenisch folgendermaßen eröffnet:

Filmszene:

Zunächst erscheint eine Draufsicht des Geländes Schneidershof, die im südlichen Teil des Gebietes eine Markierung mit einem roten Punkt zeigt.

Diese Markierung ist ungenau und erschließt sich weder dem ortskundigen Zuschauer noch lässt sie sich einer bestimmten Stelle zuordnen. Eine bessere Grafik hätte auch hier geholfen und wäre hinsichtlich der Dringlichkeit des Falles auch angemessen gewesen.

Genau genommen hätte dieser rote Punkt den kleinen, schmalen Weg entlang des Rosengartens in Richtung Schillingsteg markieren müssen. Somit hätte zumindest der ortskundige Zuschauer exakt gewusst, wo sich besagte *Drachenhaus-Sichtung* tatsächlich abgespielt hatte. Gerade im Hinblick auf die täuschende Namensgebung *Drachenhaus-Spur*. Tatsächlich spielte sich diese Begebenheit weniger unmittelbar am sogenannten Drachenhaus als vielmehr auf besagtem schmalen Weg entlang des Rosengartens ab. Warum die Kripo so ungenau agierte, ist unbekannt.

Nachgestellte Filmszene:

Eine im Film Steffi genannte junge Frau stößt im Gewimmel zufällig mit einer anderen jungen Frau namens Tanja zusammen. Im Hintergrund sieht man das Festgeschehen. Beide jungen Frauen stellen sich gegenseitig vor.

O-Ton Michels:

> »Es ist eine zufällige Begegnung. Die Zeugin kannte Tanja nicht, sprach sie aber spontan an. Tanja war ihr irgendwie sympathisch.«

Weitere filmische Darstellung mit folgendem angeblichen Dialog:

> »Ich bin die Steffi und Du? Ich bin die Tanja.
> Coole Party, oder? [Steffi] Ja, ganz nett. [Tanja]
> Sag mal, geht ihr noch irgendwo hin, nachher - oder? [Steffi]
> Ne, ich bin total müde, ich will nur noch nach Hause. [Tanja]«

Diese Darstellung des Dialoges ist inhaltlich falsch und entspricht nicht dem tatsächlichen, von der Zeugin Steffi und ihrem Freund Damian geschilderten Zusammentreffen der beiden Mädchen.[111]

Weiter O Ton Michels:

> »Dann aber verhielt sie sich auf einmal so seltsam.«

Filmszene:

Man sieht dann Tanja plötzlich davonlaufen, gefolgt von einem Unbekannten, der ruft: »Tanja, warte.« Steffi ruft ihr hinterher: »Hey Tanja, und dein Begleiter?«

O-Ton Michels:

> »Wir haben uns natürlich auch gefragt, wieso lief Tanja einfach davon. Wir glauben, sie war schlicht und ergreifend von ihrem Begleiter genervt und wollte ihn loswerden. Angst hatte Tanja unserer

Meinung nach nicht, denn sonst hätte sie die anderen Studenten um Hilfe gebeten. Es gibt übrigens ein weiteres Indiz, das allen Leuten in dieser Nacht aufgefallen ist.«

Fortsetzung der Filmszene:

Tanja nimmt beim Weglaufen ihre Tasche von der Schulter und trägt sie in der Hand. Ihr Verfolger ruft: »Mensch Tanja, warte doch.«

An dieser Stelle wollte man offenbar die außergewöhnliche Tasche, die Tanja bei sich trug, für den Zuschauer bewusst in Szene setzen.

O-Ton Michels:

»Diese Tasche ist ein absolutes Einzelstück. Tanja hatte sie aus einem alten Hemd ihres Vaters genäht. Vielleicht ist ja jemand von ihnen diese Tasche an diesem Abend aufgefallen.«

Das in dieser Sendung dargestellte Geschehen mit Steffi und *dieser Tanja* hat, wie ich oben bereits einfließen ließ, so nie stattgefunden. Aus dieser Falschdarstellung ergeben sich naturgemäß die gleichen Probleme wie im Fall des Zeugen Marco.[116]

Die Darstellung, Tanja habe Steffi im Gewimmel auf dem Hauptfestplatz versehentlich angerempelt und sei dann zufälligerweise mit ihr ins Gespräch gekommen, ist maximaler Unsinn und verharmlost den tatsächlichen Ablauf des realen Geschehens um *diese Tanja* und ihren *Verfolger*.

---

[116] Siehe hierzu oben »Der Zeuge Marco«.

Wie bereits in Kapitel 25 ausführlich beschrieben, schloss sich eine augenscheinlich gestresste Tanja dem *Drachenhaus-Trio* entlang des Rosengartens an, um in deren Begleitung das Festgelände zu verlassen. Damian bestätigte im persönlichen Gespräch, er habe sofort den Eindruck gehabt, dass *diese Tanja* Schutz in ihrer Gruppe gesucht habe: »Sie kam forschen Schrittes an, blieb neben Steffi stehen und stellte sich als Tanja vor. Sie erweckte den Eindruck, als suche sie Schutz bei uns.«

Erst nachdem *diese Tanja* ihren Verfolger bemerkt hatte, rannte sie unaufhaltsam davon.

Das scheinbar unlogische Verhalten *dieser Tanja* bei Eintreffen des Verfolgers, ihre sichere Gruppe zu verlassen, hat aus unserer Sicht allerdings durchaus einen logischen Hintergrund und wird in Kapitel 34[117] ausführlich erläutert. Die oberflächliche Schlussfolgerung seitens Michels, dieses auf den ersten Blick irrationale Verhalten sei Beleg dafür, dass *diese Tanja* nur genervt und nicht in Gefahr gewesen sei, ist unserer Erkenntnis nach falsch.

Abschließend bleibt festzuhalten, dass die Darstellung der *Drachenhaus Spur* in der Sendung »Aktenzeichen XY… ungelöst« vom 27. September 2007 vollkommen vom tatsächlichen Geschehen abwich. Auch hier drängt sich wieder die Frage nach der Sinnhaftigkeit dieser Vorgehensweise auf.

---

[117] Siehe Kapitel 34 »Verlaufsthese – Was geschah nach 04:12:59 Uhr«.

Die *Drachenhaus-Spur* wurde im Verlauf der Ermittlungen plötzlich und unerklärlicherweise verworfen und die Ermittlungen richteten sich in dieser Zeit in der Hauptsache gegen den Zeugen Marco und konzentrierten sich gleichzeitig auf die allseits bekannte *Luxemburg-Spur*. Insofern konsequent musste die *Drachenhaus-Spur* im Abschlussbericht der Staatsanwaltschaft vom 22. Juni 2017 auch negativ abgearbeitet werden, um einen selbst verschuldeten Tod Tanja Gräffs glaubhaft begründen zu können.

»Aktenzeichen XY... ungelöst«
Sendung vom 27. September 2007
Bauzaunhelfer-Sichtung
Transkript

In der Sendung »Aktenzeichen XY... ungelöst« vom 27. September 2007 wird in einer weiteren Nachspielszene dem Fernsehpublikum schließlich auch die sogenannte *Bauzaunhelfer-Sichtung* präsentiert.

Filmszene:

Ein Arbeiter - der sogenannte Bauzaunhelfer - sieht Tanja mit einem Begleiter gegen 05:20 Uhr morgens auf dem Parkplatz der FH Trier, dem eigentlichen Hauptfestplatz des FH-Sommerfestes 2007.

O-Ton Michels:

»Ein Arbeiter sieht Tanja mit einem Begleiter gegen 05:20 Uhr morgens auf dem Parkplatz der Fachhochschule. Er erlebt einen handfesten Streit.«

Filmszene:

Ein *Bauzaunhelfer* arbeitet allein und ohne Publikumsverkehr auf dem Parkplatz. Plötzlich bemerkt er einen lautstarken Streit zwischen einem Mädchen mit großer bunter Tasche und einem jungen Mann mit Kapuzenpulli. Dabei soll er folgenden Dialog gehört haben:

O-Ton Mädchen:

»Ich will nach Hause.«

O-Ton junger Mann:

»Ach komm.«

O-Ton Mädchen:

»Versteh doch einfach, ich will nicht. Halt, pack mich nicht an.«

O-Ton junger Mann:

»Mach nicht so nen Aufstand.«

O-Ton Mädchen:

»Nein ich will nicht, ich bin müde, ich will nach Hause. Nein , ich will nur noch heim. Ich will allein nach Hause, ich kann das.«

Die Manipulation des Publikums hinsichtlich des beschriebenen Geschehens nimmt bereits in dieser ersten Szene ihren Anfang. Die Verortung des arbeitenden *Bauzaunhelfers* Lars auf den Parkplatz des FH-Geländes entspricht weder seiner Aussage noch der seines Kollegen, des *Bauzaunhelfers* Tilo.[111]

Nach der Aussage des Zeugen Tilo begannen beide ihre gemeinsame Arbeit im mittleren Bereich des Stuckradweges. Laut Einlassung des Zeugen Lars beobachtete er das schreiende Mädchen und den jungen Mann etwa eine halbe Stunde nach Beginn der Arbeiten an den Bauzäunen und etwa 100 Meter weiter Richtung Drachenhaus. Diese Angabe bestätigt, dass der Streit zwischen dem schreienden Mädchen und dem jungen Mann am Ende des Stuckradweges stattfand. Besonders wichtig ist diese Feststellung im Hinblick auf das Geschehen nur Minuten später entlang des unmittelbar angrenzenden Rosengartens.

Die mögliche Kohärenz zwischen beiden Geschehen[118], wird durch die unzutreffende Behauptung in der XY-Sendung, der *Bauzaunhelfer* habe seine Beobachtung am Parkplatz der FH gemacht, also am Anfang des Stuckradweges, erheblich gestört.

Auch die ausführliche Darstellung des lautstarken Konfliktes zwischen dem hysterischen

---

[118] Sichtung Drachenhaus-Trio und Bauzaunhelfer-Sichtung.

Mädchen und dem jungen Mann mit Kapuzenpulli wurde an der Wirklichkeit vorbei erzählt. Weder wurde jemals ein kleinerer Mann mit Kapuzenpulli beschrieben noch wurde ein so ausführlicher Dialog zwischen dem schreienden Mädchen und dem jungen Mann im Vernehmungsprotokoll erfasst. Lediglich der Satz: »Pack mich nicht an, ich will nur nach Hause«, wurde laut Vernehmungsprotokoll vom Zeugen Lars wiedergegeben.

Weitere Filmszene:

Im Zuge seiner Arbeit kommt dieser *Bauzaunhelfer* dann mit einer Gruppe im Gebüsch in Kontakt, den sogenannten *Gebüschlern*. Es handelt sich dabei um junge Männer und Frauen. Im Hintergrund hört man immer noch das schreiende Mädchen und folgenden Dialog:

O-Ton Mädchen:

»Sag mal, bist Du taub.«

O-Ton junger Mann:

»Was habe ich denn gemacht?«

O-Ton Mädchen:

»Du hast gar nichts gemacht.«

Einer dieser *Gebüschler* wird auf das Streitgeschehen aufmerksam. Er fordert einen Kumpel auf, gemeinsam mit ihm nach dem Rechten zu sehen.

O-Ton *Gebüschler*:

> »Komm wir schauen mal, was da hinten los ist. Vielleicht müssen wir helfen.«

Die beiden *Gebüschler* gehen zu den Streitenden und versuchen, den Streit mit den Worten: »Hey, was ist denn hier los?« zu schlichten. Der junge Mann im Kapuzenpulli dreht daraufhin sofort ab und verlässt kopfschüttelnd das Szenario. Das Mädchen und die beiden *Gebüschler* bleiben zurück.

Die restliche *Gebüschgruppe* bleibt währenddessen im Gras sitzen. Durch eine Großaufnahme wird eine der jungen Frauen mit großer Tüte beim Kiffen in den Vordergrund gerückt.

O-Ton Michels:

> »Diese jungen Leute sind für uns von immenser Bedeutung. Leider haben sie sich bis heute nicht gemeldet. Wir glauben auch zu wissen, warum. Wie es aussieht, haben sie mit ein bisschen Haschisch oder Marihuana die Party ausklingen lassen. Aber die Drogen sind für uns in diesem Fall wirklich nebensächlich. Wichtig ist für uns nur Tanja Gräff. Und diese jungen Leute sind die letzten Personen, die mit ihr gesprochen haben.«

Die diffuse Geschichte über diese Gruppe im Gebüsch lässt einerseits viele Fragen offen, andererseits ist der Hinweis im Hinblick auf deren angeblichen Aufenthaltsort ausgesprochen interessant. Denn sowohl die Aussage des Zeugen Lars als auch die Darstellung in der Sendung, der Zeuge sei auf der linken Seite des Stuckradweges in Richtung Drachenhaus mit einer Gruppe, die wiederum hinter einem Gebüsch gesessen haben soll, ins Gespräch gekommen, ist hinsichtlich der Örtlichkeit falsch. Denn eine Örtlichkeit, wie sie im Filmbeitrag des ZDF dargestellt wurde, gibt es entlang des gesamten Stuckradweges nicht. Insbesondere nicht auf der linken Seite.

Diese Tatsache wurde seitens der Ermittler vollkommen ignoriert.

Zu den jungen Leuten im Gebüsch berichtete der *Bauzaunhelfer* Lars in seiner Vernehmung lediglich, dass diese im Durchschnitt 17 Jahre alt gewesen seien und seiner persönlichen Ansicht nach leichte Drogen geraucht haben könnten. Die exponierte Darstellung des kiffenden Mädchens in der Ausstrahlung vom 27. September 2007 ist vollkommen frei erfunden. Es handelte sich hierbei um eine dramaturgische Einlage seitens der Ermittler, um mit dieser *Scheinlogik* die erfolglose Suche nach diesen *Gebüschlern* und vermeintlichen Zeugen nachträglich zu begründen.

Der Zeuge Lars hatte, wie dargestellt, ausgesagt, dass er mit dieser Gruppe wegen eines umstürzenden Bauzaunes ins Gespräch gekommen sei, von dem sich diese *Gebüschler* bedroht gefühlt hätten. Ein solcher Vorfall wurde von dem zweiten *Bauzaunhelfer* Tilo in dessen Vernehmung vom 28. Juni 2007 ebenfalls geschildert. Allerdings, wie bereits in Kapitel 26 beschrieben, direkt zu Beginn der Bauzaunarbeiten. Wegen Dunkelheit beziehungsweise mangelnder Sicht habe man beinahe ein Bauzaunteil auf eine am Wegesrand lagernde Gruppe geworfen. Die Leute aus dieser Gruppe hätten deshalb auf sich aufmerksam gemacht.

Dass sich eine solche Szene eine halbe Stunde später und 100 Meter weiter am Ende des Stuckradweges komplett wiederholt haben soll, bestätigte der Zeuge Tilo nicht. Auch hier greifen die Wahrscheinlichkeitsregeln.

In der filmischen Darstellung wird allerdings suggeriert, dass der *Bauzaunhelfer* Lars genau wegen dieser umfallenden Bauzaunteile mit den sogenannten und von der Kripo so *verzweifelt* gesuchten *Gebüschlern* ins Gespräch gekommen sei, als hinter ihm der Streit zwischen dem *hysterischen Mädchen* und dem jungen Mann entflammte. Zwei der Gebüschler sollen dann, am *Bauzaunhelfer* vorbei, dem schreienden Mädchen zu Hilfe geeilt sein. Der mit dem Mädchen streitende Mann habe dann kopfschüttelnd den Ort verlassen.

In seiner Vernehmung vom 18. Juni 2007 erklärte der Zeuge Lars, der junge Mann sei zurück in Richtung Waldstadion gegangen, von wo er in weniger als einer Minute mit einem blauen Peugeot mit gelbem Nummernschild zurückgekommen sei. Zum Verbleib des Mädchens und der beiden *Gebüschler* machte der Zeuge Lars in seiner Vernehmung dagegen keinerlei Angaben.

Eigener Aussage gemäß verblieb der *Bauzaunhelfer* Lars noch eine ganze Weile an dieser Stelle und schloss dort seine Abbauarbeiten erst gegen 05:45 Uhr ab.

Hinsichtlich der Schilderung des Geschehens um den Streit und das Eingreifen der *Gebüschler* wird dem aufmerksamen Beobachter sofort die Lücke bezüglich eines logischen Endes dieser Geschichte auffallen. Logisch wäre gewesen, dass die beiden *Gebüschler* nach Ende des Streites wieder zu ihrer Gruppe ins Gebüsch zurückgegangen wären. Dabei wären sie naturgemäß auch wieder am arbeitenden *Bauzaunhelfer* Lars vorbeigekommen. Lebensnah und deshalb logisch wäre ferner gewesen, dass Lars die zurückkehrenden Streitschlichter auf die beendete Eskalation entweder angesprochen, zumindest aber deren Rückkehr in die Gruppe wahrgenommen hätte.

Leider wurde diese Lücke in der Geschichte um die *Gebüschler* als Streitschlichter beziehungsweise als Zeugen dieser heftigen Auseinandersetzung weder vom Zeugen Lars thematisiert noch von den Ermittlern als Schwachstelle seiner Geschichte erkannt.

Abschließend ist festzuhalten, dass Michels mit der Bemerkung, die Gebüschler hätten tatsächlich mit Tanja Gräff gesprochen, indirekt die Sichtung des *Bauzaunhelfers* Lars als eine verifizierte Sichtung Tanja Gräffs ausgibt. Dieses Faktum untermauert die Vermutung, dass man die aktenkundig letzte verifizierte Sichtung Tanja Gräffs am *Mixery-Kühlwagen* mit *Spitzbart und dem FDPler* schon in diesem frühen Stadium öffentlich wegargumentieren wollte.

O-Ton Michels:

> »Aus Sicht des Bauarbeiters [gemeint ist der *Bauzaunhelfer*] war der Streit zwischen Tanja und ihrem Begleiter geschlichtet. [...] Aber der Zeuge hat kurze Zeit später eine Beobachtung gemacht, die für uns von größter Bedeutung ist. Das war etwa fünf Minuten nach dem Streit auf dem Parkplatz.«

Filmszene:

Der Arbeiter ist weiter mit den Bauzäunen beschäftigt. Plötzlich kommt ein Auto ins Bild. Umherliegende Bauzaunteile verhindern die Weiterfahrt. Der Arbeiter beseitigt das Hindernis, damit der Wagen weiterfahren kann. Michels erläutert diese Sequenz.

O-Ton Michels:

> »Dem Bauarbeiter fiel sofort das ausländische Kennzeichen auf. Gelb mit schwarzer Schrift. Wahrscheinlich also ein Nummernschild aus Luxemburg.«

Gemäß seiner Aussage will der *Bauzaunhelfer* Lars den jungen Mann, der mit dem Mädchen in den heftigen Streit verwickelt war, sofort wiedererkannt haben. Diese Einlassung sowie seine Behauptung, der junge Mann sei mit seinem Auto in weniger als einer Minute aus Richtung Waldstadion zurückgekommen, wurde in diesem Filmbeitrag nicht erwähnt.

Die Aussage bezüglich des *mitternachtsblauen* Peugeots mit gelbem Nummernschild gibt viele Rätsel auf. Wie im vorherigen Kapitel ausführlich beschrieben, gab der Zeuge Lars in seiner Vernehmung vom 18. Juni 2007 an, er habe gesehen, dass der junge Mann beim Erscheinen der *Gebüschler* zurück in Richtung Waldstadion gegangen sei, von wo er in weniger als einer Minute mit einem blauen Peugeot mit gelbem Nummernschild zurückgekommen sei.

Auch insoweit legte der *Bauzaunhelfer* Lars mit seiner Aussage wieder einmal außerordentliche Fähigkeiten an den Tag. Für einen normal begabten Menschen wäre es von der von ihm angegebenen Position überhaupt nicht möglich gewesen, diese Beobachtung zu machen.

Einsehbar ist die Drachenhauskreuzung erst ab der Mitte der Wiese, die linkerhand am Ende des Stuckradweges vor dem Drachenhaus liegt.

Waldstadion
Rosengartenpfad
Düstere Gruppe

Resümierend kann man feststellen, dass der Zeuge Lars entweder halluzinierte oder, wie an anderer Stelle[114] bereits dargestellt, sich tatsächlich selbst während des Streitgeschehens im Bereich Drachenhauskreuzung aufgehalten hatte.

So viel zur Sendung vom 27. September 2007.

Nach jahrelangen erfolglosen Ermittlungen im Fall Tanja Gräff wurde die Sichtung des *Bauzaunhelfers* in der Sendung »Aktenzeichen XY... ungelöst« vom 30. März 2011 erneut aufgelegt.

»Aktenzeichen XY... ungelöst Spezial«
Zum Tag *Wo ist mein Kind*
Sondersendung vom 30. März 2011

Live im Studio München anwesend, wie oben bereits aufgeführt, unter anderem Kommissar Soulier, Staatsanwalt Dr. Samel, Frau Gräff und Rechtsanwalt Böhm.

Aus dem Transkript der Sendung, soweit es sich auf den Fall Tanja Gräff bezieht

Auch bei diesem Teil habe ich die durch O-Töne aufgeteilten Spielszenen zum besseren Verständnis zusammengezogen. Inhaltlich habe ich selbstverständlich nichts verändert.

Der Bericht zur *Bauzaunhelfer-Sichtung* beginnt mit dem Hinweis der Sprecherin, dass um

05:25 Uhr ein Veranstaltungshelfer auf dem FH-Gelände eine Beobachtung macht.

Off-Sprecherin:

> »Er sieht einen heftigen Streit zwischen einem rothaarigen Mädchen, das Tanja ähnelt und einem dunkelhaarigen Mann.«

Filmszene:

Die folgende Filmszene stellt analog zu 2007 den Streit des Mädchens mit dem jungen Mann dar. Im Gegensatz zu der Ausstrahlung vom 27. September 2007 trat der Zeuge Lars in dieser Sendung erstmals in Erscheinung. Einem Geist gleich und hinter einer Schutzwand, durch eine Langhaarperücke und Fremdstimme unkenntlich gemacht, steigerte er in dieser Sendung nicht nur seine Gedächtnisleistung, sondern er korrigierte auch seine Aussage aus dem Jahr 2007 bezüglich der Kleidung des Mädchens.

O-Ton Zeuge Lars:

> »Das war für mich mehr so ne [sic] Beziehungskrise. Diese männliche Person hat versucht, auf diese weibliche Person einzureden. [...] Sie soll sich ein bisschen beruhigen. Irgendwas muss ja da vorgefallen sein. Sie hatte was Braunes an. Auffällig war ihre bunte Tasche.«

In seiner Erst-Aussage vom 18. Juni 2007 wies der Zeuge Lars ausdrücklich darauf hin, dass er zur Bekleidung des Mädchens überhaupt nichts aussagen könne, außer: »[…] mir ist nur etwas Weißes in Erinnerung«. Dann, in der Sendung vom 30. März 2011 berichtete er dagegen *munter*, das Mädchen habe etwas Braunes getragen.

Dass Tanja auf dem FH-Fest 2007 ein braunes Shirt getragen hatte und 2015 am Fuße des Roten Felsens in einem weißen Pullover[119] gefunden wurde, ist im Zusammenhang dieser Farbkorrektur sicher Zufall.

Filmszene:

In einer weiteren Filmszene sieht man erneut die sogenannten *Gebüschler*. Auch diese Szene ist fast analog zu der Darstellung von 2007. Lediglich das kiffende Mädchen wurde hier dem Zuschauer erspart.

Ein weiterer und nicht unwesentlicher Faktor ist die Korrektur des *Bauzaunhelfers* bezüglich der Zeitspanne, in der sich der Mann wegbewegt haben und dann mit dem blauen Auto mit gelbem Nummernschild zurückgekommen sein soll.

In seiner Aussage vom 18. Juni 2007 betonte der *Bauzaunhelfer*, wie bereits erwähnt, dass der junge Mann nach dem Streit mit dem hysterischen Mädchen in weniger als einer Minute mit besagtem Auto zurückgekommen sei. Im Kapitel 26 bin ich explizit auf diese erstaunlich kurze Zeitspanne eingegangen. Jetzt behauptet der Zeuge plötzlich, der Mann sei nach ungefähr fünf bis zehn Minuten mit dem in Rede stehenden Auto

[119] Siehe hierzu Kapitel 34 »Verlaufsthese – Was geschah nach 04:12:59 Uhr«.

zurückgekommen. Wer dem Zeugen Lars bei diesem Realitätscheck behilflich war, ist offen.

Off-Sprecherin:

> »Die gleiche Szene beobachten auch andere Partygäste. Sie versuchen, den Streit zu schlichten. Die Personen haben sich bis heute allerdings nicht bei der Polizei gemeldet, könnten aber wichtige Hinweise zum Geschehen geben.«

Filmszene:

Analog zu 2007 kommt jetzt das Luxemburger Auto mit Fahrer ins Bild.

O-Ton Zeuge Lars:

> »Circa 5 bis 10 Minuten später, ich war gerade mit einem Zaunteil beschäftigt, und plötzlich stand ein Wagen vor mir. Ich sah dann halt, dass es sich um diese Person handelt, die ich vorher bei diesem Streit gesehen habe.«

Off-Sprecherin:

> »Nach Angaben des Zeugen handelt es sich um einen Peugeot in Mitternachtsblau.«

Die Farbe mitternachtsblau wurde, wie ebenfalls bereits in Kapitel 26 beschrieben, nicht vom Zeugen Lars festgelegt, sondern durch die Kripo hinzuermittelt.

Es ist schon erstaunlich, dass den Ermittlern die Aussagevariationen des Zeugen Lars nicht auffielen. Aber wie gesagt, zu dem damaligen Zeitpunkt war die *Luxemburg-Spur* schon so gut wie passé und man hatte leider nichts Besseres vorzuweisen. Und so sahen und hörten die anwesenden Ermittler in dieser Livesendung seelenruhig zu, wie der *Bauzaunhelfer* Lars, abgeschirmt durch besagte Sichtschutzwand, seine protokollierten Aussagen in diesen wesentlichen Punkten geradezu auf den Kopf stellte.

Niemand schien den ehemaligen Hauptzeugen der ehemaligen Hauptspur in seiner *Erinnerungskreativität* behindern zu wollen und so ließ man seiner *Sichtungsfantasie* coram publico ungehindert freien Lauf.

28. Kapitel
Der Leserbrief - und ein falscher Verdacht

27. Januar 2015

In der lokalen Tageszeitung »Trierischer Volksfreund« erschien am 27. Januar 2015 völlig überraschend der Leserbrief eines pensionierten Kripobeamten und ehemaligen Mitglieds der »SOKO FH«. In diesem Leserbrief wurde die bis dahin von den Ermittlungsbehörden unter Verschluss gehaltene »Spur 38-Spitzbart« öffentlich gemacht und sorgte für großen Aufruhr bei Medien und der Trierer Bevölkerung.

Doch leider kaprizierte sich der *Leserbriefschreiber* auf eine bestimmte Person und stellte fatalerweise mit seinen partiell falschen Behauptungen den ehemaligen Studenten Pollak[1] aus dem Saarland in einen vermeintlichen Tatzusammenhang.

Bei Erscheinen dieses Leserbriefes war für mich und mein Team das Thema Pollak aufgrund des Aktenstudiums und der aufwendigen Recherche in diese Richtung bereits lange überholt und vom Tisch. Umso mehr überraschten uns die jetzt zu lesenden Ausführungen des ehemaligen SOKO-Mitgliedes.

Die Kernaussage dieses Leserbriefes bestand darin, dass trotz angeblich bestehender Bezüge zur *Kabinenbahn-Spur* und zur *Death-Metal-Szene* Generalstaatsanwalt Dr. Brauer und der Justizminister *fahrlässigerweise* keinen Anlass für weitere Ermittlungen gesehen hätten. Außerdem blockiere eine Handvoll Verantwortlicher wichtige Ermittlungen in dieser Spur, der in dieser Dokumentation sogenannten *Spitzbart-Spur*.

In diesem Leserbrief war einzig und allein die Rüge, eine Handvoll Leute blockierten die *Spitzbart-Spur,* wirklich zutreffend[120]. Auch unsere Recherche ergab, dass es sich bei den Unterdrückern der *Spitzbart-Spur* lediglich um einen kleinen Kreis Verantwortlicher gehandelt haben und auch heute noch handeln musste. Der ehemalige Kriminalbeamte sowie die meisten seiner ehemaligen Kollegen gehörten sicher nicht dazu.

Mit Blick auf vorstehende Feststellung möchte ich diesen Leserbrief ansonsten als ein in Teilen, aber auch in der Sache absolut *unglückseliges* Elaborat bezeichnen. Dieser Leserbrief löste nur Chaos und eine regelrechte *Saarland-Spitzbart-Hysterie* in Trier aus. Die einen glaubten dem pensionierten Polizisten, dass die Polizei dieser Spur zu wenig oder gar keine Aufmerksamkeit geschenkt hätte, die anderen hielten allgemein die *Spitzbart-Fährte* für reine Erfindung.

---

[120] Siehe Kapitel 17 »Unbekannter-Spitzbart« und Kapitel 27 »Aktenzeichen XY ungelöstes Chaos« – Der Zeuge Marco.

Sowohl in der Trierer Bevölkerung wie auch in den Medien herrschte nun ein völliges Durcheinander, und der *Leserbrief-schreiber* hatte mit dem unreflektierten Vorpreschen nur zweierlei erreicht: Die Ermittlungsbehörden waren aufgerüttelt und zündeten nun gekonnt Nebelkerzen, indem sie die falschen Behauptungen ihres ehemaligen Kollegen in Richtung Pollak aus dem Saarland nutzten, um sich in Bezug auf die eigentliche »Spur 38-Spitzbart« in einen Dauer-Dementi-Modus einzugrooven.

Für unsere Recherche war das verursachte Tohuwabohu jedenfalls ein *Bärendienst* und in doppelter Hinsicht schädlich. Eigentlich wollten wir Polizeifehler nachweisen und hatten es jetzt noch mit einer weiteren sprudelnden Fehlerquelle zu tun.

Wie sollte man einem Leser verständlich machen, dass es einerseits tatsächlich einen *Spitzbart*[121] gegeben hatte und auch eine Handvoll Verantwortliche diese Spur von Anfang an unter Verschluss hielten,

andererseits die Andeutungen des *Leserbriefschreibers* in Bezug auf Pollak und die angeblichen Zusammenhänge mit der Trierer *Death-Metal-Szene* absolut falsch waren? Viel wirkungsvoller wäre es gewesen, wenn der ehemalige Kommissar in seinem Leserbrief allein die vordringliche Frage aufgeworfen hätte, was seine Behörde in den vergangenen Jahren dazu veranlasst hatte,

[121] Siehe hierzu Kapitel 29 »Spitzbart Omega« - Intern bezeichneten wir den gesuchten *Spitzbart* vor seiner Identifizierung als *Spitzbart-X*.

die »Spur 38-Spitzbart« gänzlich zu vertuschen. Stattdessen präsentierte er der Leserschaft leidenschaftlich seinen *Lieblingstäter.*

Die Hintergründe des in weiten Teilen inhaltlich falschen Leserbriefes werde ich im Folgenden durch eine chronologische Aufarbeitung der Abläufe veranschaulichen.

Ablauf:

Der Kommissar, damals noch im Polizeidienst, durchforstete im Januar 2011 alte Spurenakten im immer noch ungeklärten *Fall Tanja Gräff*. Während der Durchsicht verschiedener Dokumente und Fotos, die der Polizei schon seit Mitte Juni 2007 als DVD- und CD-Versionen vorlagen, fiel ihm eine männliche Person mit Kinnbart auf, die seiner irrtümlichen Meinung nach zu dem mit Hilfe der Zeugin M im Juni 2007 angefertigten Phantombild[122] passte.

Zwei Studentinnen hatten 2007 eine DVD mit Fotos vom FH-Sommerfest bei der Polizei abgegeben. Sie folgten damit dem Aufruf der Kripo, privates Fotomaterial der besagten Nacht den Ermittlern zur Verfügung zu stellen. Die Schlussfolgerung des ehemaligen Kommissars, die beiden Studentinnen seien gemeinsame Bekannte Tanja Gräffs und Pollaks aus dem Saarland gewesen, ist, wie sich aus einem Vermerk[123] und aufgrund eigener Recherche ergab, erwiesenermaßen falsch.

---

[122] Siehe Kapitel 24 »Die Zeugin M«.

[123] Vermerk zur »Spur 38« vom 14. Juli 2011.

Obwohl es zu diesem Zeitpunkt außer einem Kinnbart, der nicht einmal der Beschreibung der Zeugin M entsprach, keinerlei Indizien gab, forderte der damalige Kripobeamte seine Vorgesetzten im Juli 2011 auf, die Person Pollak zu identifizieren.

Entgegen den Behauptungen des Pensionärs, die Ermittlungen seien trotz seiner Hinweise nur schleppend in Gang gekommen, begann KOKin Geronimo[1] laut Aktenlage[123] unmittelbar nach seiner Intervention diese Person zu ermitteln. Nachdem KOKin Geronimo am 14. Juli 2011 mit der zuständigen örtlichen Polizeibehörde und dem Einwohnermeldeamt Kontakt aufgenommen hatte, war der Mann auf dem Foto schnell identifiziert. Es handelte sich dabei nicht nur um einen ehemaligen Studenten der FH Trier, sondern auch um eine mit diversen Jugendstrafen belegte Person.

Dem ehemaligen Kommissar schien die Qualität dieser Vorstrafen, unter anderem Widerstand gegen die Staatsgewalt, gefährliche Körperverletzung, Beleidigung, Hausfriedensbruch und Sachbeschädigung, ein Indiz dafür zu sein, dass Pollaks ausgewiesenes Aggressionspotenzial denselben auch als potenziellen Täter prädestiniere. Scheinbar passte nun alles zusammen, und der ehemalige Ermittler schien endlich, nach vier Jahren, dem Verantwortlichen für das Verschwinden Tanja Gräffs auf der Spur zu sein.

Aber es schien eben auch nur so.

Durch die Funkzellenauswertung von Pollaks Handy wusste der Kommissar, dass Pollak von

04:12:51 Uhr bis 04:24:06 Uhr auf dem direkten Weg zum Parkplatz des ExHauses durch die *Zurmaiener-Funkzelle*, die das Zurlaubener Ufer und auch den Bereich der stillgelegten Kabinenbahn abdeckt, gelaufen war.

Zur Unterfütterung seiner These, Pollak habe Tanja an der Kabinenbahn am Zurlaubener Ufer abgepasst, getötet und im Anschluss daran in die Mosel geworfen, zog der Kommissar die ihm aus dem Jahre 2007 bestens bekannte Aussage des Zeugen Lachmann[1] als Stütze dieser Theorie heran.

Der Zeuge Lachmann hatte am 28. Juni 2007 eine anonyme E-Mail an die Kripo Trier mit dem Inhalt versandt, dass er am Morgen des 07. Juni 2007 zwischen 4:00 und 4:30 Uhr panische Schreie einer Frau aus Richtung der stillgelegten Kabinenbahn gehört habe. Außerdem gab er an, diese Frau habe unter anderem »Lass mich in Ruhe« gerufen. Da die Polizei aufgrund der inkognito versandten Nachricht keinerlei Kontaktmöglichkeit zu diesem eventuell eminent wichtigen Zeugen besaß, eruierte sie zunächst die IP-Adresse des Absenders der Nachricht und stieß so auf den Server der öffentlichen Bibliothek des Priesterseminars in Trier.

Da aber der konkrete Absender noch immer unklar war, wurde durch einen anschließenden Presseaufruf der Anonymus aufgefordert, sich persönlich zu melden. Lachmann nahm schließlich nach diesem *Riesenzirkus* Kontakt zur Kripo auf.

Im Rahmen seiner sich anschließenden Vernehmung vom 29. Oktober 2007 machte er folgende Angaben:

> »[...] Ich hatte damals [am 28. Juni 2007, gegen 17:43 Uhr] diese anonyme Email [sic] gesandt [...]. Ich hatte damals zum Ausdruck gebracht, dass ich an dem besagten Tage zum 07.06., gegen 04:00 Uhr, einen Schrei aus Richtung Zurlaubener Ufer gehört hätte. [...] Es waren Schreie einer Frau. [...] Es waren abweisende, abwehrende Schreie. Ich glaube es war in etwa so: ›Lass mich in Ruhe‹ und dann noch mehrere Worte [sic] die ich nicht verstand. [...] Es kann auch gewesen sein, dass nur ›Lass mich‹ gesagt worden ist und dann noch etwas dazu. [...]«

Obwohl seine Wohnung nicht unmittelbar neben der Kabinenbahn lag, beharrte Lachmann darauf, dass die Schreie und angegebenen Worte definitiv aus dieser Richtung gekommen seien. Im Vernehmungsprotokoll ist dazu vermerkt:

> »[...] Meiner Meinung nach sind diese Schreie aus Richtung der Kabinenbahn gekommen. Ich würde sogar meinen, sie könnten unmittelbar von dem Parkplatz an der Kabinenbahn aus gekommen sein. [...]«

Wie gesagt, die Wohnung des Zeugen befand sich nicht in unmittelbarer Nähe zur Talstation der alten Kabinenbahn, was für sich genommen schon gegen eine Wahrnehmung etwaiger Schreie aus deren Richtung, zumindest aber gegen eine präzise räumliche Verortung entsprechender Laute und – vor allem – konkreter Worte spricht. Gerade deshalb versuchte der Zeuge Lachmann die Glaubhaftmachung seiner Angaben im Jahre 2007 damit zu untermauern, dass er schon einmal die Polizei erfolgreich wegen Ruhestörung in Richtung der Kabinenbahn geschickt habe und er daher diese Örtlichkeit so genau einschätzen könne. In seiner Aussage vom 29. Oktober 2007 bestand Lachmann ferner darauf, dass die Schreie niemals von der gegenüberliegenden Moselseite gekommen sein konnten, da es sonst unmöglich gewesen wäre, sogar den konkreten Wortlaut zu verstehen. Aus dem Vernehmungsprotokoll vom 29. Oktober 2007:

> »[...] Ich schließe aus, dass die Schreie von der anderen Moselseite aus gekommen sein könnten, von dort aus hätte ich sie nicht so deutlich hören können. Das wäre unmöglich gewesen. [...]«

Lachmanns präzise Ortsangabe und der damit in Kontext gestellte Sachverhalt, dass der kinnbärtige Pollak zwischen 04:12 Uhr und 04:24 Uhr auf dem Weg zum ExHaus auch die Kabinenbahn passieren musste, überzeugten den damaligen Kommissar von der Schuld des Mannes aus dem Saarland. In der von ihm konstruierten Gemengelage aus Tatsachen, Annahmen und Unterstellungen ignorierte er die Widersprüche zur tatsächlichen Faktenlage. Denn Pollak war laut Funkzellenauswertung wie auch nach seiner eigenen Aussage um 04:12:51 Uhr bereits im Stadtgebiet am Zurlaubener Ufer unterwegs, nachdem er sich am Brückenkopf von seiner Freundin Heike[1] im Streit getrennt hatte.

Zur gleichen Zeit, um 04:12:59 Uhr, hielt sich Tanja nachweislich immer noch, mit Adrian telefonierend, auf dem FH-Gelände in der *Karthäuser-Funkzelle* auf. Dass Tanja anschließend in Richtung Kabinenbahn ging und sie dort vom angeblich wartenden Pollak abgefangen wurde, entbehrt jedweder Logik und wurde vom Kommissar zu Gunsten seiner eigenen These einfach unterstellt.

Auch die kleine Tatsache, dass *der Spitzbart*, um *pünktlich* die *Zurlaubener-Funkzelle* zu erreichen, bereits einige Zeit vor Tanja das Gelände hätte verlassen müssen, ließ der Kommissar konsequent unbeachtet. Ebenso wie die Schilderungen der Zeugen M, Till und Katja, die aussagten, dass sich Tanja bis circa 04:06 Uhr mit *Spitzbart* und seinem Begleiter am Mixery-Kühlwagen aufgehalten habe.

Auch ein vom Kommissar selbst veranlasster Einsatz eines Mantrailer-Hundes am Moselufer wurde von ihm ausgesprochen subjektiv bewertet. Der Hund soll sich am Ufer, nahe der Kabinenbahn, abgelegt haben. Damit war seine Beweisführung abgeschlossen. Der ehemalige Kommissar war sich nun sicher, Pollak als Täter überführt zu haben. Dass die Hundeführerin das Ablegen des Hundes selbst als Irritationsverhalten beurteilte und damit ausschloss, dass der Hund die Witterung von Tanja Gräff aufgenommen hatte, beeindruckte ihn nicht. Er blieb dabei.

Wo gehobelt wird, fallen Späne, schien das Motto gewesen zu sein. Penibel oder gar pedantisch war der ehemalige Kommissar und *Leserbriefschreiber* im Auswerten von Fakten und Material jedenfalls nicht.

Trotz dieser mäßigen Ausgangslage kamen die Ermittler seinem Drängen nach und bestellten die Zeugin M am 19. Juli 2011 erneut zur Anhörung ein. Ihr wurden acht Einzelbilder von männlichen Personen vorgelegt - unter anderem auch ein Foto von dem im Saarland wohnhaften Pollak. Die Zeugin M erklärte, dass es sich bei Pollak nicht um den *Spitzbart* handele, den sie neben Tanja beobachtet habe. Bestenfalls entspreche Pollak dem Typus dieses Mannes. Außerdem machte sie deutlich, dass die im Rahmen ihrer Vernehmung angesprochenen Merkmale, nämlich der spezielle Verlauf des *Ziegenbärtchens*, die auffälligen roten Backen, die auffallend blasse Hautfarbe und die konturenlose Gesichtsform auf Pollak ebenfalls nicht zuträfen.

Nicht zuletzt schied Pollak als *Spitzbart* auch aufgrund seiner Bekleidung aus. Er war in der Nacht des FH-Sommerfestes erwiesenermaßen mit einem langärmeligen, schneeweißen Pulli-Shirt bekleidet, über dem er ein dunkles T-Shirt trug. Die Zeugin M schloss diese Bekleidung kategorisch aus.

Trotzdem sah sich der Kommissar nicht gehindert, auf seiner Spur zu beharren und später sogar den Eindruck zu erwecken, die Zeugin M habe Pollak als den *Spitzbart*, den sie auf dem Fest gesehen habe, identifiziert. Diese Unkorrektheit findet sich auch in etwas abgewandelter Form im Artikel des General-Anzeigers Bonn vom 18. Mai 2015 zum *Fall Tanja Gräff* wieder. Weder der *Leserbriefschreiber* noch der Verfasser des vorstehend genannten Artikels haben jemals mit der Zeugin M persönlich gesprochen. Auch ihre aktenkundige Aussage in Bezug auf Pollak ist eindeutig.

Ungeachtet dieser augenscheinlichen Diskrepanzen blieben die Ermittler an dieser Spur, und so wurde Pollak schließlich am 29. Juli 2011 erstmals in einer Polizeiinspektion in der Nähe seines saarländischen Wohnortes durch die KOKin Geronimo vernommen. Da die Verdachtslage aus Sicht der Kripo wohl äußerst mager war, wurde Pollak als Zeuge und nicht, trotz eindringlicher Bitte des ehemaligen Kommissars[124], als Beschuldigter angehört. Sein Anliegen formulierte der Kommissar wie folgt:

> »[...] Natürlich gilt Pollak[1] zunächst als Zeuge mit all seinen Rechten. Es ist aber auch nicht auszuschließen, dass er mit dem Verschwinden etwas zu tun haben könnte. Deswegen ist aufgrund der

[124] Interner persönlicher Bericht vom 12. August 2011 an KHK Bouillon.

Gesamtsituation auch eine Beschuldigteneigenschaft diskutierbar. Dir als Praktiker muss ich nicht erzählen, dass wir auch in vielen ›K/11-Fällen‹ schon weniger an rechtlichen Voraussetzungen hatten, um dann doch gerichtliche Beschlüsse zu erhalten. [...]«

Im Laufe dieser Vernehmung erklärte Pollak, dass er zusammen mit seiner damaligen Freundin Heike[1] das Fest gemeinsam besucht und auch verlassen habe. Nachdem es beim Verlassen des Festes auf dem Weg zur Kaiser-Wilhelm-Brücke zu einem Streit gekommen sei, sollen sich jedoch ihre Wege getrennt haben. Heike will in Richtung ihrer damaligen Wohnung und Pollak alleine Richtung ExHaus gegangen und von dort nach Hause gefahren sein.

Nach fast einem Jahr und keinerlei neuen Verdachtsmomenten wurde Pollak im Mai 2012 von der Kripo Trier telefonisch zu einer erneuten Vernehmung vorgeladen. Dabei wies man ihn an, sein Auto mitzubringen. Die Nachvernehmung war auf den frühen Nachmittag des 11. Mai 2012 terminiert und wurde nun durch den Kommissariatsleiter Bouillon höchstpersönlich durchgeführt. Bei diesem Anlass bat man Pollak, sein Auto, in dessen Besitz er schon 2007 war, für eine kriminaltechnische Untersuchung zur Verfügung zu stellen. In seinem Vermerk vom 14. Mai 2012 hält EKHK Bouillon hierzu fest, dass sich Pollak aus freien Stücken mit dieser Maßnahme einverstanden erklärt hatte.

Pollak wies im Zuge seiner Vernehmung darauf hin, dass er mit einer solchen Maßnahme gerechnet habe und durchaus in der Lage gewesen wäre, bestimmte Gegenstände aus dem Fahrzeug zu entfernen, über die sich die Polizei bestimmt wundere. Er habe sie aber bewusst im Fahrzeug belassen, da er nichts zu verbergen habe. Bei diesen Gegenständen handelte es sich um ein Messer und ein Pfefferspray, deponiert im Handschuhfach, einen Rehschädel in der Beifahrertür sowie einen Kindersarg im Kofferraum, der als Subwoofer diente. Der ehemalige Kommissar interpretierte diese Gegenstände als scheinbar klassisches Inventar eines potentiellen *Mädchenmörders.*

Pollak gab im Rahmen der erneuten Vernehmung wie auch schon 2011 an, dass er in der Nacht des FH-Festes 2007, wie schon etliche Male zuvor, am ExHaus geparkt habe. In seiner Vernehmung vom 22. August 2012 gab der Zeuge Hammes[1] im Zusammenhang mit seiner Befragung zu Pollak Folgendes zu Protokoll:

> »[…] Der […] Pollak[1] war einmal bei mir in der Wohnung. Ich wohne ja direkt in der Nähe vom Exzellenzhaus. Dort gab es mal eine Open-End-Party […] Ich hatte ihm damals auch angeboten, in meiner Wohnung zu schlafen. […] Er schlief dann damals in seinem Auto, welches er vor meiner Tür […] abgestellt hatte. […]«

Hinweis:

Gerüchten nach soll Pollak sein Fahrzeug an der Kabinenbahn geparkt haben. Nach Pollaks Angaben aber parkte das Fahrzeug, wie bereits dargestellt, am sogenannten ExHaus circa 1 km entfernt. Für ein Parken seines Autos an der Kabinenbahn fanden sich, im Gegensatz zum ExHaus, keinerlei Anhaltspunkte.

Wie bereits in seiner ersten Aussage berichtete Pollak auch im Rahmen seiner zweiten Vernehmung vom Streit mit seiner Freundin Heike, bei dem es um einen Flirt zwischen Pollak und der hübschen Kommilitonin Nele[1] ging. Aufgrund dieser Auseinandersetzung sei Heike zeitweilig allein mit ihren Freundinnen auf dem Festgelände unterwegs gewesen. Er selbst habe sich fast ausschließlich im Bereich des Getränkestandes seines Fachbereiches Lebensmitteltechnik aufgehalten. Diese Darstellung wurde in allen Punkten von seiner damaligen Freundin Heike in ihrer Aussage vom 16. November 2011 bestätigt.

Weiter gab Pollak an, nach dem Streit mit seiner Freundin tatsächlich zu Fuß am Moselufer, vorbei an der stillgelegten Kabinenbahn, in Richtung des Parkplatzes am ExHaus gegangen zu sein. Außerdem könne er heute, fünf Jahre später, auch nicht ausschließen, dass er trotz des hohen Alkoholpegels noch nach Hause gefahren sei. Auf dem Weg zu seinem Auto habe er niemanden wahrgenommen. Tanja Gräff habe er nicht gekannt, und sie habe daher auch niemals in seinem Kombi gesessen.

Dazu schrieb Bouillon in seinem oben erwähnten Vermerk zur Zeugenvernehmung des Pollak:

> »[...] Die anschließende Vernehmung erfolgte ohne Besonderheiten. Herr Pollak[1] war unaufgeregt und versuchte die Fragen, soweit noch möglich [sic] zu beantworten. [...]«

Im Rahmen der Vernehmung erfolgte ferner am frühen Nachmittag des 11. Mai 2012 die kriminaltechnische Untersuchung an Pollaks Fahrzeug.

Diese bestand aus der Absuche des gesamten Fahrzeuges durch den Leichensuchhund Quinto sowie einer eingehenden Überprüfung des Fahrzeug-Innenraumes inklusive Kofferraum mittels einer Tatortleuchte der Marke LUMATEC. Des Weiteren wurde eine verlaufsorientierte Sicherung latenten DNA-Materials im Original bzw. mittels Bakterienabriebes vorgenommen.

Die durch die Kriminaltechniker getroffenen Feststellungen wurden wie folgt beschrieben[125]:

> »Leichensuchhund ›Quinto‹ zeigte im rechten Bereich des Kofferraumes (oberhalb Radkasten) sowie in der Fuge zwischen Sitzfläche und Rücken-

[125] Spurenvermerk zu fortführenden Maßnahmen Tanja Gräff vom 14. Mai 2012.

lehne des Beifahrersitzes ein leichtes Anzeigeverhalten, das nach der Erläuterung durch Diensthundeführer POK N[...] absolut keine verlässliche Prognose zulässt. POK N[...] teilt auf Frage mit, dass dieses Verhalten seines Leichensuchhundes ›Quinto‹ eher einer Geruchsirritation durch undefinierbare Substanzen zuzuordnen sein könnte. [...]«

Trotz dieser dürftigen Spurenlage wurde ein erneuter Bakterienabrieb an den durch Quinto angezeigten Stellen durchgeführt, dessen Überprüfung aber zu keinem positiven Ergebnis führte. Welche für den Hund undefinierbaren Substanzen sich vor allem in der Ritze zwischen Sitzfläche und Rückenlehne befunden haben könnten, bleibt der Fantasie des Lesers überlassen. Auch der Einsatz der Tatortleuchte förderte keinerlei DNA-fähiges Material zutage.

Für den Kommissar stellte insbesondere das *schräge* Inventar in Pollaks Auto einen klaren Bezug zur *Death-Metal-Szene* dar und somit gleichzeitig eine Verbindung von Tanja über Adrian zu Pollak. Damit war die Sache für den Kommissar eindeutig. Dass Pollak häufig im Ex-Haus zu Gast war, ist unbestritten. Dass es dort Konzerte der *Metaler* gab, auch. Ob Pollak mehr als ein Konzertbesucher war, ist unbewiesen.

Tanja Gräff jedenfalls war definitiv kein Mitglied der *Death-Metal-Szene*. Auch Adrian, ihr neuer Bekannter, stellte für sie, trotz aller Gerüchte in den Medien, kein Bindeglied zu dieser Szene dar. Auch das Gerücht, Tanja hätte die circa vier Wochen zuvor stattgefundene O-pen-Haus-Party im ExHaus gemeinsam mit den *Death-Metalern* besucht, ist falsch. Die Wahrheit ist, dass Tanja mit ihrer neuen Uni-Clique sowohl die Open-Haus-Party als auch vier Wochen später das FH-Fest besuchte.

Die These, Tanja habe Pollak im Umfeld der *Death-Metaler* kennengelernt, hat dieselbe Qualität wie die Behauptung, die Aussagen des Zeugen Lachmann bezüglich der Kabinenbahn stünden in Zusammenhang mit Tanjas Tod.

Auch die Mutmaßung, Tanja sei an der Kabinenbahn in die Mosel geworfen worden, war schon deshalb sehr unwahrscheinlich, da die Kripo nicht nur ein modernes Sonarboot über die Mosel hatte fahren lassen, sondern auch Taucher zeitnah abgestiegen waren, um nach Tanjas Leiche zu suchen. Aber noch viel entscheidender war die Tatsache, dass die Mosel seit 2007 einige Male Hochwasser geführt hatte und deshalb eine Leiche sicher aufgeschwemmt worden und erfahrungsgemäß an der moselabwärts befindlichen Staustufe Detzem gestrandet wäre.

Nach Tanjas Auffinden im Mai 2015 glaubte ich, man habe nun endlich diese abstruse Theorie verworfen. Aber weit gefehlt. Wie gesagt, wo gehobelt wird, fallen Späne, und so ging die Jagd auf den Saarländer nur in abgeänderter Form weiter.

Im Zuge erster Untersuchungen nach Tanjas Auffinden ordneten die Ermittler ein phonetisches Experiment mit dem Ziel an, festzustellen, wie weit in den Stadtbereich hinein etwaige Schreie zu hören gewesen wären. Hierzu führten Wissenschaftler des Fachbereichs Phonetik der Uni Trier am Morgen des 08. Juni 2015 ab 04:00 Uhr mehrere Schall- und Rufexperimente[126] durch. Von insgesamt vier verschiedenen Punkten am linken Moselufer wurden mehrere Huptöne mittels einer Gasdruck-Fanfare abgegeben. Danach erfolgte das Abspielen weiblicher Schreie, ähnlich der seinerzeit von dem Zeugen Lachmann nach seinen Angaben vernommenen Laute aus dem Bereich der Kabinenbahn. Mögliche Geräusche sollten jeweils mittels Schallpegelmessgeräten in der Wohnung des Zeugen Lachmann, der in die Untersuchung eingebunden war, aufgezeichnet werden.

Während der gesamten Dauer der Maßnahme, die sich bis gegen 05:00 Uhr erstreckte, meldeten sich lediglich drei Bewohner von ufernahen Straßen, die sich über Lärmbelästigung durch Hupen bei der Polizei beschwerten. Darüber hinaus meldete sich niemand.

In der Pressekonferenz vom 09. Juli 2015 führte Staatsanwalt Dr. Samel aus, dass die Sachverständige ausgeschlossen habe, dass der vom Roten Felsen abgegebene Schrei im Stadtbereich bzw. in der Wohnung des Zeugen Lachmann

[126] Veröffentlichung der Kriminaldirektion Trier vom 08. Juni 2015 und Abschlussbericht der Staatsanwaltschaft Trier vom 22. Juni 2017.

wahrzunehmen gewesen wäre. Wörtlich berichtete Dr. Samel:

> »Ziel dieser Tests war es, in der Summe gesagt, herauszufinden, ist es dem Zeugen möglich gewesen, einen Schrei, sofern er denn von Tanja Gräff abgegeben sein sollte, im Rahmen dieses Absturzgeschehens wahrzunehmen. Das Ergebnis ist sehr, sehr eindeutig ausgefallen. Das Sachverständigengutachten sagt uns, dass es nicht möglich ist, aus diesem Bereich der Roten Felsen einen Schrei abzugeben, der dann nachher im Stadtbereich, in der Wohnung, in der sich der Zeuge befand, wahrzunehmen war.«

Die Roten Felsen, von denen aus dieses Schreiexperiment durchgeführt wurde,
befinden sich nicht nur auf der gegenüberliegenden Moselseite, sondern sind von der damaligen Wohnung des Zeugen Lachmann auch erheblich weiter entfernt als der von ihm selbst 2007 ausgemachte Ursprungsort der Schreie - nämlich die Talstation der ehemaligen Kabinenbahn.

In seiner Aussage vom 29. Oktober 2007 schloss der Zeuge Lachmann die gegenüberliegende Moselseite noch kategorisch aus. Dennoch tauchte der Zeuge Lachmann in der WDR-Sendung »Menschen hautnah« vom 15. Oktober 2015 wie *Phönix aus der Asche* auf und zauberte dort eine komplett widersprüchliche Neuversion seiner Schreiwahrnehmung vom 07. Juni 2007 aus dem Hut. In diesem WDR-Beitrag behauptete Lachmann mit

Bezug auf das durchgeführte Schreiexperiment jetzt plötzlich, er habe sehr wohl die vom Band abgespielten Schreie gehört, und einer dieser Schreie sei dem in seiner Erinnerung von Juni 2007 sehr nahe gekommen.

Der Zeuge Lachmann und auch die Redakteure dieser WDR-Sendung vergaßen hier allerdings ganz offensichtlich, den Zuschauer darüber in Kenntnis zu setzen, dass dieses Schreiexperiment vom Sommer 2015 vom weiter entfernten Roten Felsen und nicht von der in seiner Aussage vom 29. Oktober 2007 gegenüber der Polizei so vehement verteidigten Kabinenbahn erfolgte.

Larmoyant erklärte der Zeuge Lachmann im WDR-Beitrag, sich von der Polizei nicht ernst genommen zu fühlen. Vor dem Hintergrund des Dargestellten fällt es nicht nur der Polizei schwer, Lachmann als seriösen Zeugen einzustufen. Man kann an dieser Stelle mit Bewunderung feststellen, wie variabel einsetzbar der Zeuge Lachmann war. Sozusagen als Joker für alle Schreie im *Fall Tanja Gräff*.

Dass der Zeuge Lachmann hinsichtlich seiner Aussage vom 29. Oktober 2007 und bezüglich des Schreiexperiments vom 08. Juni 2015 im WDR-Beitrag die Unwahrheit sagte, ist eine Sache, wer ihn für diesen Zweck instrumentalisierte, eine andere.

Der ehemalige Kommissar, der in diesem Beitrag auch zu Wort kam, hätte wissen können, dass Lachmann in 2007 nicht nur auf die Kabinenbahn pochte, sondern auch mit verschiedensten Argumenten dem Vernehmer klarzumachen versuchte, dass seine Schreiwahrnehmung ausschließlich von jener Kabinenbahn kommen konnte. Vom Roten Felsen war dagegen nie die Rede.

Wie auch immer. Jedenfalls ist die im WDR-Beitrag in die Öffentlichkeit kolportierte Behauptung, Tanja sei durch ihren neuen Freund Adrian in die *Death-Metal-Szene* geraten, wie auch bereits in Kapitel 2 beschrieben, falsch. Ebenso falsch und daher unzulässig ist es auch, mit einem Hinweis auf Pollaks Bezug zu dieser Szene eine potenzielle Verbindung zwischen Tanja und Pollak in den Raum zu stellen - denn Pollak gehörte definitiv nicht zu Tanjas Bekanntenkreis. Diese Falschinformation diente ihren geistigen Urhebern einzig und allein dazu, eine Verbindung zwischen Tanja und Pollak herzustellen. Wie ebenfalls in Kapitel 2 schon ausführlich beschrieben, bestand Tanjas neue Clique ausschließlich aus den Lehramtsstudenten der Uni Trier, die keinen Kontakt zu Adrians Musikszene hatten.

Eine allerdings zutreffende Behauptung in diesem Beitrag ist der Hinweis des ehemaligen Kommissars, dass ein seit 2007 existierendes Phantombild zum *Spitzbart* - entgegen den eigenen polizeilichen Angaben in einem Aktenvermerk[127] - nie veröffentlicht wurde.

---

127 Quelle: Abschlussvermerk zur »Spur 38« vom 15. September 2008.

Hinweis:

Das in der WDR-Sendung »Menschen hautnah« vom 15. Oktober 2015 dargestellte Phantombild ist eine von der WDR-Redaktion selbst initiierte Zeichnung, die dem Zuschauer fälschlicherweise suggerierte, es handele sich hierbei um das von der Polizei mit Unterstützung der Zeugin M angefertigte Phantombild.

Wenige Tage nach Auffinden der sterblichen Überreste Tanjas, am 18. Mai 2015, erschien dann auch noch ein äußerst dürftig recherchierter Artikel zum *Fall Tanja Gräff* im General-Anzeiger Bonn, der, mit Hinweis auf den Zeugen Lachmann und den *Death-Metal-Aberwitz*, die *Pollak-Theorie* abermals befeuerte. Mit der Behauptung, Pollak habe sein Handy um 04:24 Uhr abgeschaltet, begab sich der verantwortliche Redakteur auf sehr dünnes Eis. Aus vorgenanntem Artikel des Bonner Generalanzeigers:

> **»[...] Um 4.24 Uhr schaltet P. sein Handy ab und ist für den Rest der Nacht nicht mehr erreichbar. [...]«**

Um 04:24:06 Uhr schickte Pollak seiner Freundin Heike in dieser Nacht seine letzte SMS aus der *Zurmaiener-Funkzelle*. Danach nahm Pollak weder zu seiner Freundin noch zu einer sonstigen Person telefonischen Kontakt auf, weshalb eine weitere Funkzellenzuordnung nicht möglich war. 2007 gab es noch keine Smartphones mit GPS. Mir liegt die komplette Funkzellenauswertung Pollaks vor.

Durch den vorerwähnten Artikel wurden die unsäglichen Gerüchte über Pollak, die bis heute in Trier kursieren, eifrig weiterverbreitet. Zur Untermauerung dieser Schmutzkampagne wurde auch die Aussage der Zeugin M zu deren großem Entsetzen übel missbraucht. Aus dem Artikel:

> »[...] Auf den 6000 eingesendeten Fotos vom Sommerfest ist zwar Tanja nicht zu sehen – aber gleich mehrfach der von S[...] beschriebene schwarz gekleidete, mollige junge Mann mit dem Spitzbart. [...]«

Die Zeugin M wurde im Rahmen der gegen Pollak geführten Ermittlungen nachvernommen, hatte aber, wie bereits mehrfach betont, den Mann aus dem Saarland explizit nach Bildvorlage ausgeschlossen. Die gegen Pollak selbst ergriffenen polizeilichen Maßnahmen waren vergleichsweise umfassend und reichten, wie oben beschrieben, bis hin zu kriminaltechnischen Untersuchungen. Auch wenn man den Trierer Ermittlungsbehörden eine ganze Reihe von Versäumnissen im *Fall Tanja Gräff* vorwerfen kann, eine nicht hinreichende Ausermittlung des Sachverhalts bezüglich des Zeugen Pollak gehört jedenfalls nicht dazu. Der vom *Leserbriefschreiber* erhobene Vorwurf völlig unzureichender Ermittlungen im Fall Pollak ist daher unzutreffend.

Doch die Behauptung des ehemaligen Kommissars, die »Spur 38-Spitzbart« sei generell vertuscht worden, entspricht dagegen den Tatsachen. Übrig bleibt nur die Frage, warum die Polizei nie nach dem von der Zeugin M beschriebenen *Spitzbart* suchte oder öffentlich fahndete. Denklogisch gibt es hier nur zwei Erklärungsansätze: Entweder lag bei den Ermittlungsbehörden ein chronisches Desinteresse an der Ermittlung von *Spitzbärten* vor oder man suchte nicht, was man längst gefunden hatte.[128]

---

[128] Siehe Kapitel 29 »Spitzbart Omega«.

29. Kapitel
Spitzbart Omega

Für mich und mein Team stand schon lange fest, dass die Verschleierung der »Spur 38-Spitzbart« nur mit einer im eigentlichen Wortsinne prominenten Identität dieses besagten *Spitzbartes* begründet sein konnte.

Es war davon auszugehen, dass *Spitzbart* einen sozialen, am wahrscheinlichsten einen familiären Hintergrund besaß, der es plausibel machte, dass man ihn komplett aus der öffentlichen Fahndung herausgehalten, ihn der Öffentlichkeit konsequent vorenthalten und damit die »Spur 38-Spitzbart« letztendlich auch *plattgemacht* hatte. Nur das konnte logischerweise die Antwort auf die Frage nach dem Motiv der Ermittlungsbehörden sein.

Im Gegensatz zum pensionierten Kommissar[129] glaubte ich nicht, dass seine ehemaligen Kollegen ein aufwendiges und rechtlich brisantes Vertuschungsmanöver für irgendeinen *dahergelaufenen Kleinkriminellen* veranstalten würden. Die Ignoranz dieses Denkansatzes war aus meiner Sicht auch der gravierendste Denkfehler des *Leserbriefschreibers*.

Als Arbeitsgrundlage meiner eigenen Recherche diente zunächst die Beschreibung der Zeugin M und die selbst erarbeitete Erkenntnis, dass es

[129] Siehe hierzu Kapitel 28 »Der Leserbrief – und ein falscher Verdacht«.

sich bei dem *Unbekannten*, der den Zeugen Marco kurz vor 04:00 Uhr zwischen *Mixery-Bierstand* und *Mixery-Kühlwagen* verscheucht hatte, und bei der Person *Spitzbart*, der nur wenige Minuten später an fast selbiger Stelle vor der Deichsel dieses Kühlwagens von der Zeugin M beobachtet wurde, um ein und dieselbe Person gehandelt hatte.

Aber statt wahllos Fotos mit *Spitzbärten* zu sichten, entschied ich mich, mit den mir vorliegenden verifizierten phänotypischen und verhaltensauffälligen Merkmalen erst einmal ein Profil der von der Zeugin M beschriebenen Person mit Spitzbart zu erstellen. Aus Neutralitätsgründen nannte ich diese fiktive Person erst einmal den *Spitzbart-X*. Mit diesem Profil an der Hand, versprach ich mir einen objektiveren Einstieg in das Rechercheprojekt *Identifikation Spitzbart*.

Vorausschickend sei an dieser Stelle betont, dass es nicht meine Absicht ist, einen Zusammenhang zwischen der Person *Spitzbart* und dem Tod Tanja Gräffs herzustellen. Einzig und allein gilt es aufzuzeigen, dass es die Person *Spitzbart* und die »Spur 38-Spitzbart« tatsächlich gab. Ferner geht es um die Frage, warum man diese Spur der Öffentlichkeit vorenthalten hatte und weshalb man im Verlauf der Jahre mit allen Mitteln versuchte, es auch bei diesem Paradigma zu belassen.

Bei der Erstellung des *Spitzbart*-Profils konzentrierte ich mich zunächst auf die Parameter, die bei einer Person optisch gegeben sein mussten, um der *Unbekannte mit dem Spitzbart* zu sein, bei dem Tanja nachweislich um vier Uhr vor der Deichsel des Mixery-Kühlwagens gestanden hatte und der natürlich auch der detaillierten Beschreibung der Zeugin M entsprach.

Neben dem inzwischen schon legendären Spitzbärtchen, das laut der Zeugin M strichförmig, von der Unterlippe verlaufend, am Kinn zu einem *Ziegenbärtchen* avancierte, waren der helle Hauttyp und insbesondere die von der Zeugin M hervorgehobenen auffälligen dicken roten Backen - *wie beim Jungen auf der Zwieback-Packung* - bei der Erstellung des visuellen Profils von *Spitzbart-X* zu berücksichtigen. Außerdem war auch das von der Zeugin M mir gegenüber als auffallend konturenlos und speckig beschriebene Gesicht zu beachten. Damit meinte sie einen fast übergangslosen Wangen-Hals-Bereich. Darüber hinaus gab es noch weitere, von der Zeugin M beschriebene äußere Merkmale: Dunkle Haare, die zwar hochstanden, welche aber nicht zwingend gegelt schienen. Also eventuell *Natur*. Die Größenangabe lag bei 1,80 Meter oder mehr.

Ich war mir natürlich im Klaren darüber, dass für eine *Spitzbart*-Identifikation neben dessen Phänotypus das von der Zeugin M beschriebene Umfeld von Bedeutung sein würde. Laut der Zeugin M stand rechts neben der Person *Spitzbart* ein weiterer junger Mann, den sie während unserer Gespräche scherzhaft als *FDPler* bezeichnete.

Diese subjektive Zuordnung bezog sich ausschließlich auf die Bekleidung dieses jungen Mannes. Sakko mit Polohemd, eher *glatt* wirkend, letztlich sowohl phänotypisch wie auch im Habitus das genaue Gegenteil des eher rustikal wirkenden *Spitzbarts*.

Nicht zuletzt berichteten die Zeugin M und der Zeuge Till auch von einem signifikanten Wesensmerkmal des *Spitzbartes*. Bei der Person *Spitzbart* sei eine immanent aggressive Grundhaltung spürbar gewesen. Die Zeugin M hatte bei der Polizei angegeben, dass Till während seiner Unterhaltung mit Tanja argwöhnisch von dem Typ mit Spitzbart beäugt wurde und dass sie jeden Moment mit einem körperlichen Übergriff des *Spitzbartes* auf Till gerechnet habe. Auch Marco wurde, wie bekannt, von einem aggressiven *Unbekannten weggeschubst*. Diese von beiden Zeugen hervorgehobene Aggressivität war ebenfalls ein wichtiger Baustein in der Erstellung des Profils von *Spitzbart-X*.

Der Unbekannte und Spitzbart-X

Tanja hatte sich nur wenige Minuten vor dem Zusammentreffen mit Till und seinen Freundinnen bewusst dafür entschieden, Marco alleine zum Shuttlebus in die Stadt weiterziehen zu lassen und ab diesem Moment die Gesellschaft des eher rüden *Unbekannten* vorzuziehen. Sie befürchtete offensichtlich nicht, dass die Aggressivität des *Unbekannten* auch auf sie übergreifen könnte.

Auch beim Folgetreffen mit Till, der Zeugin M und Katja blieb Tanja bei dem aggressiv wirkenden *Spitzbart* und lehnte ein gemeinsames Bier mit Till und dessen Begleiterinnen ab.[130] Sie schien sich keinerlei Sorgen bezüglich ihrer eigenen Sicherheit zu machen.

Da sich Tanja erkennbar weder vor dem *Unbekannten* noch vor dem *Spitzbart* fürchtete, ist - unter Berücksichtigung der räumlichen und zeitlichen Nähe beider Sichtungen - die Annahme naheliegend und durchaus zulässig, dass es sich bei dem *Unbekannten* und dem *Spitzbart* um ein und dieselbe Person handelte. Intern wurde er deshalb zunächst als *Unbekannter-Spitzbart* geführt.

Die vorbeschriebenen Merkmale einschließlich der Erkenntnis, dass es sich bei dem *Unbekannten* und dem *Spitzbart* um ein und dieselbe Person gehandelt hatte, stellten die Ausgangslage zu Beginn meiner eigenen Recherche der Causa *Unbekannter-Spitzbart* dar. Zur Umsetzung einer Profilerstellung musste ich und mein Team im Rahmen der vorgegebenen Konzeption jedoch noch weitere Parameter erarbeiten.

Für uns war es besonders wichtig herauszuarbeiten, ob und wie gut Tanja Gräff den *Unbekannten-Spitzbart* kannte. Das vorstehend beschriebene Verhalten Tanjas ließ den Rückschluss zu, dass dieser *Unbekannte-Spitzbart*

---

[130] Siehe hierzu Kapitel 17 »Unbekannter-Spitzbart«.

sogar ein sehr guter Bekannter Tanjas gewesen sein musste, da sie von dessen auffälligem Verhalten völlig unbeeindruckt blieb.

Ein weiteres Indiz für eine gute Bekanntschaft, wenn nicht sogar Freundschaft zwischen dem *Unbekannten-Spitzbart* und Tanja, erkannten wir in einem anderen Sachverhalt. Als Tanja sich entschied, Marco alleine zum Shuttlebus gehen zu lassen, wusste sie nicht exakt, wo sich ihr neuer Freund Adrian aufhielt. Naheliegend ist es daher, dass Tanja bei dem *Unbekannten-Spitzbart* neben einer subjektiv gefühlten Sicherheit auch die Option einer gemeinsamen Heimfahrt nutzen wollte, für den Fall, dass sie Adrian in dieser Nacht nicht mehr finden würde.

Eine Mitfahrt Tanjas im Auto einer ihr völlig fremden Person konnte wegen bekannter Erfahrungswerte ausgeschlossen werden. Darüber hinaus machte eine Mitfahrgelegenheit für Tanja nur dann Sinn, wenn sie und der Fahrer grundsätzlich dieselbe Richtung anvisierten.

Sowohl der schon 2007 von Tanjas Mutter gegebene Hinweis auf eine nur geringe Bargeldsumme, die ihre Tochter mitgenommen haben soll, als auch die Schilderung Marcos zu Tanjas Spendierverhalten am Bierstand T9 ließen den Schluss zu, dass die Studentin gegen Ende des Festes kaum noch über Geld verfügte. Als Tanja im Mai 2015 aufgefunden wurde, bestätigte der Fund ihrer Geldbörse diese Annahme. Da Tanja sonach beim Zusammentreffen mit dem *Unbekann-*

ten-Spitzbart nur noch über einige Cent verfügte, liegt es auf der Hand, dass Tanja schon zu diesem Zeitpunkt für den Fall, Adrian nicht mehr zu finden, eine Mitfahrgelegenheit suchte. Vor diesem Hintergrund war es für Tanja auch keine erfolgversprechende Option, mit Marco in die Stadt zu fahren, um sich von dort mit einem Taxi ins circa 10 Kilometer entfernte Korlingen bringen zu lassen. Öffentliche Busse fuhren aufgrund des Feiertages erst ab 8:00 Uhr am Morgen des Fronleichnamtages wieder.

Erst nach dem Telefonat mit Adrian um 04:00:01 Uhr hatte sich die Situation für Tanja grundlegend verändert, da sie ab diesem Zeitpunkt wieder wusste, wo sich Adrian aufhielt. Aufgrund entsprechender Zeugenaussagen und bei lebensnaher Einschätzung ist davon auszugehen, dass sich Tanja sogleich zu Fuß über das Gelände auf den Weg zu Adrian in die Trierer Innenstadt machte, um gemeinsam mit ihm zum Trimmelter Hof zu fahren.

Insofern war in diesem Moment für Tanja die Unterstützung des *Unbekannten-Spitzbartes* bezüglich einer etwaigen Heimfahrt obsolet, und sie verließ schlussendlich, auch nach Zeugenaussagen, die Gruppierung am Kühlwagen.

Tanjas Verhalten war demnach völlig logisch, auch wenn die Polizeipsychologin Dr. Sommer im Rahmen ihrer postmortalen Analyse Tanja im Grunde jedes logische Handeln an diesem Abend abspricht. Dieser These Rechnung tragend, musste Tanja den *Unbekannten-Spitzbart* gut gekannt haben, der ihr eventuell auch noch einen direkten Vorteil bezüglich ihrer konkreten Situation bot. Diese beiden Aspekte waren neben den visuellen Charakteristika die ersten zusätzlichen Parameter für das erweiterte Profil.

Ein weiterer Punkt in Bezug auf die Person *Unbekannter-Spitzbart* war die Annahme, dass folgerichtig auch gemeinsame Freunde oder zumindest Bekannte existieren mussten.

Zusammenfassend kristallisierte sich schließlich folgendes Profil des *Unbekannten-Spitzbarts* heraus:

Der *Unbekannte-Spitzbart* hatte helle Haut und ein großflächiges Gesicht mit roten Pausbacken. Das speckige, konturenlose Gesicht und das inzwischen so prominente *Spitzbärtchen* waren für sich genommen schon markante äußere Merkmale.

Hinzu kam, dass diese Person relativ schnell zu aggressivem Verhalten neigte, sodass sich - jedenfalls in Kombination mit den vorgenannten Merkmalen - ein deutlich gesteigerter Wiedererkennungswert an Aussehen und Verhalten ergab.

Ein weiteres Kriterium war, dass auch einige von Tanjas Freunden diese Person und seinen kongenialen Freund, den *FDPler*, kennen mussten.

Diese Eckdaten zusammen bildeten die Ausgangsposition zu unserer Recherche *Unbekannter-Spitzbart* und der »Spur 38-Spitzbart«.

Im Februar 2015 gelangten wir dann in den Besitz eines interessanten Fotos. Bei dem Foto handelte es sich um eine Nahaufnahme, auf der das Gesicht und der Oberkörper eines jungen Mannes deutlich zu sehen waren. Es war kaum zu glauben, der Mensch auf dem Foto entsprach in nahezu allen Punkten der Beschreibung der Zeugin M, sodass es fast schon ein bisschen unwirklich schien. Genau wie sie es beschrieben hatte: Typ *Riesenbaby*.

Aber es war nicht vordergründig das *Spitzbärtchen*, es war vielmehr die Gesamterscheinung dieses Mannes, die mich und mein Team so in Erstaunen versetzte. Der gesamte Habitus entsprach genau der Vorstellung, die wir durch diverse Zeugenaussagen und durch die Erstellung des Profils über diese Person gewonnen hatten. Wie gesagt, Typ *Riesenbaby*.

Bedauerlicherweise war zu diesem frühen Zeitpunkt die Identität dieses auf dem Foto abgebildeten Mannes noch völlig unklar. Auch war nicht im Geringsten bekannt, ob diese Person jemals in Trier, geschweige denn auf dem FH-Sommerfest 2007 gewesen war. Diesen Sachverhalt galt es zunächst einmal abzuklären.

Nachdem ich den Namen und den Wohnort dieses Mannes recherchiert hatte und dieser tatsächlich ein *Trierer Jung* war, ergab sich noch ein weiterer interessanter Fakt. Denn ich erhielt Kenntnis über einen Mann in exponierter Stellung gleichen Namens. Ob es sich bei den beiden Personen um Vater und Sohn handelte oder sonst ein verwandtschaftliches Verhältnis bestand, musste zunächst einmal verifiziert oder gegebenenfalls auch wieder verworfen werden.

Unter uns nannten wir diesen jungen Mann mit Spitzbart, den wir zumindest für uns intern bereits aus der Anonymität herausgeholt hatten und ihn inzwischen auch sozial zuordnen konnten, *Spitzbart-Omega*.

Dann gelangten wir in den Besitz weiterer Fotos mit *Spitzbart-Omega*, die uns erneut beeindruckten. Auf zweien dieser Fotos war *Spitzbart-Omega* Seite an Seite mit einem etwas kleineren, mit Cordsakko und Polohemd bekleideten Mann abgebildet.

Erstaunlicherweise konnte *Spitzbart-Omega* auch noch mit einem Freund aufwarten, der durch seine optische Aufmachung der männlichen Person entsprach, welche die Zeugin M in prägnanter Weise als *FDPler* beschrieben hatte. Doch die Tatsache, dass diese Fotos tatsächlich vom FH-Sommerfest 2007 stammten, übertraf alles.

Spitzbart-Omega stammte nicht nur aus Trier und entsprach in allen Punkten unserem Profil respektive der Beschreibung der Zeugin M, sondern hatte auch noch einen Freund, wie ihn die Zeugin M beschrieben hatte. Diesen vermeintlichen *FDPler-Freund* bezeichneten wir nun intern als *Beta*.

Aufgrund dieser neuen Hinweise verdichtete sich mein Eindruck immer mehr zur Gewissheit, dass es sich bei *Spitzbart-Omega* und seinem Freund *Beta* um die beiden Personen handelte, die die Zeugin M am Kühlwagen mit Tanja beobachtet hatte.

Eine familiäre Verbindung zwischen *Spitzbart-Omega* und dem *honorigen* Mann gleichen Nachnamens hatten wir jedoch trotz großer Bemühungen immer noch nicht herausgefunden. Aber es war äußerst wichtig, die Umstände um diese Namensgleichheit abzuklären. Im Zuge dieses Recherchestranges gelang es mir glücklicherweise, eine junge Frau ausfindig zu machen, die einem der diversen Freundeskreise Tanjas zuzuordnen war und die zeitweise in einer engeren Beziehung zu *Spitzbart-Omega* gestanden hatte. Inzwischen war sie seine Ex-Freundin.

> *Hinweis:*
> *Auch hier kann zwecks Wahrung der Persönlichkeitsrechte dieser Freundeskreis nicht benannt werden, da sonst Rückschlüsse auf Spitzbart-Omega gezogen werden könnten.*

Aufgrund der eruierten Fakten war ich zu dem Schluss gelangt, dass eventuelle familiäre Verknüpfungen des *Spitzbartes-Omega* über dessen Ex-Freundin, die intern nun *Alpha* genannt wurde, zuverlässig herauszufinden waren. Sie konnte der Schlüssel zur Antwort auf die Frage sein, ob die regionale Persönlichkeit und *Spitzbart-Omega* in einem nahen Verwandtschaftsverhältnis stehen oder nicht.

Also stellte ich den Kontakt zu *Alpha* her. Im Zuge eines sehr langen Gesprächs bestätigte sie mir, dass ihr Exfreund *Omega* der Sohn dieser besagten *Autoritätsperson* sei. Es handelte sich tatsächlich um Vater und Sohn. Außerdem bestätigte sie auch die Freundschaft zwischen *Omega und Beta.* Anschließende Kontaktversuche nach diesem Telefonat wurden ihrerseits rigoros abgeblockt. So harmlos schienen die Fragen nach *Omega* und *Beta* anscheinend nicht gewesen zu sein.

> *Hinweis:*
> *Die finale Verifizierung fand im Nachgang auch noch durch andere Personen, die sowohl Vater als auch Sohn kannten, statt.*

Es kam aber noch besser.

Durch das aufschlussreiche Gespräch mit *Alpha* fand ich mich darin bestätigt, dass es gemeinsame Freunde von Tanja und dem *Unbekannten-Spitzbart* respektive jetzt *Spitzbart-Omega* gab. *Spitzbart-Omega* erfüllte auch in diesem Punkt alle Kriterien. Er kam tatsächlich aus Tanjas näherem Umfeld und war einigen ihrer engsten Freunde bestens bekannt.

Tanjas Schulfreundin Lisa war beispielsweise eine von ihnen. Da ich zu diesem Zeitpunkt schon mit besagter Lisa im *Fall Tanja Gräff* in anderem Zusammenhang in Kontakt stand, befragte ich sie - ohne für sie erkennbaren Grund - zu ihrem und Tanjas gemeinsamen Bekannten *Spitzbart-Omega*. Nicht nur, dass Lisa die Freundschaft zwischen

Tanja und *Spitzbart-Omega* bestätigte, wies sie auch darauf hin, dass Tanja diverse Geburtstagspartys *Spitzbart-Omegas* besucht hatte.

> *Hinweis:*
>
> *Da auch Lisa bis zur Veröffentlichung des Leserbriefes[129] nichts von der »Spur-38-Spitzbart« wusste, hegte sie natürlich auch keinerlei Argwohn zu meinen Fragen bezüglich Omegas, zumal diese Gespräche unter dem Klarnamen Omegas geführt wurden.*

Jetzt also stand sicher fest, dass Tanja Gräff *Spitzbart-Omega* sehr gut kannte und somit eine Person, die dem Phänotypus des von der Zeugin M beschriebenen jungen Mannes am *Mixery-Kühlwagen* - 04:00:01 Uhr - entsprach.

Unter anderem berichtete Lisa, dass die besagte Person wegen ihres etwas *plumpen* Äußeren innerhalb des gemeinsamen Freundeskreises auch *Bärchen* genannt wurde. *Spitzbart-Omega* war also in Tanjas Freundeskreis unter dem Spitznamen *Bärchen* bekannt. Eigentlich sei er gutmütig und harmlos, trotzdem habe er die unschöne Eigenschaft, ab und zu mal *draufzuhauen*. Man habe das eher lustig gefunden und darüber gelacht. Weil er ja im Grunde harmlos gewesen sei, so Lisa.

Sofort erinnerte ich mich an die Aussage des Zeugen Marco, der schon 2007 behauptete, Tanja habe, nachdem ihn der *Unbekannte* weggeschubst hatte, gekichert.

Das war noch nicht alles. Ich wurde im Frühjahr 2015, nach Tanjas Auffinden, darüber in Kenntnis gesetzt, dass *Bärchen* respektive *Spitzbart-Omega* schon mehrfach einen Anwalt in Zusammenhang kleinerer *Hau-drauf-Eskapaden* bemühen musste.

So weit so gut, aber konnte man tatsächlich beweisen, dass der von uns ausgemachte *Spitzbart-Omega* auch der *Unbekannte-Spitzbart* war, der, gegen 04:00:01 Uhr, am Kühlwagen neben Tanja stehend, von der Zeugin M beschrieben wurde?

Vor allem aber brauchte ich für mich die Sicherheit, dass es sich bei diesen spektakulären Übereinstimmungen nicht nur um einfache Zufälle handelte. Daher warf ich eine weitere, aber nicht weniger wichtige Frage auf. Kannte die Polizei denn überhaupt diesen *Spitzbart-Omega* oder war er etwa durch das berühmte Raster gefallen?

Sollten die Ermittler *Spitzbart-Omega* bis dato überhaupt nicht kennen, wäre auch die in unserer Betrachtung bedeutsame exponierte Stellung seines Vaters ohne jede Relevanz. Denn nur, wenn die Ermittlungsbehörden *Spitzbart-Omega* und seinen Vater kannten, konnte dementsprechend eine »Handvoll Verantwortliche[r]«[131] einen reputablen Namen gezielt aus dem Verfahren halten.

---

[131] Siehe hierzu Kapitel 28 »Der Leserbrief – und ein falscher Verdacht«.

Also begann ich, mich wieder mit dem mir vorliegenden Aktenmaterial zu beschäftigen, um nach Hinweisen zu suchen, ob überhaupt - und wenn ja, wie lange - die Polizei den *Spitzbart-Omega* bereits kannte.

Zunächst sah es wirklich nicht gut aus. Ich durchforstete Bericht für Bericht und Liste für Liste. Nichts. Der Name tauchte nirgends auf, und es gab auch keinen Hinweis darauf, dass eine Vertuschungsaktion im Gange war. Erst die letzte, die sogenannte Alibi-Liste, brachte Licht ins Dunkel. Da stand er. Name, Vernehmungsprotokoll- und Spurennummer - 336 - sowie Angaben zum Alibi. Man kannte ihn also doch, unseren *Spitzbart-Omega*!

Ich nahm mir sofort die Vernehmungsprotokolle jener Zeugen vor, von denen ich inzwischen wusste, dass sie *Spitzbart-Omega* kannten. Meine Vermutung bestätigte sich: Keine Fragen zu *Spitzbart-Omega,* und - was noch viel aufschlussreicher war - er war auf keiner der Lichtbildvorlagen, die man einerseits den diversen Zeugen auf der *Pseudosuche* nach dem *Unbekannten* und andererseits der Zeugin M auf ihrer einsamen Suche nach dem *Spitzbart* vorgelegt hatte.

Dem Zeugen Till wurden - laut Vermerk zur Lichtbildvorlage vom 25. Juli 2007 - beispielsweise dreizehn Lichtbilder präsentiert. Unter anderem wurde ihm das Foto des Zeugen Marco als potenzieller *Spitzbart* angeboten, obwohl dieser keinen Bart trug und nach Aktenlage um 04:00 Uhr nachweislich bereits im Shuttlebus saß.[132]

Till stellte ausdrücklich fest, dass weder Marco noch irgendein anderer der zwölf jungen Männer auf der Bildvorlage der Mann um 04:00:01 Uhr am Kühlwagen gewesen sei.[133] Marco wiederum wurde bezüglich *seines Unbekannten* ein Lichtbild von Tanjas Schulfreund Tristan vorgelegt. Nur *Spitzbart-Omega* tauchte nirgends auf. Man könnte hier von einem geradezu albernen *Lichtbildvorlagen-Ringelreihen* sprechen. Somit ist jedenfalls erklärt, warum *Spitzbart-Omega* von gemeinsamen Freunden weder identifiziert wurde noch identifiziert werden konnte.

Sicher hatte die Polizei nur vergessen, Marco, der Zeugin M oder auch Till ein Foto von *Spitzbart-Omega* vorzulegen. Natürlich bestünde theoretisch auch die Möglichkeit, dass die Polizei zu einem so frühen Zeitpunkt noch kein Foto von *Spitzbart-Omega* besaß. Aber auch diese Option kann ich definitiv ausschließen. Der Polizei stand Tanjas Laptop schon in den ersten Tagen nach ihrem Verschwinden zur Verfügung. Darauf befinden sich auch Fotos mit Tanja und besagtem *Spitzbart-Omega*. Auch ich verfüge über das Back-up der Festplatte von Tanjas Laptop und daher über das entsprechende Bildmaterial.

Hätte man beispielsweise Tanjas Freundin Lisa im Rahmen ihrer Vernehmungen mit einem Foto der Person *Spitzbart-Omega* konfrontiert, wäre das

---

[132] Siehe hierzu Kapitel 23 »Der Zeuge Marco«.

[133] Protokoll der Nachtragszeugenvernehmung vom 25. Juli 2007.

Spitzbart-Mysterium vermutlich in den ersten Tagen nach der Vernehmung der Zeugin M bereits aufgelöst worden. Aber genau das schien von Anbeginn der Ermittlungen niemand zu wollen. Warum sollte man auch suchen, was man längst gefunden hatte?

Nach unserer Erkenntnis hatte man die Person *Spitzbart-Omega* zweifelsohne aus der öffentlichen Fahndung herausgenommen. Ich suchte daher erneut nach Hinweisen, ob es sich hierbei um eine bewusste Unterdrückung der »Spur 38-Spitzbart« gehandelt hatte oder lediglich um ein Versehen seitens der Ermittlungsbehörden. Das Gute lauert ja bekanntlich überall.

Ich begann also noch einmal, die mir vorliegenden Berichte zu sichten. Dass es *Spitzbart-Omega* noch nicht einmal auf die sogenannte KRISTAL-Liste[134] geschafft hatte, auf der selbst Männer, die nachweislich nicht auf dem Fest waren, aufgelistet waren, war natürlich auffällig. Aber das Fehlen auf den diversen Listen war nicht genug, um den ungeheuerlichen Verdacht einer Spurenunterdrückung zu erhärten.

In dem schon häufig zitierten Abschlussbericht der Staatsanwaltschaft vom 22. Juni 2017 wurde ich dann abermals fündig.

Nach Studium dieses Berichts lässt sich glasklar konstatieren, dass kein einziger Zeuge - abgesehen von der Zeugin M und ihren beiden

[134] KRISTAL ist eine Software, die von der Polizei in Rheinland-Pfalz für die Arbeit im Bereich operativer Ermittlungen (Fallbearbeitungssystem) eingesetzt wird.

Begleitern Till und Katja - jemals mit dem Thema *Spitzbart*, geschweige denn mit der konkreten Person *Spitzbart-Omega* konfrontiert wurde. Dass es sich dabei um kein bloßes Versehen handeln konnte, lässt sich recht deutlich aus den äußerst sparsamen Ausführungen im Abschlussbericht des Staatsanwaltes H. Krause in der Sache der Zeugin Yolanda[1] herauslesen. Yolanda und Tanja waren bestens miteinander bekannt.

> *Hinweis:*
>
> *Im Rahmen des Auffindens der sterblichen Überreste von Tanja Gräff konnte unter anderem ihr Handy sichergestellt werden. Bei dessen Auswertung ergab sich, dass in der Nacht, in der Tanja verschwand, um 03:59:16 Uhr eine bestimmte Handynummer in Tanjas Handy eingegeben worden war.*[135] *Inhaber dieser Nummer war der Zeuge K. Im Zusammenhang der Vernehmung dieses Zeugen wurde - laut Abschlussbericht (Seite 59) allerdings erst auf Intervention des Opferanwaltes Böhm - auch die Zeugin Yolanda vernommen. Im Rahmen dieser Vernehmung sollte unter anderem herausgefunden werden, ob Yolanda den Zeugen K persönlich kannte. Laut Staatsanwalt H.*

---

135 Siehe Kapitel 15 »Eine mysteriöse Telefonnummer«.

Krause schloss die Zeugin Yolanda eine nähere Bekanntschaft zwischen ihr und K aus.

Aus dem Abschlussbericht der Staatsanwaltschaft vom 22. Juni 2017:

> »Der Zeugin Yolanda[1] ist zudem auch der Zeuge K[...] nach ihrer Erinnerung nicht bekannt.«

Ob die Zeugin Yolanda den Zeugen K kannte, wissen wir nicht. Aber sie kannte *Spitzbart-Omega*. Und nicht nur das. Interessanterweise ergibt sich aus den uns vorliegenden Fotos, dass genau diese Yolanda den Abend auf dem FH-Fest zumindest in großen Teilen mit *Spitzbart-Omega* und dessen Freund *Beta*, dem *FDPler*, verbracht hatte. Welch grandioser Zufall!

Hinweis:
Wie bereits in Kapitel 15 beschrieben, mussten Tanja, der Unbekannte-Spitzbart und dessen Freund, der FDPler, sowie der Zeuge K um 03:59:16 Uhr gemeinsam vor der Deichsel des Mixery-Kühlwagens gestanden haben.

Die dann doch naheliegende Frage ist: War auch die Zeugin Yolanda bei diesem *Stelldichein* anwesend? Ob die Trierer Ermittlungsbehörden diese Fragestellung intellektuell erschlossen haben, ist nicht bekannt. Bemerkenswert in diesem Zusammenhang aber ist in jedem Fall noch eine *klitzekleine* Tatsache.

In besagtem Abschlussbericht der Staatsanwaltschaft blieb der Sachverhalt, mit wem die Zeugin Yolanda den Abend verbracht hatte, völlig unerwähnt. Unabhängig davon, ob Yolanda den Zeugen K kannte oder nicht, wird an dieser Stelle seitens Staatsanwalt H. Krause die Personenkonstellation um Yolanda auffallend zurückhaltend dokumentiert beziehungsweise unkommentiert gelassen. Das ist deswegen so auffällig, weil an anderer Stelle des Abschlussberichtes regelmäßig, fast in epischem Ausmaß, darüber berichtet wird, wer mit wem und wo den Abend auf dem FH-Sommerfest 2007 verbracht hatte. Oder genauer gesagt, wer und wo andernorts mit Oma Geburtstag gefeiert hatte?

Vielleicht hatte man aber auch nur vergessen nachzufragen, in welcher Begleitung sich Yolanda an diesem Abend befunden hatte. Oder man vergaß es einfach niederzuschreiben. Vielleicht aber wollte man auch keinen *Spitzbart* in dem so scheinbar sauberen Abschlussbericht.

Wie dem auch sei, als Fazit lässt sich insoweit festhalten: Obwohl Yolanda den Abend definitiv mit dem *Spitzbart-Omega* und dessen Freund *Beta* verbrachte, von denen sie genau wusste, dass sie Bekannte von Tanja waren, wurde dieser Aspekt von den Ermittlungsbehörden weder aufgegriffen noch weiter thematisiert, zumindest aber nicht aktenkundig gemacht.

Hinweis:

Die Prämisse meines Spitzbart-Profils, dass Tanja und ein Unbekannter-Spitzbart einen gemeinsamen Freundeskreis haben mussten, wird bei der Konstellation Yolanda und Spitzbart-Omega deutlich bestätigt. Konsequenterweise mussten die Ermittler anscheinend akribisch darauf achten, durch Vernehmungen keinen Spitzbart namentlich im Abschlussbericht auftauchen zu lassen.

Und schon war er wieder weg, der *Spitzbart-Omega* und zwar genau genommen, bevor er überhaupt im Abschlussbericht oder an sonst markanter Stelle im *Fall Tanja Gräff* hätte in Erscheinung treten können. Die Tatsache, dass sein Name mit Aktennummer immer noch auf der Alibiliste zu finden ist, war wohl deutscher Gründlichkeit geschuldet.

Da ich in dieser Dokumentation regelmäßig zugunsten der Ermittlungsbehörden an Schlüsselstellen auch den Irrtum statt den Vorsatz in Betracht ziehe, sollte es der Objektivität wegen gestattet sein, an dieser Stelle zugunsten einer Vertuschung gleichfalls anzunehmen, dass man in diesem Fall nur vergessen hatte, den Namen von der Alibi-Liste zu streichen.

Da sich *Spitzbart-Omega* und Tanja nicht nur gut kannten, sondern beide nachweislich auch eine Vielzahl an gemeinsamen Bekannten hatten, ist davon auszugehen, dass ein erheblicher Aufwand betrieben wurde, die Person *Spitzbart-Omega* aus dem *Fall Tanja Gräff* so gut wie vollständig herauszuhalten. Allein der Umstand, dass dem *Spitzbart-Omega* für den Zeitpunkt um 04:00:01 Uhr der fraglichen Nacht - nur - durch eine weitere Freundin, Babette[1], ein nicht näher beschriebenes Alibi ausgestellt wurde, spricht mehr für die Person *Spitzbart-Omega* als dagegen.

Auch die Zeugin Katja berichtete von Mädchen und Jungs hinter der Deichsel des *Mixery-Kühlwagens*, die aus ihrer Sicht zu dem *Spitzbart* gehörten.[136] Wir sind auch im Besitz von Fotos, die die Zeugin Babette mit *Spitzbart-Omega* und ihrer gemeinsamen Clique auf dem FH-Fest zeigen.

Da *Spitzbart-Omega* nachweislich vernommen wurde und von seiner Bekannten Babette ein Alibi bekam, kann man davon ausgehen, dass auch die restliche Clique polizeibekannt ist. Geradezu genial, wie still und leise dieses Manöver seitens der Ermittlungsbehörden gehandhabt wurde.

Jedenfalls hatte das Alibi *Spitzbart-Omegas* für uns eine wertvolle Funktion. Es verhalf ihm immerhin zu einem Platz auf der Alibiliste samt entsprechender Spurennummer. Und eben unter der »Spurennummer 336« war nun mit *Spitzbart-Omega* der Mann gelistet, der alle Merkmale in dem vorab beschriebenen Profil in sich vereinte.

---

[136] Siehe hierzu Kapitel 24 »Die Zeugin M«.

Von den Ermittlern kann nicht bestritten werden, dass man *Spitzbart-Omega* tatsächlich zu einem äußerst frühen Zeitpunkt vollständig aus dem Verfahren herausnahm. Sicher handelte es sich auch hier wieder nur um das vielfach bemühte Versehen. Man darf insofern gespannt sein, ob nach der Veröffentlichung dieser Dokumentation die Akte zu »Spurennummer 336«, also die Vernehmungsakte *Spitzbart-Omegas*, noch existiert oder nicht auf mysteriöse Weise verschwunden ist.

In Trier passieren mitunter seltsame Dinge.

Sollten noch Zweifel daran bestehen, dass es sich bei *Spitzbart-Omega* um den von der Zeugin M beschriebenen Mann am *Mixery-Kühlwagen* handelt, muss man - wie im Fall der *Drachenhaus-Spur* bezüglich der Person Tanja - wieder mal nach einem Zwilling suchen, der dieselben phänotypischen Merkmale und die von mir ausführlich beschriebenen sozialen Bindungen aufweisen kann. Ganz zu schweigen von der Sonderbehandlung durch die Ermittler.

Ohne die Stochastik zwanghaft zu bemühen, geht diese Wahrscheinlichkeit gegen Null. Das gilt auch für den Sohn eines Richters.

30. Kapitel
Der Fundort

11. Mai 2015, Vormittag

Am Vormittag des 11. Mai 2015 wurde Tanja Gräff, acht Jahre nach ihrem spurlosen Verschwinden, in Trier-Pallien aufgefunden. Ein Forstarbeiter hatte im Zuge von Rodungsarbeiten den Schädel im Unterholz entdeckt. Die alarmierte Polizei konnte anschließend weitere Skelettteile sicherstellen. Wie zeitnah rechtsmedizinisch festgestellt wurde, handelte es sich hierbei um die sterblichen Überreste der seit dem 07. Juni 2007 vermissten Tanja Gräff.

Tanja lag ungefähr einen Kilometer vom FH-Gelände Schneidershof entfernt, 50 Meter tief auf einem kleinen Plateau am Fuße des sogenannten Roten Felsens.

Angrenzend an dieses kleine Plateau steht - von der Bonner Straße aus gesehen - links ein Hochhaus. Hinter diesem Haus befindet sich ein kleiner Garten, der mit einem Gartenzaun und einer Brombeerhecke ohne Niveauunterschied an dieses Plateau anschließt. Tanja Gräff lag 5,60 Meter von diesem Gartenzaun entfernt - und 16,75 Meter von der Hochhaus-Rückseite.

Erschüttert musste man zur Kenntnis nehmen, dass Tanja Gräff tatsächlich jahrelang in der Nähe des FH-Geländes gelegen hatte und darüber hinaus sogar nur ein paar Meter von einem Garten entfernt, in dem sich regelmäßig seine Besitzer und deren Hund aufhielten. Doch weder Mensch noch Tier bemerkten das Geringste.

Auch im rechts an das Plateau angrenzenden Domizil einer Trierer Burschenschaft hatte man nichts mitbekommen. Der Parkplatz dieser Studentenverbindung liegt ebenfalls nur 25 Meter von der Fundstelle entfernt.

Es ist schon erstaunlich, dass ein Mensch fünfzig Meter in die Tiefe stürzt und niemand die Schreie dieses Menschen in Todesangst gehört hatte. Oder konnte Tanja gar nicht mehr schreien? Vordergründig drängt sich die Frage auf, warum Tanja Gräff, so nah an Häusern und Menschen, damals nicht aufgefunden wurde, sondern erst jetzt, viele Jahre später, quasi als eine Art Zufallsfund im Rahmen privater Rodungsarbeiten.

Bei genauerer Betrachtung erstaunt es tatsächlich, dass dem professionellen Kriminalisten bei Erstellen der Fundorthypothese zu Beginn der Ermittlungsarbeit das kleine Plateau nicht in das vermeintlich geschulte *Ermittlerauge* gesprungen war. Denn gerade die exponierte Lage und die schwierige Beschaffenheit *dieser kleinen Wildnis* inmitten der Trierer Zivilisation bot sich zum schnellen Entsorgen einer Person - respektive einer Leiche - geradezu an. Denn die mutmaßliche Absturzstelle ist die einzige Stelle des Felsenhöhenweges, die mit dem Auto erreichbar ist. Dadurch wird ein potenzielles Zusammenspiel zwischen Absturz- und Fundstelle evident. Dieser Zusammenhang hätte der Polizei bereits im Jahre 2007 zu Beginn der Absuche des erweiterten FH-Geländes auffallen und in ihre Fundortanalyse einfließen müssen.

Dass dieser Umstand bei der Suche nach Tanja offensichtlich nicht berücksichtigt wurde, ist als ein weiterer gravierender Mangel der Ermittlungsarbeit zu werten.

Selbst der in der Sache ermittelnde Staatsanwalt H. Krause wird später bei einer Ortsbegehung seinen Wagen zur Absturzstelle manövrieren. Trotzdem behauptet er in seinem Abschlussbericht, es sei äußerst unwahrscheinlich, dass Tanja, um sie zu *entsorgen*, an die Absturzstelle verbracht worden sei, da das Verbringen einer 50 KG schweren handlungsunfähigen Person über das FH-Gelände zu auffällig gewesen wäre. Aus dem staatsanwaltschaftlichen Abschlussbericht vom 22. Juni 2017 - Seite 85: Zitat aus dem Abschlussbericht der Kripo Trier vom 08. Februar 2016 - sowie Seite 87: Krauses eigenes Resümee:

- Seite 85 - Kripo Trier:

> »[...] Unterstellend, es sei im Randbereich des FH-Festes zu einem Gewaltdelikt mit anschließender Verbringung – einer handlungsunfähigen Tanja Gräff – zur Absturzstelle gekommen, [sic] erscheint aus kriminalistischer Sicht mehr als unwahrscheinlich. Der Weg vom FH-Gelände bis zur Absturzstelle beträgt ca. einen Kilometer. Jemanden gegen seinen Willen oder im leblosen Zustand über eine solche Strecke zu tragen [sic] erfordert einen enormen Kraftaufwand und erhöht das Entdeckungsrisiko erheblich. [...] Im Bereich der FH und auf den umliegenden Wegen hielt sich eine Vielzahl von Menschen auf, die Beobachtungen hinsichtlich einer Kampfhandlung gemacht haben müssten. [...]«

- Seite 87 - Fazit H. Krause:

> »[...] Unter Berücksichtigung aller zuvor im Einzelnen detailliert dargestellten Beweisergebnisse ist die polizeiliche Einschätzung zutreffend. [...]«

Diese Einschätzung von Kripo und Staatsanwaltschaft ist unter Berücksichtigung der Tatsache, dass die Absturzstelle unkompliziert mit einem Auto zu erreichen ist, befremdlich. Sowohl Kripo als auch Staatsanwaltschaft sowie alle Personen, die beispielsweise beim Schallexperiment oder bei den Dummy-Versuchen vor Ort waren, fuhren mit Autos an die Absturzstelle. Niemand ist dorthin gewandert und niemand musste die 50 kg schweren Dummys auf den Schultern dorthin tragen.

Daher stellt sich an dieser Stelle wieder einmal die Frage, ob es sich bei dieser Fehleinschätzung um einen tragischen Irrtum oder eine absichtliche Falschdarstellung der Gegebenheiten handelt.

Bei einem selbstverschuldeten Tod wäre die vorstehend beschriebene Tatsache betreffs Erreichen der Absturzstelle fraglos ohne Belang - bei der Annahme eines Tötungsdelikts aber von großer Bedeutung. Nur die Ignoranz dieser Zusammenhänge kann erklären, warum man Tanja 2007 nicht konsequent in diesem unteren Bereich der Roten Felsen suchte. Schließlich handelt es sich bei dem betreffenden Felsabschnitt zwischen Pallien und Biewer nicht um die endlosen

Weiten der Rocky Mountains, sondern lediglich um eine im Gesamtverlauf etwa fünf Kilometer lange Felswand, die mit wenigen Ausnahmen in den einzelnen Gärten der jeweiligen Anlieger endet.

Doch das kleine Plateau stellte anscheinend ein zu großes Hindernis für die Ermittler in Trier dar. Die benachbarten Gärten der Anwohner der Palliener Straße dagegen, die sowohl gut einseh- als auch leicht begehbar waren und von denen man direkt zur Felskante gelangen konnte, wurden von den Ermittlern fleißig durchsucht. Jedoch die kleine Wildnis, die ohne größeren Aufwand nicht begehbar und durch das Grün der Baumkronen aus der Luft auch nicht einsehbar war, mieden die eifrigen Ermittler. Stattdessen ließ man Hubschrauber und Drohnen das dichte Blätterdach des Plateaus überfliegen.

Die Absuche dieses Plateaus mit einer Hundestaffel hätte dagegen in den ersten Wochen nach Tanjas Verschwinden schnell und ohne großen Aufwand durchgeführt werden können. Insbesondere, da die Polizeihunde von besagtem Parkplatz der Studentenverbindung zu der nur 25 Meter entfernten Fundstelle ihre Suche ohne Ablenkung hätte aufnehmen können. Gestrüpp, Büsche, Hecken und unebenes Gelände stellen für solche Hunde kein Hindernis dar.

Warum man diese einfache Aktion unterließ und lieber mit High-Tech-Geräten agierte, ist insofern nicht nachvollziehbar. Was dem Forstarbeiter im Jahre 2015 gelang, hätte der Kripo Trier acht Jahre zuvor auch gelingen müssen. Insbesondere bei Einsatz einer ausgebildeten Hundestaffel. Die äußerst oberflächliche Suche der Polizei per Überflug dieses Plateaus konnte schlussendlich nur erfolglos bleiben.

Offensichtlich ging man gleich zu Beginn der Ermittlungen von einer FH-fernen, wenn nicht sogar von einer Trier-fernen Fundstelle aus. Wie sonst sind die Äußerungen des damaligen Soko-Leiters zu erklären, der bereits in der Anfangsphase des Falles unter anderem auch Frau Gräff gegenüber verheißungsvoll prophezeite, ihre Tochter Tanja befände sich längst nicht mehr im Raum Trier, geschweige denn im Umfeld des FH-Geländes.

Wie sich herausstellte, war diese kühne Behauptung weniger eine auf Fakten oder Indizien basierende Erkenntnis als vielmehr das Glaubensbekenntnis eines Ahnungslosen. Man könnte auch von Scheuklappenermittlung sprechen. Denn nur so ist zu erklären, dass es bezüglich eines potenziellen Ablageortes beziehungsweise Fundortes Tanja Gräffs zu dieser peinlichen Fehleinschätzung des damaligen Chefermittlers kam.

In jedem Fall war die Ermittlungsarbeit der Polizei insofern viel zu eng gefasst, als diese bis zu Tanja Gräffs Auffinden im Mai 2015 mehr oder weniger nur von der Annahme ausging, dass sich Tanja von dem Festgelände weit entfernt hatte.

Als eine erste Variante zog man in Betracht, Tanja habe das Gelände alleine und zu Fuß verlassen, denn anders ist beispielsweise die durchgeführte Suchaktion bzgl. der Straßenränder bis nach Korlingen nicht zu erklären.

Diese Variante erweiternd, ging man nach der Aussage des *Bauzaunhelfers* Lars[137] davon aus, dass Tanja mit einer fremden Person das FH-Gelände in Richtung Luxemburg verlassen hatte. Diese Fallhypothese, die einige publikumswirksame Suchaktionen nach sich zog, wurde im Abschlussbericht von Staatsanwalt H. Krause kleinlaut als Fehlspur abgewickelt. Das Auspumpen oder Absuchen der verschiedensten Seen durch Taucher, wie zum Beispiel den 86 Kilometer entfernten Luxemburger Obersauer-Stausee in Esch sur Sûre, belegen diese Fehleinschätzung der Ermittler.

Dementgegen kam ich nach Durchsicht der Akten im Jahre 2014 bereits zu dem Schluss, dass es sehr wahrscheinlich war, dass Tanja weder zu Fuß noch mit dem Bus das Gelände verlassen hatte. Oder jedenfalls so, dass es für Dritte nicht sichtbar war.

Konkret dienten als Grundlage dieser These die Alibiliste und die Angaben verschiedener Zeugen, wann und wie sie das Fest verlassen hatten. Auch die speziellen Modalitäten des Partygeländes fanden bei meinen Überlegungen Be-

[137] Siehe hierzu Kapitel 26 »Der Bauzaunhelfer und eine nebulöse Geschichte«.

rücksichtigung und wurden von mir bezüglich besagter These als wesentliche Faktoren eingestuft. Eine dieser Modalitäten bestand beispielsweise in den eingeschränkten Möglichkeiten, das FH-Fest in Richtung Trierer Innenstadt verlassen zu können. Es war nicht möglich, dass die Besucher in alle Himmelsrichtungen ausschwärmen konnten.

Es boten sich im Grunde nur zwei Alternativen an. Zum einen standen den Festbesuchern Shuttle-Busse zur Verfügung und zum anderen konnten sie die Innenstadt Triers - entweder über das Nadelöhr Schilling-Steg oder den Ausgang am Hauptfestplatz Richtung Bitburger Straße entlang auf schmalen Bürgersteigen - schlussendlich nur zu Fuß über die Moselbrücke erreichen. Tanjas Bewegungsprofil war unter Berücksichtigung dieser Fakten eingrenzbar.

Ihr natürlicher Heimweg hätte sie in jedem Fall über die Moselbrücke geführt. Da ich bereits zu Beginn meiner Recherche über die Alibiliste festgestellt hatte, dass sehr viele gute Bekannte Tanjas das Fest nach eigenen Angaben gegen 04:00 Uhr morgens verlassen hatten, ging ich davon aus, dass es in diesem Bereich unweigerlich zu Begegnungen, zumindest aber Sichtungen hätte kommen müssen. Darüber hinaus kannte Tanja Gräff eine Vielzahl von Menschen, die zwar auf dem Fest, aber nirgends gelistet waren. Auch von dieser Personengruppe hätte man ebenfalls eine Sichtung der jungen Studentin erwarten können. Da aber niemand Tanja auf diesem Weg gesehen hatte, stufte ich die Wahrscheinlichkeit, dass Tanja das Fest zu Fuß oder mit einem der Busse verlassen haben könnte, schon zu Recherchebeginn als geringfügig ein.

Aber auch die Alternative, das Fest unentdeckt mit einem Auto zu verlassen, war wenig wahrscheinlich, da die öffentlichen Parkplätze des FH-Geländes zur Partyzone umfunktioniert worden waren. Lediglich für Autos ausgewählter und damit akkreditierter Personen standen, wie bereits mehrfach erwähnt, Parkplätze zur Verfügung. Diese Autos waren alle registriert und wurden auch im Zuge der ersten Fahndungsbemühungen überprüft. Jedenfalls wäre das zu hoffen.

Unter Berücksichtigung der vorstehend angeführten Begebenheiten hätte man gerade die nähere Umgebung des Festgeländes mit größtmöglicher Intensität in Augenschein nehmen müssen, bevor man die aufwendigen Suchmaßnahmen geografisch ausweitete.

Trotz aller Kritik an dieser Ermittlungspanne war man jetzt in erster Linie daran interessiert, ob der *Fall Tanja Gräff* nach so vielen Jahren doch noch gelöst werden könnte. Und so erhoffte man sich von den Ermittlern im Zuge der angekündigten Pressekonferenz Aufklärung in Bezug auf all diese Fragen. Generell gab es eine hohe Erwartungshaltung hinsichtlich erster Erkenntnisse über den tragischen Tod Tanja Gräffs. Die angekündigte Pressekonferenz wurde deshalb mit Spannung erwartet. Denn bis zu diesem Tag gingen mein Team und ich, trotz der von uns bis dahin recherchierten Fehler, von nichts anderem als von einem unbedingten Aufklärungswillen seitens der Ermittler im *Fall Tanja Gräff* aus.

Doch was sich in den folgenden Pressekonferenzen abspielte, war an Perfidität nicht mehr zu übertreffen. Eine Melange aus Arroganz, Hilflosigkeit, Halbwahrheiten, Ausreden und Lügen wurden der geneigten Journalistenschaft kühl serviert.

Die taktischen Manöver in den folgenden Pressekonferenzen dienten ganz offensichtlich einzig und allein dem Vertuschen einer bis dahin desaströsen Ermittlungsarbeit und der sukzessiven Einstimmung der Öffentlichkeit - insbesondere der anwesenden Presse - auf das abschließend präsentierte Ermittlungsergebnis des selbstverschuldeten Todes einer völlig betrunkenen und in einem psychischen Ausnahmezustand agierenden Tanja Gräff.

Und nichts davon basierte auf beweisbaren Fakten.

31. Kapitel

Erste Pressekonferenz (PK 1)

12. Mai 2015, Trier

Anwesende:

Leitender Oberstaatsanwalt Fritzen
Staatsanwalt Dr. Samel
Polizeidirektor Ankner
Kriminaldirektor Berg
EKHK Soulier
Pressesprecher Jochum

Einen Tag, nachdem ein Forstarbeiter Tanjas sterbliche Überreste acht Jahre nach ihrem Verschwinden auf einem kleinen wildbewachsenen Plateau zufällig entdeckt hatte, wurde am 12. Mai 2015 durch die Trierer Ermittlungsbehörden eine Pressekonferenz anberaumt.

Vorausschickend verbleibt als wesentliche Erkenntnis dieser Pressekonferenz, in der es symptomatisch weniger um die Frage ging, ob Tanja einem Verbrechen zum Opfer gefallen war oder nicht, festzustellen, dass die Ermittlungsbehörden in der Hauptsache ihr Versagen rechtfertigten, indem sie all ihre unfruchtbaren Aktionen als herausragende Methoden ihrer Ermittlungsarbeit aufführten. Beispielhaft seien hier nur die Tauchaktionen oder das Auspumpen irgendwelcher Seen und Tümpel in Luxemburg und der Trierer Umgebung genannt.

Der Leitende Oberstaatsanwalt Fritzen eröffnete die Veranstaltung mit einer kurzen Zusammenfassung der bisherigen Erkenntnisse. Einleitend erklärte Fritzen, dass die sterblichen Überreste Tanja Gräffs tags zuvor im Zuge von Rodungsarbeiten auf privatem Gelände in Trier-Pallien gefunden wurden. Weiter wies er ausdrücklich darauf hin, dass der Fundort in einem sehr »unwegsamen Steilhanggelände«, am Fuße des Roten Sandsteinfelsens, in Trier-Pallien liege.

Fundort

Nachdem Leitender Oberstaatsanwalt Fritzen anschließend die bei Tanja aufgefundenen persönlichen Gegenstände wie Armbanduhr, Ohrringe, Halskette, Turnschuhe, Studentenausweis und ein Handy sowie die Verifizierung der Skelettteile über den Zahnstatus bekannt gegeben hatte, kaprizierte er sich erneut auf das Gelände des Fundorts. Er erweiterte seine Ausführungen dahingehend, dass es sich bei dem sehr »unwegsamen Steilhang« auch um ein »schwer zugängliches Gelände« handele.

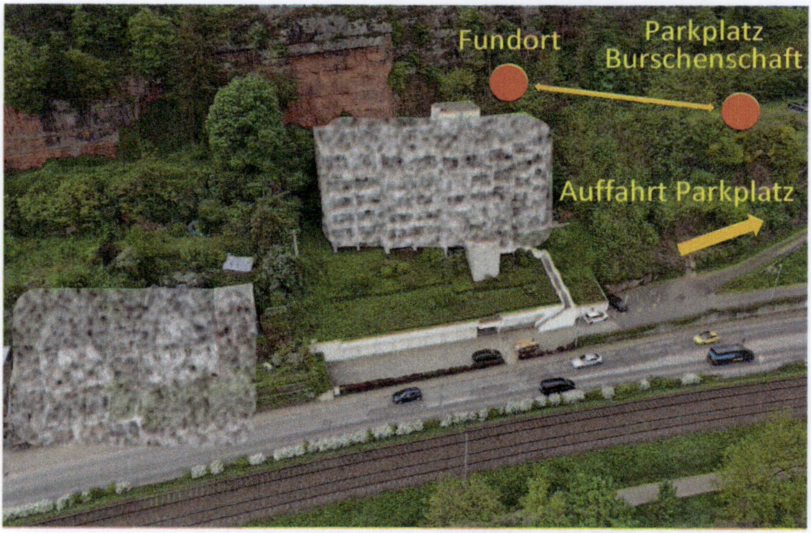

Sodann erläuterte er weiter, die Fundstelle sei circa einen Kilometer vom FH-Gelände entfernt, auf dem Tanja zuletzt gesehen wurde. Sich wiederholend resümierte Fritzen schließlich noch einmal über das nahezu unüberwindbare Gelände. Dazu Fritzen, Timecode 00:06:00 PK 1:

> »Das Gelände an der Fundstelle ist sehr steil, sehr unwegsam und schwer zugänglich.«

Außerdem sei es bis zur Durchführung der Rodungsarbeiten dicht mit Hecken, Sträuchern und Bäumen bewachsen gewesen. Nimmermüde betonte er die Geländeproblematik und erklärte auch mit Bezug auf das aufgefundene Skelett, dass »diese Stelle zu Fuß, wenn überhaupt, nur sehr schwer zu erreichen« gewesen sei - Timecode 00:06:25 PK 1.

Bis hierher sollte jetzt auch der uneinsichtigste Journalist oder Zuschauer von dem *Tatbestand der Unüberwindbarkeit des Geländes* überzeugt gewesen sein.

Zudem, so Fritzen weiter, gehe man davon aus, dass der Körper nicht von unten, also aus Richtung Mosel, an den Auffindeort gelangt, sondern von oben den Roten Felsen hinuntergestürzt und dort ins Gestrüpp gerutscht sei. Das leuchtet vollkommen ein, wenn man der *Dschungeldarstellung* des Ermittlers folgt. Denn wie sollte einem Täter mit einer Leiche auf den Schultern gelingen, was der Polizei unter Einsatz von Mensch und Material nicht möglich gewesen war?

Man kann konstatieren, dass der Leitende Oberstaatsanwalt Fritzen ausgesprochen bemüht war, der versammelten Presse und den Fernsehzuschauern das Versäumnis der Polizei, an dieser

Stelle nicht gesucht zu haben, in vorauseilender Rechtfertigung zu präsentieren. Ein nicht zu bezwingendes Steilhanggelände. Diese einleuchtende Erklärung sollte allem Anschein nach präventiv so entwaffnend wirken, dass sich die vermeintlich kritischen Pressevertreter Vorhaltungen oder lästige Fragen bezüglich des FH-nahen Fundortes sparen könnten. Getreu dem Motto: Wehret den Anfängen.

Für diese Annahme spricht auch, dass Fritzen in seinen Ausführungen tunlichst die Verwendung des Wortes Plateau, das im eigentlichen Wortsinn Ebene bedeutet, vermied. Dafür aber den Begriff des *unwegsamen Steilhangs* gleichsam überstrapazierte.

Auch wenn ich mich wiederhole: Mit dieser linguistischen Pirouette versuchte der Leitende Oberstaatsanwalt ganz offensichtlich, die Fehleinschätzungen und Versäumnisse hinsichtlich dieser Miniaturwildnis zu kaschieren, indem er der Zuhörerschaft deren Absuche als unmögliches Unterfangen suggerierte.

Auch EKHK Soulier vertiefte in seinen Ausführungen noch einmal die Unüberwindbarkeit der Hindernisse hin zum Fundort. Das Begehen des Geländes vom Garten des an das Plateau angrenzenden Hochhauses aus habe auch keine Option dargestellt, da der begrenzende Zaun immerhin 1,20 Meter hoch gewesen sei. Außerdem habe die Problematik, so Soulier, darin bestanden, dass angrenzend an den Garten des Hochhauses unmittelbar der Bewuchs begann. Dazu Soulier, Timecode 00:23:54 PK 1:

> »Da haben die Brombeerhecken angefangen, die waren etwa 1,50 [Meter] hoch und da drüber waren diese Ahorngewächse, die relativ dicht standen.«

Deshalb hatte man, laut Soulier, ohne Zerstören der Hecke keine Sicht auf die Fundstelle. Da seinerzeit keinerlei Hinweise von den Hausbewohnern eingegangen seien und auch sonst keinerlei *Such-Parameter* vorlagen, die diese Stelle als mögliche Fundstelle ausgewiesen hätten, habe dieser Bereich auch nicht im Fokus der Suchaktionen gestanden, so Soulier weiter. Warum auch. Er lag zwar im 5-Kilometer-Suchradius der Polizei, war aber, wie gesagt, schwer zugänglich.

Der Leitende Oberstaatsanwalt Fritzen sprang Soulier unterstützend zur Seite, indem er den Fundort auch noch als unspezifisch bezeichnete. Insoweit Fritzen, Timecode 00:24:50 PK 1:

> »Es ist so, das Auffinden oder der Auffindeort für sich genommen, ist natürlich unspezifisch.«

Es bleibt die Frage: Was ist eigentlich ein unspezifischer Fundort? Und wie spezifisch muss ein Fundort sein, damit Trierer Ermittler ohne fremde Hilfe vermisste Personen auffinden können?

Auch der stellvertretende Polizeipräsident Ankner wiederholte mantramäßig die umfangreichen, wenn auch fruchtlosen Bemühungen seitens der Polizei, Tanja zu finden. Er betonte, man habe in der Vergangenheit sogar versucht, sich »visuell Erkenntnisse« von oben, sprich mit Hilfe von Hubschraubern und Höhenkräften, über dieses unwegsame Gelände zu verschaffen.

Man überflog immerhin das Gelände, doch war das Blätterdach der Baumkronen zu dicht. Daher sei das Ergebnis aus dem Hubschraubereinsatz spärlich bis ungenügend gewesen. Das Dickicht auf dem Plateau selbst habe man nicht durchsucht. Wegen der Unwegsamkeit des Steilhanggeländes eben. Aber man habe, betonte Ankner, weitere Maßnahmen ergriffen, wobei er ausführte - Timecode 00:14:30 PK 1:

> »Der Bereich des Roten Felsens [...] ist in der Vergangenheit öfter abgesucht worden, und zwar [...] mit Kräften [...] der Höhenrettung der Berufsfeuerwehr, die sich in alle möglichen, irgendwie zugänglichen Bereiche abgeseilt haben, unter Inkaufnahme von Gefahren.«

Ankner beantwortete jede Frage, warum man dieses kleine Plateau nicht durchsucht habe, mit der Darstellung untauglicher Maßnahmen, die im Laufe der Jahre ergriffen worden waren. Im Besonderen wurde von ihm immer wieder auf die ausgedehnten, wenn auch erfolglosen und im Kontext gesehen sogar unsinnigen Suchaktionen in Luxemburg hingewiesen - dazu Ankner, Timecode 00:13:25 PK 1:

> »Wir sind bis in das benachbarte Großherzogtum Luxemburg, haben dort in Baggerseen und in vergleichbaren Gewässern gesucht.«

An dieser Stelle muss man das Augenmerk auf Ankners Formulierung »in alle möglichen, irgendwie zugänglichen Bereiche« richten, denn genau darum geht es hier. Man hat nur in *einfach* zugänglichen Bereichen gesucht.

Aber man suchte ja emsig von oben, wie alle Verantwortlichen immer wieder repetierten. Auch wenn alle Einsatzmaßnahmen zu Luft sinnlos waren, so waren sie immerhin sehr spektakulär und vor allem kostenintensiv.

So beschrieb Soulier mit einer bemerkenswerten Süffisanz exemplarisch den ungewöhnlichen und seiner Meinung nach maximal intelligenten, aber leider untauglichen Nachteinsatz eines Hubschraubers. Dazu Soulier, Timecode 00:18:57 PK 1:

> »Wir haben beispielsweise etwa eine Woche nach dem Verschwinden, sind wir nachts, ich glaube nachts um ein Uhr, mit Hubschrauber und Wärmebildkameras geflogen. Sie fragen sich, warum nachts um ein Uhr. Wir hatten einen heißen Som-

> mertag, die Felsen erhitzten sich auf [sic], für Wärmekameras. Und da haben wir gesagt, sie reagiert auf Wärme. Wir mussten also abwarten, bis die Felsen abgekühlt sind [...].
> Die Problematik zu dieser Jahreszeit ist aber, dass ein Blätterdach oben drüber ist, sie mit der Wärmebildkamera ganz schwere [sic] Karten haben oder nur schwer eine solche Wärmequelle erkennen.[...]
> Weil uns auch das bewusst war, sind wir hingegangen 2008, hatten dann im März, als die Situation entsprechend war, [...] wieder mit dem Hubschrauber probiert, ohne Blätterdach, bloß dann nutzten die Wärmebildkameras nichts mehr."

Als Resümee formuliert, scheiterte dieser ambitionierte Nachteinsatz also daran, dass für die am Hubschrauber angebrachte Wärmebildkamera die Abstrahlung des aufgeheizten Felsens in dieser Nacht noch zu hoch und das Blätterdach zu dicht war und daher diese Aktion leider auch ohne Befund blieb. Und im darauffolgenden März war das Blätterdach zwar nicht mehr so dicht und auch die Hitze hielt sich im Rahmen, doch feststellen konnte man nichts mehr. Es war viel zu lange her. Eine verweste Leiche strahlt keine Wärme mehr ab. Aber wer konnte das schon ahnen?

Die eingesetzten Höhenretter kamen auch nur bis zu einem Felsvorsprung, und wegen dessen Beschaffenheit, so Polizeidirektor Ankner, mussten die Männer wieder hochgezogen werden.

So erging es auch den abgeseilten Spürhunden. Die armen, stressgeplagten Viecher, in Todesangst in zig Meter Höhe baumelnd und um ihr Leben *fürchtend*, waren nicht in der Lage, eine entsprechende Spur aufzunehmen. Ein erfahrener Hundeführer versicherte mir, dass diese *Freestyle-Methode* ohnehin nicht erfolgversprechend war, da Hunde Flächenschnüffler seien und ausschließlich auf der Erde Fährten aufnehmen könnten. Dagegen stelle die Vegetation für einen ausgebildeten Leichenspürhund im Allgemeinen kein bedeutendes Hindernis dar.

Die Antwort auf die Frage, warum die Hunde nicht auf allen vieren auf dem Plateau eingesetzt wurden, entzieht sich unserer Kenntnis. Es bleibt zu befürchten, dass es überhaupt keine sinnvolle Erklärung für diesen *Hunde-Slapstick* gibt. Seriöserweise muss ich darauf hinweisen, dass diese Story nicht dem Drehbuch von *Police Academy* entstammt, sondern Teil *professioneller* Suchaktionen im *Fall Tanja Gräff* darstellte.

Warum man weder Kosten noch Mühen scheute, ein nicht einsehbares Gelände ausschließlich aus der Höhe zu begutachten, aber die kostengünstigere und vielversprechendere Variante der Sichtung vom Erdboden aus unterließ, ist ein weiteres Geheimnis der Trierer Ermittlungsbehörden. Interessanterweise belobhudelte man ausgiebig die großen, aufwendigen Einsätze aus der Luft, bestritt aber gleichzeitig die gebotene Notwendigkeit einer Durchsuchung dieses zugewucherten Plateaus in Gänze.

Bei nüchterner Betrachtung korreliert aber die Notwendigkeit eines kostenintensiven Höheneinsatzes zwingend mit dem Erfordernis entsprechender Bemühungen auf dem Boden: Denn wenn man eine Person beziehungsweise eine Leiche in einer bestimmten Umgebung vermutet, wird die Auffindewahrscheinlichkeit nicht dadurch geringer, dass das Gelände sich als dicht bewachsen beziehungsweise als schwer zugänglich erweist.

Der Frage eines Journalisten, ob das Unterlassen der Absuche des Plateaus von der Straßenseite aus inzwischen von der Behörde als Fehler erkannt werde, entgegnete Ankner, er könne diesbezüglich »keinen Fehler« erkennen, und außerdem habe es schließlich keine Hinweise auf diese Stelle gegeben. Hierbei verkennt Ankner offenbar das von ihm selbst geschaffene Paradoxon, einerseits die Notwendigkeit der durchgeführten Höhenmaßnahmen zu prononcieren, gleichzeitig aber zu behaupten, dass es keinerlei Hinweise gegeben habe, an eben dieser Stelle, über der sowohl Hubschrauber wie auch Hunde *flogen*, nach Tanja zu suchen.

Die Ermittler leugneten einfach die Wechselbeziehung dieser Aktionen. Dazu Soulier, Timecode 00:30:55 PK 1:

> »Dann probieren sie mit Kamera aus dem Hubschrauber, mit Hunden und so weiter, aber sie können nicht alles roden, was ihnen im Weg steht.«

Man hatte doch alles Menschenmögliche getan, aber wie gesagt: *Die Dichte des Dickichts war einfach zu dicht*. Dazu Soulier, Timecode 00:30:54 PK 1:

> »Sie stoßen immer wieder auf Hindernisse in Form von Dickicht, wo sie nicht durchkönnen.«

Nur *Superman*, als Forstarbeiter getarnt, gelang schließlich das Unmögliche, nämlich das *unwegsame, schwer zugängliche Steilhanggelände*, ohne Gefahr für Leib und Leben und ohne vorherige komplette Rodung[138] des ganzen Plateaus, zu bezwingen. Ich habe sichere Kenntnis darüber, dass sich besagter Forstarbeiter trotz dieses *tollkühnen Husarenstücks* bester Gesundheit erfreut.

Die Trierer Ermittlungsbehörden lieferten dem Zuhörer in dieser ersten Pressekonferenz stellenweise geradezu groteske Rechtfertigungsversuche, wie stellvertretend die nachfolgende Anmerkung Souliers belegt, Timecode 30:37 PK 1:

> »Hätten wir geahnt, dass sie dort liegt, hätten wir natürlich Rodungsarbeiten veranlasst.«

Ein weiterer ambitionierter Rechtfertigungsversuch seitens Souliers bestand in seiner Behauptung, man sei von Beginn der Ermittlungen an

---

[138] Hinweis: Das komplette Plateau wurde erst nach Auffinden Tanja Gräffs gerodet.

vom Gedanken eines Unglücksfalls ausgegangen. Dazu Soulier, Timecode 00:30:10 PK 1:

> »Die Suche der Roten Felsen [sic], der Absuche und auch der Mosel [sic] in den Anfangstagen der Sonderkommission waren natürlich geprägt von dem Gedanken, könnte hier ein Unglücksfall passiert sein?«

Dass die Ermittlungen in den ersten Tagen vordergründig auf ein Unfallgeschehen ausgerichtet waren, scheint durchaus nachvollziehbar. Es stellt sich nur die Frage, ob man gerade bei der Annahme eines Unfalls nicht sogar zwingend die Felsen und die dazugehörenden Schluchten in der näheren Umgebung der FH Trier inklusive des kleinen Plateaus hätte absuchen müssen.

Wenn jemand plötzlich und unerwartet von einem zehn Meter hohen Sprungbrett verschwindet, sucht man doch auch erst das darunterliegende Becken ab - *auch wenn gegebenenfalls schwer begehbar* - und nicht die Schwimmbäder der Umgebung, beispielsweise in Luxemburg.

Gegen eine Absolutheit der Unfallhypothese, die Soulier zumindest subkutan schon einmal anklingen ließ, spricht nicht zuletzt sein eigener Schlussbericht vom 16. Januar 2009. Hier schrieb er - Abschlussbericht EK FH - Seite 5:

> »Es wurde sowohl die Möglichkeit eines Unfalles als auch die eines Kapitaldeliktes in Erwägung ge-

> zogen, was in der Folge zu umfangreichen Ermittlungen führte. Neben großangelegten Suchmaßnahmen, die sich teilweise bis nach Luxemburg hin erstreckten, lag ein Schwerpunkt schon von Beginn der Ermittlungen an auf der Sicherung und Auswertung von Funkzellendaten. [...] Der Fall gewann überregionale Bedeutung und wurde in verschiedenen Fernsehsendungen gezeigt, u.a. Aktenzeichen XY.«

Die Kausalverknüpfung, die man hier herzustellen versuchte, ist allerdings in sich nicht schlüssig. Ein Unfall wäre doch wohl ausschließlich in die Nähe des FH-Geländes zu verorten gewesen, während die Ermittlungen in Luxemburg und der Trierer Umgebung dagegen sicher ein Kapitaldelikt voraussetzten.

Gegen die Behauptung, dass von Beginn an das Vorliegen eines Unfalls die leitende Ermittlungshypothese dargestellt hatte, spricht auch, dass in derselben Pressekonferenz der Leitende Oberstaatsanwalt Fritzen erklärte, Timecode 00:29:28 PK 1:

> »Es ist ne große SoKo gegründet worden, weil es halt eben ein schwerwiegendes Verbrechen letztendlich [sic] oder weil die Vermutung eines schwerwiegenden Verbrechens im Raum stand und weil es unsere Aufgabe war, das aufzuklären.«

Also, was sollte der letztlich unpassende Einwurf einer frühen Unfallthese Souliers an dieser Stelle, gegen die im Übrigen auch spricht, dass man mindestens genauso früh, nämlich bereits am dritten Tag nach Tanjas Verschwinden im Jahre 2007, einen vermeintlichen Tatverdächtigen[139] ausgemacht hatte.

Wollte man hier schon eine sanfte Duktus-Änderung bezüglich der Frage, ob man schon zu Beginn der Ermittlungen mehr ein Unfallgeschehen als ein Tötungsdelikt präferierte, einleiten? Als ob man es schon von Anfang an geahnt hätte, dass es sich im *Fall Tanja Gräff* doch nur um einen Unfall gehandelt haben konnte! Versuchte der engagierte Ermittler mit dieser Äußerung bereits in der ersten Pressekonferenz dem späteren, uns alle überraschenden Ergebnis des *selbstverschuldeten* Todes Tanja Gräffs Vorschub zu leisten? Dazu Soulier, Timecode 30:23 PK 1:

> »Wobei das wir [sic] im Moment ja gar nicht sagen können, was passiert ist.«

Was nicht ist, kann ja noch werden. Denn der sukzessive Paradigmenwechsel vom Kapitaldelikt zum selbstverschuldeten Tod Tanja Gräffs, der sich von der ersten bis hin zur dritten Pressekonferenz im Juni 2017 vollzog, ist und bleibt eine nicht zu leugnende Metamorphose.

---

[139] Siehe hierzu Kapitel 23 »Der Zeuge Marco«.

Bereits an dieser Stelle sei darauf hingewiesen, dass sich die in der PK 1 vom Leitenden Oberstaatsanwalt Fritzen angekündigten neuen Ermittlungsarbeiten schlussendlich doch wesentlich kürzer gestalteten, als zu erwarten war. Schon nach sieben Wochen konnte man in der zweiten Pressekonferenz vom 09. Juli 2015, gestützt durch das fundierte Gutachten des Gerichtsmediziners Professor Urban, - scheinbar akzeptable - Hinweise für ein Unfallgeschehen im *Fall Tanja Gräff* vorweisen.

32. Kapitel
Zweite Pressekonferenz (PK 2)

09.Juli 2015, Trier

Anwesende:

Leitender Oberstaatsanwalt Fritzen
Staatsanwalt Dr. Samel
Polizeipräsident Schömann
EKHK Soulier
Prof. Dr. Dr. Urban
Leiter der Pressestelle U. Konz

Teil 1 Staatsanwaltschaft und Kripo

Am 09. Juli 2015, nur acht Wochen nach der ersten Pressekonferenz vom 12. Mai 2015, in der der Leitende Oberstaatsanwalt Fritzen versprach, den *Fall Tanja Gräff* komplett neu aufzurollen und unter Berücksichtigung aller Fakten sowie allem wissenschaftlichen und kriminaltechnischen Know-how alles Menschenmögliche zu unternehmen, um zu einem seriösen Ergebnis zu gelangen, trat die *Trierer Ermittlerriege* in Gestalt von Leitendem Oberstaatsanwalt Fritzen, Staatsanwalt Dr. Samel, Polizeipräsident Schömann und EKHK Soulier erneut vor die versammelte Presse. Doch im Verlauf dieser zweiten Pressekonferenz zum *Fall Tanja Gräff* sollte sich diese vollmundige Ankündigung des Leitenden Oberstaatsanwaltes als reines Lippenbekenntnis herausstellen. Denn diese zweite Pressekonferenz entpuppte sich sukzessive zu einer regelrechten Erw*eckungsversammlung*, bei der gesicherte Erkenntnisse, *basierend auf wissenschaftlichen Fakten*, einfach durch reine Glaubensbekenntnisse ersetzt wurden.

Gleich zu Beginn der PK 2 begannen die anwesenden Ermittler - entgegen Fritzens einleitender Ansage bezüglich eines noch anzunehmenden Kapitaldeliktes - zügig und gekonnt subtil die Unfallthese anklingen zu lassen. Diese anfangs noch zaghaft angedeutete These fand dann am Ende dieser Pressekonferenz mit der unerwarteten und ebenso unerschrocken verkündeten *Heilsbotschaft*, Tanja Gräff sei keinem Tötungsdelikt zum Opfer gefallen, sondern schlicht und ergreifend verunfallt, durch den beherzten Einsatz des Mainzer Rechtsmediziners Professor Urban ihre Vollendung.

Die inoffizielle Mission dieser Pressekonferenz bestand offensichtlich im Wesentlichen darin, diese unerwartete *Erleuchtung* glaubhaft zu machen, Kritiker verstummen zu lassen und die Ungläubigen zur Umkehr aufzufordern. Die öffentlich vollzogene Kehrtwende im *Fall Tanja Gräff* lautete - für alle hör- und sichtbar - weg von Fakten hin zum Glauben, sprich weg vom Kapitaldelikt hin zum selbstverschuldeten Tod.

Im Anschluss an diese zur Veranschaulichung herangezogene Polemik werde ich die detailgetreue Aufarbeitung der von mir aufgestellten Behauptungen anhand des wortgenauen Transkriptes der Pressekonferenz vom 09. Juli 2015 darstellen. Dazu werde ich exakt die einzelnen Punkte aufführen, die, sachlich vorgetragen, diese *wundersame Wandlung* im *Fall Tanja Gräff* belegen.

Zweite Pressekonferenz am 09. Juli 2015 in Trier

Die einführenden Worte des Polizeipräsidenten Schömann bildeten den Auftakt zu dieser Veranstaltung. Einmal mehr hob er gleich zu Beginn den so umfangreichen kriminalistischen Aufwand der Trierer Ermittlungsbehörden, unterstützt von verschiedenen Kriminalämtern oder anderen wichtigen Institutionen, wie beispielsweise der Rechtsmedizin der Universität Mainz, hervor. Dazu erklärte Schömann, Timecode 00:04:45 PK 2:

> »[...] der Vermisstenfall Tanja Gräff war und ist im Polizeipräsidium Trier stets Chefsache gewesen. Das bedeutet, dass die Fallbearbeitung immer mit dem notwendigen Personal- und Mitteleinsatz, wie aktuell auch, erfolgt ist.«

Diese Behauptung entspricht nicht ganz den Tatsachen. Tatsächlich forderte Frau Gräff in den Jahren zuvor - mit mehr oder weniger großem

Erfolg - unermüdlich die Wiederaufnahme der Ermittlungen.

Hinweis:

Erst nachdem Frau Gräff im Jahre 2011 beim rheinland-pfälzischen Innenminister um einen Neustart der Ermittlungen regelrecht gebettelt hatte, wurden nach langem Hin und Her zwei Kollegen aus Idar-Oberstein ins Kommissariat nach Trier abgestellt, um eine Expertise hinsichtlich einer eventuellen Neuaufnahme der Ermittlungsarbeit zu erstellen. Dieses Unterfangen wurde der Öffentlichkeit durch Polizeipräsident Schömann 2011 im Voraus im ZDF-Magazin »Hallo Deutschland« nonchalant als selbstkritische Eigeninitiative der Behörden präsentiert.

Nach einem Jahr Aktenstudium kamen die beiden Polizeibeamten zu dem Ergebnis, dass den Trierer Kollegen weder Versäumnisse vorzuwerfen seien noch, dass sich neue Ermittlungsansätze im Fall Tanja Gräff ergeben hätten. Also keine neuen Ermittlungen und schon gar keine Chefsache. Besonders hervorzuheben ist hierbei, dass die Kontrollinstanz aus Idar-Oberstein wohl weder die Kausalität zwischen dem Unbekannten des Zeugen Marco und dem Spitzbart der Zeugin M noch die Unterdrückung der »Spur 38-Spitzbart« als Fehlverhalten der Trierer Ermittler erkannte.

Letzten Endes, aber nicht weniger erstaunlich, beanstandete das Dream-Team aus Idar-Oberstein auch nicht die merkwürdige Vorgehensweise der Trierer Ermittler speziell in Bezug auf die Person Spitzbart-Omega[140]*. Sofern dessen Akte mit der »Spurennummer 336« den beiden Polizisten überhaupt zur Durchsicht vorgelegt wurde.*

Man könnte es natürlich auch einfach vergessen haben. Oder so.

Im Februar 2014, fast sieben Jahre nach Tanjas Verschwinden, reiste eine inzwischen völlig verzweifelte Frau Gräff, begleitet von ihrem Anwalt Detlef Böhm, nach Mainz, um die Ministerpräsidentin Dreyer persönlich um die Wiederaufnahme der Ermittlungen zu bitten. Erfolglos.

So sollte die blumige Einleitung der zweiten Pressekonferenz durch Polizeipräsident Schömann wohl weniger der Wahrheitsfindung dienen, als

---

[140] Siehe dazu Kapitel 29 »Spitzbart Omega«.

vielmehr jede aufkommende Kritik an Unterlassungssünden seitens der Ermittler im *Fall Tanja Gräff* wieder einmal präventiv vom Tisch fegen. Die Abwehrmechanismen der Ermittlungsbehörden funktionierten tadellos.

Dementsprechend versuchte im Weiteren nun auch der Leitende Oberstaatsanwalt Fritzen durch den abundanten[141] Einsatz positiv besetzter Vokabeln wie hohem personellen und hohem sachlichen Einsatz, seriös, wissenschaftlich, kriminalistisch, bar jeglicher Spekulation, Bundeskriminalamt, DNA-Abgleich etc. Vertrauen in die Polizeiarbeit öffentlich herzustellen. Die Absicht in der Semantik seines Vortrags war eindeutig. Denn gleichzeitig wurden von ihm *kritische Stimmen aus dem Volk* mit Vokabeln wie unseriös, unerträglich, spekulativ, selbsternannte Internetermittler, Mutmaßungen etc. belegt.

Ein durchaus geschickter Schachzug, um die anwesende Presse *im Zaum zu halten* und, wie schon in der ersten Pressekonferenz, *davor zu bewahren*, sich etwa an kursierenden Gerüchten oder an immer stärker werdender öffentlicher Kritik an der Polizeiarbeit zu beteiligen. Welcher Journalist möchte denn schon fernsehwirksam in die Ecke der Unseriösen gestellt werden?

Ich möchte keinesfalls den anwesenden Ermittlern linguistische Kenntnisse unterstellen, als vielmehr antrainiert routinierte Abwehrmechanismen, wie das folgende Beispiel zeigt: Der

[141] Häufig, reichlich, reihenweise (vorkommend).

zaghaften Nachfrage einer *unbelehrbaren* Journalistin am Ende der Veranstaltung, ob die Polizei womöglich doch Fehler einräume, entgegnete Soulier mit folgender Gegenfrage, Timecode 01:33:19 PK 2:

> »Wie definieren, wie [...] Definition [...] Sie nen Fehler?«

Thematisch äußerte sich der Leitende Oberstaatsanwalt Fritzen außerdem dahingehend, dass es sich bei dieser Pressekonferenz nur um »eine reine Darstellung der Fakten« handeln könne, da es »für kriminalistische Schlussfolgerungen zu möglichen Geschehensabläufen oder Handlungshypothesen immer noch zu früh« sei. Doch dieser einleitende Hinweis Fritzens sollte im Nachhinein sehr erstaunen. Denn schon im zweiten Teil dieser Pressekonferenz wurden, wie oben bereits avisiert, durch den Rechtsmediziner Professor Urban anhand der von ihm festgestellten Verletzungsmuster der sterblichen Überreste Tanja Gräffs sowohl Geschehensabläufe als auch eine Handlungshypothese *munter* in den Raum gestellt.

Und während sich der Leitende Oberstaatsanwalt Fritzen in der gesamtem PK 2 durchgehend auf der Sachebene eines anzunehmenden Kapitaldeliktes und der damit einhergehenden Notwendigkeit einer entsprechenden Ermittlungsarbeit bewegte, agierten Schömann, Dr. Samel und Soulier tendenziell schon in eine ganz andere

Richtung. Es herrschte wohl das Prinzip größtmöglicher Verwirrung.

In einem Kanon singen normalerweise alle Akteure dieselbe Strophe, eben nur zeitversetzt. Aber in diesem Quartett *summte* nur noch der Leitende Oberstaatsanwalt Fritzen die Strophe des mutmaßlichen Kapitaldelikts. Die anderen Akteure *trällerten* schon leise die Unfall-Hypothese vor sich hin.

Polizeipräsident Schömann beschrieb im Übrigen die erfolgreiche Aufklärungsarbeit der Trierer Ermittler bei vorsätzlichen Tötungsdelikten. Dazu erklärte er, Timecode 00:05:49 PK 2:

> »Unabhängig vom Vermisstenfall Tanja Gräff darf ich Ihnen mitteilen, dass das K11-Trier seit 2010 siebenundvierzig vorsätzliche Tötungsdelikte bearbeitet hat. Alle diese Tötungsdelikte konnten vom K11 aufgeklärt werden.«

Diese von Schömann ohne Not vorgetragene und für die Lösung des *Falles Tanja Gräff* vollkommen belanglose Erklärung stellte wohl die geschickt kaschierte Einleitung des bereits im vorangehenden Kapitel angekündigten Paradigmenwechsels vom Tötungsdelikt hin zum Unglücksfall beziehungsweise Suizid dar.[142] Denn was sonst wollte uns der *Dichter* mit der *Erfolgsgeschichte* der Trierer Ermittler anderes sagen, als indirekt darauf hinzuweisen, was nicht aufgeklärt werden

---

[142] Siehe hierzu Kapitel 31 »Erste Pressekonferenz«.

konnte, auch kein Tötungsdelikt sein kann. Daher kommt konsequenterweise im vorliegenden Fall nur Unfall oder Suizid in Frage. Das ist doch logisch oder etwa nicht?

Schon vier Minuten nach Eröffnung der zweiten Pressekonferenz ging Polizeipräsident Schömann auf die neuen Arbeitshypothesen und geänderten Prioritäten ein. Insoweit führte Schömann explizit Folgendes aus, Timecode 00:03:47 PK 2:

> »Die bisherigen Spurenakten [...] werden überprüft und wegen des nunmehr bekannten Fundortes der Leiche und neuer angenommener Arbeits[...]hypothesen zum Teil auch in geänderte Prioritäten gesetzt. Eine Mehrzahl dieser personenbezogenen Ermittlungen konnte bisher ohne Relevanz, das heißt Fallbedeutung, abgeschlossen werden.«

Diese *semantische Verwirrung* sollte vermutlich bedeuten, dass man im Hinblick auf den Fundort zu neuen Erkenntnissen gekommen sei, sprich dadurch denklogisch in der Folge auch andere Prioritäten in der Ermittlungsarbeit zu setzen habe.

Fazit: Mit den neuen Erkenntnissen könnte sich der Fall jetzt vielleicht als Unfall zu *erkennen geben*, wie es Soulier durch den Hinweis auf die ursprünglich angenommene *Unglückstheorie* schon so vorausschauend weise in der PK 1 hatte anklingen lassen.[142] Natürlich lag es deshalb nahe, jetzt andere Prioritäten zu setzen, beispielsweise in der Beweisführung für einen selbstverschuldeten Tod.

Sogenannte flankierende Fakten für diese *Unfall-Theorie* stellten dann die seitens Fritzens in seiner Einleitung so plötzlich und völlig unerwartet angekündigten und durch Dr. Samel vorgestellten[143] zehn Berentzen-Fläschchen sowie ein vermeintliches Reagenzglas dar. Diese Fundstücke, etikettiert mit erheblich neuem Erkenntniswert, wurden der staunenden Presse jetzt verheißungsvoll präsentiert.

Plötzlich stand die Botschaft unausgesprochen im Raum: Alkohol und Drogen! Sollte sich tatsächlich der bis dahin so mysteriöse *Fall Tanja Gräff* in den trivialen Unfalltod einer *drogenaffinen Säuferin*[144] auflösen, die dummerweise in einen »unwegsamen, schwer zugänglichen Steilhang« stürzte, zu dem laut Trierer Ermittler kein Weg führte?

Dieses Narrativ wurde im Verlauf der kompletten Pressekonferenz 2 den anwesenden Journalisten und Fernsehzuschauern in homöopathischen und verträglichen Dosen zugeführt, wie man am folgenden Beispiel der Ausführungen zu Fundstücken erkennen kann. Dazu Dr. Samel, Timecode 01:07:43 PK 2:

> »Ich [...] will Ihnen dann zum Abschluss noch ein paar Fakten [...] mit auf den Weg geben, zu den Dingen, die wir gefunden haben.«

---

143 Siehe Kapitel 1 »Vorglühparty«.

144 Siehe Kapitel 33 »Ein postmortales Gutachten«.

Doch bevor sich Dr. Samel prätentiös den vermeintlich neuen Fundstücken zuwandte, handelte er noch zügig die bis dahin angeblich mäßigen und wertlosen Erkenntnisse bezüglich der aufgefundenen Gegenstände Uhr und Handy ab. Zur Uhr erklärte Dr. Samel, Timecode 01:08:05 PK 2:

> »[...], dass uns die Uhr leider, was den Todeszeitpunkt als solchen angeht, nicht weiterbringt. Es gibt eindeutige Schäden an der Uhr selbst. [...] Also insofern haben uns die Untersuchungen, was die Uhr angeht, leider nicht weitergeführt.«

Sicher wollte der Ermittler das anwesende Publikum nicht langweilen und verschwieg deshalb die von mir nachstehend aus dem Abschlussbericht zitierten, meines Erachtens durchaus interessanten Fakten bezüglich der Uhr und des Handys. Aus dem Abschlussbericht der Staatsanwaltschaft vom 22. Juni 2017 Rz. 58, 59 - zur Uhr:

> »Die Zeigerstellung der aufgefundenen Uhr zeigt 06.25 Uhr an, das Datum den 7. eines Monats an einem Dienstag. Das FH Fest war in der Nacht vom Mittwoch den 06.06 auf Donnerstag, den 07.06.2007. Bei der Begutachtung konnte jedoch letztlich aufgrund des Zustandes des Uhrwerks infolge von Witterungseinflüssen nicht mit Sicherheit geklärt werden, ob die Uhr durch das Sturzgeschehen stehen geblieben ist. Das Uhrwerk lief nach Einlegen einer neuen Batterie, jedoch ohne

dass sich die Zeiger bewegten. [...] Weder an dem Glas, [sic] noch an dem Ziffernblatt der Uhr konnten Spuren festgestellt werden, die auf Prägemarken hinweisen, welche bei dem Sturz durch die Zeiger der Uhr verursacht worden sein könnten. [...]«

Zum Thema Handy wies Dr. Samel in der laufenden PK 2 lediglich darauf hin, dass das Auslesen des erstaunlich gut erhaltenen Handys noch einige Zeit in Anspruch nehmen würde. Aber auch hier kann ich Interessantes aus dem Abschlussbericht vom 22. Juni 2017 Rz. 64, 65 wiedergeben:

> »[...] Gegen 03:57 Uhr wurde im Telefonspeicher eine SMS mit dem Wort ›Abba‹ abgelegt. Es handelt sich um eine SMS, die geschrieben, aber nicht versandt wurde. Der Sinn dieses Wortes konnte nicht geklärt werden. Um 03:59 Uhr wird die Telefonnummer [...] als ausgehende Telefonverbindung im Zwischenspeicher des Handys registriert. Eine Verbindung kam nicht zustande. Es muss sich um einen sehr kurzen Anwahlversuch gehandelt haben, möglicherweise um diese Rufnummer zu sichern. [...] Die Telefonnummer konnte weder in den Kontaktdaten des Telefonspeichers noch in den sonstigen Unterlagen bzw. auf ihrem Laptop festgestellt werden. [...] Eine Anschlussinhaberfeststellung ergab, dass diese Nummer zum damaligen Zeitpunkt auf die Person K[...] ausgegeben war. [...]«

Diese tatsächlich neuen und erkenntnisfördernden Fakten in Richtung Kapitaldelikt verschwieg Dr. Samel in der zweiten Pressekonferenz und wandte sich stante pede - nach der lapidaren Abhandlung und Leugnung jeglichen Erkenntniswertes dieser beiden Gegenstände, Handy und Uhr - den bereits angekündigten neuen Erkenntnissen in Gestalt der aufgefundenen, in diesem Zusammenhang völlig bedeutungslosen, Berentzen-Fläschchen und der Ampulle zu. Schließlich galt es, den *Prioritätenwechsel* plausibel zu machen. Dazu Dr. Samel, Timecode 01:09:15 PK 2:

> »Die angesprochenen kleinen Berentzen-Fläschchen, [...] die Sie jetzt auf dem Bild sehen [...] und diese kleine Ampulle, die rechts nebendran ist, all das sind Gegenstände, die [...] von uns im unmittelbarem Bereich des Auffindeortes der sterblichen Überreste [...] aufgefunden worden sind. Also diese Berentzen-Fläschchen und auch die Ampulle lagen quasi dicht beim Körper, teilweise unterm Körper, wenn man das mal so bezeichnen will. So dass wir [...] davon ausgehen müssen, dass es sich hier um Gegenstände handelt, die von Tanja Gräff zu diesem Zeitpunkt mitgeführt worden sind, mutmaßlich in ihrer Tasche mitgeführt worden sind.«

Weiter erläuterte Dr. Samel, alle Gegenstände seien vom Landeskriminalamt untersucht worden. DNA-Spuren hätte man an den Fläschchen keine mehr feststellen können. Zudem seien die

Fläschchen auf deren früheren Inhalt analysiert worden. Alles, was sich darin befunden habe, seien Spirituosen, und zwar typischen Inhaltes gewesen. Auch sei explizit danach geschaut worden, ob sich möglicherweise andere Substanzen, wie beispielsweise Betäubungsmittel, Arzneimittel oder KO-Tropfen in den Fläschchen befunden hätten. All dies sei aber nicht der Fall gewesen.

In den Kapiteln 1 und 3 habe ich die Bedeutungslosigkeit dieser Fläschchen im Zusammenhang mit dem Tod Tanja Gräffs bereits ausführlich dargestellt und dafür schlüssigen Nachweis erbracht. Dennoch beziehungsweise gerade deswegen ist es wichtig, an dieser Stelle minutiös aufzuzeigen, wie Dr. Samel mit der Thematisierung der Fläschchen und dem vermeintlichen Reagenzglas die Öffentlichkeit zu manipulieren versuchte.

Auf die berechtigte Frage eines Journalisten, wie man diese Fläschchen - ohne DNA-Spuren - Tanja Gräff so konsequent zuordnen konnte, antwortete Dr. Samel nonchalant - Timecode 01:11:55 PK 2:

> »Wie ich mal gesagt habe [...], die Auffindesituation dieser Fläschchen im unmittelbaren Kontext unter den sterblichen Überresten, sehr gedrängt bei den sterblichen Überresten, lassen diesen Schluss zu.«

Dieses Narrativ illustriert, mit welcher Chuzpe Staatsanwalt Samel in dieser zweiten Pressekonferenz bewusst gegen die Journalisten agierte. Natürlich konnten die Ermittler diese Fläschchen Tanja schnell zuordnen. Schließlich wusste man bereits seit dem Jahr 2007 von deren Existenz.

Aber man wollte ja die Fläschchen und die Ampulle der Zuhörerschaft als die angekündigten Neuerkenntnisse verkaufen, obwohl, wie gesagt, die Bedeutungslosigkeit dieser Gegenstände bereits im Jahre 2007 bekannt bzw. aktenkundig war. Tanja hatte sowohl die Fläschchen als auch die kleine Ampulle als Beitrag für die Vorglühparty am Abend ihres Verschwindens mit sich geführt und die Absicht, sie zwecks Wiederverwendung in ihrem entsprechenden Fläschchen-Gurt zurück nach Hause zu nehmen.

Im Rahmen ihrer Befragung[145] berichtete die Zeugin Mara ausführlich sowohl über das Herumreichen dieser Berentzen-Fläschchen als auch den Gebrauch der Ampulle während der Vorglühparty[143]. Zudem erklärte Adrian bei seiner Vernehmung[146], dass die von Tanja mitgeführten Alkoholreste am Eingang zur FH-Fete vor den Augen der Security zu entsorgen waren.

Dr. Samel wusste also in der ersten wie in der zweiten Pressekonferenz nicht nur sehr genau, dass diese Fläschchen und die Ampulle auf der Vorglühparty in besagter Nacht vom 06. auf

[145] Vernehmungsprotokoll vom 10. Juni 2007.
[146] Vernehmungsprotokoll vom 09. Juni 2007.

den 7. Juni 2007 zum Einsatz gekommen waren, sondern auch, dass Tanja diese leer[147] in ihrer Tasche auf das FH-Gelände mitgebracht hatte. Bemerkenswerterweise wird im Abschlussbericht der Staatsanwaltschaft vom 22. Juni 2017 die Aussage der Zeugin Mara bezüglich der Berentzen-Fläschchen und der Ampulle sogar ausgiebig gewürdigt.

Mithin darf postuliert werden, dass Dr. Samel die Presse in puncto aufgefundener Fläschchen und Ampulle bewusst hinters Licht führen wollte, denn obwohl ihm bekannt war, dass die Fläschchen beim Betreten des FH-Geländes bereits leer waren, erklärte er *seinem* Publikum bedeutungsschwanger, Timecode 01:12:30 PK 2:

> »Die Fläschchen waren [...] sozusagen ausgetrunken, von wem auch immer.«

Natürlich waren sie leer. Auf der Vorglühparty von den dort anwesenden Studenten ausgetrunken.

Leider hatte Dr. Samel vergessen, diese Kleinigkeit zu erwähnen und damit der erstaunten Presse die Belanglosigkeit dieser Fundstücke zu offenbaren. Stattdessen versuchte er ganz offensichtlich, den anwesenden Medienvertretern das Gedankenspiel zu suggerieren, Tanja habe diese zehn Fläschchen vor ihrem selbstverschuldeten Tod persönlich ausgetrunken und sei infolgedessen volltrunken abgestürzt. Oder was sonst sollte Dr. Samel mit dieser - im Kontext

---

[147] Siehe hierzu auch Kapitel 3 »Ankunft auf dem Sommerfest«.

für die Presse nicht erkennbar - sinnlosen Aussage bezweckt haben?

Genau diese Version ist bis zum heutigen Tag die offizielle Lesart im *Fall Tanja Gräff*. Gestützt durch das postmortale Gutachten einer Polizeipsychologin des LKA Rheinland-Pfalz[144].

Durch die vermeintlich spektakuläre Präsentation dieser vorgeblich mit Alkoholmissbrauch in Zusammenhang stehenden Fläschchen und der unheimlich nach Drogen anmutenden Ampulle, die unfallursächlich gewesen sein sollten, brach sich dann der Richtungswechsel der Ermittler endgültig Bann. Das schäbige Vorhaben, Tanja als Alkoholikerin zu stigmatisieren, nahm durch Dr. Samels vermeintlich neuen Erkenntnisse hier seinen Anfang.

Auf Nachfrage eines Journalisten nach dem Inhalt der Ampulle illustrierte Dr. Samel dann auch entsprechend, Timecode 01:30:02 PK 2:

> »Das [...] war im Prinzip eine selbstgebastelte Ampulle, in der sich auch [...] in irgendeiner Form, nachdem was wir von Seiten des LKA wissen, [...] ein alkoholisches Getränk, ein alkoholisches Mixgetränk, [...] wiederfand.«

So schnell avancierte ein Sprudelflaschen-Rohling der Firma Hochwald Sprudel[143] zu einem *Bastelwerk* Tanja Gräffs zum Zwecke eigenen Alkoholgenusses oder gar Alkoholmissbrauchs.

So viel zum Thema Gerüchte und Spekulationen. Man hatte durch diesen Vortrag billigend in Kauf genommen, dass sich das Gerücht entwickelte, Alkohol und Drogen könnten ursächlich für den Tod der Tanja Gräff gewesen sein. Die Presse jedenfalls nahm dieses Thema gutgläubig auf, und so wurde dieses Gerücht sukzessive in die gesamte Republik kolportiert. Urheber dieser brodelnden Gerüchteküche: Die Ermittlungsbehörden Trier.

Die gesamte Unfalltheorie, die sich im Weiteren mehr und mehr entfalten sollte, basierte in der Hauptsache auf diesen zehn Fläschchen und jener Ampulle, die einerseits Tanjas Trunkenheitszustand an dem Abend bekräftigen und auf der anderen Seite die von Polizeipräsident Schömann vorab verkündeten vermeintlich neuen Erkenntnisse am Fundort darstellen sollten. Sicher, wenn eine Person leblos am Fuße eines 50 Meter hohen Felsens gefunden wird, liegt die Vermutung nahe, dass diese Person beim Sturz von selbigem ihr Leben verloren hat. Die Frage ist nur, wie und warum stürzte die Person ab?

An dieser Stelle kann man sich des Eindrucks nicht erwehren, dass die Ermittler schon vor dem Auftritt Professor Urbans intern festgelegt hatten, Tanja sei im Vollrausch und in völliger geistiger Verwirrung über den Zaun geklettert und infolgedessen, absichtlich oder verunfallt, in den Tod gestürzt. Ein Gewaltgeschehen schloss man kategorisch aus. Im Abschlussbericht der Staatsanwaltschaft Trier vom 22. Juni 2017 wird dieser Sachverhalt auf abenteuerliche Weise *pseudowissenschaftlich* unterlegt. Die sachlich und intellektuell beeindruckende Deutung der Kriminalpsychologin Dr. Sommer möchte ich meinen Lesern nicht vorenthalten. Der Abschlussbericht zitiert aus dem psychologischen Gutachten der Sachverständigen insoweit wie folgt:

> »[...] Die Absturzstelle ist durch einen fast 1.20 m hohen Zaun gesichert. [...] Kriminalpsychologisch erschien es wenig plausibel, dass ein Gewalttäter sein Opfer widerstandslos über einen derart hohen Zaun lupfen könnte und wollte.«

Dem schließe ich mich vollumfänglich an. Tanja hätte sich niemals widerstandslos über das Geländer »lupfen« lassen. Widerstandslos sicher nicht, aber wehrlos.

Jedes Mittel und war es noch so absurd, schien recht zu sein, um die Theorie eines selbstverschuldeten Todes *herbeizureden.* Aber das ist längst nicht die ganze Wahrheit.

Tatsächlich wurden im direkten Umfeld der sterblichen Überreste noch etliche andere Gegenstände gefunden, deren Existenz bzw. Erhaltungszustand man sowohl in dieser Pressekonferenz als auch im Anschluss, sprich bis zum heutigen Tage, der Öffentlichkeit und der Presse verschwiegen hat. Hierbei handelt es sich im Wesentlichen um:

1. sechs Luftballons mit Panzerbandresten und weißen Bändchen,
2. einzelne Panzerbandreste (große und kleinere Streifen),
3. ein Zigarettenetui,
4. einen Kordelstopper der Marke *Starter* sowie um
5. Tanjas zerrissenen beziehungsweise durchschnittenen Gürtel.

Bei diesen Gegenständen kann es sich, im Gegensatz zu Berentzen-Fläschchen und Sprudelflaschen-Rohling, nun tatsächlich um neue Erkenntnisquellen gehandelt haben bzw. bei fachgerechter Asservierung immer noch handeln. Wie bereits erwähnt, hat man diese Fundstücke, obwohl sie teilweise ebenso unmittelbar bei den sterblichen Überresten lagen, im Gegensatz zu Fläschchen und Ampulle, Tanja Gräff nicht zugeordnet. Entsprechend hat man es auch nicht für nötig erachtet, diese Fundstücke DNA-Untersuchungen zu unterziehen. Aus dem Abschlussbericht vom 22. Juni 2017 Rz. 208:

> »In der Nähe des Fundortes der sterblichen Überreste wurde in etwa 7 m Entfernung ein Zigarettenetui (Asservat Nr. [...]) aufgefunden. Aufgrund der witterungsbedingten Oberflächenbeschädigungen innen und außen (vollständige Korrosion) besteht nach (wiederholter) Rücksprache mit der Fachabteilung des Landeskriminalamtes keine Auffindevermutung für genetisches Spurenmaterial.«

Unabhängig von der Frage, ob nicht gerade in einem Zigarettenetui auch nach recht langer Zeit noch DNA-Spuren aufzufinden sind, wurde ganz klar nach *Gusto* entschieden, welche Asservate Tanja Gräff zugeordnet beziehungsweise welche als solche der Öffentlichkeit präsentiert werden und welche nicht.

Zusammenfassend lässt sich konstatieren:

Die aufgefundenen, aber bereits 2007 Tanja zuordenbaren Fläschchen und die ihr ebenfalls eindeutig zuzurechnende Ampulle, alles Gegenstände, die für einen Tod infolge eines Unfalls bzw. Suizids sprechen, wurden in der zweiten Pressekonferenz mehr oder weniger augenfällig als neue Erkenntnisse verkauft. Dagegen wurden die oben aufgelisteten, von einer solchen Theorie wegführenden Fundstücke der Öffentlichkeit bewusst vorenthalten und stattdessen unbesehen in den Spurenakten beziehungsweise in der Asservatenkammer *versenkt*.

Anschließend werde ich durch eine ausführliche Beschreibung der oben aufgeführten und der Öffentlichkeit vorenthaltenen Asservate veranschaulichen, dass es sich hierbei um solche Gegenstände handelt, welche die Unfalltheorie erschüttern:

Luftballons:

Hierbei handelt es sich um sechs verschiedenfarbige Luftballons, an deren Ende noch Reste von schmalem Panzerband zu finden sind. Mit diesen Panzerbandstreifen waren mehrere Ballons zusammengefasst. Also entweder zu einem Zweier- oder Dreier-Gebinde. Auf dem beigefügten Foto der aufgefundenen Luftballons lassen sich zudem weiße Bändchen erkennen, mit denen die *Luftballontrauben* irgendwo zuvor befestigt worden waren.

Diese Luftballons schienen den Ermittlern, was Farbe und Struktur des Gummis anbelangt, nach bloßer Inaugenscheinnahme als zu gut erhalten, als dass sie dem Jahre 2007 entstammen könnten und somit Tanja Gräff zuzuordnen wären. Die Themen Luftballons und Panzerband fanden daher wohl auch keinen Platz im Abschlussbericht der Staatsanwaltschaft Trier. Allerdings wird dank deutscher Gründlichkeit zumindest im Spurenbefundbericht vom 15. Mai 2015 darauf eingegangen. Aus dem Spurenbefundbericht:

> »Betreffend die im Rahmen der Bergung der Skeletteile aufgefundenen Luftballons sowie die teilweise daran klebenden Teile eines silberfarbenen Gewebeklebebands, welche aber auch in Alleinlage vorgefunden wurden, lässt sich von hier aus ausführen, dass ein zeitlicher Zusammenhang mit dem Verschwinden der Tanja Gräff beziehungsweise mit dem Absturz von der Felskante mit sehr hoher Wahrscheinlichkeit auszuschließen sein dürfte. Alle vorgenannten Asservate weisen ein optisches Erscheinungsbild auf, welches mit einer Liegezeit von sieben bis acht Jahren nicht in Einklang zu bringen ist.
>
> Insbesondere am dünnen empfindlichen Kunststoffmaterial der Luftballons können visuell keine Witterungseinflüsse, beispielsweise Frost oder starke Sonneneinstrahlung, wahrgenommen werden, welche eine erhöhte Brüchigkeit des Kunststoffes beziehungsweise langfristig die Ausgasung des Weichmachers zur Folge gehabt hätten.
>
> Beides, die Elastizität des Kunststoffes und die Klebeeigenschaft des Bandes, wäre bei einem offenen Liegen auf dem Boden mit einem Zeitraum von mehreren Jahren nicht mehr vorhanden.«

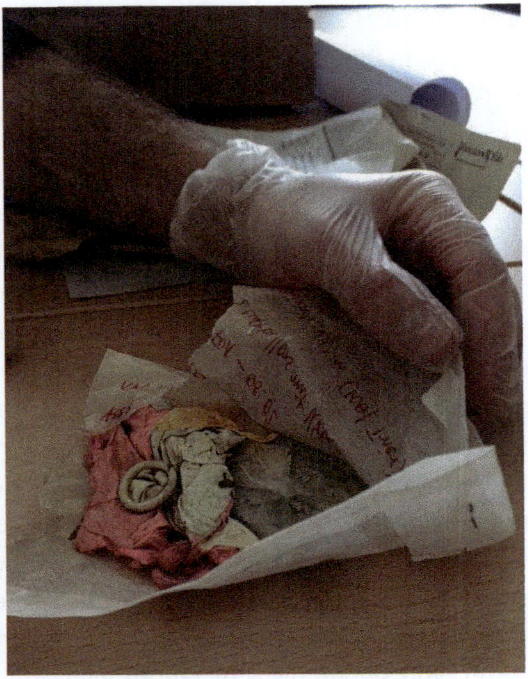

Müßig zu erwähnen ist, dass nach Fingerabdrücken wegen geringer Erfolgsaussichten auch nicht gesucht wurde. Aus vorgenannten Gründen war laut Spurenakte eine molekulargenetische Untersuchung natürlich überflüssig.

Schon am 15. Mai 2015, also vier Tage nach Tanjas Auffinden, wusste man erstaunlicherweise bereits nicht nur, dass Tanja von der Felskante des Roten Felsens selbstverschuldet abgestürzt war, sondern auch, dass die der Öffentlichkeit vorenthaltenen Fundstücke, wie Luftballons und Panzerband, nicht in einer Kausalbeziehung zu Tanja Gräff standen.

Irgendjemand musste diese Luftballons sonach Jahre später weggeworfen haben. Und diese *Dinger* müssen dann zufällig im unmittelbaren Umfeld der Leiche zum Liegen gekommen sein, so die Logik der Ermittler. Jeder Physiker wird die Unsinnigkeit dieser Hypothese attestieren. Der kritische Leser selbst sollte versuchen, an der ermittlerseits angenommenen Absturzstelle Luftballons im intakten oder bereits zerstörten Zustand über das Geländer bis hin zur Felskante zu werfen. Hierbei handelt es sich immerhin um eine Distanz von 10 Metern.

Ein nicht intakter Luftballon wird wegen mangelnder Flugfähigkeit und der geringen Dichte des Materials erst gar nicht über die Felskante kommen. Entsprechendes gilt aber auch für intakte Luftballons, die ohne Helium-Befüllung gar keine ausgeprägte Flugeigenschaft besitzen. Ein mit Helium gefüllter Luftballon fliegt - und *mit Gottes Hilfe und allen sonst zur Verfügung stehenden Heiligen* könnte er auch zufällig neben Tanjas Leiche gelandet sein. Wenn nicht die seitens der Ermittler so oft beschworene *Dichte des Blätterdachs* des so *dicht bewachsenen Plateaus* gewesen wäre. Jeder Luftballon würde in den Baumkronen oder dem Dickicht hängen bleiben oder gar zerreißen. Auch in Trier.

Im Zuge unserer eigenen Recherche kamen wir zu dem Ergebnis, dass diese Luftballons nicht nach beendetem Flug dort unten bei Tanja angekommen sein konnten. Und schon gar nicht gleich sechs an der Zahl.

Aber wie sollten sie dann dort hingelangt sein?

Es gibt dafür nur eine einzig nachvollziehbare Erklärung. Wie die Fläschchen, die sogenannte Ampulle und der Rest der Fundstücke müssen auch diese Luftballons in Tanjas großem Stoffbeutel gewesen sein. Es drängt sich hierbei natürlich die Frage auf, warum Tanja kaputte Luftballons in ihrer Tasche mit sich geführt haben soll.

Um sich hier zumindest einer lebensnahen Antwort zu nähern, war zunächst zu untersuchen, ob es überhaupt irgendeinen Hinweis auf die Existenz solcher Luftballons auf dem FH-Fest 2007 gab. Zur Verifizierung dieser Möglichkeit war hier ähnlich wie in der Causa *Spitzbart* zu verfahren.

Zunächst wurden wieder bestimmte Parameter festgelegt. Diese waren:

1. Existenz von Zweier- oder Dreier-Luftballonkombinationen.
2. Diese Kombinationen mussten sowohl mit Panzerband als auch mit kleinen weißen Bändchen versehen sein.
3. Viel wichtiger und umso aussagekräftiger war eine Übereinstimmung mit den Farben der noch erkennbaren Luftballonreste.

Würden wir auf den unzähligen Fotos, die uns von der Nacht des FH-Festes vom 06. auf den 07. Juni 2007 zur Verfügung stehen, Luftballons sichten, die all diese Bedingungen erfüllen? Wir würden.

Die Luftballons, die gefunden worden waren, stammen unseres Erachtens vom Cocktailstand[148] des FH-Sommerfestes 2007, der sich zwischen Gebäude B und C befand, da sie sich diesem Ort ohne Weiteres zurechnen lassen. An diesem Stand waren nachweislich Luftballons als *Dreiertrauben* mit schmalem Panzerband zusammengeklebt und mit weißen Bändchen an der Decke des Standes aufgehängt. Die Farben lassen sich, ebenso wie

---

[148] Siehe hierzu: https://fsi.hochschule-trier.de>galerie2007-fh-sommerfest.

die weißen Bändchen, ohne Probleme zuordnen. Der *Luftballonstand* befand sich neben einer Freilichtbühne.

Panzerband:

Neben den sechs Luftballons, an denen wie gesagt Panzerbandreste klebten, wurden zusätzlich noch breitere Panzerbandstreifen aufgefunden. Hierbei handelt es sich explizit nicht um die zuvor erwähnten, an den Luftballons klebenden Panzerbandreste, sondern um einzelne, breitere und längere Panzerbandstreifen. Aber auch in dieser Hinsicht wurde seitens der Ermittlungsbehörden befunden, dass - wie man dem Foto entnehmen kann - die in ihrer Breite durchaus passablen Streifen Tanja Gräff nicht zuzuordnen seien.

Im oben erwähnten Spurenbefundbericht vom 15. Mai 2015 ist zu lesen, dass diese Reste keinerlei Bedeutung haben könnten, da sie aufgrund ihrer Größe nicht für eine zwangsweise Arretierung Tanjas geeignet waren. Außerdem spiele dieses Panzerband laut Ermittler auch deshalb keine Rolle, da dessen Beschaffenheit, wie beispielsweise die Klebeflächen, noch viel zu intakt gewesen sei, als aus dem Jahre 2007 stammen zu können.

Es ist kaum zu glauben, dass diese Asservate nicht auf DNA-Spuren untersucht wurden. Ein renommierter Experte aus Leipzig erklärte mir gegenüber, dass man gerade auf Klebeflächen häufig noch nach vielen Jahren brauchbares DNA-Material isolieren könne. Beispielsweise Hautpartikel. Außerdem benötige man heutzutage nur geringe Spurenmengen, um eine verwertbare DNA-Analyse durchzuführen.

Aber, wie gesagt, es wurde nicht gemacht.

Ein Kriminalist aus einem benachbarten Bundesland, dem ich die Fotos mit den Luftballons vorlegte, war nicht nur über die unterlassene Realisierung der DNA-Analyse, sondern auch über die fehlerhafte Asservierung entsetzt. Alles in einer Tüte zusammengestopft, wie geschehen, führt zu einer Kontaminierung des Beweismaterials und macht es somit unbrauchbar. Aber alles kein Problem, da die Ermittlungsbehörden auch in diesem Punkt unterstellten, dass fremde Personen diese Panzerbandstücke, genau wie die Luftballons, einfach den Felsen hinuntergeworfen hatten und diese ebenfalls zufällig neben Tanja und den Luftballons zum Liegen gekommen waren.

Ein Referat über die fehlende Flugfähigkeit einzelner Panzerbandreste vom Geländer aus über den Felsen in die direkte *verstrüppte* Umgebung von Tanjas Leiche erspare ich dem Leser an dieser Stelle. Wem es nicht direkt einleuchtet, kann gegebenenfalls im Selbstversuch zur Erkenntnis gelangen.

Zigarettenetui:

Bei einem weiteren aufgefundenen Asservat handelte es sich, wie schon erwähnt, um ein Zigarettenetui.

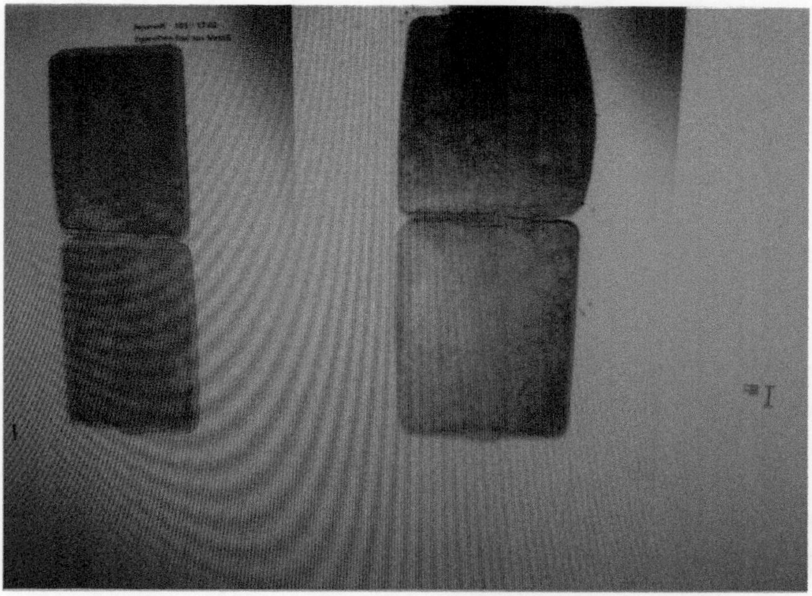

Obwohl in diesem Etui noch Tabakreste aufzufinden waren, wurde auch hier, wen wundert es, keine DNA-Untersuchung angeordnet. Es war ja auch nicht notwendig, da man auch bei diesem Fundstück schnell erkannte, dass es Tanja nicht zuzuordnen war. Tanja Gräff war Nichtraucherin. Und schon war das Etui für die Ermittler bedeutungslos.

Auch hierzu erklärte der von mir kontaktierte Experte, dass sowohl das Innere des Etuis als auch die Tabakreste ausgesprochen gut geeignet gewesen wären, um eine DNA-Analyse durchzuführen und gegebenenfalls Genmaterial zu isolieren.

Abgesehen davon, hätte man nach einer öffentlichen Bekanntmachung dieses Fundstückes zur Abwechselung tatsächlich einmal neue Erkenntnisse gewinnen können. So hätte sich der des Etuis überdrüssige Besitzer selbst melden können, andererseits bestand auch die Möglichkeit, dass jemand das Etui erkannte und dessen Besitzer hätte benennen können. Aber so viel Aufwand um ein gebrauchtes Zigarettenetui wollte man sich wohl nicht zumuten. Schnelles und entschlossenes Handeln zeichnete die Ermittler im Umgang mit den *unterschlagenen* Asservaten tatsächlich aus.

Wie es scheint, war die Fundstelle Tanjas ein beliebter Ort, sich lästiger Gegenstände wie Luftballons, Panzerband, Kordelstopper oder auch Zigarettenetuis zu entledigen. Anders lässt sich die Einschätzung der Ermittler bezüglich dieser Asservate nicht deuten.

Gürtel:

Und zu guter Letzt vergaß man im Rahmen dieser erwähnten *Erweckungsversammlung* auch noch, der Presse beziehungsweise der Öffentlichkeit mitzuteilen, dass Tanjas weißer Gürtel vor der linken Hüftseite komplett durchtrennt war. Aber auch hierfür gab es selbstverständlich intern eine erstaunlich einfache Erklärung. Der nachweislich stabile Gürtel soll im Zuge des Sturzgeschehens durchtrennt worden sein. Sinngemäß laut H. Krause: Irgendwie eben.

Wie das abgelaufen sein könnte, wurde im Abschlussbericht nicht näher beschrieben. Irgendwie eben. Aus dem Abschlussbericht vom 22. Juni 2017 Rz. 72:

> »[...] Der geschlossene Gürtel ist im Bereich der linken Hüfte zertrennt und zerfranst. Das Zerreißen des Gürtels in dieser Art ist laut Gutachten durchaus in Zusammenhang mit einem Sturzgeschehen erklärbar.«

Es wäre allerdings sehr spannend zu erfahren, wie bei der hohen Geschwindigkeit des Absturzes ein kleines Ästchen zwischen Hosenbund und Gürtel gelangt sein konnte, das dann im Verlauf des weiteren Sturzgeschehens schließlich zu einem so starken Ast mutierte, mit dessen *Schützenhilfe* ein Gürtel komplett durchtrennt werden konnte.

Außerdem sei die Frage erlaubt, ob die immense Kraft, die im Verlauf eines Sturzgeschehens auf den Gürtel einwirken würde, nicht zuerst auf die mit dünnem Faden befestigten Gürtelschlaufen übergehen und diese zuerst absprengen würde, bevor ein stabiler Gürtel komplett durchtrennt worden wäre.

Auch am Felsen selbst ist dieses Geschehen kaum nachvollziehbar. Zumal - und das ist das wichtigste Argument gegen die Theorie, Tanjas Gürtel sei durch eine Felskante durchtrennt worden - Tanjas Becken absolut unverletzt war. Hierzu führte Professor Urban in seiner Darstellung des Verletzungsmusters u.a. aus, Timecode 01:02:35 PK 2:

> »[...] denn wir haben von den Knochen her [...] am Schädel zum Beispiel keine, an den Oberarmen keine, [...] am Becken gar nix.«

Außerdem handelte es sich um einen geflochtenen Gürtel. Geflochtenes Material ist naturgemäß schwerer zu durchtrennen als flächiges Material. Im Behördengutachten[149] ist hierzu vermerkt, dass das Polyestergewebe des Flechtgürtels zum Zeitpunkt des Auffindens noch eine beträchtliche Festigkeit aufgewiesen habe.

Aus diesem Grund werden beispielsweise auch synthetische Kletterseile aus geflochtenem Material hergestellt. Damit soll verhindert werden, dass durch eine einzige Einwirkung die komplette Durchtrennung des ganzen Seils erfolgt.

Dass Tanjas Gürtel lediglich zerrissen und nicht zerschnitten worden sei, erklärt der *Experte* H. Krause damit, dass die beiden Gürtelenden zerfranst seien und kein glatter Schnitt erkennbar sei.

Zerschneidet man ein geflochtenes Seil mit scharfer Klinge und setzt es acht Jahre der Witterung aus, werden sich nur noch einzelne

---

[149] Behördengutachten LKA, Dez. 32.

Faserstreifen an den aufgeschäumten Enden finden. Die einzelnen Fasern des geflochtenen Materials verändern sich dementsprechend.

Genauso können sich auch die Schnittstellen des geflochtenen Gürtels von Tanja Gräff entsprechend verändert haben. Allerdings gehe ich bei Tanja davon aus, dass durch die Entstehung des Schnittes, beispielsweise durch den gewaltsamen Einsatz eines Profi-Cuttermessers mit Widerhaken, sowohl das Zerfransen der Schnittstelle als auch die diagonale Schnittführung erklärbar sind.[150]

Zur Perlenkette schreibt Staatsanwalt H. Krause im Abschlussbericht, dass diese beim Sturz vom Felsen - durch das Geäst der Bäume und das so oft beschworene Gestrüpp - intakt geblieben sein und ausschließlich der Zahn der Zeit respektive die Korrosion daran genagt haben soll. Nur den Gürtel, den hat's zerrissen.

Doch wie könnte es zu diesem durchtrennten Gürtel gekommen sein? Zur Klärung dieser Frage, zumindest im Hinblick auf die hiermit in Zusammenhang stehenden physikalischen Implikationen, ist zwingend die Hinzuziehung eines neutralen Materialforschers erforderlich. Sollte dieser zu dem Schluss kommen, dass Tanjas Gürtel unmöglich durch den Sturz durchtrennt wurde, wäre das ein starkes Indiz dafür, dass Tanja Gräff vor ihrem Tod einer gewaltsamen Konfrontation ausgesetzt war.

---

[150] Siehe hierzu Kapitel 34 »Verlaufsthesen – Was geschah nach 04:12:59 Uhr«.

Die wissenschaftlich fundierte Einschätzung eines neutralen Fachmannes schien man bei den Trierer Ermittlungsbehörden nicht *riskieren* zu wollen. Zu guter Letzt würde man tatsächlich noch neue Erkenntnisse gewinnen, basierend auf wissenschaftlichen Fakten bar jeder Spekulation, wie sie der Leitende Oberstaatsanwalt Fritzen zu Beginn der Pressekonferenz besonders prononciert hatte. Dann lieber nicht, denn Fremdverschulden war auf jeden Fall auszuschließen.

Zurück zum eigentlichen Inhalt der zweiten Pressekonferenz.

Dr. Samel schloss seine Ausführungen in der PK 2 mit dem nochmaligen Hinweis auf die angeblich wesentlichen Fakten zu dem Gutachten der aufgefundenen Asservate in Form der Fläschchen und der Ampulle. Wesentlich ist daran lediglich, wie nach der originären Annahme eines mutmaßlichen Kapitaldelikts im Verlauf dieser Pressekonferenz die Theorie eines selbstverschuldeten Todes langsam, aber sicher Gestalt annahm.

Korrekterweise muss ich darauf hinweisen, dass auf Nachfragen der Journalisten sowohl Fritzen als auch Dr. Samel beteuerten, dass es noch keine Anhaltspunkte für einen Suizid gäbe. Dieser kleine moralisch integre Einschub war wohl der Dramaturgie dieser Pressekonferenz geschuldet.

Zu der professionellen Erweiterung der Unfallthese bis hin zu einem möglichen Suizid verhalf erst später das postmortale Gutachten der Kriminalpsychologin[144]. Überdies war es dringend geboten, die angeschlagenen Nerven einer trauernden Mutter zu schonen. Eine vorschnelle, nicht belegbare öffentliche Suizid-Bekundung hätte Frau Gräff sicher nicht mehr ertragen.

Und so hatte alles seine Richtigkeit.

Im Folgenden wurde dann auch Professor Urban zu Wort gebeten, der seinen Teil dazu beitragen sollte, die Selbstverschuldensthese anhand seines rechtsmedizinischen Gutachtens zu bekräftigen.

Ich möchte besonders darauf hinweisen, dass ich nicht im Geringsten dahingehend insinuieren möchte, dass irgendetwas an dem Gutachten des Professors in fachlicher Hinsicht nicht in Ordnung wäre. Aber seine persönlichen Schlussfolgerungen bezüglich »möglicher Geschehensabläufe oder Handlungshypothesen«, die, wie dargelegt, der Leitende Oberstaatsanwalt Fritzen zu Beginn der Pressekonferenz ausdrücklich als »verfrüht« ausgeschlossen hatte, können nicht ohne kritisches Hinterfragen hingenommen werden.

Teil 2 Rechtsmedizin - Professor Dr. Dr. Urban

Nach Abschluss der einleitenden Ausführungen der Ermittlungsbehörden wurde mit großer Spannung erwartet, was der Rechtsmediziner Professor Urban zur Beantwortung der nach wie vor offenen Fragen zum Tode Tanja Gräffs beizutragen hatte. Konnte er vielleicht die ersehnten wissenschaftlichen Erkenntnisse vorlegen, die endlich Licht in diesen mysteriösen Fall bringen würden?

Objektive Beurteilungen, die im Wesentlichen Ergebnisse der durchgeführten wissenschaftlichen, technischen und forensischen Untersuchungen waren, würden den Bemühungen um Aufklärung jetzt sicher den nötigen Ruck in die richtige Richtung geben. Dies war schließlich auch der verlautbarte Duktus der Ermittlungsbehörden.

Neben Polizeipräsident Schömann, der das rechtsmedizinische Gutachten Professor Urbans anfangs sogar als Schlüsseluntersuchung ankündigte, wies der Leitende Oberstaatsanwalt Fritzen darauf hin, dass bis zum Zusammentragen aller Erkenntnisse keine, erst recht keine vorläufigen Bewertungen abgegeben würden. Wörtlich führte Fritzen aus, Timecode 00:16:00 PK 2:

> »Eine tragfähige Analyse und Bewertung können wir erst vornehmen, wenn alle Erkenntnisse zusammengetragen und sortiert sind und bis dahin werden wir keine, auch keine vorläufigen Bewertungen abgeben. Alles andere wäre kontraproduktiv.«

Wem diese Ansage galt, bleibt Fritzens Geheimnis - dem Professor aus Mainz offensichtlich nicht, wie sich im Weiteren in Anbetracht der Ausführungen Urbans herausstellen sollte.

Auftritt des Rechtsmediziners Professor Urban

Einleitend stellte Professor Urban den anwesenden Journalisten zusammenfassend die durch ihn festgestellten Verletzungen an Tanja Gräffs sterblichen Überresten vor. Dabei handelte es sich im Wesentlichen um folgende Verletzungsmuster:

1. Fraktur des ersten und dritten Halswirbels (C1 und C3).
2. Fehlen des zwölften Brustwirbels (Th12).
3. Zertrümmerung des ersten Lendenwirbels (L1).
4. Bruch des linken Handgelenks und Verletzungen im Bereich Übergang des Handgelenks zum linken Unterarmknochen.
5. Symmetrisch angelegte Defekte im Bereich beider Kniegelenke.
6. Stauchung der Wirbelsäule.

Im Rahmen dieser Gesamtschau hob Professor Urban vorab die beiden wesentlichen Verletzungen der Wirbelsäule, die auch todesursächlich gewesen sein sollen, deutlich hervor.

Zum einen nannte er die vollständige Zertrümmerung des Lendenwirbels L1 und das Fehlen des Brustwirbels Th12, die, so Professor Urban, den Schluss zuließen, dass in Folge dieser Verletzungen eine komplette Durchtrennung der Kontinuität der Wirbelsäule erfolgt sei. Das Fehlen des Brustwirbels erklärte er mit einer ebenfalls vollständigen Zertrümmerung desselben:

Dafür spräche viel. Warum der angeblich zertrümmerte Brustwirbel im Gegensatz zu dem zertrümmerten Lendenwirbel nicht mehr auffindbar war, blieb unerklärt. Dazu bemerkte Professor Urban lediglich lapidar, Timecode 00:23:28 PK 2:

> »Wobei der zwölfte Brustwirbelkörper vollständig fehlt, [...] möglicherweise vollständig zertrümmert wurde, so dass diese kleinen Stückchen nicht mehr im Erdreich zu finden waren. Dafür spricht viel.«

Als »zweite wesentliche Verletzungen« beschrieb Urban die Frakturen des ersten und des dritten Halswirbelkörpers C1 und C3, die ebenfalls eine weitere Todesursache darstellen könnten, da schwerwiegende Schädigungen in diesem Bereich zu einem hohen Prozentsatz in der Folge auch die Halsarterien verletzen könnten.

An dieser Stelle ist anzumerken, dass Urban später selbst einräumt, dass diese Verletzungen auch postmortal, also nach Eintritt des Todes, entstanden sein könnten, er selbst aber diese Möglichkeit für wenig wahrscheinlich hält. Dazu Professor Urban, Timecode 01:00:33 PK 2:

> »Also wenn diese Verletzungen, die wir jetzt an den Knochen gefunden haben, nicht die tödlichen Verletzungen waren, sondern Verletzungen, die postmortal entstanden sind, Klammer auf, das ist denkbar, auch wenn es unwahrscheinlich ist,

> dann müsste ja die Person Tanja Gräff bei diesem ersten Sturz irgendwelche anderen inneren Verletzungen erlitten haben, die den Tod erklären könnten. Natürlich könnte es die gegeben haben im Sinne von Leberverletzungen, im Sinne von Lungenverletzungen [...].«

Die Frage, auf welcher wissenschaftlichen Grundlage Urban die Möglichkeit postmortaler Verletzungen dann praktisch ausschloss, blieb ebenfalls unbeantwortet.

Es wäre sicher erhellend gewesen, wenn Professor Urban eine schlüssige Erklärung für seine These abgegeben hätte, da sonst der Eindruck entstehen konnte, er präferiere - aus nicht bekannten Gründen - eine der beiden Versionen. Dann wäre seine Behauptung, dass keine der Verletzungen postmortal entstanden seien, aber als bloße Spekulation anzusehen und ließe damit jeglichen wissenschaftlichen Anspruch vermissen.

Anstatt eine entsprechende Klarstellung vorzunehmen, verweist Urban im Weiteren auf die im Vorfeld durch die Trierer Ermittler durchgeführten Absturzversuche mittels Dummys. Professor Urban, Timecode 01:01:10 PK 2:

> »Aber [...] der echte Aufprall, dens [sic] dann gab, der Dummys, den wir gesehen haben, war, dass der Sturz nicht einfach ein Sturz ist, wie man sich das vorstellt, abrutschen und dann 25 Meter fal-

> len. Sondern abrutschen, an einzelnen Felsvorsprüngen immer wieder auch gebremst werden und dann liegen bleiben in dieser Astgabel.«

Es erstaunt schon sehr, dass Professor Urban zur Untermauerung seiner These an dieser Stelle auf die *Dummyversuche* abstellt. An deren forensischer Qualität bestehen nämlich nicht unerhebliche Zweifel.

Mir und meinem Team liegen die *Dummyversuche* als Fernsehaufzeichnung vor. Da wir in der glücklichen Lage eines eigenen Schnittplatzes sind, konnten wir diese Filmsequenzen in Slow Motion abspielen. Beim Betrachten konnte man sehr deutlich erkennen, dass alle Dummys völlig unkoordiniert den Felsen hinunterstürzten. Und meistens war der Kopf betroffen. Tanjas Kopf war aber, so Professor Urban ausdrücklich, unverletzt.

Sicher hatte der Professor lediglich vergessen, diese Tatsache in seinen Ausführungen - insbesondere mit Bezug auf die Absturzversuche - aufzugreifen. Er selbst zeigte sich ja in der Pressekonferenz immerhin erstaunt darüber, dass Tanja 50 Meter abgestürzt sein sollte, aber dennoch ein überschaubares Verletzungsmuster aufwies. Professor Urban, Timecode 00:36:26 PK 2:

> »[...] im Übrigen, insbesondere an den langen Röhrenknochen und am Schädel ja keine Verletzungen vorhanden waren, die darauf hätten

schließen lassen, dass ein Mensch 50 Meter tief fällt und dann aufprallt.«

Des Weiteren verweist Professor Urban auf Tanjas gebrochenes linkes Handgelenk und liefert auch hierfür gleich das passende Szenario: Dieser Bruch sei vermutlich beim Abrutschen am Felsen entstanden. Der typische Griff nach hinten, um das Sturzereignis abzufangen, soll zu dieser Verletzung geführt haben. Professor Urban, Timecode 00:29:28 PK 2:

> »[...] dann ist eine der typischen Reaktionen bei einer Person, die noch reagieren kann, also eben nicht verstorben ist oder bewusstlos ist, die Reaktion, dass mit einer der beiden oder mit beiden Armen versucht wird, nach hinten zu greifen, [...].«

Dritte waren laut Urban im Rahmen des eigentlichen Absturzes eher nicht im Spiel. Professor Urban, Timecode 00:30:11 PK 2:

> »So ein Sturzereignis, das sagte ich schon vorher einmal, ist natürlich auf zwei Arten vorstellbar. Nämlich ein akzidentelles Sturzereignis, das heißt durch Unachtsamkeit oder irgendwelche anderen Umstände. Ein Ausgleiten und dann Abstürzen. Es ist natürlich auch möglich, indem eine andere Person diesen Sturz mitverursacht. Das ist klar. Also Stoßen, welcher Art auch immer.«

Dass Urban ein mögliches Sturzgeschehen beschrieb, fiel sicher in seinen Kompetenzbereich. Doch das konsequente Verorten Tanjas an die Felskante, um damit ein selbstverschuldetes Abrutschen zu unterstellen, stellt lediglich eine weitere Spekulation dar. Es könnte so gewesen sein. Vielleicht aber auch nicht. Einen Rückschluss, wo und wann Tanja sich das Handgelenk gebrochen haben könnte, ließen die bei ihr noch feststellbaren Verletzungen nach Urbans eigenen Ausführungen eben gerade nicht zu. Sie könnte sich diese Verletzung auch bei einer prämortalen Auseinandersetzung zugezogen haben. Professor Urban, Timecode 00:30:52 PK 2:

> »Natürlich, das ist auch klar, können wir einen solchen Vorgang des Stoßens aus den knöchernen Verletzungen oder den knöchernen Resten, die man gefunden hat von Tanja Gräff, weder verifizieren noch ausschließen. Das ist klar.«

Zu den festgestellten symmetrischen Defekten an den Kniegelenken Tanjas äußerte sich Professor Urban dahingehend, dass man diese in zweierlei Hinsicht interpretieren könne. Einerseits sei es möglich, dass es sich um unvollständig verknöcherte Wachstumsbereiche handele - dafür spräche auch Tanja Gräffs Alter. Andererseits könne aber auch eine gewisse Stauchungs-Problematik zu den Defekten geführt haben. Wie es zu dem eher seltenen Phänomen symmetrisch auftretender Verletzungen kommen kann, bleibt ebenfalls eine offene Frage.

Im Falle einer Stauchung der Wirbelsäule sei laut Professor Urban davon auszugehen, dass entweder Gesäß und/oder Beine der primäre Aufprallpunkt gewesen sein müssten, was in der Folge dann zu dieser Stauchungsverletzung geführt hätte. Professor Urban, Timecode 00:25:28 PK 2:

> »[...] so dass davon auszugehen ist, dass entweder Gesäß und/oder die Beine der Aufprallpunkt primär waren, der dann zu diesen Stauchungsverletzungen in der Wirbelsäule geführt hat.«

Da aber beide Beinknochen - die langen Röhrenknochen - weder Brüche noch sonstige gravierende Verletzungen aufwiesen, konnte es sich folgerichtig nur um das Gesäß gehandelt haben. Die von Urban aus diesen Fakten entwickelte These könnte man als abenteuerlich bezeichnen. Nach dieser Absturzhypothese wäre Tanja mit dem Unterkörper bzw. mit den Beinen voran, quasi von Felsvorsprung zu Felsvorsprung auf dem Gesäß aufschlagend, 50 Meter tief abgestürzt. Weder Beine noch Arme, weder Hüfte noch Becken und insbesondere auch nicht Tanjas Kopf wurden dabei beschädigt.

Ausgesprochen lebensnah. Den Dummys gelang dieses Kunststück allerdings nicht, wie wir den aufgezeichneten Bildern der Dummy-Fallversuche entnehmen konnten. Eine solche Absturzhypothese vermag sowohl Laien wie auch Experten in Erstaunen versetzen.

Trotz alledem beharrte Professor Urban auf seiner *Abrutschtheorie* unter Berücksichtigung der von ihm festgestellten Verletzungen. Resümierend lässt sich Urbans hypothetisches Szenario folgendermaßen zusammenfassen:

Tanja soll über die Felskante ohne Einwirkung Dritter abgerutscht sein und mit dem Gesäß wiederholt an einzelnen Felsvorsprüngen aufgeprallt sein. Dabei soll der Körper immer wieder abgebremst worden sein, was die auffälligen Verletzungen aus verschiedener Höhe erklären soll. Auf diese Weise soll sie sich die angeblich als todesursächlich zu interpretierenden Verletzungen, nämlich die beiden Wirbelverletzungen im Bereich der Hals- und unteren Brustbzw. Lendenwirbel, zugezogen haben und zunächst in der »Astgabel« hängen geblieben sein, bevor sie schließlich in Folge der eingetretenen Autolyse des Körpers - Unter- und Oberkörper getrennt - mehr oder weniger als Skelett, so Urban, auf die Fundstelle gefallen sein soll.

Professor Urban erklärte diesen Ablauf in epischer Ausführlichkeit, ohne jedoch Fakten zu benennen, die diese *Absturzhypothese* wissenschaftlich gestützt hätten. Es stellt sich die Frage, weshalb Professor Urban immer wieder Fallthesen aufstellte, bei denen er den Beweis schuldig blieb.

Vor übereilten Schlussfolgerungen hatte der Leitende Oberstaatsanwalt Fritzen erst wenige Minuten zuvor gewarnt und das Präsentieren von Geschehensabläufen bzw. Handlungshypothesen in dieser Pressekonferenz kategorisch ausgeschlossen? Merkwürdig.

Dass Professor Urban im Rahmen der Bewertung der festgestellten Verletzungen trotzdem eine eigene Einschätzung abgab, steht dieser Fragestellung prinzipiell nicht entgegen. Es ist nicht nur üblich, sondern geradezu Aufgabe des Rechtsmediziners, anhand der aufgefundenen Verletzungen seriöse Rückschlüsse auf ein mögliches Geschehen bzw. einen Tathergang nachzuvollziehen. Beispielsweise kann der Rechtsmediziner bei tödlichen Schussverletzungen feststellen, ob es sich um einen aufgesetzten Schuss handelte oder aber, aus welcher Distanz sowie aus welchem Winkel dieser abgegeben wurde. Diese Erkenntnisse helfen dann den Ermittlern im besten Fall, die Möglichkeiten der zum Tode führenden Szenarien einzugrenzen.

Doch im Laufe dieser Pressekonferenz überschritt Urban mehr und mehr seine Kompetenzen, indem er seine selbst aufgestellte *Unfallthese* präsentierte, ohne dass dies die von ihm selbst vorgetragenen Fakten hergegeben hätten. Widersprüchlich zieht sich das *Hin und Her* wie ein roter Faden durch den Vortrag des Professors. Sein Narrativ: Es war so oder so - es könnte aber natürlich auch anders gewesen sein.

Der ambivalente Vortrag des Professors beruht letztlich auf der generell ungenügenden Aussagekraft von reinen Knochenfunden. Dass sich der Sachverständige vor diesem Hintergrund dann aber auf das so *dünne Eis der Spekulation* begab, ist zumindest bemerkenswert. Professor Urban, Timecode 00:56:30 PK 2:

> »Das scheint mir eher unwahrscheinlich, aber dazu kann man eben wenig sagen, [...] weil man nicht weiß, welche zusätzlichen Strukturen verletzt worden sind. Ich hab ja nur die Wirbelsäule als [...] Objekt, das ich anschauen kann. Deswegen, über die [...] Überlebenszeit kann man ganz wenig sagen.«

Übersetzt bedeuten seine Ausführungen bezüglich des geringen Erkenntniswertes der aufgefundenen Knochen, dass keine Rückschlüsse auf eine Fallhypothese hätten gezogen werden dürfen oder zumindest niemandem nützten. Außer den Verfechtern eines selbstverschuldeten Todes.

Bereits zu Beginn seiner Ausführungen hatte Urban Fremdeinwirkung aufgrund mangelnder Werkzeugspuren eigentlich ausgeschlossen, indem er erläuterte, dass die Befunde der Knochen zunächst keine Gewaltanwendung von dritter Hand belegten, aber eine Fremdeinwirkung aus den Defekten der Knochen nicht gänzlich auszuschließen sei. Professor Urban, Timecode 00:18:19 PK 2:

> »Aber insgesamt kann ich sagen, dass wir Werkzeugspuren irgendwelcher Art, egal um welches Werkzeug oder welches Werkzeug man sich vorstellen könnte, hier nicht nachweisen konnten. An keiner Stelle des Skeletts nachweisen konnten. Insofern haben wir [...] keine Anhaltspunkte, dass eine Gewalteinwirkung von dritter Hand [...] stattgehabt haben könnte, wenn gleich das natürlich [...] nicht auszuschließen ist.«

Aber mit einem weiteren, vermeintlich starken Indiz versuchte Professor Urban die Annahme, Fremdeinwirkung sei auszuschließen, schlussendlich zu bekräftigen, indem er auf den aufgefundenen, in der Struktur angeblich noch intakten

Pullover Tanja Gräffs hinwies. Professor Urban, Timecode 00:42:53 PK 2:

> »Und auffallend war, dass im Bereich des Oberkörpers, also der Strukturen, die vom Oberkörper noch da waren, nämlich Oberarme, Rippen, Brustbein [...] innerhalb eines vollständig intakten Pullovers aufgefunden wurden. [...] das Gewebe wies keinerlei Defekte auf, die in eine Richtung, nämlich Werkzeugspur, zu interpretieren sind, aber auch keine Defekte auf, [...] die in irgendeiner anderen Weise [...] zu interpretieren wären, dass Manipulationen von dritter Hand stattgefunden hätten.«

Den von der These eines Unfallgeschehens wegführenden wesentlichen Umstand des durchtrennten Gürtels ließ Professor Urban dagegen unerwähnt. Für Urban schien bereits unbestreitbar festzustehen, dass Tanja alleine und ohne fremdes Zutun abgerutscht und im Rahmen dieses Sturzgeschehens ums Leben gekommen war.

Alles ein tragischer Unfall. Jetzt war die Unfallhypothese endlich öffentlich auf dem Tisch. Auf das vermeintlich impertinente Nachhaken eines Journalisten, dass es zumindest denkbar wäre, dass Tanja in den Abgrund gestoßen worden sein könnte, reagierte Urban mit einer geradezu grotesken Antwort. Da ausgesprochen aufschlussreich soll der Inhalt des kurzen Dialogs nachfolgend im Original dargeboten werden, Timecode 00:54:06 ff. PK 2:

> »Wollen Sie damit sagen, Herr Professor, wenn da ein Stoß passiert wäre, so, dass das hängen bleibt oder was oder so ähnlich?« [Rede Journalist]

> »Nein, das würd [sic] ich auch nicht glauben, dass das zwingend [...] ist. Denkbar, aber nicht zwingend.« [Gegenrede Urban]

> »Beim Stoßen würde ja sicher eine Entfernung entstehen.« [Rede Journalist]

> »Ja, das macht nix [sic]. Aber nicht zwingend. Man könnte trotzdem noch dran hängen bleiben.« [Gegenrede Urban]

Macht ja nix? Ein starkes Argument. Vor allem für einen Wissenschaftler.

Schon zuvor hatte Professor Urban wild entschlossen seine Abrutschthese manifestiert, indem er denktheoretische Gründe vorgab, warum es hinter dem Zaun für einen Täter lebensgefährlich gewesen sei, sich an Tanja zu schaffen zu machen, da selbst die Polizisten während der *Dummyversuche* angeseilt waren. Professor Urban, Timecode 00:41:02 PK 2:

> »An dieser Absturzstelle [...] war es nur halbwegs ungefährlich als Person dort hinzutreten, wenn man [...] vollständig, wie beim Bergsteigen angeseilt war. [...] So dass, wenn man davon ausgeht, es zumindest als sehr schwer vorstellbar anzusehen ist, dass eine weitere Person, ohne auch

> selbst abzustürzen, hier Manipulationen hätte durchführen können. Ohne dass das nicht theoretisch natürlich dennoch denkbar ist.«

Natürlich ist es denkbar, dass ein starker Mensch eine zierliche, handlungsunfähige oder tote junge Frau über einen 1,20 m hohen Zaun hebt und sie dahinter längsseitig ablegt. Sowohl vor dem Zaun als auch direkt dahinter stehend wäre es möglich gewesen, einen regungslosen Körper anzustoßen und ins Rollen zu bringen. Durch die abschüssige Fläche beschleunigt, würde diese Person dann über die Felskante hinaus in die Tiefe stürzen.

Mit seinen divergierenden Ausführungen zu ein und demselben Komplex wird deutlich, dass Professor Urban zwar ganz eindeutig seine eigene, subjektiv gehaltene Ansicht zum Ablauf vertrat, aber gleichzeitig durch die Einschübe, dass alles auch ganz anders gewesen sein könnte, versuchte, sich in rechtsmedizinischer Sicht unangreifbar zu machen.

Wir schließen ebenfalls einen Kampf zwischen Tanja und einer anderen Person auf der Felskante aus, was einem *Tanz auf der Rasierklinge* gleichgekommen wäre. Aber aus unserer Sicht wäre, wie zuvor beschrieben, das Verbringen einer wehrlosen oder bereits toten Person hinter das Geländer durch einen oder mehrere Täter gefahrlos machbar gewesen. Dabei hätte man sich nicht einmal selbst auf das abschüssige Gelände begeben müssen.

Gegen die Ansicht, dass Tanja bei vollem Bewusstsein vom Felsen abrutschte, spricht nicht zuletzt die Tatsache, dass niemand in der näheren Umgebung, sprich in dem unmittelbar angrenzenden Hochhaus oder dem benachbarten Burschenschaftshaus, frühmorgens im Hochsommer bei - realistischerweise - offenen Schlafzimmerfenstern Schreie hörte. Das bedeutet im Umkehrschluss, dass Tanja, trotz vorauszusetzender Todesangst, auf dem 40 Meter tiefen Fall und im Zuge mehrerer Aufpralle auf den Felsen nicht laut geschrien hatte. Das ist unrealistisch. Bei einer toten oder bewusstlosen Person aber wiederum logisch.

Zusammenfassend ist festzustellen, dass man ohne Anfertigung eines Transkriptes zu dem Schluss gelangen könnte, Professor Urbans epische Einlassungen seien eben nicht nur Überlegungen respektive seine eigene subjektive Einordnung, sondern Fakten. Die relativierenden Einschübe bestanden meist nur aus einem kurzen Satz. Böse Zungen könnten diese Vorgehensweise als Manipulationsversuch auslegen.

Ob Tanja von oben geschubst oder gar abgeworfen wurde, ergibt sich aus den rechtsmedizinischen Ergebnissen schlicht und ergreifend nicht. Daher hätte es akademischem Stil entsprochen, Professor Urban hätte sich nicht zu derlei unbewiesenen Hypothesen hinreißen lassen und selbige nicht in subtiler Art und Weise als gesetzt dargestellt.

In meinem Team wurde die Frage, ob Tanja eventuell von unten - von der Bonner Straße aus - zur Auffindestelle verbracht worden war, ebenfalls heftig diskutiert. Daher war die Enttäuschung nach dieser Pressekonferenz groß. Exakte Beweise gab es weder für einen Sturz noch für eine direkte Ablage. Meiner Meinung nach war jedoch das Verbringen einer Leiche zur Auffindestelle, vorbei am Burschenschaftshaus und entlang des angrenzenden Hochhauses, mit einem zu hohen Entdeckungsrisiko verbunden.

Außerdem ist Professor Urbans Einlassung, dass die zertrümmerten Wirbel L1 und T12 für einen Sturz aus hoher Höhe sprächen, nichts entgegenzusetzen. Aber dafür, dass Tanja selbstverschuldet verunfallt ist, gibt es, wie in einigen Kapiteln dieser Dokumentation ausführlich beschrieben, keinen einzigen Beweis. Anzumerken bleibt ansonsten, dass die These Professor Urbans, Tanja sei in einer Astgabel hängengeblieben, und ihre Knochen seien im Zuge der Autolyse auf die Erde niedergegangen, an dieser Stelle nicht widerlegt werden kann. Dazu Professor Urban, Timecode 00:46:11 bzw. 00:47:11 PK 2:

> »Also an einem [...] aus dem Fels herauswachsenden [...] Ast, Baum, wie auch immer. [...] eine rasche Autolyse und Zersetzung des Gewebes nach sich ziehen. Aber das wird sicherlich, ganz vorsichtig ausgedrückt, schon einige Wochen gedauert haben; da denk ich auch an möglicherweise mehrere Monate.«

Doch eine kritische Anmerkung sei in diesem Zusammenhang gestattet. Gab es neben dem Ergebnis des Dummy-Versuchs noch einen weiteren, gewichtigeren Grund für die These, dass Tanja in dieser Astgabel bis zur Durchtrennung von Ober- und Unterkörper im Zuge der Autolyse gehangen haben soll? Jedenfalls ist dazu im Abschlussbericht der Staatsanwaltschaft vom 22. Juni 2017 vermerkt, dass Professor Urban einen direkten Sturz aus 40 Meter Höhe beziehungsweise »der gesamten Fallhöhe« nicht zwingend mit dem festgestellten Verletzungsmuster vereinbaren konnte. Daher kam dieses *Astnest* für ein einigermaßen vertretbares Absturzszenario auch ziemlich gelegen.

Dass weder Anwohner noch Passanten der Bonner Straße Tanja in der Felswand in besagter Astgabel hängen sahen, wurde damit erklärt, dass ein Baum dieses *Astnest* in 14 Metern Höhe überragt haben soll. Deshalb hätten auch die Hubschrauberflüge diesbezüglich keine Fotos hervorgebracht. Vor den Dummy-Versuchen habe man sogar die Felswand wegen schlechter Einsicht von Grünzeug und Gestrüpp befreien müssen, damit die Kamera überhaupt brauchbare Aufnahmen hatte machen können.

Nur Luftballonfetzen und Panzerbandstücke konnten irgendwie alles Gestrüpp überwinden und an der Fundstelle von Tanjas sterblichen Überresten aufschlagen. Selbst Tanjas Perlenkette[151] konnte diese Wildnis nichts anhaben. Seltsam.

Aus dem Abschlussbericht der Staatsanwaltschaft vom 22. Juni 2017:

> »Die Ösen sind augenscheinlich nicht aufgebogen bzw. weisen keine klassischen Trennstellen auf. Die erwähnte Korrosion dürfte demnach für das Ablösen einzelner Glieder verantwortlich sein. [...] Gewaltsame Beschädigungen (etwa durch ein Zerreißen o.a.) konnten an dem Rosenkranz nicht festgestellt werden.«

[151] Laut Abschlussbericht ein als Halskette *umgearbeiteter* Rosenkranz.

Schließlich sei abschließend noch die Frage erlaubt, warum dieses *geheimnisvolle Astnest* weder den Weg in die Öffentlichkeit noch in ein Biochemisches Labor gefunden hatte.

Haare und Blutspuren sind auch nach vielen Jahren noch nachweisbar. Dann wäre wenigstens aus einer der zahlreichen Spekulationen Gewissheit geworden, und das immer wieder verlautbarte *tiefe Bedürfnis* des Leitenden Oberstaatsanwaltes Fritzen nach wissenschaftlichen Fakten wäre mit einer solch forensischen Untersuchung immerhin in einem Punkt zu befriedigen gewesen. Doch so genau wollte man es dann anscheinend doch nicht wissen. Umso merkwürdiger, dass Fritzen eingangs der Pressekonferenz noch um Verständnis dafür geworben hatte, dass es für Geschehenshypothesen - wie bereits erwähnt - noch zu früh sei. Dabei betonte er doch ausdrücklich, dass die Ermittlungen komplett neu aufgerollt werden müssten und dass diese neuen Ermittlungen bei einem Aktenstand von 900 Ordnern sehr viel Zeit beanspruchen würden.

Doch Professor Urban machte diese Ankündigungen und Versprechungen des Leiters der Staatsanwaltschaft Trier mit seiner Quasi-Festlegung auf einen Unfall beziehungsweise einen potenziellen Suizid mit einem Schlag zunichte.

Im Umkehrschluss bedeutet dies, dass der Leitende Oberstaatsanwalt mit der Version eines mutmaßlichen Kapitaldelikts und der beauftragte Rechtsmediziner hingegen mit einer vermeintlich unumstößlichen Unfalltheorie in der Tasche in der Pressekonferenz erschienen waren.

Das wiederum hieße, Professor Urban müsste im Vorfeld seine Unfalltheorie vor den Ermittlern *verborgen* haben, sonst hätte Fritzen wohl kaum noch ein Kapitaldelikt in Erwägung gezogen und die entsprechenden umfangreichen Neuermittlungen so pathetisch zu Beginn der zweiten Pressekonferenz in Aussicht gestellt. Aber niemand glaubt wohl ernsthaft, dass der Leitende Oberstaatsanwalt Fritzen in diese Pressekonferenz gegangen sein soll, ohne zu ahnen, was der Professor aus Mainz im Köcher hat und dass dieser darüber hinaus in dieser Pressekonferenz die Unfalltheorie ungeniert aufs Tableau bringen und diese dann auch noch so *herzlich* verteidigen würde.

Wie konnte es also dazu kommen, dass Professor Urban trotz Fritzens *Warnungen*, keine vorschnellen Schlüsse zu ziehen, seine Erkenntnisse bezüglich der Verletzungen mit subjektiven Einschätzungen über mögliche Ablaufszenarien zu einer Gemengelage vermischte, um diese dann als *Gesamtkunstwerk* wissenschaftlicher Erkenntnis der Zuhörerschaft darzubieten? Und weshalb wurde er nicht von den anderen Podiumsteilnehmern gebremst, als er seine Kompetenzen als Rechtsmediziner klar überschritt und sukzessive die Rolle eines Ermittlers einnahm?

Vielleicht aber war genau dieser Teil der Urbanschen Ausführungen auch nur eine weitere Strophe in dem von mir anfangs als disharmonisch beschriebenen Kanon der Ermittler, der mit absichtlich eingefügten Disharmonien aus Unfall und Kapitaldelikt eben gerade den Verdacht jeglicher Absprache *klangvoll* vertuschen sollte.

Auf jeden Fall hatten Professor Urbans Darlegungen zur Konsequenz, dass neben der gesamten Öffentlichkeit - und wie es schien oder scheinen sollte - auch der Leitende Oberstaatsanwalt Fritzen im Zuge dieser Pressekonferenz vor der versammelten Presse und den Fernsehzuschauern vom Professor aus Mainz davon überzeugt wurde, es handele sich bei Tanja Gräffs Tod *im besten Fall* um einen Unfall.

Das Einzige, was man jetzt noch brauchte, war eine veritable Erklärung, warum das arme Mädchen - völlig fern ihres natürlichen Heimweges oder eines sonstigen plausiblen Grundes - an diese Stelle gelaufen, dort mit welcher Absicht auch immer über den Zaun geklettert und dann - nach Professor Urban - einfach abgerutscht und nach mehreren Aufprallen schlussendlich in einer Astgabel hängend einer Arterienverletzung erlegen sein soll. Die einleuchtende Erklärung hierfür wurde dann von der Mainzer Polizeipsychologin Dr. Sommer in ihrer, von der Trierer Staatsanwaltschaft in Auftrag gegebenen, postmortalen Persönlichkeitsanalyse über Tanja Gräff nachgeliefert.[152]

Hand in Hand verwandelten so der Rechtsmediziner Professor Urban und die Polizeipsychologin sowie Kripo und Staatsanwaltschaft das Ende

[152] Abschlussbericht der Staatsanwaltschaft Trier vom 22. Juni 2017.

Tanja Gräffs von einem mutmaßlichen Kapitaldelikt in einen kriminalistisch unspektakulären selbstverschuldeten Tod. Im Ergebnis eindeutig und natürlich ausschließlich auf wissenschaftlichen Fakten basierend.

Und so landete die Causa Tanja Gräff nach der dritten Pressekonferenz im Juni 2017, in der die Unfallthese verkündet wurde, letztendlich im Hades verstaubter Aktenberge scheinbar geklärter Fälle.

33. Kapitel
Ein postmortales Gutachten

Wie bereits im vorangegangenen Kapitel angekündigt, beauftragte die Trierer Staatsanwaltschaft, nachdem sie sich im Zuge der zweiten Pressekonferenz durch die Expertise des Rechtsmediziners Professor Urban öffentlich hatte überzeugen lassen, dass es sich bei Tanja Gräffs Tod nicht etwa um ein Kapitaldelikt, sondern im besten Falle um einen Unfall gehandelt haben konnte, eine Polizeipsychologin des LKA Rheinland-Pfalz mit einer postmortalen Persönlichkeits-Analyse über Tanja Gräff.

Man brauchte schließlich noch eine plausible Erklärung dafür, warum Tanja einen spontanen und für die Situation völlig irrationalen Ausflug auf den Roten Felsen, entgegen ihrem eigentlichen Plan, Adrian an der Porta Nigra zu treffen, vorgezogen haben soll. Und wer könnte diesen Irrsinn besser erklären als eine polizeiinterne Psychologin. Aus dem Abschlussbericht der Staatsanwaltschaft[152]:

> »[...] Psychologieoberrätin beim LKA Rheinland-Pfalz, wurde ab 2011 in die Ermittlungen des Falles eingebunden. Nach dem Fund der sterblichen Überreste wurde sie beauftragt, eine psychologische Analyse der vorliegenden Aussagen des Um-

> feldes Tanja Gräff [sic], im Kontext mit ihrem Verschwinden und der jetzigen Auffindesituation, durchzuführen.«

Es ist daher auch logisch, dass sich der Abschlussbericht beziehungsweise die Einstellung des Verfahrens im *Fall Tanja Gräff* in weiten Teilen auch auf dieses Gutachten jener Polizeipsychologin stützt. Und so kommen schlussendlich alle verantwortlichen Akteure gemeinsam zu dem Ergebnis, dass der Tod Tanja Gräffs selbstverschuldet war und der Fall einzustellen sei. Aus dem Abschlussbericht der Staatsanwaltschaft[152]:

> »Im Ergebnis haben sich trotz umfangreicher Ermittlungen keinerlei Anhaltspunkte für ein wie auch immer geartetes Fremdverschulden am Tod von Tanja Gräff ergeben. Es bestehen zudem keinerlei weitere und zugleich erfolgsversprechende [sic] Ermittlungsansätze, um die Hintergründe des Absturzes von Tanja Gräff zu ermitteln. Das Verfahren war vor diesem Hintergrund nach § 170 Abs. 2 StPO einzustellen.«

Ausgehend von dem indizierten Erkenntnisinteresse seitens der Ermittler verwundert es daher kaum, dass es zu einer erheblichen Massierung von Fehlern und Fehleinschätzungen seitens der Polizeipsychologin sowohl über Tanjas Persönlichkeit als auch hinsichtlich einer - vollkommen missglückten - Verlaufshypothese über Tanjas Todesumstände kam.

Das Gutachten

Wer war Tanja Gräff?

Schenkt man diesem psychologischen Gutachten Glauben, war Tanja eine bedauernswerte Gewohnheitstrinkerin mit massiver Persönlichkeitsstörung, die dem Leben und seinen Unwägbarkeiten scheinbar nicht gewachsen war. In dieser postmortalen Analyse über die verstorbene Tanja Gräff beschreibt die Polizeipsychologin ein aggressives und fremdschädigendes Verhaltensmuster, eine schwerwiegende psychische Instabilität bis hin zur Auflösung der eigenen »Ich-Konsistenz«[153],
einen vermeintlichen Alkoholmissbrauch sowie eine angeblich soziale Isolation am Ende ihres Lebens.

Eine Persönlichkeitsanalyse über einen unbekannten Menschen anzufertigen, der bereits zehn Jahre zuvor verstarb, ist, für sich allein genommen, schon fragwürdig. Wenn man aber zudem auf die Anhörung von Zeitzeugen aus dem engsten

---

[153] Der Begriff »Ich-Konsistenz« findet Verwendung im Rahmen der Psychopathologie, insbesondere bei der Beschreibung schizophrener Ich-Störungen. Merkmale einer Störung der Ich-Konsistenz sind u.a. die Aufhebung der Gedanken-Gefühlsverbindung, der Gedankenketten, der Willens- und Handlungsimpulse.

Umfeld der betroffenen Person, wie beispielsweise Lehrer, Vorgesetzte, Eltern, Hausarzt, langjährige Freunde, Trainer etc., gänzlich verzichtet, wirft ein solcher Modus Procedendi[154] zwingend die Frage nach der Seriosität und dem Zweck einer solchen Analyse auf. Oder besser gefragt: Cui bono[155]?

Diese Einschätzung wird untermauert durch die offensichtlich interessengeleitete Ausrichtung der polizeilichen Zeugennachvernehmungen im Jahre 2015 auf Fragen nach Alkohol und Depressionen sowie die gezielte Selektion zehn Jahre alter Vernehmungsprotokolle nach Hinweisen auf Tanjas angeblich kranke Psyche und gewohnheitsmäßigen Alkoholkonsum respektive Alkoholmissbrauch. Dazu schreibt Staatsanwalt H. Krause, man lese und staune, dass die Mainzer Polizeipsychologin zur Erstellung dieser Analyse alle dafür notwendigen Informationen durch die Trierer Ermittlungsbehörden selbst erhalten habe. Aus dem Abschlussbericht[152] der Staatsanwaltschaft:

> »Die Sachverständige hat erkennbar in ihr Gutachten alle aus dem Verfahren vorhandenen Erkenntnisquellen in die Beurteilung mit einfließen lassen. Hierzu gehörten auch die schriftlichen Vernehmungen von Waldtraut [sic] Gräff. Unbeschadet der Tatsache, dass es daher einer persönli-

[154] Bedeutet: Vorgehen, Verfahrens- oder Vorgehensweise.

[155] Bedeutet: Wer hat etwas davon bzw. einen Vorteil davon, wem nutzt es.

> chen Befragung von Waldtraut [sic] Gräff nicht bedurfte, ist auch festzuhalten, dass typischerweise Eltern nur einen sehr selektiven und subjektiv geprägten Blickwinkel auf das Handeln und Wesen des eigenen Kindes haben.«

Notwendige Informationen, von den Behörden selbst ausgewählt und der Polizeipsychologin zugeführt, stützten sich hinsichtlich Tanjas psychischer Verfassung, wie nachfolgend dargestellt, in der Hauptsache auf die Aussage einer einzigen Zeugin. Bei dieser Person handelte es sich um eine Freundin Tanjas, mit der sie sich an Ostern 2007 überworfen hatte. Damit allein war die Informationsquelle der Ermittler für das gewünschte Gutachten aber noch nicht erschöpft. Man stellte der Psychologin natürlich auch die Aussagen der Zeugen zur Verfügung, die in den Nachvernehmungen 2015 ausschließlich nach Tanjas Alkoholkonsum und Tanjas vermeintlich depressiver Verfassung befragt wurden.

Und so kam es, dass nur negative Aussagen über die Person Tanja Gräff für die entsprechende Analyse aus besagter Erkenntnisquelle herangezogen wurden. Aber eine Persönlichkeitsanalyse soll ja schließlich auch keine Laudatio über die betroffene Person sein. Und das wurde sie dann auch nicht.

Es ist daher kaum verwunderlich, dass die Polizeipsychologin in ihrer Analyse nahezu zwangsläufig zu dem Schluss kam, Tanja habe neben einer angeblichen Alkoholproblematik auch große psychische Probleme gehabt, die schließlich zu ihrem tragischen Lebensende geführt haben sollen.

Hier muss man einem möglichen Einwand seitens der Behörden, man habe einen Unfall und keinen Suizid nach außen deklariert, Folgendes entgegensetzen:

Um einen Unfall zu begründen, ist es weder erforderlich, die seelische Gesundheit eines Menschen in Frage zu stellen, noch müsste man ihm die Auflösung seiner »Ich-Konsistenz« unterstellen oder in den Nachvernehmungen die Fragestellung fast ausschließlich auf Alkoholmissbrauch, Depressionen und Fremdschädigung begrenzen. Aber genau das geschah. Insgesamt hat es daher den Anschein, dass Tanja lediglich auf dem *Niveau von Hörensagen* durch die Polizeipsychologin Dr. Sommer pathologisiert und als verwirrtes, volltrunkenes Unfallopfer bzw. potenzielle Selbstmörderin eingestuft wurde.

Im Folgenden sollen die vermeintlichen Fakten, welche die Polizeipsychologin für ihre Begutachtung heranzog, im Hinblick auf ihre Aussagequalität dargestellt und evaluiert werden. Entsprechendes gilt für die von der Polizeipsychologin aus ihrer Analyse gezogenen Schlussfolgerungen.

- **Aggressives, fremdschädigendes Verhalten und psychische Labilität**

Neben ihrer psychischen Labilität und einem massiven Alkoholmissbrauch soll Tanja, so die

Polizeipsychologin, mit einer Persönlichkeitsstörung, die sich angeblich durch ausgeprägtes aggressives und fremdschädigendes Verhalten äußerte, auffällig geworden sein.

Laut Abschlussbericht der Staatsanwaltschaft[152] enthält die psychologische Analyse dazu folgende Einschätzung:

> »Tanja wurde Karla[1] gegenüber aggressiv, fiel in der Zeit danach durch sozialen Rückzug und durch atypische Verhaltensweisen [sic] wie vom Training (unentschuldigt) fernbleiben. [...] Bei Menschen, die in ihrer Selbstwertregulation beeinträchtigt sind, kann [...] die Ich-Konsistenz bedroht werden. Verletzungen des Selbstwertgefühls können in gewalttägiges [sic] Verhalten münden, welches auch gegen die eigene Person gerichtet werden kann. Im Fall von Kris[1] und Karla richtete sich das gewalttätige Verhalten gegen Karla.«

Zu dieser Behauptung haben wir eine Vielzahl von Tanjas Freunden und Bekannten befragt. Diese beschrieben Tanja als burschikosen Typ mit einem entsprechend burschikosen Verhalten. Dass Tanja im rauen Umgang mit Jungs auch mal *boxte* und *knuffte,* soll an dieser Stelle nicht unterschlagen werden. Eine latente oder gar offensive Aggressivität verneinte ihr soziales Umfeld allerdings rigoros.

Der Trainer des Bogenschützenvereins, in dem Tanja aktiv war, berichtete, dass Tanja ihre

Niederlagen auf Turnieren und sonstigen Wettbewerben sportlich wegsteckte. Natürlich sei sie auch manchmal über ihre Leistungen enttäuscht gewesen. Sie habe aber nie im Zorn beispielsweise einen Bogen zerbrochen oder sonstiges aggressives Verhalten - wie andere es durchaus getan hätten - an den Tag gelegt.

Die Aufzählung weiterer Beispiele dürfte entbehrlich sein. Denn jemand, der eine *pathologische Aggressivität* aufweist, wird sich nach einer Niederlage in einem Wettkampf sicher nicht so reflektiert verhalten, wie es seitens des Trainerehepaars ausführlich geschildert wurde.

Trotzdem attestiert die Polizeipsychologin Tanja post mortem ein grundlegend aggressives Verhaltensmuster. Ihre Einschätzung bezüglich eines immanenten Aggressionsverhaltens Tanjas stützt sich in der Hauptsache auf eine einzige Zeugenaussage. Es handelt sich dabei um die 22-jährige Zeugin Karla, die in ihrer Aussage vom 09. Juli 2007 von einem Streit zwischen ihr und Tanja an Ostern 2007 berichtete.

Diesem Streit vorausgegangen war Karlas Geständnis Tanja gegenüber, dass sich zwischen ihr und Kris[1], ebenfalls ein Betreuer aus der Jugendfreizeiteinrichtung Odert, eine Beziehung entwickle. Zuvor hatte Tanja ihrer neuen Freundin Karla allerdings anvertraut, dass sie sich selbst für jenen Kris interessiere. Tanja soll sich, so jedenfalls die Aussage der Zeugin Karla, vor diesem Hintergrund hintergangen gefühlt haben, und in diesem Zusammenhang soll es

Ostern 2007 dann zu einer Auseinandersetzung zwischen Karla und Tanja gekommen sein. Aus ihrem Vernehmungsprotokoll[156] ergibt sich hierzu Folgendes:

> »Es kam an dem Osterlehrgang 2007 zu einem Eklat in Odert. Sie hat mir eine Verletzung am Oberschenkel beigebracht, weil sie [sic] mit ihrem Knie gerammt hat. [...] Auf dem weiteren Lehrgang hat sie nur das nötigste [sic] mit mir gesprochen. [...] Für den dann folgenden Freitag hatten wir eine Wanderung vereinbart [...]. Sie hat mir Freitags [sic] unmittelbar vor der Wanderung mit einer fadenscheinigen Begründung abgesagt.«

Bereits an dieser Stelle ist auf die unreflektierte Art der Zeugin Karla einzugehen. Wie, stellt sich die Frage, hätte denn Tanja aus ihrer Sicht reagieren sollen? Dem *jungen Glück* bei der Wanderung zusehen? Verständlich ist, dass Tanja - vermutlich wenig masochistisch veranlagt - sich selbst schützte, indem sie vorläufig gemeinsamen Treffen mit Karla und Kris aus dem Weg ging.

Die damals noch relativ junge Zeugin Karla berichtete in ihrer Vernehmung leutselig, sie selbst habe dann ständig den Kontakt zu Tanja gesucht. Vor erneuten körperlichen Attacken schien sie sich seinerzeit anscheinend nicht gefürchtet zu haben.

---

156 Vernehmungsprotokoll der Zeugin Karla vom 09. Juli 2007.

Zu berücksichtigen ist in diesem Zusammenhang, dass das seitens der Staatsanwaltschaft für den Verzicht auf Befragung der Mutter herangezogene Argument des »sehr selektiven und subjektiv geprägten Blickwinkels« auch für eine mit Tanja zerstrittene Freundin hätte greifen müssen. Zumindest hätte dieser Aspekt im Rahmen der Aussagewürdigung der Zeugin Karla berücksichtigt werden müssen. Doch weit gefehlt - nichts dergleichen geschah. Noch einmal aus Karlas Vernehmungsprotokoll:

> »Ich habe dann Ostermontag mit ihr Kontakt aufgenommen und ein Treffen für Dienstag vorgeschlagen. Wir haben uns dann getroffen. Sie meinte, dass sie momentan mit mir wenig zu tun haben möchte, ich würde sie nerven. [...] An dem darauffolgenden Sonntag bin ich mit dem Kris[1] [...] zusammen gekommen [sic]. Sonntagabend habe ich Tanja das per Email mitgeteilt [...]. In der darauffolgenden Woche habe ich ihr per SMS bzw. per Email mitgeteilt, dass wir uns ja an den Terminen, die wir üblicherweise von der Ferienfreizeit hatten, sehen würden. Sie hat aber nicht reagiert bzw. sie hat abgesagt. Wenn ich sie angerufen habe, ging sie nicht ans Telefon.«

Karlas Darstellung ist ganz klar zu entnehmen, dass sich Tanja von ihr zurückzog und nicht umgekehrt. Festzuhalten bleibt ferner, dass die Zeugin Karla Tanjas Entscheidung, sich erst einmal von den beiden - Karla und Kris - abzugrenzen, nicht respektierte und Tanja mit SMS, E-Mails und Anrufen regelrecht *bombardierte*. Waltraud Gräff, Tanjas Mutter, erzählte mir und meiner Kollegin, dass sie selbst Karla damals am Telefon gebeten habe, Tanja etwas Zeit zu geben und von weiteren Versuchen der Kontaktaufnahme erst einmal abzusehen. Tanja gehe es gut, und sie brauche nur etwas Zeit. Dieser Bitte der Mutter um Zurückhaltung kam die Zeugin Karla allerdings nicht nach.

Erwähnenswert an dieser Stelle ist, dass die Zeugin Karla eigener Aussage gemäß mit Tanja erst seit Herbst 2006 in Kontakt stand. Also insgesamt gerade mal sieben Monate. Sie gehörte sonach nicht zu Tanjas etabliertem Freundeskreis. Über den Vorfall mit Karla hinaus sind auch keinerlei *Gewaltausbrüche* Tanjas dokumentiert bzw. bekannt.

Alles in allem erweckte die Aussage der Zeugin Karla vom 09. Juli 2007 damals nicht das geringste Interesse der Ermittler. Man stufte im Jahre 2007 das kleine *Scharmützel* zwischen Karla und Tanja offensichtlich als völlig belanglos ein - was es im Ergebnis auch war. 2015 avancierte der *Mädchenzank* dann aber zum scheinbar eindeutigen Beleg einer angeblich aggressiven, persönlichkeits-gestörten Tanja Gräff. So erlebte die Akte Karla von 2007 bis zum Jahre 2017 eine erstaunliche Evolution.

- **Soziale Isolation**

Die Polizeipsychologin verwandte für ihr Gutachten die Aussage der Zeugin Karla nicht nur im Hinblick auf Tanjas angeblich aggressives Verhalten, sie benutzte diese Aussage auch, um Tanjas angebliche soziale Isolation zu belegen. In diesem Zusammenhang behauptet die Polizeipsychologin, Tanja habe den Kontakt zu ihren »besten Freundinnen« im Odert-Umfeld verloren, und führt in ihrem Gutachten laut Abschlussbericht der Staatsanwaltschaft[152] Folgendes aus:

> »In den letzten Monaten verlor sie den Kontakt zu ihren damals besten Freundinnen, [...]. Tanjas Einbettung in eine stabile soziale Gruppe der Betreuer der Jugendfreizeit war damit gescheitert.«

Das ist falsch. Tanjas beste Freundinnen waren nicht ausnahmslos im Odert-Bereich angesiedelt. Zudem stellten Karla und Kris bei weitem nicht die gesamte Betreuerschaft dar. In der Jugendfreizeit war eine Vielzahl von Betreuern und Betreuerinnen aktiv.

KHK Bouillons Feststellung in seinem Schlussbericht vom 16. Januar 2009 zu Tanjas Freundeskreis bestätigt unsere Einschätzung:

> »Ihr Freundeskreis setzte sich überwiegend aus Personen ihrer Schulzeit sowie Kommilitonen und Mitgliedern der Jugendfreizeit zusammen.«

Die Zeugin Karla gehörte also nie zu Tanja Gräffs engstem Freundeskreis, und der Rückzug von dieser Person war für Tanja sicher kein spürbarer Einschnitt in ihrem sozialen Leben. Geschweige denn, dass dieser Rückzug eine, wie von der Polizeipsychologin beschrieben, *soziale Isolierung* Tanjas zur Folge gehabt hätte und damit mitursächlich für einen *psychischen Niedergang* Tanjas gewesen sein soll.

Dass Tanja trotz des Streites mit Karla - immer noch eingebettet in die *»stabile soziale Gruppe der Betreuer der Jugendfreizeit«* - konzentriert und konsequent an dem Konzept der Sommerfreizeit im August 2007 arbeitete, zeigt auch der Inhalt des auf Tanjas Laptop am 25. April 2007 abgespeicherten *Osterlehrgangsprotokolls*, in dem ferner eine Reihe von Terminen für die Zeit vom 16. Juni bis 18. August aufgelistet waren:

»Spanien 2007

[...]

Hallo liebe Freunde der Sonne,
wir freuen uns sehr, dass ihr mit auf die Spanienfreizeit diesen Sommer fahren wollt.
Wir werden 15 sonnige Tage mit einer Gruppe von 14 – 17 jährigen [sic] Jugendlichen verbringen. Unsere Reise umfasst [...]. In Spanien stehen Ausflüge zum Strand und natürlich in das Zentrum von Barcelona auf dem Plan, mit vielen kulturellen Höhepunkten.

Alle weiteren Details werden wir gemeinsam an unserem nächsten gemeinsamen Teamtreffen klären.
Bis dahin wünschen wir euch sonnige und warme Wochen!

Tanja und Marius[1]«

Interessant sind in diesem Zusammenhang zudem die Angaben von Tanjas Mutter im Rahmen ihrer Vernehmung[157]:

»Außerdem stand dann am 16.06.07 ein Betreuer-Lehrgang bzw. eine Besprechung für die bevorstehenden Ferienfreizeiten mit Jugendlichen in den Sommerferien in Odert bevor. Es war vorgesehen, dass sie am 03.08.07 mit einer Gruppe von 14- bis 17-Jährigen nach Spanien fährt. Sie selbst sollte diese Gruppe leiten. Weitere Betreuer waren als Unterstützung vorgesehen.«

Dass Tanja als verantwortliche Betreuerin im darauffolgenden August 2007 mit einer Jungendgruppe nach Spanien fahren sollte, stand somit fest.

Für das Verständnis der Wertschätzung Tanjas innerhalb der Jugendfreizeit soll nachfolgender Auszug aus dem am 25. Januar 2007 vom damaligen 1. Vorsitzenden, Torben[1], ausgestellten Zeugnis zitiert werden:

---

[157] Vernehmungsprotokoll der Mutter Waltraud Gräff vom 02. Juli 2007.

»Tanja Gräff ist ehrenamtliche Betreuerin und Vereinsmitglied und organisiert seit 2004 Jugendfreizeiten für den Verein für Jugendfreizeiten. [...]
Im Einzelnen hat Frau Gräff an folgenden Freizeiten teilgenommen: 2004 und 2005 Odert, 2006 Mecklenburg-Rügen und Odert sowie die Silvester-Freizeit 2006/2007. Frau Gräff wird 2007 hauptverantwortlich unsere Spanien-Freizeit leiten. [...]
Frau Gräff zeichnet sich besonders durch ihre verantwortungsbewusste, konsequente, eigenverantwortliche und vor allen Dingen zuverlässige Art bei der Bewältigung der Aufgaben als Betreuerin aus. Daneben ist sie ein hoch motiviertes und engagiertes Vereinsmitglied. Sie ist Mitglied unseres Betreuerbegleitungs- und -schulungsteams.
Gerne betrauen wir Frau Gräff daher mit einer Freizeitleitung.«

Das Vorhaben wurde, wie auch der oben zitierte Hinweis Waltraud Gräffs und das oben wiedergegebene Osterlehrgangsprotokoll belegen, bis zu Tanjas Verschwinden von keiner Seite in Frage gestellt, geschweige denn revidiert. Mit dem Verfasser dieses Zeugnisses, dem damaligen Vorsitzenden der Jugendfreizeit, hat die Polizeipsychologin nie gesprochen. Im persönlichen Gespräch bestritt Torben die angebliche Ausgrenzung Tanjas aus der Odert-Freizeit.

Wie gesagt: Trotzdem behauptet die Polizeipsychologin, Tanjas Einbettung in die stabile soziale Gruppe der Betreuer der Jugendfreizeit sei zum Zeitpunkt ihres Verschwindens Anfang Juni 2007 gescheitert gewesen, sprich, sie sei aufgrund ihres vermeintlich aggressiven Verhaltens und ihres Alkoholkonsums in der *Odert-Familie* quasi zur persona non grata degradiert worden.

Das ist, um es nochmals deutlich zu apostrophieren, unwahr und wurde sowohl von einzelnen Betreuern als auch von dem damaligen Vereinsvorsitzenden vehement bestritten. Einer der dienstältesten Betreuer in der *Odert-Gruppe*, der Zeuge Olli[1], beschrieb uns gegenüber in einem persönlichen Gespräch den Streit zwischen Tanja und Karla als *Kinderei* und eine bedeutungslose Angelegenheit. Er konnte sich die Behauptung der Psychologin, Tanja sei nach dem Streit mit Karla praktisch aus der *Odert-Familie* ausgeschlossen worden, absolut nicht erklären. Wir schon. Staatsanwalt H. Krause dokumentierte in persona, wie die Psychologin zu ihren Informationen kam. Von den Trierer Ermittlern selbst.

Im Übrigen stellte die *Odert-Freizeit* tatsächlich nicht Tanjas Alltagsleben dar. Es handelte sich dabei, wie beschrieben, um eine Ferienfreizeit, folglich um eine nur in den Schulferien oder Feiertagen anfallende Veranstaltung. Tanjas Alltagsleben bestand hauptsächlich im Umgang mit ihren Eltern, ihren Kommilitonen und vor allem mit dem sehr großen - über einen langen Zeitraum gewachsenen - Freundeskreis ehemaliger Mitschüler sowie ihrem neuen Freundeskreis an der Uni. Daneben zählten das wöchentliche Training und die regelmäßigen Turniere im Bogenschützenverein sicher zu ihrem alltäglichen Leben.

Tatsächlich wandte sich Tanja nach Ostern 2007 verstärkt ihren neuen Kommilitonen zu. Was daran aber so sonderbar gewesen sein soll, erschließt sich nicht.

Diese von der Psychologin Dr. Sommer als *psychisch auffällig* eingestufte Umorientierung Tanjas hin zu ihrer neuen Clique war allein der Tatsache geschuldet, dass Tanja nach den Osterferien im Seminar Schulpraktika Adrian näher kennengelernt und sich in den aus ihrer Sicht außergewöhnlichen, jungen Mann verliebt hatte. Dazu Tanja vier Wochen vor ihrem Tod:

»Er ist so anders, Mama.«

Tanja hatte sich in Bezug auf Adrian ihrer Mutter anvertraut. Der gutaussehende Student und Songwriter, der sich feingeistig gab, stellte für die Germanistikstudentin eine ganz neue Erfahrung dar. Was die Psychologin als sozialen Rückzug bewertete, war sonach nichts anderes als Tanjas Zuwendung in Richtung ihrer neuen Uni-Clique und im Besonderen ihrer ersten Liebe - Adrian.

Dazu ist anzumerken, dass Tanja zuvor etwas darunter gelitten hatte, an der Uni keinen festen Freundeskreis zu haben. Obwohl sie zügig mit ihrem Studium vorankam, fühlte sie sich daher etwas fehl am Platz. Waltraud Gräff berichtete hierzu[157]:

> »Das Studium und das Studentische an der Uni hat ihr nicht so sehr gefallen. Aber sie meinte, dass sie das ja brauche, um Lehrer zu werden. Ich denke, dass das nicht ihre Welt war [...]. Gleichwohl hat sie zielgerichtet studiert.«

Das aber änderte sich eben genau nach jenen Osterferien, just Anfang Mai 2007. Tanja erzählte ihrer Mutter, dass ihr die Uni jetzt viel mehr Spaß mache, da sie jetzt wesentlich integrierter sei und sie sich jetzt »pudelwohl« fühle. Tanja war nun Teil dieser Uni-Clique, mit der sie am 06. Juni 2007 schließlich auch das FH-Fest besuchte.

Auf Tanjas Laptop konnten wir einige engagiert gefertigte Referate und Hausarbeiten einsehen, die belegen, dass Tanja sich zuletzt keineswegs in einer Art *Endzeitstimmung* befand, wie von der Psychologin in ihrer Analyse herbeifabuliert wurde. Nach Sichtung aller Dateien auf Tanjas Laptop konnten wir unter anderem feststellen, dass sich die Studentin im Frühsommer 2007 für ihr Studium leidenschaftlich und überaus strukturiert engagierte. Exemplarisch dafür steht eine herausragende Arbeit im Studienfach Geschichte zum Thema »Juden im Bürgertum des 20. Jahrhunderts«.

Die Psychologin ihrerseits hat das erfolgreiche Studium Tanja Gräffs in keiner Weise in ihre Bewertung über die Studentin einfließen lassen - offensichtlich unerheblich. Oder fehlte diese Tatsache vielleicht im etwas einseitig ausgerichteten *Informationskatalog* der Trierer Ermittler?

Nach unserer Recherche war Tanja, durch viele Aspekte belegbar, zum Zeitpunkt ihres Verschwindens eher auf dem Höhepunkt als an irgendeinem Tiefpunkt ihres viel zu kurzen Lebens angelangt. Man kann vor diesem Hintergrund ohne Weiteres davon ausgehen, dass der Verlust der Kurzzeitfreundin Karla aus Sicht der inzwischen frisch verliebten Tanja eher leicht zu verschmerzen war. Andererseits fragt man sich, wie die Analyse der Psychologin ausgefallen wäre, hätte sich Tanja nicht abgegrenzt, sondern Karla und Kris mit E-Mails, SMS und Anrufen überschüttet und terrorisiert. Man kann sich dies nach der Lesart ihrer vorliegenden Analyse lebhaft vorstellen.

Tanjas verständliche Abgrenzung zweier Menschen gegenüber als ein Indiz für ein *soziales Scheitern* heranzuziehen, ist, mit Verlaub, doch eine recht *kühne* Behauptung der Polizeipsychologin - damit aber gleichzeitig ein Bestandteil des Narrativs über Tanjas Todesumstände.

Hinweis:

Zu berücksichtigen ist, dass die Zeugin Karla zum Zeitpunkt ihrer

Vernehmung am 09. Juli 2007 nicht auf dem neuesten Stand der aktuellen Lebensrealität Tanjas war. Sie wusste nichts von Tanjas erster großen Liebe und der neuen Uni-Clique, so dass Karlas Schlussfolgerungen über Tanjas seelischen Zustand und ihren angeblichen sozialen Rückzug nahezu zwangsläufig verfehlt waren.

Als Tanja 2015 gefunden wurde und wir von allen mit uns in Kontakt stehenden Zeugen die Information erhielten, dass ihre Nachvernehmungen ausschließlich auf die Themen Alkohol, Drogen und Depressionen fokussiert waren, schlossen wir im Team Wetten ab, dass man seitens der Ermittler einen Suizid kreieren und zur Stützung dieser These sehr wahrscheinlich die Aussage der Zeugin Karla aus dem Vernehmungsprotokoll vom 09. Juli 2007 als Grundlage heranziehen werde. Die damals 22-jährige Zeugin Karla hatte sich unter anderem dahingehend geäußert, Tanja habe ihr gegenüber erwähnt, sie werde vermutlich keinen Mann bekommen und einmal einsam sterben, sprich als alte Jungfer enden. Und tatsächlich. Wie simpel und leicht berechenbar die Vorgehensweise der Trierer Ermittlungsbehörden doch war: Die laienpsychologische Einschätzung einer 22-Jährigen aus dem Jahre 2007 über Tanjas Seelenleben wurde tatsächlich als Basis einer – doch als fachlich fundiert zu erwartenden –

Psycho-Expertise über Tanja Gräff im Jahre 2017 herangezogen.

Tanja Gräff war zum Zeitpunkt ihres Todes weder vereinsamt noch sozial isoliert. Vielmehr verfügte sie über einen großen und ausgesprochen gefestigten Freundeskreis, der im Übrigen nach Tanjas Verschwinden, wie allgemein bekannt, mit immensen Suchaktionen, einer berührenden Lichterkette und öffentlichen Auftritten in Erscheinung trat. Überregional wurde seitens der Freunde plakatiert und Geld gesammelt.

Aber auch diese Fakten spielten offensichtlich keine Rolle bei der von der Psychologin vorgenommenen Wertung der sozialen Verhältnisse Tanja Gräffs zum Zeitpunkt ihres Verschwindens. Dass Tanja Gräff zum Zeitpunkt ihres Todes durch ihr angebliches fremdschädigendes Verhalten in sozialer Isolation gestrandet war, der sie nur noch im Tod entkommen konnte, ist daher *Maximalunfug*.

- **Bogenschützenverein**

Als weiteren Beleg für Tanjas angebliche *innere Metamorphose* und ihren sozialen Rückzug führt die Polizeipsychologin zudem an, Tanja habe schon seit Längerem nicht mehr am Training teilgenommen beziehungsweise sei ihm seit Monaten unentschuldigt ferngeblieben.

Aus dem Abschlussbericht der Staatsanwaltschaft[152] zum Gutachten der Psychologin[158]:

---

[158] Siehe hierzu auch oben Abschnitt »Soziale Isolation«.

»Sie veränderte ihr Alltagsleben und verabredete sich entweder mit Kommilitonen oder verbrachte Freizeit alleine. Tanja [...] fiel in der Zeit danach durch sozialen Rückzug und durch atypische Verhaltensweisen [sic] wie vom Training (unentschuldigt) fernbleiben.«

Nach persönlicher Rücksprache mit Tanjas ehemaligem Trainer Roman[1] und dessen Ehefrau stellte sich heraus, dass auch diese Behauptung nicht der Wahrheit entspricht. Das Trainerehepaar erklärte uns, dass der Verein am Wochenende vom 19. auf den 20. Mai 2007 traditionell sein internationales Turnier ausgerichtet habe. An den Tagen zuvor hätten alle Schützen gearbeitet und bei den aufwendigen Aufbauarbeiten geholfen. Auch Tanja. Allein aus diesem Grund fiel das Training vor diesem Turnier aus. Diese kleine Trainingspause wandelte sich anscheinend auf dem Wege der *stillen Post*, ausgehend von den Trierer Ermittlern hin zu besagter Polizeipsychologin, zu dem Gerücht, Tanja sei vor ihrem Tod bereits monatelang dem Training unentschuldigt ferngeblieben.

Gerade die Teilnahme Tanjas am Turnier vom 19./20. Mai 2007 sowie an der Stadtmeisterschaft am Samstag, dem 02. Juni 2007, fünf Tage vor ihrem Verschwinden, belegen ebenfalls eindeutig, dass es sich hierbei um eine Falschbehauptung seitens der Gutachterin handelt.

In dem besagten ausführlichen Gespräch erzählten uns Tanjas Trainer Roman und seine Frau ferner, dass Tanja neben dem eigentlichen Sport eine für den Verein und das Vereinsleben außerordentlich wichtige Funktion ausfüllte. So berichteten sie übereinstimmend, dass Tanja über eine für ihr Alter erstaunlich soziale Kompetenz verfügte und als Bindeglied zwischen den jüngeren und den älteren Vereinsmitgliedern wirkte. Tanja habe manchen Streit zwischen den Generationen geschlichtet und Konflikte gelöst. Nach Tanjas Verschwinden habe man, so der Trainer, diese harmonisierend wirkende Vermittlerin schmerzlich vermisst.

Ferner habe sich Tanja, wie auf den Fotos zu sehen, freiwillig an den umfangreichen Aufbauarbeiten für die Turniere am 19. Mai und am 02.Juni 2007 beteiligt. Dafür habe sie jedes Mal ein Wochenende geopfert. Ihr sei keine Arbeit zu viel gewesen. Auch an den gemeinsamen, gemeinschaftsfördernden Mahlzeiten habe sie selbstverständlich immer teilgenommen.

Der Trainer und seine Frau zeigten sich mehr als erstaunt über die Behauptungen, welche die Psychologin Dr. Sommer in Bezug auf Tanjas vermeintliche Persönlichkeitsveränderung, ihren angeblichen sozialen Rückzug und das angeblich monatelang verabsäumte Training aufstellte. Auch waren die beiden ausgesprochen erschüttert über die Ausführungen der Psychologin zu Tanjas labiler Psyche, ihrer angeblichen Aggressivität und ihrem angeblich ausufernden Alkoholkonsum. Die Frau des Trainers berichtete hierzu, dass Tanja sich während Turnieren nie habe dazu hinreißen lassen, Alkohol zu trinken. Sie sei ausgesprochen diszipliniert gewesen. Jedenfalls - und das steht fest - schien Tanja keinen Alkohol für eine ruhige Hand beim Bogenschießen benötigt zu haben.

Nach Auflösung der Ermittlungskommission FH zeichnete deren ehemaliger Leiter Bouillon in seinem Abschlussbericht EK-FH vom 16. Januar 2009 interessanterweise noch ein treffenderes Bild über Tanjas soziale Strukturen, auch und gerade im Hinblick auf den Bogenschützenverein:

> »Ihre Freizeit verbrachte Tanja Gräff u.a. im Bogenschützenverein St. Sebastianus in Trier. Desweiteren galt sie als sozial stark engagiert und war als Betreuerin in der Jugendfreizeit ›Odert‹ tätig. [...] Tanja Gräff galt als offene, kommunikative und freundliche Person mit sozialer Ader.«

Wie sich zwischen dem Schlussbericht Bouillons - 2009 - und dem Abschlussbericht des Staatsanwaltes H. Krause - 2017 - mit Unterstützung der Polizeipsychologin und mit identischen Zeugen eine solch extreme Diskrepanz bezüglich Tanjas sozialer Integrität *entwickeln* konnte, nämlich von sozial stark engagiert bis zu sozial isoliert, liegt auf der Hand. Natürlich hat die Psychologin mit dem Trainerehepaar nie gesprochen. Die Frage nach der Quelle dieser Fehlinformationen, die in dem psychologischen Gutachten bezüglich des Bogenschützentrainings auftauchen und somit eine Teilgrundlage der Gesamtanalyse darstellen, muss nach H. Krauses Angaben über die Herkunft der Informationen für das Gutachten an dieser Stelle nicht neu aufgeworfen werden.

Anzumerken sei an dieser Stelle noch einmal, dass ich mich nicht nur mit dem Trainerehepaar des Bogenschützenvereins, sondern - wie bereits erwähnt - auch mit dem oben genannten Betreuer Olli getroffen habe. Auch dieser konnte sich keinen Reim darauf machen, wie es in der Analyse zu der Falschbehauptung bezüglich der Odert-Freizeit kommen konnte. Es ist nahezu müßig zu erwähnen, dass die Psychologin auch mit Olli nie gesprochen hat. Auch hier greift wohl dieselbe Informationspolitik.

- **Alkoholmissbrauch**

Im Rahmen der kritisch zu würdigenden Persönlichkeitsbeschreibung Tanjas ist auch über ihren angeblich missbräuchlichen Umgang mit Alkohol zu reflektieren.

Die Psychologin weiß in der von ihr konstruierten Absturzthese diesbezüglich Folgendes zu berichten[152]:

»[…] ein alkoholisierter Mensch könnte diese Gefährdung unterschätzen und sich dadurch in eine lebensgefährliche Situation manövrieren. […] Aber auch für [sic] Menschen, die sich akut in einer suizidalen Krise befinden, könnten diesen Abhang aufsuchen.
Die vorliegenden Erkenntnisse der ›psychologischen Autopsie‹ korrespondieren mit den eben genannten Varianten, da Tanja sich aufgrund ihrer Persönlichkeitsstruktur, der Ereignisse und Verhaltensweisen vor dem Verschwinden mit sehr hoher Wahrscheinlichkeit in einem labilen Zustand befunden hatte bei gleichzeitig vorliegender Alkoholisierung, unter welcher Tanja bereits in mehreren unterschiedlichen Kontexten durch Kontrollverlust aufgefallen war.«

Zu diesen schwerwiegenden Erkenntnissen kommt die Psychologin unter Heranziehung vor allem der Aussagen der *Saufkumpane* Tanjas bei der Vorglühparty[159], die sich – trotz erwiesenermaßen eigenen Konsums hochprozentigen Alkohols – angeblich acht Jahre später exakt an Tanjas vermeintlich exzessives Trinkverhalten erinnern konnten. Mit Hilfe dieser Behauptungen wird Tanja Gräff im Weiteren in die Rolle einer schwer betrunkenen, suizidgefährdeten Person hineingeschrieben. Im Abschlussbericht[152] wird hierzu festgehalten:

---

[159] Siehe hierzu Kapitel 1 »Vorglühparty«.

»Bezüglich des Alkoholkonsums wurde übereinstimmend ausgesagt, dass alle Beteiligten – so auch Tanja Gräff – in der Wohnung des Studenten Jonas[1] [...] große Mengen Alkohol konsumiert hätten. [...] Die Aussagen sind aufgrund unterschiedlicher Situationen in der dortigen Wohnung bzw. unterschiedlicher Wahrnehmungen sowie eigenem Alkoholkonsum nicht einheitlich. Dennoch kann festgestellt werden, dass Tanja Gräff während des Aufenthaltes bei Jonas [...] verschiedene Alkoholika getrunken hatte. Darunter fielen Mixgetränke, aber auch Wodka und/oder Tequila sowie Bier. Tanja Gräff wurde von den meisten Zeugen als stark angetrunken, teilweise als betrunken, beschrieben.«

Zum Alkoholkonsum in der Nacht des FH-Festes werden im vorgenannten Abschlussbericht unter anderem folgende Zeugenaussagen zitiert:

Beispiel Arne[1]:

»Ich würde sagen, dass Tanja betrunken war. Ob die Tanja noch gerade gegangen ist oder geschwankt hat, kann ich Ihnen nicht mehr sagen. (Vernehmung vom 05.09.2007, S. 8).
[...] aber ich hab keine Ahnung mehr [sic] in welchem Umfang und was das war (Vernehmung vom 01.06.2015, S. 1).«

Beispiel Malina[1]:

> »Was getrunken wurde [sic] weiß ich aber nicht, da ich es nicht gesehen habe. Ich bin der Meinung, dass viel getrunken worden ist. (Vernehmung vom 05.06.2015, S. 1).
> Ich glaube [sic] sie hatte eine 1 L-Flasche dabei, k. A., was das war. … eine selbst hergestellte Mischung, dann kann das auch sein. (Vernehmung vom 05.06.2015, S. 2*)*.«

Beispiel Jonas[1]:

> »Wir haben überwiegend Wodka und Bier getrunken. […] Jonas[1] […] gibt an, dass er nichts von zu Hause mit auf das FH Gelände genommen hätte. (Vernehmung vom 10.06.2007, S. 7).
> Das Reagenzglas[159] meint er, habe Tanja in ihrer Tasche mit auf das FH Fest genommen … (Vernehmung vom 27.05.2015).
> Kann sich sicher an ein kleines Reagenzglas erinnern. Darin war selbst gemischter Aufgesetzter o. ›Killepitsch‹ […] (Vernehmung vom 27.05.2015).«

Beispiel Mara[1]:

> »[…] ›Saure Apfel‹ Fläschchen, ein Glas Blue Curacao mit Vitaminsaft, ca. 4 Wodka (Schnapsgläser), Amaretto-Cola, Bier? (Vernehmung vom 10.06.2007, Bl. 2 bzw. 4).

Insgesamt wüde [sic] ich sagen viel. Wodka wurde auch getrunken. Die Tanja war schon betrunken. (Vernehmung vom 30.05.2015, S. 4).«

Beispiel Martin[1]:

»[...] haben alle auf der Feier Bier und Wodka getrunken. (Vernehmung vom 10.06.2007, S. 2, 3). [...] dementsprechend war der Alkoholisierungsgrad unglaublich hoch, ich selber war selten so betrunken. [...] ...meine, in der Flasche war purer Schnaps. (Vernehmung vom 29.05.2015).«

Beispiel Henry[1]:

»[...] Bier und Wodka, ... dass sie mir betrunken erschien. Ich merkte das unter anderem an ihrer Sprache und Stimme, die ›euphorisiert‹ wirkte. (Vernehmung vom 02.07.2007, S. 1 und 3).«

Beispiel Tea[1] über Tanja bei einer vorangegangenen Grillparty:

»[...] bereits betrunken bei Verlassen der Grillfeier, auf Stockplatz aus Übermut Flasche weggetreten, so dass sie kaputt ging...(Vernehmung vom 28.06.2007, S. 4 und 7).
[...] bei Trinkspielen mit gemacht [sic], es ging um hochprozentige Getränke in großen Flaschen. Nicht nur angetrunken, sondern betrunken. (Vernehmung vom 02.06.2015).

Beispiel Kirsten[1]**:**

> »In dem Zimmer der Tanja wurden Trinkspiele gemacht, da hat sie auch mit gemacht [sic], so wie ich mich erinnere. Es waren alle angetrunken. Tanja Gräff war auf jeden Fall bei dem Trinkspiel dabei und hat auch getrunken. (Vernehmung vom 23.06.2015).
>
> [...] eigentlich hatte immer jeder etwas mitgebracht. (Vernehmung vom 23.06.2015).«

Diese Personen berichteten – ähnlich einer *Mauerschau*[160], als scheinbar neutrale Augenzeugen – über Tanjas Trinkverhalten während der Vorglühparty, obwohl sie selbst aktiv involviert waren. Anders ausgedrückt: Sie hatten munter mitgesoffen.

Bezüglich der Zeugen Henry und Tea ist noch hervorzuheben, dass beide zwar bei der Vorglühparty am Trimmelter Hof zugegen waren, sich aber unmittelbar nach Ankunft auf dem FH-Festgelände von den übrigen Partyteilnehmern getrennt und einer anderen Gruppe zugewandt hatten[161], weshalb sie zur Einschätzung über Tanjas Alkoholkonsum um 04:00 Uhr natürlich nichts beitragen konnten. Im Abschlussbericht wurden die Aussa-

---

[160] Hierbei handelt es sich um ein Stilmittel im Drama, bei dem eine Theaterfigur über ein auf der Bühne nicht dargestelltes Ereignis mündlich berichtet, d.h. ein Schauspieler schildert ein Geschehen, als sähe er es außerhalb der Bühne vor sich ablaufen.

[161] Siehe hierzu Kapitel 4 »m Sitzkreis vor dem Bierstand T9«.

gen der beiden zuletzt genannten Personen dennoch in den Kontext der Nacht des FH-Festes gestellt. Aber auch das war sicher wieder nur einmal ein *Satzfehler* in jenem Abschlussbericht[152].

Was in der Analyse der Psychologin mithin als - quantitativ - mehr oder weniger aussagekräftige empirische Erhebung und damit als wissenschaftlich substanziiert erscheinen soll, beruht lediglich auf einer einzigen unmittelbaren Zeugenaussage - Karla - und im Übrigen auf den zitierten Angaben der oben genannten *Trinkbrüder* Tanjas an jenem Abend.

Um einen weiteren Beleg zu Tanjas vermeintlichem Alkoholmissbrauch zu finden, greift H. Krause auf eine zurückliegende Geschichte aus dem Jahr 2006 während einer Freizeit auf der Insel Rügen zurück. Im Abschlussbericht heißt es dazu:

> »[...], dass Tanja zu besonderen Anlässen Alkohol [...] zu sich genommen hatte. Besonders hervorgehoben wurde das Zeltlager im Jahre 2006. Dort wurde von den Betreuern abends mitunter der Geburtstag eines Betreuers [...] gefeiert. [...] Tanja sei irgendwann ohne Ankündigung aufgestanden und habe die Runde verlassen.
> Einige Zeit später, als man sie vermisst hatte, hätte man sie neben oder über einem Blumenkübel liegend und schlafend vorgefunden. [...] Über die Entfernung zwischen Küchenzelt, wo man feierte [sic] und der Auffindestelle wurden von den

> Zeugen unterschiedliche Angaben gemacht. Da die hier agierenden Personen alle mehr oder weniger dem Alkohol zugesprochen hatten, kam es zu unterschiedlichen Bewertungen der Entfernung. Das Verhalten von Tanja wurde als orientierungslos [sic] aber nicht mit umherirrend bezeichnet.«

Wie bei der Aussage bspw. des Zeugen Martin *räumt* Staatsanwalt H. Krause auch hier wieder ein, dass er bei seinem Bemühen, Tanjas vermeintliche *Alkoholexzesse* aufzuzeigen, auf die Angaben von Zeugen abstellt, die selbst »mehr oder weniger dem Alkohol zugesprochen hatten«, sprich, zum Zeitpunkt des beschriebenen Vorfalls selbst *mehr oder weniger besoffen* waren.

So viel zu den Erkenntnisquellen.

Zum Alkoholkonsum in der Odert-Freizeit bemerkte der bereits erwähnte Zeuge Olli mir gegenüber, dass es sich bei Tanja eher um ein *kleines Licht* gehandelt habe - da seien ganz andere *Kaliber trinktechnisch am Werk* gewesen. Dass es partiell zu exzessiven Trinkgelagen im Zuge diverser Odert-Freizeiten kam, blieb auch uns nicht verborgen. Uns liegen hierzu auch einige Fotos vor. Auch Tanja hat mitunter fröhlich mitgemischt.

Den moderaten Umgang mit Alkohol belegt dennoch unter anderem der nachstehende Mailverkehr zwischen Kris und Tanja in der Fastnachtswoche 2007. Auf seine Frage, ob sie einen »saufen gehe«, antwortete Tanja wie folgt - E-Mail liegt im Original vor:

> »Nein, ich mach das schließlich nicht immer, eigentlich nur selten, hauptsächlich in Odert. Ich bleib heut daheim und schreib meine Hausarbeit fertig und lerne für meine Klausur.«

Offensichtlich war Tanja ihr Studium wichtiger als eine Sauftour an Fastnacht. Dieser Chatverlauf mit Odert-Betreuer Kris wurde im Abschlussbericht von Staatsanwalt H. Krause allerdings nicht erwähnt.

Auffällig ist, dass in der kompletten Abhandlung über Tanjas angeblichen Alkoholmissbrauch so gut wie alle den Behörden bekannten gegenteiligen Zeugenaussagen ausgespart wurden. Allein mit dem knappen Rückgriff auf Adrians Aussage aus Juni 2007[162] wird das von Tanja latent vermittelte Bild einer Alkoholikerin etwas abgeschwächt - im Abschlussbericht[152] wird folgende Passage zitiert:

> »Am Mittwoch haben wir alle getrunken, das war in der großen Gruppe, da hat auch Tanja getrunken. So wie ich sie da erlebt habe, war sie angetrunken. Ja, alle waren angetrunken. Die Tanja hat auf mich nicht den Eindruck gemacht, als wäre sie betrunken.«

---

[162] Vernehmungsprotokoll des Zeugen Adrian vom 09. Juni 2007.

Sofort aber wird diese Abmilderung wieder konterkariert, indem umfangreiche Passagen aus Adrians Aussage von Mai 2015 wiedergegeben werden, die aber weniger Tanjas Alkoholmissbrauch als vielmehr das Trinkverhalten der ganzen Gruppe der Vorglühparty und darüber hinaus lediglich das Abfüllen von großen PET-Flaschen mit Mix-Getränken beschrieben:

> »Auf dem Fest selber haben wir überwiegend Bier aus Plastikbechern getrunken. Ich kann mich erinnern, dass die gesamte Gruppe in der Wohnung [...] relativ stark dem Alkohol zugesprochen hat. [...] Wir haben in der Wohnung des Jonas[1] [...] 1,5 Liter Pet-Flaschen mit Cola Jägermeister gefüllt.«

Adrian sprach hier eindeutig nur davon, dass die Gruppe viel getrunken und dass die Gruppe Getränke gemischt hatte. Von Tanja ist hier nicht die Rede, jedoch wird das im Abschlussbericht fälschlicherweise, und für die These nützlich, einfach falsch dargestellt. Tatsächlich hat Adrian in seiner Aussage vom Juni 2007 über die obigen Angaben hinaus noch folgendes Interessantes zu berichten gewusst, was im Abschlussbericht bemerkenswerterweise jedoch nicht erwähnt wurde. Aus dem Vernehmungsprotokoll vom 9. Juni 2007:

> »Könnten Sie etwas zu Frau Gräffs Alkoholkonsum sagen? [Vernehmer].

Ja, sie hat grundsätzlich nicht getrunken. Das wäre mir also nicht aufgefallen. [...] Bei unseren Treffen hat sie höchstens mal ein Bierchen getrunken. [Adrian].
Ist in der Wohnung von Jonas[1] [...] schon Alkohol getrunken worden? [Vernehmer].
Ja. [Adrian].
Könnten Sie mir beschreiben, wie die Stimmung war? [Vernehmer].
Ja, alle waren angetrunken. Die Tanja hat auf mich nicht den Eindruck gemacht, als wäre sie betrunken. Ich selbst habe den Alkohol gespürt. Ich würde sagen, ich war auch angetrunken.« [Adrian].

Es ist wohl kaum zu leugnen, dass keine andere Person in der Nacht des 06. auf den 07. Juni 2007 Tanja so nahe kam wie Adrian. Seine Einschätzung der Situation, zwei Tage nach Tanjas Verschwinden, war daher nicht ganz ohne Belang.

Auch die Aussage Tills[163] über Tanjas Verfassung um 04:00:01 Uhr am *Mixery-Kühlwagen* findet keine Erwähnung im Abschlussbericht:

»Eigentlich hat die Tanja nie viel getrunken, aber man hat das schon bei ihr gemerkt, wenn sie was getrunken hatte. [...] Es war aber nicht so, dass sie nicht mehr in der Lage gewesen wäre, verantwortlich zu handeln. Von volltrunken kann beileibe nicht die Rede sein.«

---

[163] Vernehmungsprotokoll des Zeugen Till vom 25. Juni 2007.

Doch diese Einschätzungen schafften es wohl nicht in die für die Psychologin bestimmte tendenziöse Erkenntnisquelle.

Dass Tanja in der Nacht des FH-Festes angetrunken war, steht insgesamt außer Frage. Inwieweit allerdings dieser Alkoholkonsum mitursächlich für Tanjas Tod war, ist reine Spekulation. In ihrem Gutachten[152] findet die Psychologin abschließend folgende Worte für Tanja:

> »Zusammenfassend sprachen die Erkenntnisse über die Situation von Tanja vor und während der FH-Fete für das Vorliegen einer psychischen Labilisierung, welche sich durch die Alkoholisierung noch verstärkt haben dürfte. Dieser Zustand dürfte mit sehr hoher Wahrscheinlichkeit dazu beigetragen haben, dass Tanja den Weg zur Absturzstelle gegangen war und dort mit sich alleine agierte.«

An dieser Stelle möchte ich nochmals an die zehn Berentzen-Fläschchen und das so mysteriöse Reagenzglas erinnern, die in der zweiten Pressekonferenz so bedeutungsschwer dem erstaunten Publikum als aussagekräftige Fundstücke präsentiert wurden. Die Bedeutungslosigkeit dieser Fundstücke habe ich bereits ausführlich beschrieben. Aber im Kontext der psychologischen Analyse und Tanjas angeblichem Alkoholmissbrauch kann man sich des Eindrucks eines manipulativen Herausstellens dieser Fläschchen kaum erwehren.

- **Enttäuschung als Auslöser**

Nachdem die Psychologin Tanja sowohl Alkoholmissbrauch, fremdschädigendes Verhalten und soziale Isolation attestiert hatte, musste jetzt noch ein veritabler Auslöser gefunden werden, warum Tanja in dieser Nacht selbstverschuldet zu Tode gekommen sein soll.

So spekuliert die Polizeipsychologin in ihrem Gutachten, dass Tanja Gräff möglicherweise eine Person voller Selbstzweifel und mangelnder Selbstwertregulation gewesen sei, die das Verhalten Adrians in der Nacht des 07. Juni 2007 vermutlich als extreme Kränkung und Beschämung erlebte. Als Initialzündung für ein finales Szenario am Roten Felsen vermutet die Psychologin schlussendlich an benannter Stelle, dass eine vermeintlich psychisch instabile und stark alkoholisierte Tanja eine vermeintliche Zurückweisung Adrians nicht habe verkraften können.

Diese Annahme zu Grunde gelegt, schreibt Dr. Sommer in ihrer Analyse weiter, Tanja habe wahrscheinlich nicht über ausreichende Ressourcen verfügt, diese Enttäuschung angemessen zu kompensieren und es sei möglicherweise zur Auflösung ihrer »Ich-Konsistenz«[153] gekommen. Demzufolge sei Tanja vermutlich in einer Art Ausnahmezustand, mit sich selbst agierend, am Roten Felsen in den Tod gestürzt. Aus dem Gutachten[152]:

> »Diese Zurückweisung/Kränkung könnte dann als Anlassituation gewirkt haben, in Richtung Absturzstelle der roten Felsen zu laufen.«

Als Beleg für diese Kränkungsthese führt die Polizeipsychologin in ihrem Gutachten unter anderem Folgendes aus:

> »Demgegenüber dokumentierte Adrians Verhalten und seine Zeugenaussage, dass er zumindest nicht in vergleichbarer Weise Interesse für Tanja entwickelt hatte. Bei Menschen, die in ihrer Selbstwertregulation beeinträchtigt sind, kann durch den potenziellen Verlust einer wichtigen und begehrten Person die Ich-Konsistenz bedroht werden. [...] Aufgrund der beschriebenen Selbstzweifel von Tanja war anzunehmen, dass sie das Verhalten von Adrian als Zurückweisung und Kränkung erlebt haben dürfte.«

Zu dieser Diagnose kam Frau Dr. Sommer jedoch ohne Patient und nachweisbare Symptome.

Tanja war bereits zehn Jahre tot und ihr persönliches Umfeld wurde, wie bereits beschrieben, für diese fragwürdige Diagnostik selektiert oder explizit ausgespart. Außerdem hatte die Psychologin weder objektive Kenntnisse über den tatsächlichen Ablauf dieser Nacht noch über die Substanz der sich anbahnenden Beziehung zwischen Tanja und Adrian. Mit Zeugen hatte Dr. Sommer nicht gesprochen. Aus vorbeschriebenen Gründen kann diese postmortale Analyse somit auch in diesem Punkt nur als Spekulation bezeichnet werden, wie ich im Anschluss darlegen werde.

Inwiefern sich zwischen Tanja und Adrian eine Beziehung anbahnte oder nicht, ist nachträglich kaum noch festzustellen[159], aber für diese Nacht auch nicht relevant. Vermutlich konnten es beide Protagonisten zu diesem frühen Zeitpunkt nicht einmal selbst einschätzen. Insofern lässt Adrians Aussage[162] Raum für viel Spekulation:

> »Seit etwa 4 Wochen gab es auch einen etwas engeren Kontakt. Daraus hätte sich eine Beziehung ergeben können. Wir haben [sic] in der Uni beinahe täglich gesehen.«

Alleine die Tatsache, dass Adrian Tanja in dieser Nacht auf dem FH-Gelände zurückließ, beweist weder, dass es sich hierbei um eine finale Abkehr von Tanja handelte, noch, dass sie diesen Umstand überhaupt als starke Kränkung empfunden, sondern vielmehr als schlichtes Ärgernis erachtet hatte.

Wie groß Tanjas Enttäuschung über Adrians Verlassen des Sommerfestes tatsächlich war, lässt sich letztlich nur anhand der Zeugenaussagen einigermaßen festmachen. Marco erklärte mir gegenüber, Tanja habe das Warten auf Adrian im Parkhaus eher *sportlich* genommen.

Außerdem unternahm Adrian, direkt nachdem sie sich verloren hatten, in Richtung Tanja drei Anrufversuche[164], bis sie sich schließlich im Telefonat um 04:00:01 Uhr fernmündlich wiedergefunden hatten. In diesem von Tanja am *Mixery-*

---

[164] Siehe hierzu Kapitel 9 »Marco und Tanja warten im Parkhaus«.

Kühlwagen[165] geführten Telefonat verabredeten sie das schicksalhafte Treffen an der Porta Nigra. Außerdem versuchte Adrian am Folgetag, Donnerstag, dem 07. Juni 2007, um 15:10:58 Uhr Tanja zu erreichen.[166] Gleichgültig, was er ihr auch immer mitteilen wollte, spricht dieses Verhalten eher für das Bestreben, einen weiteren Umgang mit Tanja zu pflegen und nicht für ein rigoroses Abbrechen ihrer anfänglichen Freundschaft.

Dass Adrian sich nach Verlassen des Festes nicht gänzlich von Tanja abwenden wollte, belegt auch seine Vernehmung vom 09. Juni 2007. So erklärte Adrian, er habe sich in dem 04:00:01-Uhr-Telefonat mit Tanja an der Porta Nigra verabredet, um von dort gemeinsam mit ihr zum Trimmelter Hof zu fahren. Diese Aussage wurde von Tanja insofern bestätigt, als dass sie nach besagtem Telefonat ihrem Freund Till in Gegenwart der Zeugin M und Katja erzählte, sie wolle umgehend zu Adi in die Stadt, da er sie dort erwarte. Die Zeugin M beschrieb Tanjas Verhalten um 04:00:01 Uhr am Mixery-Kühlwagen wie folgt:[167]

> »Sie sagte das mit einem Lachen, sie war ziemlich aufgedreht, im positiven Sinne aufgedreht, sie war am Strahlen.«

[165] Siehe hierzu Kapitel 16 »Tanja und Adrian finden telefonisch wieder zusammen«.

[166] Siehe hierzu Kapitel 20 »Erster Tag nach Tanjas Verschwinden«.

[167] Vernehmungsprotokoll der Zeugin M vom 25. Juni 2007.

Zudem äußerte sich Till[163] zu Tanjas Reaktion am Mixery-Kühlwagen folgendermaßen:

> »Ich habe [...] versucht, mit der Tanja ein zwangloses Gespräch [...] zu führen. Sie war aber hierfür nicht zugänglich. [...] Offensichtlich war ihr einziges Bestreben, schnellstmöglich zum Nikolaus-Koch-Platz zu kommen. Ich will hier anmerken, dass sie das Gespräch mit mir nicht fortsetzen wollte, sie wollte zum Nikolaus-Koch-Platz.«[168]

Trotz dieser eindeutigen Zeugenaussagen mutmaßt die Psychologin, Tanja sei nach dem erfreulichen Gespräch mit Adrian um 04:00:01 Uhr so derangiert gewesen, dass sie sich nach dem Zusammentreffen mit Till, Katja und der Zeugin M sofort zum Roten Felsen aufgemacht habe. Dann soll sie im Bereich der Felsen aus der *Karthäuser-Funkzelle* ihr letztes Telefonat um 04:12:59 Uhr mit Adrian geführt haben und anschließend, *mit sich selbst agierend*, in den Tod gestürzt sein.

Zur Verstärkung dieser These unternimmt die Psychologin sogar einen Exkurs in den weniger psychologischen als vielmehr technischen Bereich einer Funkzellenauswertung. Ihre Expertise[152] hinsichtlich des Verlaufs der *Karthäuser-Funkzelle* im Kontext mit Tanjas Bewegungsprofil fällt folgendermaßen aus:

---

[168] Siehe hierzu Kapitel 17 »Unbekannter-Spitzbart«.

»Aufgrund der Funkzellenauswertung befand sich Tanja um 04:00 Uhr - 04:12 Uhr innerhalb der Funkzelle FH. Wäre Tanja nach dem Telefonat[169] tatsächlich in Richtung Innenstadt Trier aufgebrochen, wäre sie, egal welchen Weg nehmend, bis 04:12 Uhr aus dieser Funkzelle heraus gewesen.«

Fakt ist: Beim Versuch, vom Kühlwagen aus auf schnellstem Wege zur Porta Nigra zu gelangen, wäre Tanja, wie bereits an verschiedenen Stellen erwähnt, mehrfach durch die *Karthäuser-Funkzelle* gelaufen. Sowohl auf dem Parkdeck nahe der Auf-/Abfahrtsrampe wie auch am Treppenabgang Schillingsteg. Lediglich den Weg vom Hauptfestgelände in Richtung Haltestelle der Shuttlebusse tangierte die *Karthäuser-Funkzelle* nicht.

Auch und gerade im Hinblick auf die Uhrzeit irrt die Psychologin wiederum. Tanja Gräff verließ nicht unmittelbar nach dem Gespräch um 04:00:01 Uhr den Bereich des *Mixery-Kühlwagens*, sondern unterhielt sich nach dem Telefonat mit Adrian nachweislich[170] noch mit Till und wandte sich anschließend laut Zeugenaussagen noch einmal dem abwartenden *Spitzbart* und dessen Freund, dem *FDPler*, zu. Daher kann man frühestens von einer *Start-Uhrzeit* um 04:05 Uhr oder etwas später ausgehen.

---

[169] Zum Telefonat macht die Psychologin keine Zeitangabe, gemeint sein kann aber aufgrund der folgenden Zeitbestimmung nur das Telefonat um 04:00:01 Uhr.

[170] Siehe hierzu Kapitel 24 »Die Zeugin M«.

Danach blieben Tanja acht Minuten oder weniger bis zu dem besagten Telefonat um 04:12:59 Uhr aus der *Karthäuser-Funkzelle*. Es ist daher sehr wahrscheinlich, dass Tanja entweder auf dem nahegelegenen Parkhaus-Oberdeck oder vom Bereich Schillingsteg dieses letzte Telefonat führte. Für beide Standorte gibt es Indizien mit unterschiedlichem Gewicht.

- **Schillingsteg**

Sollte sich Tanja unmittelbar nach dem *Plausch* mit Till auf direktem Weg in die Stadt begeben haben, wäre die verbliebene Zeit genau passend gewesen, um in den Bereich Schillingsteg zu gelangen. Wie vom Veranstalter mitgeteilt, fanden um diese Uhrzeit dort noch Ausgangskontrollen[171] statt. Es ist daher naheliegend, dass Tanja, laut Angaben der Sicherheitskräfte, vermutlich warten und/oder zumindest stehen bleiben musste, um ihren Tascheninhalt vorzuzeigen.[172] Das heißt im Klartext, dass Tanja sich um 04:12:59 Uhr durchaus noch im Bereich der *Karthäuser-Funkzelle* aufgehalten hatte.

- **Parkhaus-Oberdeck**

Unter der Prämisse, dass Tanja noch etwas länger am *Mixery-Kühlwagen* bei *Spitzbart und Co.* verweilte, läge die Parkhaus-Oberdeck-Variante ebenfalls im entsprechenden Zeitfenster.

---

[171] Ausgang II – FH Bereich Mensa.

[172] Siehe hierzu Kapitel 34 »Verlaufsthese – Was geschah nach 04:12:59 Uhr«.

Mit Blick auf das aufgelistete Tatsachenmaterial ist daher die Behauptung der Psychologin, Tanja wäre »egal welchen Weg nehmend, bis 04:12 Uhr aus dieser Funkzelle heraus gewesen«, nachweislich unzutreffend. Scheinbar ohne fundierte Kenntnisse über den Funkzellenverlauf und die entsprechenden Uhrzeiten im Zusammenhang mit Tanjas Bewegungsprofil, stellt die Polizeipsychologin vorgenannte Behauptung fälschlicherweise in den Raum.

Selbst die Staatsanwaltschaft hält in ihrem Abschlussbericht[152] im Zusammenhang mit der Sichtung eines Mitarbeiters des Sicherheitsdienstes am Ausgang II/Schillingsteg das genaue Gegenteil fest. Vernehmungsprotokoll des Zeugen Raphael[1] vom 07. November 2007:

> »Im Ausgangsbereich habe er eine junge Frau bemerkt, bei der es sich aufgrund der Beschreibung um Tanja Gräff gehandelt haben könnte. [...] Die Uhrzeit konnte er auf ca. 04:00 Uhr eingrenzen. Die Funkzelle, über die das letzte Telefonat um 04:13 Uhr lief, deckte auch diesen Bereich ab.«

Hinweis:

Im Kapitel 34 nehme ich ausführlich Bezug auf die Sichtung des Zeugen Raphael am Ausgang II/Treppenabgang Schillingsteg.

Hätte die Psychologin die Primärquellen der Polizei besser studiert - oder nicht einfach ignoriert -, wäre auch diese Falschbehauptung sicher nicht zustande gekommen und vermutlich auch nicht Gegenstand des postmortalen Gutachtens geworden. Festzuhalten bleibt, dass Staatsanwalt H. Krause[152] wenigstens nicht bestreitet, dass die *Karthäuser-Funkzelle* neben dem Roten Felsen auch den Bereich des Schillingstegs tangierte. Allerdings vergisst er - oder wusste es nicht besser -, dass auch das obere Parkhausdeck von dieser Funkzelle berührt wurde.

Diese Tatsache wurde im Rekonstruktionsdrehbuch[173] der Kripo festgehalten und steht sicher auch Staatsanwalt H. Krause zur Verfügung. Sehr wahrscheinlich hat er diese kleine, aber feine Passage übersehen. Kann ja mal vorkommen.

Trotz dieser Fakten übernimmt Staatsanwalt Krause die Falschbehauptung der Psychologin bezüglich der Funkzelle auf Tanjas *Heimweg*[165] unkorrigiert in seinen Bericht. In Anbetracht der Gesamtumstände stellt sich auch hier wieder die nicht unberechtigte Frage: Vorsatz oder Versehen?

Hätte H. Krause - notwendigerweise - eingeräumt, dass Tanja um 04:12:59 Uhr die *Kartäuser-Funkzelle* auf dem Weg in die Stadt durchaus hatte berühren können, hätte dieser Einwand die nachfolgende These der Psychologin erheblich

---

[173] Drehbuch zur Rekonstruktion in der Vermisstensache Tanja Gräff vom 17. August 2007 – SOKO FH.

abgeschwächt und ihr den Anspruch auf die einzig logische, alternativlose und daher alleingültige Verlaufshypothese genommen. Offensichtlich wollte Staatsanwalt H. Krause eben genau das nicht und so wanderte die von der Psychologin herbeifantasierte, geradezu abenteuerliche These als Grundlage eines selbstverschuldeten Todes Tanja Gräffs in den staatsanwaltschaftlichen Abschlussbericht.
Man lese und staune:

> »Aufgrund der Auffindeörtlichkeit muss nun auch die Möglichkeit in Betracht gezogen werden, dass Tanja das Telefonat um 04:12 Uhr entweder auf dem Weg zur Absturzstelle oder direkt an der Absturzstelle geführt haben könnte, da der Weg dorthin durch die Funkzelle FH noch abgedeckt wurde. [...]
> Aufgrund der beschriebenen Selbstzweifel von Tanja war anzunehmen, dass sie das Verhalten von Adrian als Zurückweisung und Kränkung erlebt haben dürfte. Diese Zurückweisung/Kränkung könnte dann als Anlasssituation gewirkt haben, in Richtung Absturzstelle der roten Felsen zu laufen. Bei Menschen mit Selbstwertproblemen sind Verletzungs- bzw. Schamgefühle als Reaktion auf Kränkung häufig zu beobachten, welche auch von Gefühlen wie Wut und Trotz begleitet werden können. Für Betroffene wird in so einer Phase besonders bedeutsam, das schmerzliche Gekränktsein zu beenden. Erschwerend hierzu kann die be-

schriebene Alkoholisierung von Tanja gewirkt haben. [...] Alkoholisierung kann negative Persönlichkeitsanteile und ungünstige peristatische Faktoren potenzieren [...], so dass es zu einer für den Betroffenen ungünstigen und inkriminierten Anlasssituation kommen kann. Die Absturzstelle an den roten Felsen wurde aufgrund der Dummy-Nachstellungen ermittelt. [...]
Am Abhang dieses Felsen besteht theoretisch die Möglichkeit sich aufzuhalten und mit frei hängenden Beinen sitzend die Aussicht zu genießen. [...] Eine Person, die sich in diese Situation bringt, müsste entweder eine besondere Risikofreude und Abenteuerlust aufweisen, [...] Oder ein alkoholisierter Mensch könnte diese Gefährdung unterschätzen und sich dadurch in eine lebensgefährliche Situation manövrieren. [...] Beide Szenarien würden auch ein Unfallgeschehen wahrscheinlich machen. Aber auch für [sic] Menschen, die sich akut in einer suizidalen Krise befinden, könnten diesen Abhang aufsuchen. [...]
Zusammenfassend sprachen die Erkenntnisse über die Situation von Tanja vor und während der FH-Fete für das Vorliegen einer psychischen Labilisierung, welche sich durch die Alkoholisierung noch verstärkt haben dürfte. Dieser Zustand dürfte mit sehr hoher Wahrscheinlichkeit dazu beigetragen haben, dass Tanja den Weg zur Absturzstelle gegangen war und dort mit sich alleine agierte.«

Das Strickmuster der Ausführungen Dr. Sommers ist einfach zu durchschauen und die Vorgehensweise ist ebenso offensichtlich. Um sich juristisch schadlos zu halten, malt Frau Dr. Sommer in ihrem Gutachten im Wechsel das psychopathologische Bild einer fiktiven Person und unter Hinzunahme selektierter Zeugenaussagen und nachgewiesener Unwahrheiten das Bild Tanja Gräffs als eine aggressive und psychisch instabile Gewohnheitstrinkerin. Diese Gemengelage aus Fiktion, Halbwahrheiten und Konjunktiven mutiert dann förmlich zu einer Art *theoretischen Analyse* über den mentalen Zustand Tanja Gräffs, mit dem Ziel, einen selbstverschuldeten Tod herzuleiten. Alles theoretisch, natürlich. Das versteht sich.

Nicht nur, dass die Psychologin Zeugenaussagen ignorierte, unbewiesene Krankheitsbilder aufzeigte und eine abstruse Verlaufsthese kreierte, beschrieb sie auch zur Untermauerung jener These eine Ausgangssituation, die so nie stattgefunden hatte. An dieser Stelle gerät die Einlassung der Polizeipsychologin in *märcheneskes Fahrwasser*.

Weiter aus dem Gutachten[152] der Polizeipsychologin:

> »Allerdings blieb sie alleine und betrunken auf der FH-Fete zurück. Für diese Situation ›zurückgelassen worden zu sein‹, ›beschämt oder enttäuscht

> worden zu sein‹, schienen Tanja nicht ausreichend Ressourcen zur Verfügung gestanden haben.«

Wieder einmal beschreibt Dr. Sommer einen von ihr unterstellten Sachverhalt, den es so realiter nie gab. Tanja blieb weder allein und verlassen zurück, noch musste sie in diesem Moment eine Zurückweisung Adrians ertragen. Nachdem sich die Uniclique beim Betreten des alten Parkhauses gegen 03:20 Uhr verloren hatte, verweilte eine gut gelaunte Tanja noch eine Zeitlang mit Marco tanzend im Parkhaus. Nach Marcos Angaben war Tanja anfangs sogar etwas amüsiert über die gegenseitige Suchaktion der Freunde. Sie ging keineswegs davon aus, dass Adrian sie absichtlich mit Marco zurückgelassen hatte oder sie gar endgültig verlassen wollte. Nach Marcos Aussage wandte sich Tanja danach auf Grundlage einer bewussten, mutmaßlich rationalen Entscheidung ihrem guten Freund, dem *Unbekannten respektive Spitzbart*[174] zu, mit dem sie sich von 03:50 Uhr bis circa 04:05 Uhr im Bereich des *Mixery-Kühlwagens* aufhielt.

Außerdem, wir erinnern uns, kam um 03:59:16 Uhr noch der Zeuge K vorbei und speicherte aus bisher ungeklärten Beweggründen seine Mobilnummer in Tanjas Handy. Und schließlich, sozusagen Zug um Zug, kam dann auch noch das Dreigestirn, bestehend aus Till, Katja und der Zeugin M, am Kühlwagen auf ein Schwätzchen vorbei, wo sie

[174] Siehe hierzu Kapitel 29 »Spitzbart Omega«.

die telefonierende Tanja in Begleitung des *Unbekannten-Spitzbartes* und dessen Freund, den *FDPler*, antrafen. Till bot ihr sogar noch an, mit ihm und seinen Begleiterinnen gemeinsam Zeit zu verbringen. Tanja schlug diese Einladung aber mit der Begründung aus, dass sie auf schnellstem Wege zu Adrian in die Stadt wolle.[168]

Alle scharten sich regelrecht um Tanja. Das kunterbunte Stelldichein am Kühlwagen mutet eher nach Jubel, Trubel, Heiterkeit an, als nach der pseudo-melodramatischen Situation, welche die Psychologin in ihrer Analyse so *fantasievoll* beschrieb und die ausschlaggebend für Tanjas Tod gewesen sein soll.

Nachweislich war Tanja, selbst nachdem sich die Clique um Adrian gegen 03:20 Uhr verloren hatte, bis circa 04:05 Uhr keine einzige Sekunde einsam respektive alleine. Trotzdem kommt die Psychologin zusammenfassend zu dem Schluss, dass Tanja nach dem erfreulichen 04:00:01-Uhr-Telefonat mit Adrian ohne Umschweife zur Absturzstelle gelaufen sei und von dort aus der *Karthäuser-Funkzelle* ihr letztes Telefonat mit ihrem Freund geführt habe. Danach soll sie entweder aus tödlichem Übermut oder einer ultimativen Kurzschlussreaktion von der Felskante im Vollrausch und psychischen Ausnahmezustand in die Tiefe gestürzt sein.

Dagegen steht, dass Tanja im Zuge des 04:00:01-Uhr-Gespräches mit Adrian erfuhr, dass er zwar bereits in der Stadt sei, sie aber an der Porta Nigra erwarte. Die Zeugin M und Till erklärten in ihren Aussagen vom 25. Juni 2007, wie oben bereits beschrieben, dass sich Tanja nach diesem Gespräch sehr auf das Treffen mit Adrian in der Stadt gefreut und sich nach der Verabschiedung von *Spitzbart* aller Wahrscheinlichkeit nach in Richtung Parkhausoberdeck aufgemacht habe.

Laut Adrian war Tanja, als er sie beim Telefonat um 04:00:01 Uhr am *Mixery-Kühlwagen* darüber in Kenntnis setzte, dass er sich bereits auf dem Weg in die Stadt befände, zuerst ein »bisschen katzig«[162]. Weil Adrian in diesem Telefonat aber versprach, an der Porta Nigra auf sie zu warten, um gemeinsam mit ihr und seinen Kumpels mit einem Taxi zum Nachgrillen auf den Trimmelter Hof zu fahren, war die Situation nach Zeugenaussagen wieder entkrampft und Tanja schnell versöhnt. In diesem Zusammenhang ist die Antwort der Zeugin M auf die Frage des vernehmenden Beamten nach ihrem Eindruck zu einem eventuellen Streit mit Adrian während dieses Telefonates überaus interessant - die Zeugin M, Vernehmungsprotokoll vom 25. Juni 2007:

> »Es war eher so, als wollte sie dann unbedingt in die Stadt. So wie sie wirkte, so im Nachhinein, habe ich den Eindruck, sie war eher erfreut, lebhaft, so wie ich sie in Erinnerung hatte. [...] Sie wirkte auf mich selbstsicher, überhaupt nicht eingeschüchtert.«

Nach allem, was Adrian in seiner Aussage[162] zum Inhalt des Telefonats um 04:00:01 Uhr angegeben hatte, bestand für Tanja somit überhaupt kein Anlass, sprichwörtlich den Boden unter den Füßen zu verlieren. Warum auch hätte Tanja Adrians Anruf und seine erfreuliche Mitteilung, an der Porta Nigra auf sie zu warten, als Zurückweisung beziehungsweise Kränkung empfinden sollen, die sie schlussendlich im wahrsten Sinne des Wortes in den *Abgrund riss*?

Obwohl die benannten Zeugen Tanjas angeblich desolaten Zustand ausdrücklich bestritten, soll Tanja laut Psychologin aber nicht in Richtung Stadt aufgebrochen, sondern nachts in weniger als acht Minuten zum einen Kilometer entfernten Roten Felsen gelaufen sein und Adrian *irgendwie und irgendwo* aus der in diesem Bereich verlaufenden *Karthäuser-Funkzelle* um 04:12:59 Uhr angerufen haben. Danach habe ihr Leben im Rausch- und psychischen Ausnahmezustand ein tragisches Ende genommen.

Zur Verstärkung dieser These, aber ohne jede Ortskenntnis, glaubt Dr. Sommer, Tanja könnte vor ihrem Sturz in die Tiefe an der Kante der Absturzstelle, Beine baumelnd, die Aussicht genossen haben. Diese Stelle sei dazu geeignet gewesen. Das ist nicht nur falsch, das ist geradezu lächerlich. Neben der Tatsache, dass die ortskundige Tanja wohl wenig Interesse an der Aussicht auf den dunklen Trierer Stadtrand gehabt haben dürfte, ist die Kante der Absturzstelle weder bei Tageslicht und schon gar nicht bei Dunkelheit unbeschadet zu erreichen.

Um mir weitere Erklärungen zu ersparen, füge ich an dieser Stelle bezüglich der vermeintlich geeigneten Kante das entsprechende Foto bei.

Abgesehen davon hatte Tanja, wie beschrieben, nach dem Telefonat um 04:00:01 Uhr keinen Grund zu einem solch irrationalen Handeln. Dieser These stehen weitere Fakten entgegen, die im Abschlussbericht[152] ebenfalls keine Berücksichtigung fanden:

Erstens:

- Tanja ging laut Zeugenaussagen in Richtung Parkdeck[168] und nicht auf den Stuckradweg. Um ca. 04:05 Uhr wollte sie höchstwahrscheinlich auf dem schnellsten Weg über den Treppenabgang Schillingsteg in Richtung Porta Nigra gehen.

Zweitens:

- Es war um 04:05 Uhr noch stockdunkel - gerade nach der im Juni in hiesigen Gefilden gültigen Sommerzeit.

Drittens:

- Wie soll einer volltrunkenen und psychisch stark angeschlagenen Person ein achtminütiger *Run* in absoluter Dunkelheit durch das Gedränge auf dem Stuckradweg hoch durch holpriges Gelände in den Bereich der Absturzstelle gelungen sein?

  Den Roten Felsen in der Dunkelheit unter besagten Umständen vom Kühlwagen in höchstens acht Minuten zu erreichen, wäre schon einem kleinen Wunder gleichgekommen.

  Darüber hinaus müsste Tanja dann ohne jegliche Atemnot ruhig, gelassen und laut Adrian gut gelaunt, gleichzeitig aber nach psychologischer Einschätzung in völliger Verwirrung mit ihrem Freund telefoniert haben, um dann, ohne die geringste Andeutung eines Vorwurfes oder gar eines Todesverlangens, in die Tiefe zu fallen oder sich fallen zu lassen.

Die Streckenmessung ergab eine Distanz von einem Kilometer und ist so auch im Abschlussbericht[1] erfasst. Eine Berücksichtigung von Streckenlänge und der Tanja maximal zur Verfügung stehenden Zeit sowie eine Verifizierung des korrekten Ablaufes mit Hilfe der Funkzellenauswertung, der Zeugenaussagen und ein bisschen Sinn für Realität lässt die Hypothese der Psychologin als reichlich lebensfern erscheinen.

Viertens:

- Ein letzter, aber überaus wichtiger Aspekt dieser 04:00:01-Uhr-These seitens der Psychologin besteht in folgender Kleinigkeit:

  Die Bauzäune, die unter anderem auch den Bereich Drachenhaus in Richtung Wald, Kleingärten und der Auffahrt zum Restaurant Villa Weißhaus abriegelten, waren um 04:00 Uhr noch nicht abgebaut. Tanja Gräff hätte daher, auf ihrem Weg zur Absturzstelle, auch noch diese Hindernisse *fliegend* überwinden müssen.

Leider ist es mir aus rechtlichen Gründen nicht gestattet, an dieser Stelle den Begriff des Gefälligkeitsgutachtens zu verwenden. Trotzdem steht wieder einmal die Frage nach dem *Warum* im Raum. Warum konstruierte die Polizeipsychologin ihre Verlaufshypothese um das 04:00:01-Uhr-Telefonat herum und orientierte sich nicht an dem viel gewichtigeren Telefonat um 04:12:59 Uhr? In diesem zweiten Telefonat wurde Tanja von Adrian durch dessen Information, nicht länger an der Porta Nigra zu warten, sondern schon auf dem Weg zum Bahnhof zu sein, tatsächlich enttäuscht.

Wäre nach diesem Gespräch, wenn überhaupt, eine Überreaktion, wie beispielsweise eine *Flucht an die Roten Felsen,* nicht viel lebensnäher gewesen als nach der für Tanja erfreulichen Nachricht im 04:00:01-Uhr-Telefonat? Nach dem Gespräch um 04:12:59 Uhr befand sich Tanja sehr wahrscheinlich in einer unangenehmen Situation. Sie hatte kein Geld für ein Taxi, und Adrian war jetzt definitiv weg.

Hier hätte sich der Psychologin die einmalige Gelegenheit geboten, nach dem Muster einer griechischen Tragödie ein tragisches Ende der Tanja Gräff zu konstruieren. Die Hybris einer verliebten Tanja, die tragische Wendung nach ihrem letzten Telefonat und die im wahrsten Wortsinn entsprechende Fallhöhe wären die perfekten Zutaten dieses Drehbuches gewesen.

Da es weder verifizierte Zeugen für das Telefongespräch um 04:12:59 Uhr noch für die Zeit danach gibt, wäre es doch ein Leichtes für die Psychologin gewesen, ihr dramatisches Szenario, gezeichnet aus Verzweiflung, Alkohol und psychischer Instabilität, eben genau nach diesem letzten Gespräch zu etablieren. Tat sie aber nicht. Natürlich kann es sich hier auch wieder um eine Verwechslung gehandelt haben, und eine verwirrte Psychologin hatte die Telefonate und deren Bedeutung vielleicht schlicht und ergreifend durcheinandergebracht. Telefonat hier - Telefonat dort. Funkzelle hier - Funkzelle dort. Da kann die beste Psychologin schon einmal durcheinanderkommen.

Mit der Behauptung allerdings, Tanja hätte auf dem Weg nach Hause oder in die Stadt die besagte *Karthäuser-Funkzelle*, aus der sie ihr letztes Telefonat geführt hatte, zeitlich niemals tangieren können, versuchte die Psychologin, Tanjas letztes Lebenszeichnen definitiv in den Bereich der Roten Felsen zu positionieren und so jedwede alternativen Geschehensabläufe vorab im Keim zu ersticken. Doch warum begab sich die erfahrene Psychologin überhaupt auf das dünne Eis einer außerhalb ihres Kompetenzbereiches liegenden *Funkzellen-Expertise*? Und warum war es ihr - oder wem auch immer - so wichtig, dass Tanja bereits nach dem erfreulichen Telefonat um 04:00:01 Uhr und nicht nach dem tatsächlich enttäuschenden Telefonat mit Adrian um 04:12:59 Uhr auf den Roten Felsen gelaufen sein soll?

Die Antwort liegt auf der Hand. Anscheinend brauchte man für die Unfall- oder Suizid-Theorie eine alternativlose Version. Denn hätte man eingeräumt, dass Tanja vermutlich vom Parkhausdeck oder alternativ vom Schillingsteg mit Adrian ihr letztes Telefonat um 04:12:59 Uhr geführt und das Folgegeschehen sich somit wahrscheinlich auf dem eigentlichen FH-Gelände abgespielt hatte, hätte diese reelle Möglichkeit die Unfall- oder Suizid-Theorie erheblich abgeschwächt. Allem Anschein nach musste aber ein mutmaßliches Kapitaldelikt zwingend vom Tisch.

Die Einzigen, die einen Vorteil an der Feststellung eines selbstverschuldeten Todes Tanjas hatten, waren - wen wundert es - die Ermittlungsbehörden selbst. Mit der Behauptung, Tanja sei bei ihrem letzten Telefonat definitiv auf dem Roten Felsen gewesen und sei danach aus Enttäuschung umgehend in den Tod gestürzt, stellte sich immerhin für die Ermittler ein hübscher Nebeneffekt ein. Bei einem selbstverschuldeten Tod Tanjas konnten sie sich einen peinlichen Erklärungsmarathon ersparen.

Tatsache ist, dass die unsägliche *Spitzbart-Spur*[168] die Ermittler nach Tanjas Auffinden durch den FH-nahen Fundort plötzlich und unerwartet wieder eingeholt hatte. Wäre man der hehren Forderung des Leitenden Oberstaatsanwaltes Fritzen nach schonungsloser Aufklärung tatsächlich nachgekommen, hätte man spätestens in der zweiten Pressekonferenz die bis heute vertuschte *Spitzbart-Spur* dann auch öffentlich machen müssen.

Aber tragischerweise entschieden die Ermittler anders. Anstatt die vorsätzliche Änderung der Dramaturgie bezüglich der letzten verifizierten Sichtung Tanjas und deren weitreichende Folgen[175] zuzugeben, verschwieg man weiterhin die »Spur 38-Spitzbart«. Zu erwartende disziplinarische Konsequenzen aufgrund des in Teilen

[175] Siehe hierzu Kapitel 23 »Der Zeuge Marco«.

rechtswidrigen Verhaltens einzelner Verantwortlicher wurden so nonchalant umgangen. Auch eine investigative Presse ob der internen *Schönheitskorrekturen* hatte man sich so erspart. Nur mit der unmittelbaren Präsentation eines mutmaßlichen Täters hätte man diese Unannehmlichkeiten noch abwenden können. Aber leider hatte man bis zum Jahre 2015 trotz des explizit betonten Einsatzes von Mensch und Material nicht den geringsten Ermittlungsansatz. Tatsächlich hatte man zum Zeitpunkt dieser Pressekonferenzen nichts vorzuweisen - gar nichts.

Der Kardinalfehler für dieses Desaster ist nach hiesiger Ansicht die völlig unverständliche Tatsache, dass - wie von mir bereits dargestellt - die so immens wichtige *Drachenhaus-Spur* für eine nebulöse *Luxemburg-Spur* geopfert wurde, die man mit *zig* Unterspuren zur Hauptspur[176] ernannte und dabei mit jeder Menge publikumswirksamer Aktionen jede Menge Steuergelder verpulverte.

In der Gesamtschau betrachtet, hatten die Ermittler nach Tanjas Auffinden im Jahre 2015 subjektiv genug damit zu tun, die öffentlich erhobenen Vorwürfe, die zur FH so nahe gelegene Fundstelle in geradezu fahrlässiger Weise nicht abgesucht zu haben, abzuwehren. Ich erinnere: *Wie definieren sie Fehler*[177], und außerdem sollte doch *irgendeine Kuh von irgendeinem Eis*[175]. All diese Problemfelder wurden durch die

---

[176] Siehe hierzu Kapitel 26 »Der Bauzaunhelfer«.

[177] Siehe hierzu Kapitel 32 »Zweite Pressekonferenz«.

scheinbare Feststellung eines selbstverschuldeten Todes Tanja Gräffs elegant beseitigt.

Von Polizeifehlern oder gar Unterlassungssünden konnte nach der verheerenden Analyse über Tanja Gräffs psychische Gesundheit natürlich keine Rede mehr sein. Und so kam besagte Kuh gänzlich unverletzt vom Eis.

> *Hinweis:*
>
> *Wie sich Waltraud Gräff nach der durch die Polizeipsychologin erstellten Analyse ihrer jahrelang vermissten und auf schreckliche Weise zu Tode gekommenen Tochter fühlte, kann sich jeder empathische Mensch vorstellen. Leider ist der Tatbestand der postmortalen Ehrverletzung inzwischen verjährt.*

Es spricht, wie dargestellt, insgesamt einiges dafür, dass das Gutachten der Psychologin nur den Ermittlern nützte, um das Verfahren einzustellen und Gras über das unglaubliche Ermittlungsdesaster im *Fall Tanja Gräff* wachsen zu lassen. Aber bekanntermaßen *kommt ja immer wieder mal ein Kamel vorbei, das besagtes Gras wieder runterfrisst.*

Wie es um Tanjas psychische Gesundheit bestellt war und über welche mentale Ressourcen sie verfügte oder auch nicht, kann ich selbstverständlich nicht beurteilen. Aber auch die beste Psychologin ist sicher nicht in der Lage, ein wissenschaftlich fundiertes Gutachten über eine längst verstorbene Person ausschließlich auf Grundlage der Aussage einer 22-Jährigen aus dem Jahre 2007 sowie der einseitigen Informationspolitik der Ermittler zu erstellen. Aber genau das ist hier geschehen.

Die Analyse der Psychologin hinsichtlich eines möglichen Geschehensablaufs am Roten Felsen tangiert folglich eher den Bereich *übersinnlicher Sphären* und mag insofern *esoterisch wertvoll* sein - eine geeignete Grundlage für die Verlaufshypothese im Rahmen eines staatsanwaltschaftlichen Abschlussberichtes dürfte sie allerdings nicht darstellen. Dennoch übernahm Staatsanwalt H. Krause die aufgestellten Theorien der Psychologin kritiklos als Fakten in seinem Abschlussbericht.[152]

Diese unbewiesenen Thesen seitens der Psychologin bildeten die Grundlage der Verfahrenseinstellung. Es ist daher dringend geboten, durch einen neutralen Zweitgutachter überprüfen zu lassen, ob es sich bei dem Gutachten der Psychologin Dr. Sommer über Tanja Gräff tatsächlich um eine wissenschaftlich fundierte Expertise handelt, die geeignet ist, einen staatsanwaltschaftlichen Abschlussbericht zu stützen, der Fremdverschulden im Fall Tanja Gräff ausschließt.

Da staunt der Fachmann, und der Laie wundert sich.

34. Kapitel
Verlaufsthesen

Einleitung

Mein Team und ich haben im Zeitraum von acht Jahren eine aufwendige Recherche im *Fall Tanja Gräff* durchgeführt. Wir haben unzählige Indizien ausgewertet und bewertet. Aufgrund erworbener Erkenntnisse haben wir verschiedene Thesen aufgestellt, dafür entsprechende Fakten gesammelt, Experten befragt und mit derselben Intensität auch versucht, die von uns aufgestellten Thesen zu widerlegen und gegebenenfalls auch wieder zu verwerfen. Diese minutiöse Vorgehensweise war ein schmerzhafter und energieraubender Prozess.

Außerdem verboten wir uns das Präferieren von vermeintlichen Tätern, Motiven oder spektakulären Geschehensabläufen. Unsere Hauptaufgabe sahen wir vielmehr im Aufdecken von Versäumnissen oder Fehlverhalten der Ermittlungsbehörden und dem Erreichen der Wiederaufnahme des *Falles Tanja Gräff* - nicht aber in einer *Amateur-Mörderjagd.*

Der Besitz eines beträchtlichen Aktenbestandes und ein intensives Aktenstudium sowie unzählige Gespräche mit Zeugen oder generell mit Personen, die für den *Fall Tanja Gräff* von Relevanz sind, versetzten mich in die Lage, unwahre Aussagen sowie Lügen oder sogar Manipulationsversuche mir und meinem Team gegenüber zu erkennen und in Kontext zu stellen. Denn mit nur zwei Ausnahmen wusste keine dieser Personen, dass wir sozusagen *exklusive Akteneinsicht* hatten.

Aus diesem Grund wurden wir mehr oder weniger zufällig in die komfortable Lage versetzt, Personen, die in ungewöhnlichen oder auffälligen Zusammenhängen agierten, auszumachen. So konnten wir immer mehr Personen und Geschehensabläufe als Randfiguren oder Randgeschehen ausgrenzen, zugleich aber auch relevante Personen und Sachverhalte eingrenzen. Diese Vorgehensweise führte fast ungewollt zu sogenannten *Kreuztreffern*.

Besonders in einem Fall konnte man schnell erkennen, wie eine Person trickreich versuchte, unsere Recherche zu torpedieren. Dieser Person habe ich in diesem Buch versteckte Hinweise gegeben, so dass nur sie erkennen kann, dass mein Team und ich sowohl ihre Lügen als auch sie selbst als manipulative Person erkannt haben. Ich hoffe sehr, dass diese Hinweise Anlass geben, die Lügen und Manipulationsversuche aufzuklären, um im besten Fall damit die Harmlosigkeit dieser Tatsache herauszustellen.

Meine intensive Befassung mit dem *Fall Tanja Gräff* versetzte mich schließlich in einen erheblichen Kenntnisstand, der es mir erlaubt, Indizien und die entsprechenden Zusammenhänge aufzuzeigen, ohne in den Bereich des Spekulativen abzudriften. Betont sei hierbei, dass die jeweiligen Zusammenhänge von den Ermittlungsbehörden offensichtlich zu keiner Zeit erkannt, zumindest aber nicht als solche aktenkundig gemacht wurden.

Bereits an dieser Stelle soll aber eines klargestellt werden: Anliegen der nachfolgend skizzierten Arbeitsthese ist es nicht, einzelne Personen in einen *Tatzusammenhang* zu schreiben, sondern lediglich klärungsbedürftige Punkte zu verschiedenen Personen und Zusammenhängen sichtbar zu machen und von den Ermittlungsbehörden diesbezügliche Erklärungen respektive Nachermittlungen einzufordern. Den Vorwurf jeglicher Insinuation[178] möchte ich a priori abwehren.

Die GruppX

Auf dem FH-Sommerfest 2007 betrieb eine externe, nichtstudentische Gruppe einen eigenen Bierstand und eine Freilichtbühne. Im Gegenzug unterstützte diese Gruppe die Veranstalter beim Auf- und Abbau und war somit in den verschiedensten Funktionen unterwegs und hatte Zutritt zu allen Materialien und Bereichen. Zu dieser Gruppe, die einerseits als Betreiber des Bierstandes T9 sowie andererseits mit DJs und eigener Bühne auf dem Fest tätig war, gehörten

178 Ein rhetorisches Mittel für Unterstellung, Verdächtigung bzw. Andeutung.

auch ihre Fans, also ihre ständigen und flüchtigen Wegbegleiter. Insgesamt werde ich diese inhomogene Konstellation aus zahlreichen Personen und einer Vielzahl verschiedener Gruppierungen zusammenfassend im Weiteren als *GruppX* bezeichnen.

> *Hinweis:*
> *Bei der von mir bezeichneten GruppX handelt es sich ausdrücklich nicht um Personen aus der in der Berichterstattung häufig fälschlicherweise thematisierten Death-Metal-Szene.*

Als Tanja mit ihrer Uniclique gegen Mitternacht das FH-Gelände am Haupteingang betrat, ging sie zielgerichtet mit dem Großteil ihrer Kommilitonen über den Hauptfestplatz auf direktem Weg zu dem eher abseits gelegenen Bierstand T9 vor der Einfahrt des alten Parkhauses.[179] Dieser Bierstand wurde, wie gesagt, von Mitgliedern der besagten *GruppX* betrieben und in der Hauptsache auch von deren Anhängern frequentiert.

Anscheinend wusste Tanja, dass sich am äußeren Ende des FH-Geländes noch dieser abgelegene Bierstand T9 befand und kannte offensichtlich den direkten Weg dorthin. Dafür könnte es eine einfache Erklärung geben. Eine Bekannte Tanjas aus dem gemeinsamen Sportverein könnte sie im Vorfeld zu diesem entlegenen Stand eingeladen

[179] Dazu Kapitel 4 »Im Sitzkreis vor dem Bierstand T9«.

haben. Am Sonntag, dem 02. Juni 2007, fünf Tage vor Tanjas Verschwinden, verbrachte Tanja im Zuge eines gemeinsamen Sportevents, den Trierer Stadtmeisterschaften, einige Zeit mit dieser Person.

Ungefähr zwei Wochen vor dem FH-Fest waren die Aufbaupläne für die einzelnen Stände wegen der Strom- und Wasserversorgung erstellt und die Anordnung der Stände festgelegt worden. Daher ist es sehr gut möglich, dass diese Vereinsfreundin Tanja bereits am vorausgegangenen Sonntag freundlich zum Bierstand T9 eingeladen und ihr schon vorab den Weg dorthin erklärt hatte. Tanja empfand diese persönliche Anbindung auf einem anonymen Fest mit 13.000 Besuchern vielleicht als ein kleines Privileg. Die Besonderheit, dass Tanja, so jedenfalls die Angaben des Zeugen Marco, überwiegend die Bierrunden für ihre Clique am T9er-Stand besorgt hatte, verstärkt diese Annahme.

Wie in Kapitel 4 beschrieben, verbrachte Tanja mit Adrian und der restlichen Clique die Nacht bis zu ihrem Aufbruch gegen 03:30 Uhr im Sitzkreis neben diesem Bierstand T9. Also insgesamt mehr als drei Stunden.

Übereinstimmend berichteten uns Zeugen, dass sich Tanja beim Bierholen am Bierstand T9 immer wieder mit ihnen unbekannten Personen unterhalten habe. Insofern ist es durchaus wahrscheinlich, dass Tanja mit Leuten aus dieser *GruppX* gesprochen hatte, die zum Umfeld ihrer Vereinsfreunde gehörten. Im übertragenen Sinne könnten ihre Bekannten aus dem Verein somit eine Art *Zugang* in die für Tanja sicher fremde *GruppX* gebildet haben. Neue, wenn auch oberflächliche Bekanntschaften, die sicher nicht über das Niveau eines Smalltalks hinausgingen, könnten dabei entstanden sein.

Dies könnte womöglich auch für den bereits in Kapitel 15 erwähnten K gelten, dessen Handynummer auf unerklärliche Weise in Tanjas Handy geraten war. Diese Überlegung ergibt sich aus Folgendem:

Als mein Team und ich von der Eingabe dieser *mysteriösen* Handynummer erfahren hatten, sahen wir es zunächst als vordringlich an, herauszufinden, ob die Person K dem Umfeld des *Spitzbartes-Omega* zuzuordnen wäre. Dabei stießen wir auf eine hochinteressante Tatsache. K, dessen Handynummer um 03:59:16 Uhr am *Mixery-Kühlwagen* in Tanjas Handy eingegeben worden war, war ein ausgemachter Fan der DJs mit eigener Bühne und konnte somit ebenfalls dieser *GruppX* zugerechnet werden.

In seiner Vernehmung vom 17. September 2015 erklärte K, er habe das Fest lediglich wegen eines Arbeitskollegen besucht. Dieser Kollege existierte und kannte nachweislich Tanja Gräff. Laut Aktenlage verbrachte K nach eigener Aussage aber auch ohne diesen Freund eine gewisse Zeit auf dem Fest. K konnte in seiner Aussage gegenüber der Kripo glaubhaft machen, Tanja Gräff nicht gekannt zu haben. Gleichzeitig räumte er aber die Möglichkeit ein, Tanja seine

Telefonnummer zwecks Speicherung in deren Handy gegeben zu haben. Die Polizei nahm, wie bereits beschrieben, dieses Märchen widerspruchlos hin.

Zur Erinnerung:

Als Ks Telefonnummer am 07. Juni 2007 um 03:59:16 Uhr in Tanjas Handy zur Speicherung eingegeben wurde, hielt sich Tanja meiner Berechnung[180] nach am *Mixery-Kühlwagen* in Gegenwart des *Spitzbartes* und seines Freundes, dem *FDPler,* auf. Nachweislich telefonierte sie exakt 45 Sekunden später, um 04:00:01 Uhr, in Anwesenheit der Zeugin M sowie der Zeugen Till und Katja genau von dort mit Adrian.

Wie und wo konnte Tanja K zuvor kennengelernt haben? Es ist absurd anzunehmen, dass sie die Nummer eines x-beliebigen Passanten in ihrem Handy abspeichern wollte. Insbesondere, da Tanja zu diesem Zeitpunkt ausgesprochen damit beschäftigt war, Adrian zu kontaktieren.[181] Allerdings soll K hier lediglich als Beleg für die These dienen, dass Tanja über ihre beiden Vereinsfreunde sehr wahrscheinlich einige Bekanntschaften mit einzelnen Mitgliedern der *GruppX* an diesem Abend im Bereich des Bierstandes T9 gemacht hatte.

---

[180] Siehe Kapitel 17 »Unbekannter-Spitzbart«.

[181] Siehe Kapitel 16 »Tanja und Adrian finden telefonisch wieder zusammen«.

Zum Ablauf der Nacht

Um circa 03:30 Uhr verließ Tanja, wie gesagt, mit ihren Kommilitonen den Platz vor der Einfahrt des alten Parkhauses.[182] Im Weiteren verlor sich die Gruppe und Tanja wurde nachweislich zuletzt durch die Zeugin M sowie die Zeugen Till und Katja um 04:00:01 Uhr am *Mixery-Kühlwagen* in Gesellschaft des *Spitzbartes* und dem *FDPler* gesehen.

Mit an Sicherheit grenzender Wahrscheinlichkeit ging Tanja Gräff am Abend ihres Verschwindens gegen circa 04:05 Uhr, wie auch der Zeuge Till in seiner Vernehmung bekundete, vom Kühlwagen des *Mixery-Bierstandes* direkt über das obere Parkhausdeck in Richtung Ausgang-Schillingsteg-Treppenabgang, um in die Innenstadt zur Porta Nigra zu laufen, an der Adrian laut eigener Aussage auf sie warten wollte.

Entgegen der falschen Behauptung der Polizeipsychologin Dr. Sommer, Tanja wäre im Zeitfenster zwischen 04:05 Uhr und 04:12:59 Uhr auf keinen Fall durch die besagte *Karthäuser-Funkzelle* gelaufen, ist es sogar sehr wahrscheinlich, dass Tanja gerade in diesem Zeitfenster diese Funkzelle entweder in unmittelbarer Nähe der Auf- und Abfahrtsrampe des oberen Parkhausdecks oder im Bereich Treppenabgang-Schillingsteg durchquerte.

[182] Siehe Kapitel 8 »Die Uni-Clique verliert sich«.

Sollte Tanja tatsächlich diesen Weg in die Stadt gewählt haben, wäre sie - je nach Verweildauer am *Mixery-Kühlwagen* - definitiv einmal, wenn nicht sogar zweimal zeitlich passgenau durch diese Funkzelle gelaufen.

Hinweis:

Weiter möchte ich an dieser Stelle noch einmal auf die Behauptung der Polizeipsychologin eingehen, die in ihrem Gutachten unterstellte, Tanja sei direkt nach ihrem 04:00:01-Uhr-Telefonat, in dem Adrian ihr mitteilte, an der Porta Nigra auf sie zu warten, lieber zum Roten Felsen gelaufen, als ihren Schwarm, den sie eine halbe Stunde lang zuvor intensiv gesucht hatte, in der Stadt endlich wiederzutreffen.

Von dort habe sie laut Dr. Sommer irgendwo aus der Karthäuser-Funkzelle ein letztes Mal mit Adrian telefoniert und sei dann anschließend in einem psychischen Ausnahmezustand, mit sich allein agierend in die Tiefe gestürzt.

Diese Einlassung der Psychologin diente nach diesseitiger Auffassung ausschließlich dem Zwecke der Verschleierung der tatsächlichen

Möglichkeit, dass Tanja das Telefonat um 04:12:59 Uhr auch auf dem oberen Parkhausdeck oder am Schillingsteg geführt haben könnte.

Von wo führte Tanja ihr letztes Telefonat um 04:12:59 Uhr und was erfuhr sie in diesem Gespräch

Wir gehen, wie gerade ausgeführt, nicht davon aus, dass Tanja ihr letztes Telefonat aus dem Bereich des Roten Felsens führte. In der nachfolgenden Verlaufsthese wird vielmehr aufgezeigt, dass Tanja um 04:12:59 Uhr entweder vom oberen Parkhausdeck oder aus dem Bereich Schillingsteg mit Adrian telefonierte.

Für Tanjas letztes Telefonat entweder vom oberen Parkhausdeck oder aus dem Bereich Schillingsteg gibt es Indizien mit unterschiedlichem Gewicht. Diese werde ich im Folgenden ausführlich darlegen.

In ihrem letzten registrierten Gespräch um 04:12:59 Uhr erfuhr Tanja von Adrian, dass er entgegen seinem vorausgegangenen Versprechen, an der Porta Nigra auf sie zu warten, bereits mit seinen Kumpels auf dem Weg zum Bahnhof war, um von dort mit einem Taxi zum Trimmelter Hof zurückzufahren.

- **Möglichkeit 1:**

Telefonierte Tanja um 04:12:59 Uhr vom oberen Parkhausdeck?

Dafür, dass Tanja vom oberen Parkhausdeck ihr letztes Telefonat geführt haben könnte, spricht die zeitliche und räumliche Nähe zum *Mixery-Kühlwagen*, von wo aus Tanja nach den Angaben des Zeugen Till frühstens gegen 4:05 Uhr in Richtung Parkhausoberdeck losgegangen sein soll.

> *Hinweis:*
> *Die Besonderheit zwischen Festplatz und Parkhausoberdeck bestand darin, dass man von der Seite des Hauptfestplatzes ohne Niveauunterschied über einen kleinen Verbindungssteg problemlos auf das obere Parkhausdeck gelangte und daher genau dieser Weg vom Mixery-Kühlwagen ausgehend die schnellste und einfachste aller Varianten in Richtung Stadt war.*

Die *Karthäuser-Funkzelle* verlief auf dem oberen Parkhausdeck in der unmittelbaren Nähe der Auf- und Abfahrtsrampe. Es wäre daher durchaus nachvollziehbar, dass Tanja von hier aus mit Adrian ihr letztes Telefonat führte.

- **Möglichkeit 2:**

Telefonierte Tanja im Bereich Schillingsteg?

Die besagte *Karthäuser-Funkzelle*, aus der Tanja nachweislich ihr letztes Telefonat

Schillingsteg
zum
Treppenabgang

führte, verläuft, wie gesagt, auch im Bereich Treppenabgang-Schillingsteg.

Für die Annahme, dass sich Tanja beim Telefonat um 04:12:59 Uhr bereits in diesem Bereich befand, spricht neben dem zeitlichen Aspekt auch folgende Begebenheit:

Ein Mitglied des Sicherheitsdienstes führte genau an diesem Ort eine merkwürdige Unterhaltung mit einer jungen Frau, die er später in seiner Vernehmung als Tanja Gräff identifizieren sollte. Diese Beobachtung wurde zwar aktenkundig, aber niemals öffentlich gemacht.

Zeuge Raphael am Schillingsteg

Der Zeuge Raphael gehörte zu den am FH-Sommerfest 2007 eingesetzten Sicherheitskräften am Ein- bzw. Ausgang Treppenabgang-Schillingsteg.

In seiner Vernehmung vom 07. November 2007 schilderte er, dass in besagter Eingangs- bzw. Ausgangsschleuse plötzlich ein Mädchen dicht vor ihm gestanden habe. Das Mädchen sei sichtlich erregt gewesen und ihm seien ihre roten Bäckchen mit den Sommersprossen aufgefallen. Das Mädchen habe rote lange Haare gehabt und ein braunes Shirt getragen. Auf seine Frage, ob er ihr helfen könne, habe sie abgewiegelt und angedeutet, dass sie auf jemanden warte. Aber letztendlich schien sie etwas unentschlossen. Zur Uhrzeit konnte der Zeuge Raphael erst keinerlei Angaben machen, nur dass es noch dunkel und das Ende des Festes absehbar gewesen sei. Die Uhrzeit wurde durch die Kripo auf circa 04:00 Uhr nachermittelt. Aus Raphaels Aussageprotokoll zu vorgelegten Fotos von Tanja:

> »Jetzt, wo ich sie jetzt sehe, besonders auf dem linken Bild, mit der Haarfarbe und dem Gesicht, bin ich mir wieder sicher, dass es sie gewesen ist. Aber sie hat die Haare nicht so getragen wie auf dem linken Bild, sondern mehr nach vorne offen, so wie auf dem rechten Bild. Auf dem rechten Bild sind die Haare jedoch ziemlich rot. Die Haarfarbe war aber doch eher dann so, wie auf dem linken Bild.«

Weiter erklärte Raphael zu den Bildvorlagen:

> »Sie haben mir jetzt noch ein Bild gezeigt von der Tanja Gräff. Ich muss sagen, dieses Bild kommt doch der Person sehr nahe, die ich gesehen habe. Genauso hat sie die Haare getragen, als ich das Mädchen angesprochen habe. Auch das Gesicht kommt auf diesem Bild der Person sehr nahe, die ich angetroffen und angesprochen habe. Wie gesagt, sind mir die Sommersprossen auch noch sehr deutlich in Erinnerung.«

Der Zeuge Raphael war sich gemäß seiner Aussage sogar sicher, dass es sich bei dieser Person um Tanja Gräff gehandelt hatte. Dass seine Überzeugung auf einer präzisen Beobachtung beruhte, wird beispielsweise dadurch untermauert, dass uns im Jahre 2014 Tanjas *Sandkastenfreund* Sascha[1] in einem ersten Gespräch, bei dem es insbesondere um Tanjas äußere Merkmale ging, erzählte, dass Tanja immer, wenn sie aufgeregt war, extrem rote Wangen bekam, auf denen dann ihre Sommersprossen besonders hervorstachen. Das sei ein besonderes Merkmal Tanja Gräffs gewesen und habe lustig ausgesehen. Und genau dieses außergewöhnliche Merkmal war dem Zeugen Raphael bei dem von ihm beschriebenen Mädchen aufgefallen. In seiner Aussage vom 07. November 2007 erklärte er ferner:

> »Mir fiel auf, dass sie rote Wangen hatte. Das waren richtig runde Flecken auf den Wangen. Ich

> würde sagen, sie hatte rote Flecken auf den Bäckchen. Außerdem fiel mir auf, dass sie Sommersprossen im Gesicht hatte. Gerade auf diesen roten Stellen sah man viele Sommersprossen.«

In Bezug auf eines der ihm vorgelegten Fotos Tanjas erklärte Raphael überzeugend:

> »Bei Vergrößerung des Bildes kann man auch diese Sommersprossen sehen.«

Auch diese ohne Not gemachte Detailbeschreibung des Zeugen Raphael ließ die Kripo unbeachtet. Zu dem Verhalten des Mädchens berichtete Raphael weiter:

> »Aber es ist ja ungewöhnlich, dass sie weder reingegangen noch sich entfernt hat. Deshalb habe ich sie gefragt, ob sie vergessen worden wäre. Sie sagte dann zu mir, sie warte auf jemanden. Das sagte sie aber genervt, so als ob sie von jemandem versetzt worden wäre. Sie wirkte auf jeden Fall sehr genervt. Das Mädchen war auf jeden Fall nicht erkennbar betrunken. Sie hat nicht getorkelt oder gelallt.«

Die differenzierte Aussage des Zeugen Raphael bezüglich der verschiedenen Fotos, auf denen Tanja abgebildet war, sprechen dafür, dass er Tanja tatsächlich gesehen und gesprochen hatte.

Die Ermittler ignorierten die detaillierte Aussage des Zeugen Raphael genauso wie sie auch schon die ebenfalls detailgenauen Angaben des *Drachenhaus-Trios* ignoriert hatten. Es wundert daher kaum, dass diese Sichtung weder in der Presse veröffentlicht noch in der Sendung »Aktenzeichen XY... ungelöst« dargestellt wurde. Um Klarheit zu schaffen und Zeugen für diese Sichtung zu finden, wäre eine Veröffentlichung dieser Situation aber dringend geboten gewesen.

Selbst wenn es sich bei dieser Person trotz der angegebenen Sicherheit des Zeugen Raphael nicht um Tanja Gräff gehandelt haben sollte, hätte durch eine Publikation dieser Zeugenbeobachtung zumindest die Möglichkeit bestanden, dass sich ein anderes, ebenfalls gestresstes *Sommersprossiges-rote-Bäckchen-Mädchen* mit langen roten Haaren und braunem Shirt bei den

Behörden hätte melden können. Damit hätte man eine weitere Doppelgängerin erfasst und Tanja Gräff in dieser *Szenerie* zumindest ausschließen können. Aber nichts dergleichen geschah. Dies erscheint deswegen so verhängnisvoll, war doch gerade die Sichtung am Schillingsteg möglicherweise der Anfang einer Verkettung tragischer respektive strafrechtlich relevanter Umstände, die schlussendlich zu Tanjas Tod geführt haben könnten. Alles in allem sprechen starke Gründe dafür, dass der Zeuge Raphael tatsächlich Tanja Gräff unmittelbar nach ihrem letzten Telefonat am Schillingsteg angesprochen hatte.

Gestützt wird diese Annahme neben der guten Beschreibung des Mädchens durch den Zeugen Raphael durch den Verlauf der *Karthäuser-Funkzelle* am Schillingsteg sowie die letztlich ermittelte Uhrzeit dieser Sichtung von circa 04:00 Uhr.

Im Abschlussbericht der Staatsanwaltschaft vom 22. Juni 2017 ist hierzu folgendes vermerkt:

> »Diese junge Frau war alleine und erschien dem Zeugen [Raphael] ›genervt‹. Die Uhrzeit konnte er auf ca. 04.00 Uhr eingrenzen. […] Die Funkzelle, über die das letzte Telefonat um 04.13 Uhr lief, deckte auch diesen Bereich ab. Auch die Örtlichkeit wäre passend, um sich von dort aus zum Felsenpfad [Treppenabgang-Schillingsteg] zu begeben.«

Unterstellt, Tanja hatte ihr letztes Telefonat, in dem sie erfuhr, dass Adrian doch nicht an der Porta Nigra auf sie wartete, aus dem Bereich Schillingsteg geführt, würde es die vom Zeugen Raphael wahrgenommene Irritation beziehungsweise Verärgerung des Mädchens erklären. Sich in die Stadt zu begeben, machte in dieser Situation für Tanja überhaupt keinen Sinn, da sie, wie bereits mehrfach erwähnt, weder Geld für ein Taxi hatte noch Busse zu dieser Uhrzeit nach Korlingen fuhren. Das vom Zeugen Raphael beschriebene kurze Verweilen in der *Schleuse* hätte Tanja insofern auch sicher gebraucht, um sich nach Adrians Absage zu sammeln und einen *Plan B* für ihre Heimfahrt zu entwerfen.

Für die These, dass Tanja ihr letztes Gespräch vom Schillingsteg aus geführt haben könnte, sprechen noch weitere Indikatoren.

Zum ersten würden die maximal acht Minuten, die sie vom voraussichtlichen Verlassen des *Mixery-Kühlwagens* bis zum Schillingsteg zur Verfügung hatte, einerseits der Wegstrecke entsprechen und andererseits exakt in das Zeitfenster des letzten Telefonates um 04:12:59 Uhr aus der *Karthäuser-Funkzelle* fallen. Zum zweiten musste Tanja am Ausgang Schillingsteg sehr wahrscheinlich anstehen, um ihre Tasche der Security vorzuzeigen. Nach Angaben des Zeugen Raphael sollen die Ausgangskontrollen noch in vollem Gange gewesen sein und es sollen sich Warteschlangen gebildet haben. Dieser unfreiwillige Zwischenstopp würde plausibel erklären, warum Tanja auf ihrem eiligen Weg an die Porta Nigra Adrian überhaupt noch einmal angerufen hatte. Denn laut Adrian hatte man zuvor im 04:00:01-Uhr-Gespräch vereinbart, dass Tanja sich erst beim Eintreffen an der Porta Nigra noch einmal telefonisch melden sollte.

Schlussfolgernd kann man konstatieren, dass unter Berücksichtigung zuvor beschriebener Fakten Tanjas letzter Anruf sehr wahrscheinlich aus dem Bereich Schillingsteg erfolgte.

Was machte Tanja nach ihrem letzten Telefonat

Was würde ein vernunftbegabter Mensch, der feststellt, dass er kein Geld mehr für ein Taxi hat und dessen Heimatort mehr als zehn Kilometer entfernt bergauf liegt, in dieser Situation machen?

Es ist wohl realistisch und wenig spekulativ, wenn man davon ausgeht, dass sich dieser Mensch eine Mitfahrgelegenheit sucht, insbesondere im Hinblick auf die fortgeschrittene Stunde. Das wäre, wie auch ihr privates Umfeld übereinstimmend bestätigte, typisch für Tanja Gräff gewesen. Tanja galt als äußerst strukturierter und lösungsorientierter Mensch. Doch welcher Lösungsansatz war in dieser Situation der Logischste? EC- bzw. Kredit-Karten etc. hatte sie aus Sicherheitsgründen zu Hause gelassen. Ihre zu Beginn des Festes mitgeführten zwanzig

Euro[183] waren nach Zeugenaussagen so gut wie aufgebraucht, was sich nach Tanjas Auffinden 2015 dann auch bestätigte.

> *Hinweis:*
> *Entgegen Dr. Sommers und H. Krauses These, Tanja sei bereits nach dem 04:00:01-Uhr-Telefonat, also nach der Verabredung mit Adrian an der Porta Nigra, auf den Roten Felsen gelaufen, ist bei realistischer Betrachtung davon auszugehen, dass Tanja frühestens nach dem Gespräch um 04:12:59 Uhr wegen dieser Umstände angesäuert war.*

Es spricht vieles dafür, dass Tanja nach dem 04:12:59-Uhr-Telefonat, nach einer Zeit des Überlegens, in Beisein des Zeugen Raphael am Schillingsteg zurück auf das FH-Gelände ging, um nach einer Mitfahrgelegenheit zu suchen.

- **Welche Personen konnte Tanja realistisch noch nach 04:12:59 Uhr auf dem Fest vermuten?**

Ich bin sicher, dass Tanja in diesem Moment von mindestens drei Personen eine berechtigte Ahnung hatte, wo sich diese aufgehalten hatten. Bei noch angenommenen 6.000 Partygästen und der damit verbundenen Unübersichtlichkeit eine nicht zu verachtende *Bank*. Bei diesen Personen

---

[183] Hinweis von Waltraut Gräff und Marco.

handelte es sich einmal um *Spitzbart* am Kühlwagen und im Weiteren um die *Vereinsfreunde* am Bierstand T9. Letztgenannte ein Teil der von mir beschriebenen *GruppX.*

- **Welche Indizien sprechen für die Rückkehr Tanjas zu Spitzbart?**

Egal von welcher der beiden oben beschriebenen Positionen Tanja ihr letztes Telefonat führte, war sie im Grunde genommen wieder in die Ursprungssituation zurückversetzt, in der sie sich schon vor dem Telefonat um 04:00:01 Uhr am *Mixery-Kühlwagen* befunden hatte. Adrian war weg und sie wusste nicht, wie sie ohne Geld nach Hause kommen sollte.

Vor diesem Hintergrund wäre es von größter Bedeutung zu wissen, ob sich Tanja mit *Spitzbart-Omega* vor Adrians Anruf um 04:00:01 Uhr bereits über eine mögliche gemeinsame Heimfahrt ausgetauscht oder gar verabredet hatte. Sollte tatsächlich ein Gespräch diesen Inhalts zu diesem frühen Zeitpunkt bereits stattgefunden haben, würde es die Wahrscheinlichkeit extrem erhöhen, dass Tanja nach ihrem letzten Telefonat *Spitzbart-Omega* wieder aufsuchte oder zumindest aufsuchen wollte, um sich ihm doch noch zwecks Heimfahrt anzuschließen.

Tanja hätte sowohl wegen der räumlichen als auch der zeitlichen Nähe in diesem Moment noch mit hoher Wahrscheinlichkeit davon ausgehen können, dass *Spitzbart* mit seinem Freund, dem *FDPler*, immer noch am *Mixery-Kühlwagen* anzutreffen wäre. Wie bereits ausführlich in Kapitel 29 beschrieben, stellte *Spitzbart-Omega* am frühen Morgen des 07. Juni 2007 für Tanja wahrscheinlich die beste Option bezüglich einer möglichen Heimfahrt dar.[184] *Spitzbart-Omega* war mit Tanja befreundet und stammt zudem aus einem Nachbardorf der Familie Gräff. Folglich ist diese Einschätzung naheliegend. Genau diese Erkenntnis hatte ich bereits in genanntem Kapitel in die *Waagschale geworfen*, um zu verdeutlichen, warum Tanja es vorgezogen haben könnte, um circa 03:50 Uhr bei dem *Unbekannten* respektive bei *Spitzbart* am *Mixery-Kühlwagen* zurückzubleiben und den ihr damals noch wenig bekannten Marco alleine in die Stadt ziehen zu lassen.

Tanja könnte aus diesem Grund die wenigen Meter vom oberen Parkhausdeck, aber auch vom Schillingsteg an den *Mixery-Kühlwagen* zu *Spitzbart* zurückgegangen sein, um über ihre Misere zu berichten, dass sich ihre Situation durch Adrians Unzuverlässigkeit abermals geändert habe und dass sie gerne mit ihm nach Hause fahren würde. Hätte *Spitzbart-Omega* eine solche Verabredung im Rahmen seiner Zeugenvernehmung bestätigt oder würde er sie heute noch bestätigen, könnte man eine realitätsnahe Einschätzung abgeben, ob Tanja überhaupt nach ihrem letzten Telefonat, wo immer es auch stattgefunden hatte, zu *Spitzbart-Omega* zurück gehen wollte oder nicht. Vorausgesetzt, *Spitzbart-Omega* konnte im Zuge seiner Vernehmung den Ermittlern

---

[184] Siehe hierzu Kapitel 29 »Spitzbart-Omega«.

gegenüber glaubhaft machen, dass er Tanja nicht mehr begegnete, nachdem sie den *Mixery-Kühlwagen* um circa 04:05 Uhr über das obere Parkhausdeck in Richtung Porta Nigra verlassen hatte. Somit könnte er als mutmaßlicher Täter ausgeschlossen werden. Zumindest als Zeuge - damals wie heute - ist er aber unverzichtbar. Trotz meiner Kritik an der Arbeit der Trierer Ermittler schließe ich für mich definitiv aus, dass diese vorsätzlich einen potenziellen Täter schützen. Daher ist es umso wichtiger, dass die Ermittler die Akte »Spur 336« beziehungsweise das Vernehmungsprotokoll von *Spitzbart-Omega* transparent machen.

Hinweis:

Es liegt durchaus im Bereich des Möglichen, dass die Ermittler die aufgeführten Aspekte im Rahmen der Zeugenvernehmung Spitzbart-Omegas (Spur 336) bereits abgeklärt haben. Da Spitzbart-Omega sowie die gesamte »Spur 38-Spitzbart« unter Verschluss gehalten wurden, können wir den Inhalt der Ermittlungen nicht bewerten. Dass es sich bei Spitzbart-Omega mit an Sicherheit grenzender Wahrscheinlichkeit um die Person handelt, die zusammen mit seinem Freund, dem FDPler, von der Zeugin M gesehen und beschrieben wurde, bleibt dagegen aufgrund feststehender Parameter gesetzt.

- **Klärungsbedarf zu *Spitzbart-Omega*.**

Spitzbart-Omega arbeitete in der Zeit um Tanjas Verschwinden bei einer luxemburgischen Firma. Angenommen, dass es sich bei der *Luxemburg-Spur* - in deren engem Rahmen es im Wesentlichen um die Suche nach einem »*mitternachtsblauen luxemburgischen Peugeot*« ging - nicht um eine reine *Phantomspur* gehandelt haben sollte, wäre durch die Behörden zu klären, ob *Spitzbart-Omega* zum damaligen Zeitpunkt von seinem Luxemburger Arbeitgeber ein Fahrzeug der Marke Peugeot zur privaten Nutzung zur Verfügung gestellt worden war. Wir kennen den heutigen Fuhrpark dieser Firma. Über welche Autos sie in 2007 verfügte und ob *Spitzbar-Omega* damals ein Firmenwagen zur Verfügung gestellt worden war, ist uns nicht bekannt.

Gegen die These, dass man mit der Beschreibung eines blauen Peugeots mit Luxemburger Kennzeichen eine falsche Fährte zu *Spitzbart-Omega* hatte legen wollen, spricht, dass potenzielle *Fährtenleger* dann gewusst haben müssten, dass *Spitzbart-Omega* zu diesem Zeitpunkt auch über ein solches Fahrzeug verfügte. Weiter spricht dagegen, dass die Polizei einen auf eine bestimmte Person gerichteten falschen Verdacht gegebenenfalls schnell hätte abklären können. Eine falsche Fährte würde dann ihre Wirkung nicht entfalten und ins Leere laufen. Wesentlich wirkungsvoller wäre es, die Polizei dauerhaft zu einem unspezifischen Ort ins benachbarte Ausland zu schicken. Deshalb ist die falsche Fährte in Richtung *Spitzbart-Omega* zwar möglich, aber wenig wahrscheinlich.

Gleichwohl wirft der berufliche Hintergrund *Spitzbart-Omegas* als Handwerker die Frage auf, ob er an diesem Abend zufällig über Profi-Cuttermesser und Panzerband verfügte. Bei den sterblichen Überresten Tanjas wurde, wie bereits erwähnt, unter anderem Panzerband aufgefunden. Zudem liegt, wie bereits dargelegt, die Vermutung nahe, dass im Rahmen ihres durchtrennten Gürtels ein sehr scharfes Profi-Cuttermesser mit Hakenklinge zum Einsatz kam. Ferner ist im Zusammenhang mit den bei Tanja aufgefundenen Luftballons[185], die mit an Sicherheit grenzender Wahrscheinlichkeit vom *Cocktailstand* zwischen den Gebäuden B und C stammten, zu erwähnen, dass uns Fotos vorliegen, die *Spitzbart-Omega* und seinen Freund, den *FDPler,* in der fraglichen Nacht auch an diesem Stand zeigen. Aufgrund der Menschenmassen, die sich während des FH-Festes ebenfalls in diesem Bereich aufhielten, ist diese Feststellung jedoch ohne Relevanz.

Spitzbart-Omega hat für 04:00 Uhr ein Alibi, das laut Alibiliste auf den Angaben seiner Bekannten Babette beruht. Die Begrenzung auf diese Zeugin ist bemerkenswert: *Spitzbart-Omega*

[185] Siehe Kapitel 32 »Zweite Pressekonferenz«.

war auf dem FH-Fest zwar auch mit seiner Clique, zu welcher auch Babette gehörte, aber in der Hauptsache mit seinem Freund Beta, der exakt zur Beschreibung der Zeugin M mit dem Attribut eines *FDPlers* passt, unterwegs. Daher ist es auffallend, dass ausschließlich Babette als Alibigeberin fungierte. Vielleicht wollte man Beta nicht in der Akte haben, weil er weniger für *Spitzbart-Omegas* Alibi nützlich, als vielmehr ein starkes Indiz dafür wäre, dass es sich bei dem von der Zeugin M beschriebenen *Spitzbart mit FDPler* auch tatsächlich um den von uns recherchierten *Spitzbart-Omega* handelt.

Unabhängig davon wäre ein Alibi für die Zeit nach 04:12:59 Uhr und nicht um 04:00 Uhr relevant, da um 04:00 Uhr Tanja nachweislich noch am Leben war. Auf der Alibiliste ist hinsichtlich des Alibis für *Spitzbart-Omega* im Gegensatz zu den meisten anderen dort aufgeführten Alibis kein Aufenthaltsort für die fragliche Zeit vermerkt. Bei *Spitzbart-Omega* wurde allerdings immer sehr spärlich dokumentiert. Wie wahrscheinlich die These ist, dass Tanja zurück zu *Spitzbart-Omega* ging und zumindest auf dem Weg dorthin das Geschehen seinen tragischen Anfang nahm, wäre, wie gesagt, unter Heranziehung des vollständigen Aktenmaterials zu klären.

Was spricht für Tanjas Hinwendung zu Bierstand T9 und der GruppX

Neben der Möglichkeit, den ihr vertrauten *Spitzbart-Omega* eventuell noch am Kühlwagen vorzufinden, konnte Tanja trotz fortgeschrittener Stunde sogar sicher sein, ihre Bekannten am Bierstand T9 anzutreffen. Da ihre Freunde an diesem Stand beschäftigt und auch für den anschließenden Abbau zuständig waren, wäre diese Einschätzung ausgesprochen realistisch gewesen. Hier wäre allerdings weniger die direkte Heimfahrt, wie bei *Spitzbart-Omega,* garantiert gewesen, als vielmehr die Tatsache, dass auf jeden Fall noch jemand anwesend war, der ihr eine wie auch immer geartete Unterstützung hätte anbieten können. Beispielsweise Geld für ein Taxi oder vielleicht auch eine Mitfahrgelegenheit.

Der Bierstand T9 vor der Einfahrt des alten Parkhauses stellte auf jeden Fall für Tanja diese sichere Option dar. Wie bereits ausführlich beschrieben, verbrachte Tanja den Großteil ihres Aufenthaltes auf dem FH-Fest neben dem Bierstand T9 und somit im direkten Dunstkreis ihrer beiden Vereinsfreunde und der von mir bereits beschriebenen *GruppX*. Mit Blick auf diesen Sachverhalt ist hervorzuheben, dass es von der Rampe auf dem Parkhausoberdeck oder auch vom Bereich Schillingsteg zu dem Bierstand T9 nur wenige Meter waren. Neben *Spitzbart-Omega* boten somit auch diese Leute für Tanja eine naheliegende und durchaus substanzielle Möglichkeit, ihre Heimfahrt doch noch zu organisieren.

Wenn *Spitzbart-Omega* glaubhaft machen konnte, dass es in besagter Nacht zu keinem weiteren Kontakt mit Tanja kam, ist davon auszugehen, dass Tanja entweder auf dem Weg zu *Spitzbart-Omega* auf eine Person der *GruppX* gestoßen war oder sich unmittelbar nach ihrem letzten Telefonat direkt an ihre Bekannten an Bierstand T9 gewandt hatte. Sollte sich Tanja auf den Weg zu *Spitzbart-Omega* gemacht haben, könnte sie im Bereich des alten Parkhauses Leute aus der GruppX angetroffen haben. Die Wahrscheinlichkeit, bekannte Personen aus dem Umfeld des Bierstandes T9 auf dem Parkhausdeck beziehungsweise beim Durchqueren des Parkhauses anzutreffen, war hier entsprechend groß. Denn diese Clique betrieb, wie bereits erwähnt, neben dem Bierstand T9 auch eine Freilichtbühne zwischen den Gebäuden B und C, also genau neben dem oben beschriebenen Cocktailstand mit besagten Luftballons. Daher bildete das Parkhaus sowie dessen Oberdeck für die Akteure und ihre Fans eine Art Transferzone zwischen dem Bierstand T9 und besagter Bühne.

Das Angebot einer kostenlosen Heimfahrt könnte Tanja auch schon hier gemacht worden sein. Gegebenenfalls mit der Einschränkung einer verzögerten Abfahrtszeit. Es ist aber auch nicht auszuschließen, dass Tanja zurück zu *Spitzbart-Omega* ging, ihn aber nicht mehr am

Kühlwagen angetroffen hatte und dann auf dem Rückweg zu T9 durch das Parkhaus dort in das Umfeld der *GruppX* geriet.

Ob Tanja auf dem Hin- oder Rückweg zu oder von *Spitzbart-Omega* im Parkhaus oder direkt am Bierstand T9 in das Umfeld der GruppX lief, macht in Bezug auf die nachfolgende Verlaufsthese keinen Unterschied. Aus Gründen der Objektivität muss vorab allerdings die Möglichkeit eingeräumt werden, dass sich Tanja auf ihrer Wegstrecke auch einer Person mit einem gänzlich anderen privaten Hintergrund zuwandte und diese Person in Zusammenhang mit Tanjas Tod steht.

- **Indizien für einen Aufenthalt bei der GruppX nach 04:12:59 Uhr.**

Unter Berücksichtigung aufgefundener und nicht öffentlich gemachter Asservate, aktenkundiger Zusammenhänge wie auch Tanjas privater Verbindungen möchte ich die zahlreichen Indizien aufzeigen, die dafür sprechen, dass sich Tanja nach ihrem letzten Telefonat um 04:12:59 Uhr in der Hoffnung auf eine Mitfahrgelegenheit der ihr mit wenigen Ausnahmen unbekannten *GruppX* zuwandte. Unterstellt, dass Tanja im Umfeld der *GruppX* auf eine versprochene Heimfahrt wartete, sollte man das Augenmerk auf einen kleinen, aber für eine Tatbegehung eventuell motivgebenden Aspekt richten.

Hatten Teile der *GruppX* vielleicht deshalb ein besonderes Interesse an Tanja entwickelt, weil sie in den Stunden zuvor im Umfeld dieser

Leute am Bierstand T9 im Überschwang zahlreiche Andeutungen bezüglich einer bevorstehenden *ersten Nacht* mit Adrian gemacht hatte? Sie hatte sich für ihr *erstes Mal* sogar *Verhaltenstipps* bei ihrem ehemaligen Klassenkameraden eingeholt. Dieser intime und leider überthematisierte Sachverhalt könnte unter den eher ausgebufften Typen dieser *GruppX,* gegebenenfalls durch Alkohol und Drogen verstärkt, ein großes *Amüsement* ausgelöst oder gar Begehrlichkeiten geweckt haben.

- **Kontext zur Drachenhaus-Spur.**

Unterstellt, Tanja wartete in der Gesellschaft der *GruppX* im Umfeld des Bierstandes T9 auf eine Mitfahrgelegenheit, könnte dieser Sachverhalt den Umstand erklären, warum Tanja nach Verlassen des *Mixery-Kühlwagens* gegen circa 04:05 Uhr zunächst von niemandem mehr gesehen wurde. Denn in diesem abseits gelegenen Bereich der ehemaligen Parkhauseinfahrt herrschte um diese Uhrzeit kaum oder gar kein Durchgangsverkehr mehr. Allerdings muss ins Kalkül gezogen werden, dass dort gegen 05:30 Uhr eventuell mit Abbauarbeiten begonnen und dadurch ein gemütliches Beisammensein erschwert wurde. Deshalb ist es denkbar, dass Tanja, umgeben von Personen der GruppX, auch an anderer Stelle, beispielsweise am unteren Ende des Stuckradweges unweit des Bierstandes T9, saß und für unbeteiligte Passanten nicht ohne Weiteres sichtbar war.

An dieser Stelle erscheinen auch die Aussagen verschiedener Zeugen nochmals erwähnenswert, die unabhängig voneinander auf eine *düstere Gruppe* im Bereich des Parkhausvorplatzes und am Ende des Stuckradweges hingewiesen hatten. Diese Hinweise blieben von der Kripo unbeachtet. Im Zuge unserer zahlreichen Gespräche mit verschiedenen Zeugen wurde immer wieder eine *dunkle Gruppe* beschrieben. Beispielsweise auch von Tanjas Schulfreund Tristan. Er traf Tanja mit Freunden gegen 01:10 Uhr vor der Einfahrt des alten Parkhauses. Im persönlichen Gespräch berichtete er, dass ihm dort in der Umgebung des Bierstandes T9 eine »schwarze Gruppe« aufgefallen sei. Er konnte nicht erklären, warum diese - in der Hauptsache dunkel gekleideten - Leute ihm so unheimlich vorkamen. Sie wirkten einfach düster, so Tristan.

Er konnte mir auch nicht wirklich sagen, was diese *Grupp*e so unsympathisch machte. Als ich später allerdings von jener Gruppe erfuhr, die vorab in der Planungsphase des FH-Festes wegen exzessiven Alkohol- und Drogenkonsums als problematisch eingestuft worden war und von der man befürchtete, dass sie eine ganze Kohorte hartgesottener Fans mobilisieren würde, ergaben die Beobachtungen der verschiedenen Zeugen plötzlich einen Sinn. Auch der Hinweis des Zeugen Damian auf die *düstere Gruppe* im Bereich Drachenhauskreuzung passt in diese Gesamtschau.

- **Circa 05:30 Uhr am Rosengarten.**

Die von Damian als düster beschriebene Gruppe saß auf der rechten Seite am Ende des Stuckradweges, direkt an der T-Kreuzung Drachenhaus-Rosengarten. Unmittelbar nachdem Damian, Steffi und ihr gemeinsamer Freund Nik diese Gruppe passiert hatten, schloss sich dem *Trio* am Beginn des Rosengartenpfades plötzlich ein Mädchen namens Tanja an. Von der Drachenhauskreuzung bis zum Rosengartenpfad sind es nur wenige Meter und zwei Ecken.

Drachenhauskreuzung

Betonweg
Rosengartenpfad

Das Mädchen hatte offenbar vor, in der *sicheren Gruppe*, bestehend aus Damian, Steffi und Nik, das Festgelände Richtung Stadt zu verlassen. Zudem erklärte *diese Tanja* Steffi gegenüber, dass sie direkt nach Hause wolle.

Da *diese Tanja* weder einen abgekämpften Eindruck machte noch atemlos angerannt kam, kann man eine vorausgegangene Verfolgungsjagd zwischen *dieser Tanja* und dem Mann, der sie am Rosengarten einholte[186], realistischerweise ausschließen. Wäre *diese Tanja* bereits im Verlauf des Stuckradweges vor einem Verfolger geflohen, wäre diese *Verfolgungsjagd* sicher auch von Zeugen gesehen worden. Der Stuckradweg war zu diesem Zeitpunkt von abwandernden Festbesuchern stark frequentiert. Auch die beiden *Bauzaunhelfer* Lars und Tilo, die exakt zu diesem Zeitpunkt entlang des unteren Stuckradweges mit dem Abbau der Bauzäune beschäftigt waren, hätten eine entsprechende Beobachtung machen müssen. Gerade die von ihnen erwähnten umherliegenden Bauzäune hätten dann zu einer Art Hindernislauf geführt.

Aber niemand hatte eine so spektakuläre Verfolgungsjagd in diesem Bereich gesehen. Gesehen wurde allerdings vom Zeugen Lars eine lautstarke Auseinandersetzung zwischen dem Mädchen mit den *streichholzdünnen Armen* und dem roten langen Haar sowie dem von ihm beschriebenen *portugiesisch aussehenden Bänker-Schnösel.* Und das alles im Bereich Drachenhauskreuzung/Ecke Rosengarten. Jedenfalls wäre es, wenn man allen

[186] Siehe Kapitel 25 »Die Drachenhaus-Spur«.

dokumentierten Angaben Glauben schenken wollte, auf dem Stuckradweg bzw. in dessen Umfeld zu diesem Zeitpunkt *heiß hergegangen*. Die eine Tanja soll vor ihrem Verfolger entlang des Rosengartens in Richtung Schillingsteg geflohen sein und die vom Zeugen Lars beschriebene Tanja gleichzeitig, von einem Luxemburger Peugeot *verfolgt*, das Gelände in Richtung Hauptausgang verlassen haben.

Einen Zusammenhang dieser beiden Sichtungen schloss die Polizei aufgrund der Annahme, dass es sich bei dem vom Zeugen Lars beschriebenen Mädchen tatsächlich um Tanja Gräff gehandelt hatte und wegen des angeblich involvierten *mitternachtsblauen Luxemburger Peugeots 307* aus.

Allerdings, auf Grundlage recherchierter Ergebnisse, kann man die Sichtung des Zeugen Lars am Ende des Stuckradweges und die Sichtung des *Drachenhaus-Trios* am Beginn des Rosengartenpfades durchaus als eine Gesamtsichtung betrachten, die sich logischerweise aus einem ersten und einem zweiten Teil zusammensetzt.

Dass der unauffindbare *mitternachtsblaue Luxemburger Peugeot* vielleicht nur als eine Art Keil diente, um die gesamte *Drachenhaus-Sichtung* in zwei Teile zu splitten und damit einen Zusammenhang beider Sichtungen zu verschleiern, zogen die Ermittler nie in Erwägung. Fest steht und das ist ein unumstößlicher Fakt: Durch den Einsatz dieses mysteriösen Autos und der dadurch eröffneten *Luxemburg-Spur* wurde die

Sichtung entlang des Rosengartens samt Verfolger ermittlungstechnisch vernachlässigt und schlussendlich nicht weiterverfolgt.

Unserer Ansicht nach hat der *Bauzaunhelfer* Lars den Vorfall mit dem schreienden Mädchen tatsächlich beobachtet. Lediglich das mitternachtsblaue Auto, samt Bänker-Schnösel und die unauffindbaren scheuen Gebüschler sind womöglich eine freie Erfindung.

> *Hinweis:*
>
> *Die GruppX ist nicht mit den durch den Bauzaunhelfer Lars offiziell gemachten und unserer Meinung nach frei erfundenen Gebüschlern zu verwechseln. Die mutmaßliche Erdichtung der Gebüschler durch den Zeugen Lars sollte unserer Einschätzung nach lediglich von der real existierenden GruppX, die sich vermutlich an der Kreuzung Stuckradweg-Drachenhaus-Rosengarten zum fraglichen Zeitpunkt aufhielt, ablenken.*[187] *Was realiter, absichtlich oder unabsichtlich, auch geschehen ist.*

[187] Dazu Kapitel 26 »Der Bauzaunhelfer und eine nebulöse Geschichte«.

Dramaturgie einer Drachenhaus-Spur Teil 1 und Teil 2

Unterstellt man, dass sich Tanja Gräff tatsächlich im Umfeld der *düsteren Gruppe* im unteren Bereich Stuckradweg gegen 05:30 Uhr aufgehalten hatte, ist es in Anbetracht des Gesamtgeschehens nicht unwahrscheinlich, dass sie die Gelegenheit nutzte, sich aus einer eventuell unangenehmen oder gar übergriffigen Situation zu befreien, indem sie sich ad hoc Damian, Steffi und Nik am Rosengartenpfad anschloss. Sollte es tatsächlich in dieser düsteren Gruppe, motiviert durch Alkohol und Drogen, zu einer unerträglichen Bedrängnis für Tanja gekommen sein, wäre es absolut realistisch, dass der Zeuge Lars die entsprechende Abwehrreaktion wahrgenommen hatte, die sich in einer lautstarken Auseinandersetzung zwischen Tanja und irgendeinem Mann entladen hatte.

Zu diesem hypothetischen Sachverhalt passt semantisch auch der Satz »Pack mich nicht an«, den das Mädchen laut des Zeugen Lars geschrien haben soll. Dieser Satz setzt voraus, dass dieser Mann das Mädchen zuvor gegen ihren Willen berührt haben muss. Außerdem soll sie mit der Tasche ihren Konfliktpartner abgewehrt haben. Dass Tanja dann dem inzwischen am Rosengartenpfad angekommenen *Drachenhaus-Trio* zügig hinterhereilte, um sich den jungen Leuten zu ihrem eigenen Schutz anzuschließen, ist nicht nur logisch, sondern lebensnah.

Der Umstand, dass Tanja schnellen Schrittes ankam, aber nicht rannte, verstärkt die Annahme, dass sie nicht mit einem Verfolger gerechnet hatte. Denn wäre es, welcher Tanja auch immer, in diesem Moment bewusst gewesen, dass sie tatsächlich verfolgt wurde, hätte sie auch mit dem unmittelbaren Eintreffen des *Verfolgers* rechnen müssen, nachdem sie bei Damian, Steffi und Nik angekommen war und mit diesen in Ruhe weitergehen wollte. Aber scheinbar rechnete sie eben nicht damit, sonst wäre Tanja nicht so erschrocken davongelaufen, als sie den Verfolger plötzlich bemerkte.

Es ist auch absolut nachvollziehbar, dass Tanja beim überhasteten Verlassen der Streitsituation im Bereich Kreuzung Stuckradweg-Drachenhaus in Richtung Rosengartenpfad gar nicht registriert hatte, dass jemand um diese zwei Ecken hinter ihr hergegangen war. Dazu möchte ich eine kleine, aber sehr interessante Passage aus dem Vernehmungsprotokoll des Bauzaunhelfers Lars[187] hervorheben. Bei Nachfrage der Polizei, ob es sich bei dem Mann im *mitternachtsblauen Luxemburger Peugeot* tatsächlich um den Mann gehandelt habe, der zuvor mit dem Mädchen in den lautstarken Konflikt verwickelt war, antwortete der Zeuge erstaunlicherweise, er habe den Mann, »der dem Mädchen hinterhergegangen sei«, sofort wiedererkannt.

Wie von mir in Kapitel 26 beschrieben, fiel der Kripo im Zuge der Vernehmungen des Zeugen Lars dieser Versprecher bzw. diese mentale

Fehlleistung, obwohl dokumentiert, nicht einmal auf. Der Zeuge Lars hatte im Zuge seiner drei Vernehmungen immer betont, er habe nicht gesehen, woher die Streitenden kamen und wohin das Mädchen nach dem scheinbaren Schlichtungseinsatz der *Gebüschler* gegangen war. Wohin ist also dieser Mann dem Mädchen hinterhergegangen. In Richtung Rosengarten vielleicht? War dieser Lapsus vielleicht ein unglückseliger Versprecher *Freud'scher Natur?*

Wenn es die vom *Bauzaunhelfer* Lars beschriebene Streitsituation tatsächlich gegeben hatte, müssten Mitglieder der vom Zeugen Damian erwähnten *düsteren Gruppe,* die sich ebenfalls in diesem Bereich des Stuckradweges aufgehalten hatte, zwangsläufig Zeugen dieses Szenarios geworden sein. An dieser Stelle drängt sich die Frage auf, warum sich niemand aus dieser *düsteren Gruppe* meldete. Und zwar spätestens, nachdem sie auf medialem Wege von der Aussage des Zeugen Lars gehört hatten.

Wenn diese *geheimnisvollen Gebüschler* aber nur als Ablenkung von der *düsteren Gruppe* erfunden wurden, würde es selbstredend erklären, warum sich einerseits diese *Fantasiegestalten* nie meldeten und sich andererseits Mitglieder dieser *düsteren Gruppe* ebenfalls nicht als Zeugen anboten. Vielleicht hatten diese mehr zu verbergen als nur ein paar Gramm Marihuana. Unterstellt, Tanja Gräff hatte sich in dieser *düsteren Gruppe* aufgehalten und es war, wie beschrieben, auf dem Stuckradweg vor der restlich lagernden *düsteren Gruppe* zu jener heftigen Auseinandersetzung gekommen, wäre es lebensnah, wenn sich einzelne Personen dieser *düsteren Gruppe* auch als *Streitschlichter* betätigt hätten. Dann hätte der *Bauzaunhelfer* Lars hinsichtlich des *Gruppenwirrwarrs* nur einen Hauch an der Wahrheit vorbei erzählt.

Und noch ein *glorreicher Zufall*. Genau dieser, von mir so ausführlich beschriebene Zeuge Lars, war ebenfalls ein Mitglied der *GruppX* und verbrachte die ganze Nacht vom 06. auf den 07. Juni 2007 sowohl am Bierstand T9 als auch an der Bühne zwischen den Gebäuden B und C. Nach eigener Aussage war er unter anderem auch als DJ in dieser Gruppe tätig. Endlich Fakten zu schaffen, wäre ein probates Mittel, die aufgezeigten Indizien in Richtung *GruppX* abzuschwächen oder je nach Ergebnis auch zu verifizieren.

Trotz all dieser flankierenden Fakten wurde unserer Meinung nach die Dramaturgie der kompletten *Drachenhaus-Spur* seitens der Ermittler nicht erkannt und folglich beide bekannten Teile dieser Sichtung fehlinterpretiert. Auch die Äußerung Michels in der Sendung »Aktenzeichen XY...ungelöst« vom 27. September 2007, Tanja sei von ihrem *Verfolger* nur genervt gewesen, ist nach hiesiger Auffassung ebenfalls eine Fehlinterpretation des Geschehens am Rosengartenpfad. Aufgrund der Aktenlage und der korrespondierenden Zeugenaussagen kann man mit hoher Wahrscheinlichkeit davon ausgehen, dass es sich bei *dieser Tanja* tatsächlich um Tanja Gräff gehandelt und sie zuvor innerhalb dieser *düsteren Gruppe* am Rande des Stuckradweges auf die versprochene Heimfahrt gewartet hatte.

Weiter sprechen dargestellte Fakten und Indizien dafür, dass Tanja sich nach beschriebenem Streit dem *Drachenhaus-Trio* anschloss, um Distanz zwischen sich und dieser Gruppe und insbesondere einer bestimmten Person herzustellen. Es kann nicht geleugnet werden, dass das plötzliche Eintreffen des *Verfolger*s Tanja jedenfalls so sehr in Panik versetzte, dass sie trotz Steffis Zuruf nicht mehr aufzuhalten war und davonlief. Laut Rechtsanwalt Böhm soll Steffi ihm gegenüber geäußert haben, dass Tanja bei Eintreffen des Verfolgers und bevor sie überstürzt davon lief noch gesagt haben soll: »Der lässt mich einfach nicht in Ruh.«

Die auf den ersten Blick unlogisch erscheinende Verhaltensänderung zeigt auf, dass die eigentliche Verfolgung Tanjas hier am Rosengarten, im Beisein des *Drachenhaus-Trios*, ihren eigentlichen Anfang nahm und in der Fortsetzung in einem wie auch immer gearteten Geschehen auf dem FH-Gelände oder andernorts geendet haben muss.

- **Wohin lief Tanja vom Rosengarten aus?**

Ausgehend vom Rosengartenpfad hätte Tanja verschiedene Fluchtwege nutzen können. Sie hätte entweder am Ende des Schillingstegs die Felsentreppe in die Stadt nehmen können oder einen der beiden rechtsabbiegenden Wege, die unter anderem auch zurück auf das FH-Gelände führten.

- **Sollte Tanja die Treppe genommen haben?**

Eine fliehende Tanja hätte im weiteren Verlauf des Schillingstegs ihr Tempo vor und auf der steilen Treppe wesentlich verlangsamen müssen. Daraus ergeben sich folgende Implikationen: Zum einen hätte der *Verfolger* spätestens dann an der Treppe Tanja eingeholt und zum anderen müsste das nachfolgende *Drachenhaus-Trio* Tanja und ihren Verfolger vom Treppenabgang-Schillingsteg im gut einsehbaren Bereich der unteren Bitburger Straße dann noch gesehen haben. Diese Annahme wird durch die Aussage des *Drachenhaus-Trios* verstärkt, die angegeben hatten, Tanja auf dem Weg in die Stadt trotz entsprechender Aufmerksamkeit nicht mehr gesehen zu haben.

Auch wenn es unwahrscheinlich ist, so ist dennoch nicht gänzlich auszuschließen, dass Tanja die Erschwernisse des Treppenabgangs und dadurch die Annäherung bzw. die weitere Verfolgung dieses Mannes auf dem Fußweg nach Korlingen *in Kauf genommen* hatte.

- **Hat Tanja einen der rechtsabbiegenden Wege auf das FH-Gelände genommen?**

In der Fortsetzung des Rosengartenpfades, auf dem langgezogenen relativ geraden Weg hin zum Treppenabgang-Schillingsteg, gibt es zwei rechtsabbiegende Wege, die beide wiederum auf einen schmalen Betonweg stoßen, der - parallel, aber mit einem erheblichen Niveauunterschied zum Schillingsteg - einerseits hinunter zur Bitburger Straße und andererseits zurück auf das FH-Gelände verläuft.

Der erste, ein kleiner *Trampelpfad*, geht unmittelbar hinter der Kurve am Ende des Rosengartenpfads rechts ab. Der zweite Weg verläuft unmittelbar am Treppenabgang-Schillingsteg selbst als Treppenaufgang hoch zu dem besagten schmalen Betonweg.

Für diesen zweiten Weg, den zuvor beschriebenen Treppenaufgang, greifen im Grunde die gleichen Argumente bzw. Einwendungen wie für den Treppenabgang-Schillingsteg. Nämlich eine erhebliche Verlangsamung der Geschwindigkeit und die damit einhergehende Gefahr für Tanja, durch den *Verfolger* eingeholt zu werden - und zudem ein wesentlich längerer Rückweg auf das FH-Gelände. Final führt dieser Treppenaufgang zur Hintertür der Mensa, die während des FH-Festes verschlossen war. Somit kann dieser Treppenaufstieg als potenzieller Fluchtweg über die Mensa ausgeschlossen werden.

Dass Tanja überhaupt einen dieser Wege in die Stadt wählte, ist nicht zuletzt wegen der Vielzahl an abwandernden Festbesuchern und damit potenziellen Zeugen dieser *Verfolgungsjagd* relativ unwahrscheinlich. Nach unserer Recherche wäre der zuvor erwähnte *Trampelpfad* für Tanja die beste Option gewesen, den *Verfolger* schnell und endgültig abzuhängen.

Dafür sprechen folgende Faktoren: Die Tatsache, dass man über diesen Weg dem nachkommenden

Drachenhaus-Trio schnell aus dem Blickfeld gelaufen wäre, ist ein immens wichtiger Aspekt und spricht für diesen Fluchtweg. Die ausgesprochen ortskundige Tanja hätte hier die Möglichkeit gehabt, über diesen *Trampelpfad* und den kleinen Betonweg zurück in Richtung FH-Gelände, vorbei am Lieferanteneingang der Mensaküche, zu laufen und von dort die angrenzende Treppe hoch auf den Mensa-Vorplatz zu nehmen.

Viel naheliegender ist aber die, für damalige Insider bekannte, Abkürzung über die ehemals offen zugängliche Mensaterrasse, deren Treppenaufgang fast unmittelbar an den Trampelpfad anschloss. Über diesen Geheimtipp hätte Tanja ebenfalls leicht den Mensavorplatz erreichen können. Durch diesen Hakenschlag hätte immerhin die realistische Möglichkeit bestanden, den Verfolger dauerhaft abzuhängen.

Von dort wäre die rettende Shuttlebus-Haltestelle am Ende der Campusstraße nur wenige Meter entfernt gewesen. Für die sportliche Tanja, die in dieser Nacht Turnschuhe trug, wäre dieser Weg sicher kein Problem gewesen. Nachweislich fuhr der Shuttlebus bis kurz nach 06:00 Uhr morgens. Somit stellte der Bus für Tanja Gräff in dieser Situation eine realistische Option dar, schnell eine entsprechend große Distanz zwischen sich und ihrem *Verfolger* herzustellen. Der Shuttlebus hätte jedenfalls Tanja die Möglichkeit geboten, ihren Verfolger ohne Unterstützung Dritter nachhaltig abzuschütteln. Selbst wenn sie von ihrem *Verfolger* unmittelbar beim Besteigen des Busses noch eingeholt worden wäre, hätte sie sich zumindest hilfesuchend an den Busfahrer wenden können. Denn im Gegensatz zum *Rosengarten-Szenario* dürfte es Tanja spätestens hier klar gewesen sein, dass sie nicht mehr Herrin des Geschehens war.

Für Tanja hatte sich die Lage in dieser Nacht zum wiederholten Male geändert. Ihre Ausgangssituation war ab 03:20 Uhr bis nach 05:30 Uhr in ständigem Wechsel. Ausgehend von dem Problem, Adrian verloren zu haben und zu suchen, über eine zu organisierende Heimfahrt bis hin zu dem Problem, von einer Person bedrängt beziehungsweise verfolgt zu werden, musste Tanja ständig auf diese unvorhersehbaren Veränderungen spontan reagieren.

Wo kam Tanja Gräff zu Tode

Im Gegensatz zu den Trierer Ermittlungsbehörden vertreten ich und mein Team nicht die Meinung, dass Tanja durch einen selbstverschuldeten Sturz vom Roten Felsen ihr Leben verlor.

Nach diesseitiger Auffassung und vom traurigen Ergebnis aus argumentiert, ist es sehr wahrscheinlich, dass es zu der vorbeschriebenen *Verfolgungsjagd* kam, deren Dynamik sich schlussendlich in einer extremen Eskalation zwischen Mensa und der Shuttlebus-Haltestelle entlud. Diese Eskalation, die auch der Versuch einer Vergewaltigung gewesen sein könnte, wäre dann sozusagen als präfinales Szenario einzuordnen.

Auf welche Weise Tanja dabei zu Tode gekommen sein könnte, wäre an dieser Stelle trotz einiger veritabler Hinweise auf einen möglichen Geschehensablauf spekulativ und wird deshalb aus Pietätsgründen hier nicht skizziert.

Seriöserweise kann die Möglichkeit, dass Tanja an der Mensa oder sonst wo in ein Auto gestiegen und freiwillig mit einer oder mehreren Personen das Gelände verlassen oder einen anderen guten Bekannten getroffen hatte, nicht gänzlich ausgeschlossen werden. Indizien, dass Tanja das Gelände verlassen hatte, andernorts zu Tode kam und wieder zurück zur Absturzstelle gefahren wurde, haben wir aber trotz aller Anstrengungen keine gefunden.

Unterstellt man die These, dass mit dem Geschehen am Stuckradweg eine Dynamik in Gang gesetzt wurde, die am Rosengarten Fahrt aufnahm, sich durch die *Verfolgungsjagd* über den *Trampelpfad* hoch zur Mensa erheblich steigerte und dadurch immer mehr an Kraft gewann, konnte diese Dynamik an ihrem Kulminationspunkt[188] naturgemäß nur in einer Eskalation enden. Die Wahrscheinlichkeit, dass diese Eskalation friedlich ablief und Tanja anschließend erneut in eine andere *Gefahrensituation* schlitterte, geht gegen Null. Besonders hervorzuheben ist hier auch die Tatsache, dass auf diesem Teil des Campus kaum Publikumsverkehr herrschte, da das Festgelände und die entsprechenden Ein- bzw. Ausgänge auf der gegenüberliegenden Seite des eigentlichen Campusgeländes, hinter den Gebäuden A:B:C und D, lagen.

[188] Bedeutung: Gipfel bzw. Höhepunkt einer Entwicklung.

Durchgang Gebäude B/C

Weiter bleibt festzuhalten, dass es möglich war, auf diesem Campusteil zu parken. Allerdings bis zur Beendigung der Ein- bzw. Ausgangskontrollen wiederum nur für Autos mit Berechtigung. Mit einem solchen Fahrzeug wäre ein Verbringen Tanjas vom Campus über den Stuckradweg hin zur Absturzstelle problemlos und unauffällig zu bewerkstelligen gewesen.

Nach diesseitiger Ansicht stellt die vorbeschriebene Verlaufsvariante, ausgehend vom Stuckradweg über den Rosengarten und den *Trampelpfad* hin zum eigentlichen Campusgelände, unter Berücksichtigung aller uns zur Verfügung stehenden Parameter die plausibelste aller Verlaufsthesen dar.

Hinweis:

An dieser Stelle ist ausdrücklich hervorzuheben, dass die voneinander unabhängigen Sichtungen der Zeugen Raphael, Steffi und Damian einerseits sowie des Bauzaunhelfers Lars andererseits alle im Bereich Stuckradweg-Rosengarten-Schillingsteg zu verorten sind, so dass sich hieraus ein logisch nachvollziehbarer räumlicher und zeitlicher Zusammenhang ergibt.

Die geografischen Zusammenhänge der diversen Beobachtungen und Ge-

spräche beziehungsweise Begegnungen mit einem rothaarigen Mädchen namens Tanja nach 04:12:59 Uhr sind gerade auch im Hinblick auf das ansonsten sehr weitläufige Festgelände augenscheinlich.

Obwohl all diese Sichtungen aktenkundig sind, wurden sie von den Trierer Ermittlungsbehörden nie in Kontext gestellt. Die offensichtlich bestehenden Zusammenhänge wurden vielmehr von den Ermittlungsbehörden als irrelevant abgetan oder aber gar nicht erst erkannt.

Eine präzisere Beschreibung unserer Ablauf-These muss zum Schutz bestimmter Personen unterbleiben, da man bei detaillierterer Darstellung Rückschlüsse auf diese Personen ziehen könnte. Da es nicht meine Absicht ist, unschuldige Menschen unter Verdacht zu stellen und sie im Internet einer Stigmatisierung auszusetzen, wie ich es selbst in diesem Buch in anderen Zusammenhängen mehrfach beklagt habe, verzichte ich auf die weitere Darstellung dieser Verlaufsthese.

- **Was spricht für einen gewaltsamen Tod Tanja Gräffs?**

Nachstehend werde ich alle Anzeichen aufführen, die auf einen gewaltsamen Tod Tanja Gräffs hinweisen. Dafür, dass Tanja vor einem Sturz in die Tiefe noch einer gewaltsamen Auseinandersetzung ausgesetzt war, sprechen folgende Indizien:

So fehlten beispielsweise nach Tanjas Auffinden sämtliche kleinen Haarspangen - wir gehen von mindesten 6 dieser Spängchen aus, die Tanja in dieser Nacht getragen hatte. Es handelte sich hierbei um sogenannte *Zackenklammern* aus Hartplastik. Weder in den Pressekonferenzen noch in den Akten erfolgte ein entsprechender Hinweis. Auch einer ihrer auffälligen Ohrringe fehlte. Für die Polizei war auch diese Tatsache ohne Belang. Die Ermittler begründeten das Fehlen des Ohrrings damit, Kleintiere, die auf dem zugewucherten Plateau lebten, hätten sich das Schmuckstück wahrscheinlich *angeeignet*. Es könnte aber auch ein Hinweis darauf sein, dass es zwischen Tanja und einem potenziellen Täter zu einem ausufernden Kampf gekommen sein könnte, bei der diese Spängchen und der Ohrring, bestehend aus vielen kleinen Steinchen, verlustig gingen.

Ein weiterer Aspekt, der für diese These spricht, ist, dass Tanjas Ledergürtel an der linken Hüftseite komplett durchtrennt war. Zu dieser ebenfalls vertuschten Tatsache wurde im Abschlussbericht von Staatsanwalt H. Krause knapp bemerkt, dass »ein Zerreißen des Gürtels in dieser Art [...] durchaus in Zusammenhang mit einem Sturzgeschehen erklärbar« sei, also mit anderen Worten, dass im Zuge eines Sturzgeschehens der Gürtel *irgendwie* an *irgendeiner* Felskante durchtrennt worden sei.

Dieser lapidaren Behauptung ist entgegenzuhalten, dass der Gürtel aber auch beim gewaltsamen Versuch, Tanjas Hose herunterzureißen, von einem Täter beispielsweise mit einem professionellen Cuttermesser mit Hakenklinge durchtrennt worden sein könnte. Hält ein Mann eine körperlich unterlegene Frau mit einem Arm fest, bleibt ihm zum Öffnen der Hose lediglich der andere Arm beziehungsweise die andere Hand. Um die Hose herunterzuziehen, wäre der Einsatz eines entsprechenden Messers sicher erfolgversprechender als der Versuch, der sich wehrenden Frau mit einer Hand die Gürtelschlaufe zu lösen, den Hosenknopf zu öffnen und die Hose komplett herunterzuziehen. Der anzunehmende Widerstand und eine Wegbewegung der Frau würden auch den diagonalen Verlauf des Schnittes und die fransigen Enden erklären. So bei Tanja Gräff. Wir wissen, dass verschiedene Personen in dieser Nacht im Besitz professioneller Cuttermesser sowie auch Panzerband waren. Aus vorbeschriebenen Gründen des Persönlichkeitsschutzes werde ich diese Leute nicht näher beschreiben.

Wurde Tanja Gräff mit den aufgefundenen Panzerbandstücken arretiert? Hände, Füße und Mund? Könnte Tanja erstickt sein? All diese Möglichkeiten könnte der Forensiker, Professor Urban, seriöserweise nicht gänzlich ausschließen.

In der Spurenakte der Kripo war jedoch zu lesen, dass die aufgefundenen Panzerbandstücke zu klein seien - oder so. Außerdem seien deren Klebeflächen noch zu intakt und die damit zusammengeklebten Luftballons noch zu farbintensiv, um aus dem Jahre 2007 stammen zu können. Die kleinen Klebereste an den Luftballons sind auch tatsächlich nicht relevant, sondern nur die größeren und breiteren Panzerbandstreifen.

Die Staatsanwaltschaft sowie die Polizeipsychologin schlossen aufgrund des geschlossenen BHs und der nicht geöffneten Hose eine Vergewaltigung aus. Aber kann man auch den Versuch einer Vergewaltigung ausschließen, der durch eine anzunehmende Gegenwehr Tanjas seinen tragischen Abbruch fand?

Die von Professor Urban beschriebenen Verletzungen aus geringer Höhe, wie die Halswirbelbrüche C1 und C3 sowie der Bruch des Handgelenkes, lassen ein solches Szenario durchaus plausibel erscheinen. Gerade in Bezug auf diese Verletzungen möchte ich folgende Überlegungen aufzeigen:

Seit ich Kenntnis über Tanjas Wirbelverletzungen hatte, schien besonders die Reihenfolge der Wirbelbrüche auffällig. C1 war beschädigt. Die Schädelbasis und C2 nicht. Dann war wieder C3 beschädigt und die beiden angrenzenden Wirbel C2 und C4 nicht. Wie hoch ist die Wahrscheinlichkeit, dass Tanja sich diese beiden Wirbel hintereinander, im Zuge verschiedener

Stürze, gebrochen hatte, ohne dass die angrenzenden Bereiche betroffen waren? Sicher äußerst gering. Daher war klar, dass dieses Verletzungsmuster nur von einem einzigen Sturz herrühren konnte. Das heißt, Tanja muss auf einen Gegenstand gestürzt sein, der so beschaffen war, genau dieses Muster hervorzubringen.

Ich habe Wurzeln und Steinbrocken vermessen lassen. Mein Team und ich haben das ganze Gelände im Bereich der Absturzstelle durchsucht, um eine logische Erklärung zu finden. Auch die Drohnenfotos im Bereich der Absturzstelle haben keine schlüssige Erklärung liefern können. Auf dem abschüssigen Gelände wäre Tanjas Schädelbasis bei einem entsprechenden Bruch des Halswirbels C1 immer tangiert gewesen.

Fündig wurde ich an ganz anderer Stelle. Zwischen den Gebäuden A:B:C:D befanden sich damals noch Fahrradständer alter Bauart. Die jeweiligen Eisenbügel weisen einen solchen Abstand auf, dass ein Fahrradreifen exakt dazwischen passt.

Könnte Tanja rückwärts auf einen dieser Ständer im Zuge eines Abwehrkampfes gefallen sein und wurden dabei die Wirbel C1 und C3 von dem jeweiligen Eisenbügel beschädigt? Der Leerraum zwischen den Bügeln könnte wiederum erklären, warum der Wirbel C2 unbeschädigt blieb. Der von Professor Urban in der zweiten Pressekonferenz so eindrucksvoll beschriebene Griff ins Leere könnte auch - im wahrsten Sinne des Wortes - in diesem Falle ursächlich für Tanjas gebrochenes Handgelenk gewesen sein.

Würde dieses Szenario ihre Verletzungen aus nachweislich geringer Höhe erklären? Der forensische Bioinformatiker, Professor Labudde, könnte beispielsweise ein solches Szenario simulieren. Einen Beitrag könnte eine solche Simulation auch besonders im Hinblick auf die Frage leisten, ob der Zwischenraum der Bügel dem Abstand der beiden Wirbel C1 und C3 entspricht. Dann hätte man Gewissheit.

Zwischen dem Gebäude B und C, wo sich der Cocktailstand mit den Luftballons und die DJ-Bühne befand, stand in der damaligen Nacht, zur Campusstraße hin, eben ein solcher Fahrradständer.

Auch sind die bereits in Kapitel 32 beschriebenen Luftballons, die sehr wahrscheinlich von vorgenanntem Cocktailstand stammten, Indizien, die auf einen potenziellen Tatort in diesem Bereich des FH-Geländes hinweisen.

Wie gleichfalls in Kapitel 32 erläutert, hätten die aufgefundenen Luftballons sowie die losen Panzerbandstücke mangels Flugfähigkeit den Auffindeort am Fuße des Roten Felsens nicht erreichen können. Weder Erwachsene und schon gar keine Kinder, wie im Kriminalbericht vermutet, wären dazu in der Lage gewesen. Die Physik lässt sich auch von Trierer Ermittlern nicht außer Kraft setzen. Zudem wären diese *Fetzen* auch im immer wieder beklagten undurchdringlichen Dickicht hängen geblieben.

Für den aufgefundenen *Kordelstopper* der Marke Starter könnte es ebenfalls eine plausible Erklärung geben. Diese Art Stopper wurde anscheinend auch zum Befestigen des Fingerschutzes beim Bogenschießen angewandt.

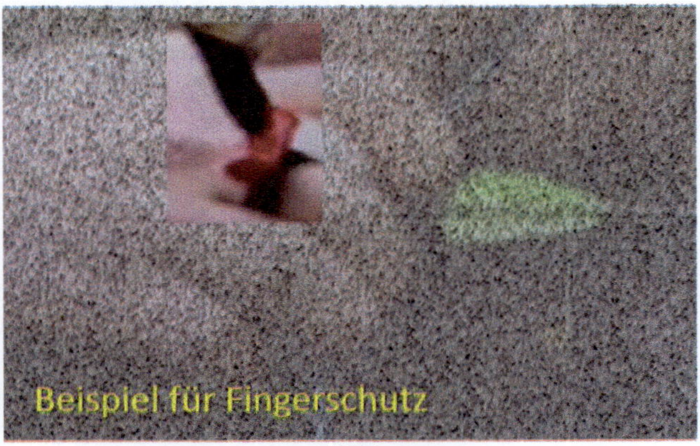

Ein undefiniertes kleines, schmales Stück Kunststoffband, das ebenfalls neben Tanja aufgefunden wurde, entspricht dem zum *Kordelstopper* passenden Fingerschutz. Die Ermittler haben Letzteres als *Fahrradzubehör erkannt* und ebenso im Kriminalbericht dokumentiert.

Es könnte sogar Tanjas eigener *Kordelstopper* gewesen sein, den sie zufällig in ihrem übergroßen Beutel mit sich trug. Oder er gehörte jemandem, der damals denselben Sport betrieb.

Lediglich das ebenfalls bei Tanja aufgefundene Zigaretten-Etui könnte aufgrund seiner Beschaffenheit und seines Eigengewichts durch einen beherzten Wurf über die 10-Meter-Distanz zwischen Geländer und Felskante und im freien Fall durch Baumkronen und Gestrüpp den Auffindeort erreicht haben.

Doch wie und warum sollten all diese Gegenstände, die für sich genommen keinen Sinn ergeben, in Tanjas Tasche gekommen sein? Darüber habe ich mir im Laufe der Recherche immer wieder den Kopf zerbrochen. Dann las ich den Artikel einer ehemaligen FBI-Psychologin. In diesem Artikel wurde beschrieben, dass Täter, die nicht dem Profimilieu zuzurechnen sind, nach einer Affekthandlung teilweise irrationale Vorgehensweisen an den Tag legten. Beispielsweise wurde dokumentiert, dass solche Täter häufig beim Entsorgen einer Leiche auch völlig belanglose Gegenstände mitverschwinden ließen, die bei Tatbegehung zufällig in der Nähe des Opfers lagen. Eben alles weit weg. Sozusagen aus den

Augen aus dem Sinn. Für dieses Nachtatverhalten wird der Begriff *Hirn-Boogie* verwandt.

Hatte man vielleicht nach Tanjas Tod oder einer lebensgefährlichen Verletzung alles, was um sie herumlag und was an das FH-Sommerfest erinnerte, mit ihr gemeinsam beim Wurf vom Felsen verschwinden lassen wollen?

Unterstellt man die Richtigkeit dieser These, müsste man denklogisch auch Rückschlüsse auf den Ort des Geschehens ziehen können. Gesetzt den Fall, dass beispielsweise diese Luftballons und Panzerbandstreifen vom inzwischen abgebauten Cocktailstand gegen 05:45 Uhr auf Campusseite auf die Müllbeseitigung warteten, wäre der konsequente Rückschluss auf einen möglichen Tatort in diesen Bereich zu verorten.

Das vorbeschriebene Phänomen des sogenannten *Hirn-Boogies* ist gegenwärtig die einzig logische Erklärung dafür, wie diese auf den ersten Blick belanglosen Fundstücke, ohne den physikalischen Fakt mangelnder Flugfähigkeit gänzlich zu ignorieren, an die Fundstelle gekommen sein könnten. Über die 10-Meter-Distanz vom Geländer bis zur Felskante und im 40 Meter freien Fall konnten sie aufgrund ihrer geringen Dichte und den oben beschriebenen Gegebenheiten des Geländes die Fundstelle niemals einzeln erreichen. Diese Gegenstände, wie Luftballons, Panzerbandstücke, Kordelstopper und Kunststoffbändchen konnten nur gemeinsam in einem Behältnis, das durch ein wesentlich höheres Eigengewicht die zuvor skizzierten Hindernisse überwinden konnte, in den Auffindebereich gelangt sein. Beispielsweise in einer Umhängetasche, die hauptsächlich durch das Körpergewicht des Trägers mit in die Tiefe gerissen wurde.

Die inzwischen prominente Tasche aus Papas Hawaiihemd, die Tanja an dem Abend umhängen hatte und die unter ihr über die Jahre verrottete, wäre dafür geeignet gewesen. Ansonsten hätte man diese Fundstücke nur direkt an der Fundstelle ablegen können. Resümierend ist daher einzufordern, dass diese Asservate mit Hilfe aller möglichen forensischen Disziplinen ausgewertet werden und eine solide Bewertung dieser Gegenstände vorgenommen wird.

Die Annahme eines gewaltsamen Todes Tanjas wird auch durch die Tatsache gestützt, dass man die vermutete Absturzstelle leicht mit dem Auto hatte erreichen können. Es wäre eine Kleinigkeit gewesen, von wo auch immer, mit einem Wagen zur mutmaßlichen Absturzstelle zu fahren, um sich einer Leiche oder einer schwer verletzten Person zu entledigen.

Zuletzt möchte ich hinsichtlich des Campusgeländes als möglichen Tatort noch eine Geschichte aufgreifen. Der Trainer Roman erzählte, dass sich die Kripo nach Tanjas Verschwinden 2007 bei ihm nach dem letzten Wintertraining der Bogenschützen in der Turnhalle auf dem Campusgelände Schneidershof erkundigt habe. Grund der Nachfrage sei gewesen, dass ein von der Kripo eingesetzter Mantrailer-Hund eine Spur Tanjas in diesem Bereich der FH aufgenommen habe. Da Tanja im vorangegangenen Winter tatsächlich dort trainiert und sich aus diesem Grund auch in diesem Bereich der Fachhochschule aufgehalten hatte, wurde diese Fährte als irrelevant eingestuft. Um festzustellen, ob diese Spurenlage monokausal nur vom Wintertraining oder von der Nacht des 07. Juni 2007 stammte oder es sogar zu einer tragischen Überlagerung von Hautpartikeln sowohl aus der Trainingszeit als auch vom FH Sommerfest 2007 gekommen war, wäre der exakte Lauf des Hundes mit den vorhandenen Indizien abzugleichen.

Es bleibt aber zu befürchten, dass die Ermittler dazu nicht bereit sind. Schließlich schloss Staatsanwalt H. Krause in seinem Abschlussbericht eine Gewalttat fern der Absturzstelle kategorisch aus. Episch ausführend behauptete er, dass man in diesem Fall die Leiche, vergleichbar mit einem 50 Kilogramm schweren Zementsack, über die gesamte Strecke vom Festgelände hin zur Absturzstelle hätte tragen müssen. Das sei viel zu anstrengend und außerdem zu auffällig gewesen. Der Umstand, dass er 2015 selbst in einem PKW zu dieser Absturzstelle gefahren war, war ihm beim Verfassen seines Abschlussberichtes scheinbar nicht mehr erinnerlich.

Ein weiteres Argument seitens der Ermittler gegen das Verbringen Tanjas an die angenommene Absturzstelle ist, dass es bessere Stellen zur Entsorgung einer Leiche gegeben hätte. Unzählige Gebiete im Umkreis Triers wären geeigneter gewesen. Zu einer solch oberflächlichen Bewertung kann man aber nur kommen, wenn man die sich für einen vermeintlichen Täter ergebenden Gesamtumstände komplett ignoriert.

Man kann mit an Sicherheit grenzender Wahrscheinlichkeit davon ausgehen, dass eine Gewalttat gegen Tanja weder geplant noch vorbereitet war. Daher muss ein Täter für eine schnelle Entsorgung mit den Gegebenheiten auskommen, die er nach einer spontanen Tat vorfindet. Im Fall Tanja handelte es sich um folgende Gegebenheiten:

Die Absturzstelle war mit einem Auto vom Campusgelände schnell und unauffällig zu erreichen. Eine Leiche konnte man dort ebenso schnell und unauffällig entsorgen. Und vielleicht ging man fälschlicherweise auch davon aus, dass weder die Herkunft noch der Zeitpunkt vorausgegangener Verletzungen sich nach einem Sturz über 50 Meter in die Tiefe später noch exakt einordnen ließen.

Hinsichtlich der Absturzstelle kann ich keine weiteren Ausführungen dahingehend machen, wer sich und warum genau in diesem Bereich gut auskannte, ohne bestimmte Personen unzulässigen Verdächtigungen auszusetzen.

In diese von mir aufgestellte Arbeitsthese lässt sich auch der Umstand, dass Tanja in ihrem weißen Pulli aufgefunden wurde, den sie laut Zeugenhinweis den ganzen Abend in ihrer bunten Tasche bei sich trug, als Indiz harmonisch einfügen. Weder der Zeuge Till, die Zeugin M oder

Katja, die Tanja nachweislich noch um 04:00:01 Uhr am Kühlwagen getroffen hatten, noch der Zeuge Raphael oder das *Drachenhaus-Trio* beschrieben einen weißen Pulli. In allen Fällen wurde von einem dunklen beziehungsweise braunen Oberteil gesprochen. Nur der *Bauzaunhelfer* Lars erinnerte sich an *irgendetwas Weißes*. Allerdings weder an Schuhe noch Hose.

Wäre Tanja zeitnah nach ihrem Verschwinden am Fuße des Roten Felsens gefunden worden, hätte man, aufgrund des weißen Pullovers, nach einem *portugiesisch anmutenden Luxemburger Bänker-Schnösel* als potenziellem Mörder gesucht. Jedenfalls wäre der *Rosengarten-Verfolger* auch nach einem frühen Auffinden Tanjas aus dem Rennen gewesen. Und wieder so ein Zufall. Wollte man weniger eine allgemeine *Luxemburg-Spur* aufmachen, als vielmehr für den erwarteten Fund Tanjas am Fuße des Roten Felsens vorab schon mal einen potenziellen Täter präsentieren? Und der war eben als *Portugiesisch-anmutender-Luxemburger-Bänker-Schnösel* zufällig so ein ganz anderer Typus Mann als Tanjas Verfolger am Rosengarten. Allerdings ist dieser Verfolger keine Fiktion wie der *mitternachtsblaue* Peugeot mit gelbem Nummernschild.

Wie in Kapitel 26 beschrieben, konnte kein vernunftbegabter Mensch damit rechnen, dass die Kripo nach der dünnen und widersprüchlichen Aussage des Zeugen Lars eine *Luxemburg-Hauptspur* aufmachen und sich vom FH-Gelände ermittlungstechnisch komplett wegbewegen würde. Und wahrscheinlich war das auch nicht das primäre Ziel des Hinweisgebers. Wie gesagt, vielleicht wollte man den Ermittlern einfach nur präventiv einen potenziellen Täter präsentieren. Im Ergebnis stellte sich dann dieser Peugeot gewissermaßen als multifunktional heraus. Mit der Annahme, dem Zeugen Lars sei bezüglich seiner Sichtung ein Irrtum unterlaufen, bestätigt Staatsanwalt H. Krause in seinem Abschlussbericht indirekt, dass es dieses Auto und den damit verbundenen Ermittlungsansatz nie gab.

Fazit

Durch die Falschdarstellungen in H. Krauses Abschlussbericht, freundlich unterstützt durch die Ausführungen der Polizeipsychologin Dr. Sommer, die in ihrem Gutachten fälschlicherweise den Aufenthalt Tanjas während ihres letzten Lebenszeichens alternativlos auf den Roten Felsen festlegte, wurden zwangsläufig alle anderen möglichen Ablaufthesen vorab zunichte gemacht.

Der eigentliche Skandal im Fall Tanja Gräff besteht darin, dass man aus dem angeblich *fehlenden Heuhaufen* die Nadeln entfernte, indem man Tatsachen verdrehte oder leugnete, die Unwahrheit sagte, Zeugen nachträglich als unglaubwürdig diffamierte, märchenhafte Irrtümer kreierte und schlussendlich auch die Presse hinters Licht führte.

Nachdem im Abschlussbericht Tanja Gräff als psychisch auffällige Gewohnheitstrinkerin mit ausgewiesener Aggressionshemmungsstörung beschrieben wurde, die im Vollrausch und durch Auflösung ihrer »Ich-Konsistenz« den Roten Felsen hinunter gestürzt sein soll, waren alle Verantwortlichen am Ende des moralischen Spektrums angelangt. Auf Grundlage dieses scheinbaren Ermittlungsergebnisses, Tanja sei *selbstverschuldet* ums Leben gekommen, wurde der *Fall Tanja Gräff* 2017 schließlich eingestellt.

Auch ich kann trotz jahrelanger Recherche, Sichtung und Auswertung unzähliger Fakten, Indizien und wertvoller Hinweise nicht beweisen, wie, wann und wo Tanja Gräff ums Leben kam.

Ich möchte abschließend nochmals betonen, dass ich keine Person als mutmaßlichen Täter ausgemacht habe und somit auch keinem Täter auf der Spur bin. Im Rechtsstaat stellt ausschließlich die Gerichtsbarkeit einen Täter fest und sonst niemand. Lediglich die Tatsache, dass eine bestimmte Personengruppe in den verschiedensten Zusammenhängen agierte und im Laufe dieser langjährigen Recherche immer wieder in Erscheinung trat, ist augenfällig und sollte durch unvoreingenommene Ermittler überprüft werden. Darüber hinaus muss die »Spur 38-Spitzbart« und deren Hintergründe durch eine unabhängige Kommission aufgearbeitet und endlich transparent gemacht werden.

Dass es für einen Unfall oder gar einen Selbstmord Tanja Gräffs nicht einen einzigen validen Beweis gibt, ist mit dieser Dokumentation dagegen bewiesen.

Der *Fall Tanja Gräff* ist nach wie vor ein ungeklärter Fall.

35.Kapitel
Politik eines ungeklärten Falles

Rückblick - Februar 2014

Nach mehreren fehlgeschlagenen Versuchen, durch Frau Gräffs Anwalt Detlef Böhm den *Fall Tanja Gräff* über das LKA Mainz komplett neu aufrollen zu lassen und die Wiederaufnahme der Suche nach der damals noch vermissten Studentin zu erzwingen, entschloss man sich schließlich im Februar 2014, die verfahrenstechnische Ebene zu verlassen und sich mit einer Petition an die Politik in persona Ministerpräsidentin Marie Luise Dreyer zu wenden.

Rechtsanwalt Böhm und Frau Gräff fuhren also nach Mainz in der Hoffnung, eine verständnisvolle Ministerpräsidentin, selbst Trierer Mitbürgerin, anzutreffen, deren Stieftochter mit Tanja dasselbe Gymnasium besucht hatte.

Frau Gräffs Erwartungshaltung war dementsprechend hoch. Immerhin musste Tanjas Mutter zu diesem Zeitpunkt bereits seit sieben Jahren mit der unerträglichen Ungewissheit über den Verbleib ihrer Tochter leben und auch den Tod ihres inzwischen verstorbenen Mannes verkraften. Das Treffen mit der Ministerpräsidentin verlief entgegen den Erwartungen enttäuschend - dem Ernst der Angelegenheit zwar entsprechend höflich, seitens Frau Dreyer auch mitfühlend, aber auch mit der professionellen Distanz einer Berufspolitikerin.

Denn schon nach wenigen Minuten und einer kurzen Ansprache des Bedauerns in Richtung der leidenden Mutter war die Audienz bei der Landesmutter auch schon wieder vorbei. Im Vorbeigehen soll Frau Dreyer der verdutzten Frau Gräff aber noch versprochen haben, sie müsse bezüglich einer Antwort ihres vorab schriftlich mitgeteilten Anliegens keine lange Wartezeit mehr ertragen. Man würde schnell entscheiden. Sprachs, verließ den Raum und überließ die *Hilfesuchenden* dem damaligen Staatssekretär F und einem weiteren Ministerialbeamten, Herrn N. Diesen beiden trug man dann die neuen Erkenntnisse in Bezug auf die »Spur 38-Spitzbart« in der Hoffnung vor, mit dieser spektakulären Enthüllung die zuständigen Landespolitiker in Mainz derart zu beeindrucken, dass die Causa Tanja Gräff sozusagen von höchster Stelle zur Chefsache erhoben und das LKA Mainz mit der kompletten Neuaufnahme des Falles beziehungsweise der Suche nach Tanja betraut werden würde.

Wenn der Amtsschimmel Pferdeäpfel produziert, wendet sich der verzweifelte *Otto-Normalbürger* eben an die Volksvertreter. So war die Logik dieses Unterfangens. Die Hoffnung stirbt bekanntermaßen zuletzt.

Doch wer eine schnelle und beherzte Entscheidung erwartete, der irrte. Die Antwort auf Frau Gräffs Petition ließ auf sich warten. Es dauerte und dauerte. Natürlich mussten sich die Verantwortlichen in Mainz sicher erst einmal mit den zuständigen Behörden in Trier in Verbindung setzen, um sich einen objektiven Eindruck bezüglich des Anliegens der Opfermutter und der vom Anwalt vorgetragenen »Spur 38-Spitzbart« zu verschaffen.

Während des monatelangen Wartens auf Frau Dreyers Entscheidung kam plötzlich ein Anruf aus Hamburg. Die Produktionsfirma Mhoch2 TV lud Frau Gräff als Stellvertreterin betroffener Eltern zum Thema »Tag des vermissten Kindes« neben Vertretern der leichten Unterhaltungsbranche in die Sendung Markus Lanz ein. Frau Gräff setzte auch in diesen Auftritt große Hoffnung und man verabredete - so Frau Gräff und ihr Anwalt Böhm - mit der Redaktion einen kritischen Diskurs zur unbefriedigenden Polizeiarbeit in Bezug auf die »Spur 38-Spitzbart« einerseits und zum bis dato ergebnislosen Besuch bei der rheinland-pfälzischen Ministerpräsidentin andererseits.

Auf der Fahrt nach Hamburg erreichte Rechtsanwalt Böhm dann ein seltsamer Anruf aus der Staatskanzlei in Mainz. Die aufkommende Freude des Anwaltes, dass der Anrufer vielleicht einen positiven Entscheid bezüglich der Bitte um Wiederaufnahme der Ermittlungen mitteilen wollte, wurde im Keim erstickt. Herr Böhm wurde höflich gebeten, dass er respektive Frau Gräff in der bevorstehenden Sendung *Markus Lanz* darauf verzichten solle, den zurückliegenden Besuch bei der Ministerpräsidentin Dreyer und das entsprechende Anliegen zu erwähnen. Frau Gräff, die das Telefonat über die Gegensprechanlage in Herrn Böhms Wagen mitgehört hatte, war gelinde gesagt, etwas perplex.

Kaum in der Hansestadt angekommen, traf Frau Gräff und ihr Anwalt schon der nächste Schlag. Der Moderator der gleichnamigen Sendung *Markus Lanz* teilte seinen Studiogästen aus Trier mit, dass auch ihn die Bitte aus der Staatskanzlei erreicht habe, den Besuch der Mutter bei Frau Dreyer in seiner Sendung nicht zu thematisieren. Aus persönlichen Gründen wolle er, Markus Lanz, dem Wunsch der rheinland-pfälzischen Landesherrin gerne entsprechen. Die protestierende Frau Gräff fand kein Gehör und so wurde zu dem Thema Tanja Gräff ein in Teilen verstörendes Gespräch aufgezeichnet.

Nicht nur, dass Lanz sich nicht an die abgesprochene, für die Mutter immens wichtige Thematik hielt, schlimmer und völlig sinnfrei lockte er Frau Gräff stattdessen auf perfide Art und Weise in eine *Psychiatrisierungsfalle*, indem er sie fragte, ob sie täglich mit ihrer seit sieben Jahren vermissten Tochter Zwiesprache halte, sie um Rat frage, täglich für sie koche und für Tanja aufdecke und mit ihr gemeinsam esse.

Transkript der Sendung »Markus Lanz« vom 22. Mai 2014

Markus Lanz, Timecode 07:36:

»Halten Sie Zwiesprache mit ihr?«

Waltraud Gräff, Timecode 07:37:

»Ja.«

Markus Lanz, Timecode 07:39:

»Sie fragen sie um Rat? Oder tauschen Sie sich aus, wie mit einer alten Freundin?«

Waltraud Gräff, Timecode 07:42:

»Ja, ich spreche mit ihr. Einfach so, wie ich auch, äh wie [sic] sie noch da war, mit ihr gesprochen habe.«

Markus Lanz, stakkatoartig, Timecode 07:47:

»Sie kochen auch für sie? Machen Sie Essen? Decken Sie den Tisch? Gibt ja Menschen, die ja solche Dinge machen.«

Waltraud Gräff, Timecode 07:52:

»Nein, nein. Nein.«

Frau Gräff war völlig überrumpelt. Erschüttert und den Tränen nah beteuerte sie, dass sie nur für sich selbst koche. Sie war nicht in der Lage, sich des Meisters der Suggestivfragen zu erwehren. Ihr Anwalt Detlef Böhm hätte an dieser Stelle eingreifen müssen. Aber auch Böhm war nicht medienerfahren und so geschah, was anscheinend auch passieren sollte. Frau Gräff wirkte wie eine verwirrte Person, die aus Trauer um ihre vermisste Tochter schon mal irrationale Handlungen an den Tag legt.

Wer tagtäglich für seine seit sieben Jahren vermisste Tochter kocht und ebenso für diese Tochter tagtäglich den Tisch deckt, erzählt vielleicht auch wirre Geschichten über Spitzbärte. So hatte es jedenfalls den Anschein. Aber Lanz hat sich ja bekanntermaßen *dem Moment der Wahrhaftigkeit* verpflichtet und so kann es sich hier auch wiederum nur um ein tragisches Missverständnis zwischen dem *moralinsauren* Moderator und Frau Gräff gehandelt haben. Oder aber der *Moment der Wahrhaftigkeit* war an diesem Abend bereits aufgebraucht.

Frau Gräff fragt Tanja nicht um Rat, sie tauscht sich nicht mit ihr aus wie mit einer alten Freundin, sie kocht auch nicht für Tanja und deckt auch nicht täglich den Tisch für ihre verstorbene Tochter. Sicher denkt Frau Gräff auch heute noch täglich an Tanja - eine verständliche, völlig natürliche Reaktion.

Was auch immer Lanz mit seinen widerlichen Fragen bezweckte und warum er eine verzweifelte

Mutter so vorführen musste, bleibt das Geheimnis des *öffentlich-rechtlichen Berufsmoralisten*, der wöchentlich im Zweiten Deutschen Fernsehen besagte Wahrhaftigkeit einfordert und gnadenlos mit Menschen ins Gericht geht, die seiner Meinung nach ihre eigenen Interessen oder die ihrer Partei in den Vordergrund des eigenen Handels stellen.

Die schriftliche Anfrage bei der Redaktion der Sendereihe *Markus Lanz*, in der wir um Stellungnahme zu den seitens Frau Gräff erhobenen Vorwürfen baten, blieb unbeantwortet. Beredtes Schweigen war die Reaktion des Moderators. Wahrhaftigkeit sieht anders aus.

Wer auch immer bei Lanz anrief, anrufen ließ oder auch nicht - Fakt ist: Das Vorhaben der Mutter, die »Spur 38-Spitzbart« via Fernsehen in die Öffentlichkeit zu transportieren, wurde durch das aktive Eingreifen des Moderators sabotiert und die *Spitzbart-Spur* blieb weiter unter Verschluss.

Ob es tatsächlich zu einem Eingriff der Politik in die Berichterstattung im *Fall Tanja Gräff* kam, können wir nicht beweisen. Aber dass Frau Gräff nicht nach Hamburg fuhr, um sich coram publico von Lanz demütigen zu lassen, kann man ihr sicher glauben.

Sollte Lanz allerdings dem Wunsch eines *verlängerten Armes* aus dem Fernsehrat aus eigennützigen Gründen entsprochen haben, muss an dieser Stelle das Thema *Rundfunkfreiheit versus*

Einflussnahme der Politik auf die der Thematik gerecht werdende Metaebene gehoben werden.

Hier stellen sich nämlich zwei grundlegende Fragen:

Wie groß ist die Einflussnahme von Politik im Bereich der Programmgestaltung der öffentlich-rechtlichen Sender, sprich ZDF und ARD? Gibt es diese Einflussnahme oder ist es ein Phantom, das unzufriedene Bürger in die Welt gesetzt haben?

In seiner Entscheidung vom 25. März 2014 zum ZDF-Staatsvertrag bestätigte das Bundesverfassungsgericht nicht nur seine gesamte bisherige Rechtsprechung zum Rundfunk, sondern richtete deutliche Worte an Staat und Politik, die Rundfunkfreiheit unangetastet zu lassen und sich jeglicher Einflussnahme auf das Programm zu enthalten.

Im Allgemeinen bestreitet die Politik heftig, Einfluss zu nehmen oder nehmen zu wollen. Das bedeutet dann aber im Umkehrschluss nichts anderes, als dass das oberste Bundesgericht, unabhängiges Verfassungsorgan der Justiz und »Hüter des Grundgesetzes«, einem Phantom die Flügel gestutzt hatte. Jedenfalls muss die angesprochene Einflussnahme oder zumindest der Versuch derselbigen von größerem Interesse sein, wenn sich *Karlsruhe* sogar im Zuge eines Normenkontrollverfahrens damit beschäftigt. Das würde dann aber wiederum bedeuten, dass es Methode hätte, seitens der Staatsmacht hie und da als Korrektiv zu wirken.

Nach Auffassung des Gerichts ist dem Gebot der Staatsferne insbesondere dadurch Rechnung zu tragen, dass die Zahl der staatlichen und staatsnahen Funktionsträger, wie beispielsweise Regierungsmitglieder, Abgeordnete und politische Beamte in Leitungsfunktion, auf ein Drittel der Rundfunkratsmitglieder beschränkt wird.

Frau Dreyer war zum damaligen Zeitpunkt Vorsitzende der Rundfunkkommission der Länder. Seit Mitte 2017 ist Frau Dreyer Vorsitzende des ZDF-Verwaltungsrates.

Zu der Frage, ob versuchte Einflussnahme Methode hat oder nicht, gab Lanz wenige Wochen später in der Sendung vom 09. Oktober 2014 im Gespräch mit dem Kabarettisten Thomas Freitag selbst die Antwort. Thema war unter anderem eine Beschwerde des Alt-Bundeskanzlers Kohl bei der ARD im Zusammenhang mit einem Scheibenwischer-Beitrag zur Spendenaffäre. In diesem Zusammenhang sagte Lanz, Timecode 00:30:23 ff:

> »[...] Dass man persönlich mal anruft [...] Aus dem Großraum Bayern kommen da mal Anrufe, ja? Als ZDF-Mitarbeiter weiß man auch, w*o*von man da spricht. [...]«

Wir wissen nicht, ob diese Frage seitens Lanz ausschließlich bayrischen Politikern galt oder diese unrechtmäßigen Versuche der Einflussnahme auch Politikern anderer Couleur zuzutrauen sind. Beispielsweise Frau Dreyer? Die Antwort weiß nur Herr Lanz selbst.

Jedenfalls vergingen noch viele nervenaufreibende Wochen und Monate, bis die ersehnte Antwort der Ministerpräsidentin ins Hause Gräff flatterte. Persönlich unterschrieben teilte die Ministerpräsidentin sinngemäß mit:

Keine Wiederaufnahme der Ermittlungen im Fall der Tanja Gräff!

Größtmöglicher Objektivität Rechnung tragend muss hier eingeräumt werden, dass in Rechtsanwalt Böhms Anschreiben an die Ministerpräsidentin besagter Pollak aus Schmelz unter anderem als mutmaßlicher Spitzbart und potenzieller Täter benannt wurde. Darauf angesprochen, würden die Verantwortlichen die Absage Dreyers gewiss damit rechtfertigen, dass es keine weiteren Ermittlungsansätze in Richtung Pollak gab und deshalb in diese Richtung auch keine Wiederaufnahme nötig war. Das stimmt, und ich habe das in Kapitel 28 ausführlich dargestellt.

Allerdings wäre das nur die halbe Wahrheit. Natürlich wollten Frau Gräff und ihr Anwalt generell die bis dahin vertuschte »Spur 38-Spitzbart«, von der sie selbst auch erst kurz vor dem Besuch bei Frau Dreyer erfahren hatten, öffentlich machen und neue Suchmaßnahmen für die damals noch vermisste Tanja erbitten. Deshalb zieht dieses Argument nicht.

Was auch immer Frau Dreyer durch ihre Mitarbeiter in Sachen »Spur 38-Spitzbart« in Trier in Erfahrung gebracht hatte und worauf auch immer die Absage an Frau Gräff basierte, verhinderte genau diese Absage nicht nur die Wiederaufnahme der Ermittlungen, sondern auch wieder einmal, dass die »Spur 38-Spitzbart« zur Kenntnis der Öffentlichkeit gelangte. Alles war gut. Jedenfalls für diejenigen, die die *Spitzbart-Spur* dort lassen wollten, wo sie bis dahin war. Unter Verschluss.

Doch im darauffolgenden Januar 2015 erschien dann aus dem Nichts der Leserbrief des ehemaligen SoKo-Mitgliedes im Trierischen Volksfreund, der genau diese *klebrige* »Spur 38-Spitzbart« publik machte und damit anscheinend die Achillesferse der Trierer Ermittler traf. Auf Presseanfragen wurde im Großen und Ganzen dementiert, was sich aber geschickterweise inhaltlich auf den in der Tat falschen Hinweis auf den Saarländer Pollak bezog, nicht aber auf die tatsächlich vorhandene »Spur 38-Spitzbart«. Und so gab es erneut mediale Verwirrung über die vermeintliche Existenz dieser geheimnisvollen *Spitzbart-Spur*.

Empfindlich getroffen, wurde 2017 durch die zuständigen Behörden gegen den ehemaligen Kommissar ein Verfahren wegen Geheimnisverrats angestrengt. Ich selbst wurde im Zuge dieses Verfahrens von der rheinland-pfälzischen Generalstaatsanwaltschaft freundlich zu einer Anhörung nach Koblenz gebeten.

Was mich besonders an dieser Einladung von Juli 2017 störte war der Umstand, dass der in der Sache ermittelnde Generalstaatsanwalt Dr. Jürgen Brauer von 2009 bis 2014 selbst Leitender

Oberstaatsanwalt in Trier gewesen war. Ergo musste er von der aktenkundigen »Spur 38-Spitzbart« und um deren Brisanz gewusst haben. Dass Dr. Jürgen Brauer nach seiner Amtsübernahme 2009 nicht über die vertuschte *Spitzbart-Spur* in Kenntnis gesetzt wurde, kann man glauben oder nicht.

Jetzt, im Jahre 2017, war er der Chefankläger gegen den ehemaligen Kollegen, der ein Geheimnis verraten haben soll, das es angeblich doch gar nicht gibt. Diese Zusammenhänge waren mir gänzlich unsympathisch.

Zudem war mir 2017 bereits bekannt, dass Dr. Brauer und Dreyers ehemaliger Justizminister Hartloff in der Vergangenheit ein gutes Dienstverhältnis unterhielten. Just sechs Wochen nach Frau Gräffs Besuch bei Ministerpräsidentin Dreyer im Februar 2014 wurde Dr. Jürgen Brauer vom damaligen Justizminister Hartloff im Zuge eines medialen Festaktes am 11. April 2014 zum Generalstaatsanwalt von Rheinland-Pfalz ernannt. Ob Justizminister Hartloff, im Gegensatz zu Frau Dreyer, von der Causa *Spitzbart* Kenntnis hatte, ist nicht bekannt. Ohne zu orakeln kann man aber doch annehmen, dass Unannehmlichkeiten, Gerüchte oder gar ein Skandal in Bezug auf Dr. Brauer vor dessen Ernennung zum Generalstaatsanwalt in der Mainzer Staatskanzlei sicher nicht erwünscht waren.

Ich lehnte die Einladung nach Koblenz ab.

Seit der Recherche in puncto *Spitzbart* war klar, dass irgendjemand in leitender Funktion bereits zu Beginn der Ermittlungen 2007 mit irgendwem die einsame Entscheidung getroffen hatte, die »Spur 38-Spitzbart« der Öffentlichkeit vorzuenthalten.

Das wäre für sich genommen auch nicht vielmehr als ein kleiner Kunstfehler in der *Falloperation Tanja Gräff* gewesen, hätte man nicht schon vom ersten Tag der Vernehmungen an maßgeblich in die Dramaturgie des tatsächlichen Geschehens eingegriffen, den unschuldigen Zeugen Marco eines fünfjährigen Tatverdachtes ausgesetzt und seine wahre Geschichte mit dem *Unbekannten* aktenkundig als Schutzbehauptung eingestuft. An diesem Punkt wurde aus der Gefälligkeit, den Sohn eines Kollegen aus der Öffentlichkeit herauszuhalten, ein schmutziges, rechtswidriges Unterfangen. Und so nahm alles seinen bekannten Lauf.

Im darauffolgenden Jahr 2008, nachdem EKHK Michels plötzlich in den scheinbar wohlverdienten Ruhestand verabschiedet wurde, übernahm dann KHK Christian Soulier die Leitung der Mordkommission und ein Jahr später, 2009, wurde Dr. Jürgen Brauer Leitender Oberstaatsanwalt in Trier.

Dass zu diesem Zeitpunkt der Karren beziehungsweise die *Spitzbart-Spur* bereits an die Wand gefahren war, konnte man nicht mehr ändern. Doch mit einer beherzten Rettungsaktion der beiden neuen Verantwortlichen im *Fall Tanja Gräff* wäre sicher noch ein Totalschaden abzuwenden gewesen. Dazu hätten Soulier und Dr.

Brauer nach Amtsübernahme die Vertuschung der »Spur 38-Spitzbart«, deren Hintergründe und die daraus entstandenen Folgefehler offensiv aufarbeiten müssen. Dadurch wären aber alle Verantwortlichen der öffentlichen Kritik ausgesetzt gewesen.

Aber die Medaille hat ja bekanntermaßen zwei Seiten und so wäre die Aufarbeitung dieses Missstandes intern eventuell mehr als Nestbeschmutzung, denn als notwendige Revision empfunden worden. Und so etwas macht man nicht, das versteht sich von selbst. Daher gleicht der fortgesetzte Modus Operandi zur »Spur 38-Spitzbart« mehr einer marginalen Modifizierung des im Vorfeld desaströsen Umgangs mit der letzten verifizierten Sichtung Tanja Gräffs mit *Spitzbart*. Das Nest der Ermittler jedenfalls blieb sauber.

Nach außen wurde diese unangenehme Angelegenheit insofern bereinigt, als man jede aufkommende Frage nach besagter *Spitzbart-Spur* rigoros abwehrte und den vermeintlichen Verräter vor Gericht stellte. Ehre, wem Ehre gebührt.

Acht Jahre später, nachdem Tanja im Jahre 2015 FH-nah gefunden wurde, hatte sich aller Wahrscheinlichkeit nach die bis dahin immer noch vertuschte »Spur 38-Spitzbart« von einem kleinen Schneeball zu einer veritablen Lawine gemausert.

Allem Anschein nach befürchteten einige der Hauptakteure dieser *Spitzbart-Schmierenkomödie,* dass ihre Karrieren unter dieser Lawine verschüttet werden könnten und so musste schnell gehandelt werden. Zusätzlich hatte Frau Gräff unbewusst durch ihren Bittgang nach Mainz zur rheinland-pfälzischen Ministerpräsidentin und den daraus resultierenden Abwehrmaßnahmen seitens der Politik auch noch die Landesmutter indirekt in diesen Schlamassel mit hineingezogen.

Dass Provinzler den *Spitzbart-Schlamassel* zu verantworten haben, ist eine Sache, aber eine Ministerpräsidentin damit zu beschädigen, undenkbar.

An dieser Stelle stellt sich die Frage, ab welchem Zeitpunkt die Ermittlungsbehörden im *Fall Tanja Gräff* durch Nachbessern und Eingreifen in die Dramaturgie - respektive durch Vermischung von Wahrheit und Dichtung - die Kontrolle über das Verfahren verloren hatten.

Im Jahre 2017 wurden die Ermittlungen im *Fall Tanja Gräff* eingestellt. Selbstverschulden wurde unterstellt und Fremdverschulden ausgeschlossen.

Ein Schelm, der Böses dabei denkt.

Bildnachweis:

Waltraud Gräff:

Abb. 1, 2, 3, 4, 5, 7, 9, 24, 25, 44, 45

Thomas Zigenhorn:

Abb. 34, 35, 36, 37, 38, 39

Anonyme Quelle:

Abb. 6, 10, 12, 13, 16, 17, 20, 21, 22, 23, 26, 27, 28, 29, 30, 31, 32, 33, 40, 50, 51, 53, 57

Sollte diese Publikation Links auf Webseiten Dritter enthalten, wird für deren Inhalt keine Haftung übernommen, da ich mir diese nicht zu eigen mache, sondern lediglich auf deren Stand zum Zeitpunkt der Erstveröffentlichung hinweise.